Kátia Maria Bezerra
Agosto/2014

A Sala de Âmbar

Catherine Scott-Clark • Adrian Levy

A Sala de Âmbar

Tradução de
MARIA LUIZA X. DE A. BORGES

Revisão técnica de
ESTHER KUPERMAN

EDITORA RECORD
RIO DE JANEIRO • SÃO PAULO
2006

CIP-Brasil. Catalogação-na-fonte
Sindicato Nacional dos Editores de Livros, RJ.

Levy, Adrian, 1965-
L65s A Sala de Âmbar / Adrian Levy, Catherine Scott-Clark; tradução de Maria Luiza X. de A. Borges. – Rio de Janeiro: Record, 2006.

Tradução de: The Amber Room
ISBN 85-01-07066-1

1. Guerra Mundial, 1939-1945 – Arte e guerra. 2. Rússia (Federação) – Pushkin – História. 3. Arte e guerra. 4. Objetos de arte – Rússia (Federação) – Pushkin. 5. Âmbar e objetos de arte. 6. Alemanha – Política cultural. 7. Alemanha – Política e governo, 1933-1945. I. Scott-Clark, Catherine, 1965-. II. Título.

05-3377 CDD – 940.5405
CDU – 94(100) "1939/1945"

Título original em inglês:
THE AMBER ROOM

Publicado originalmente por Grove Atlantic Ltd.
Capa: Regina Ferraz

Impresso no Brasil

ISBN 85-01-07066-1

PEDIDOS PELO REEMBOLSO POSTAL
Caixa Postal 23.052
Rio de Janeiro, RJ – 20922-970

EDITORA AFILIADA

Em memória de Muriel Claudia Worsdell
e
Gerald Anthony Scott-Clark

"Há diferentes verdades... verdades tolas e verdades sábias, e a sua é tola. Há também justiça..."

Irina Antonova, diretora do Museu Puchkin, Moscou[1]

"Um pouco do esplendor do mundo
Dissipou-se com a guerra e o tempo;
Aquele que protege e conserva
Amealha a mais bela fortuna."

J. W. Goethe, 1826

Sumário

Agradecimentos

ENFRENTAMOS INSTITUIÇÕES recalcitrantes, longas viagens, temperaturas abaixo de zero e muitos outros obstáculos, mas um dedicado grupo de curadores russos, veteranos do Exército Vermelho, acadêmicos, amigos e familiares nos ajudaram a conservar a sanidade mental e a terminar este livro.

Galia e Kolia, Vova e Tania, em São Petersburgo, deram uma grande contribuição para nosso trabalho na Rússia. Certamente não vão concordar com o que escrevemos, muito menos gostar de tudo, mas esperamos que isso não nos impeça de ainda comer picles de cogumelo juntos. Vladimir Telemakov foi infinitamente generoso com seus escritos, ainda à espera de um editor; sua memória da cultura russa e a paixão que nutre por ela são extraordinárias. Uma amiga que trabalha no Hermitage arranjou-nos hospedagem — pedimos desculpas por termos ficado tão horrorizados com seu apartamento.

Um círculo restrito de curadores em São Petersburgo e Tsarskoie Selo, entre os quais Valeria Bilanina, Albina Vasiliava e Albina Alia, passaram horas conosco, fosse contando-nos casos, fosse procurando diários, livros e endereços. Nadezda Voronova partilhou suas fotos de família conosco e contou-nos histórias sobre seu pai, M. G. Voronov, e Anatoli Kuchumov, colega e amigo dele. Vica Plauda guardava lembranças maravilhosas de sua infância junto a Kuchumov, seu avô. Aleksandr Kedrinski manteve-nos embevecidos por vários dias, e mesmo que lhe seja difícil concordar com nossas conclusões haverá de reconhecer a verdade que encerram. Alex Guzanov empenhou-se muito em nos ajudar em Pavlovsk.

Valera Katsuba explicou-nos o subtexto da correspondência que estávamos mantendo com as autoridades de São Petersburgo, enquanto Iura dançava e assava peixe. Catherine Phillips, eminente erudita russa, estava sempre na outra ponta de uma linha telefônica com sugestões (além de saber cantar todos os papéis masculinos de *Eugene Onegin*). O Dr. Ivan Sautov, diretor do Palácio de Catarina, não nos permitiu usar seu arquivo, mas sua recusa nos levou a encontrar uma opulência de novos materiais em outros lugares. Stuart M. Gibson mostrou-se invariavelmente otimista e nos emprestou seu nome em várias ocasiões.

Avenir Ovsianov, em Kaliningrado, passou três décadas procurando o tesouro perdido e encontrou muitas coisas, mas não a Sala de Âmbar. Partilhou conosco grande parte de seu arquivo e de suas lembranças. Embora não os tenhamos conhecido pessoalmente, Konstantin Akinsha e Gregori Koslov foram instrutivos em relação à história das "brigadas de troféus", que trouxeram à baila. Susanne Massie, igualmente uma pioneira na condição de uma das primeiras escritoras americanas a trabalhar na União Soviética, produziu uma vívida descrição da história dos palácios de Leningrado.

Na Alemanha, o professor Wolfgang Eichwede convidou-nos para um café que se transformou em jantar e acabou se convertendo num café da manhã. Eminente diplomata, com profundo amor por seu campo de atividade, Eichwede foi para nós um guia seguro no tocante às negociações russo-alemãs. Günter Wermusch foi sempre uma boa companhia e, mesmo que nunca venhamos a concordar em nada, será sempre um prazer ouvir suas engenhosas teorias. Um amigo no Ministério das Relações Exteriores da Alemanha, que talvez não convenha nomear, atuou como nosso conselheiro e tradutor esporádico. Não conhecemos ninguém que trabalhe tanto quanto Gerhard Ehlert, que parece também saber tudo sobre a Stasi.

Rainer Schubert contou-nos sua história com paixão e nos proporcionou uma vívida compreensão da vida carcerária na República Democrática Alemã. Amigos no *Frankfurter Allgemeine Zeitung* forneceram informações de bastidores sobre a Stasi e arquivos do Partido Comunista. Klaus Goldmann explicou o pano de fundo da *débâcle* do "Ouro de Tróia". Maurice Philip Remy, em Munique, uma excelente companhia, inovou em relação a muitas questões (entre as quais a da Sala de Âmbar) que continuam sendo delicadas para a maioria dos alemães. George Laue, em Munique, elaborou alguns catálogos interessantes sobre o âmbar. Helmut Seling, da mesma cidade, foi o primeiro alemão a ter permissão para entrar nos depósitos secretos do Kremlin após a guerra. Tete Böttger fez um enorme esforço para ser desagradável, mas não conseguiu. J. Robert Stein concordou em se encontrar conosco, e teria sido muito melhor que não o tivesse feito, mas nós lhe desejamos sorte. O barão Eduard von Falz-Fein foi uma companhia maravilhosa e provou ser exatamente o que parece, coisa muito rara na sua idade. Stephan Strauss foi extremamente generoso ao concordar em nos ver, embora talvez nunca venhamos a concordar quanto ao papel desempenhado por seu pai, Gerhard Strauss.

Na Grã-Bretanha, devemos agradecimentos a Freddy e Kitty Liebreich. Freddy traduziu centenas e mais centenas de páginas de verbiagem da Stasi e não saiu disso nada mais maluco do que ao começar. Kitty desenterrou mapas e doou-os à nossa pesquisa. Pamela Scott-Clark guiou-nos pela história do âmbar. Dorothy Levy estava sempre disposta a nos ouvir. Em particular, devemos agradecimentos a nosso editor, Toby Mundy, da Atlantic Books, que acreditou em nosso projeto desde o começo. A forma que deu ao nosso manuscrito, com sua leitura abalizada, certeira e vigorosa de todos os rascunhos, tornaram-nos irreconhecíveis. Clara Farmer, da Atlantic, também nos ajudou enormemente. Nos Estados Unidos, George Gibson, editor na Walker & Company, exerceu uma influência tranqüilizadora sobre o projeto, e suas idéias argutas acrescentaram muito à forma final do manuscrito.

Catherine Scott-Clark e Adrian Levy,
Chiang Mai, Thailand,
Janeiro de 2004

Dramatis personae

Larissa Bardovskaia Curadora-chefe no Palácio de Catarina em Tsarskoie Selo, subúrbio de São Petersburgo. Foi responsável pela redação do relato oficial do mistério da Sala de Âmbar para um catálogo resumido publicado pelo Ministério da Cultura russo em 1999.

Professor Aleksandr Brusov Professor de arqueologia no Museu Histórico do Estado, em Moscou, e irmão de Valery, famoso escritor modernista soviético. Chefiou a primeira busca da Sala de Âmbar em maio de 1945 e concluiu que fora destruída.

Imperatriz Catarina II da Rússia Princesa alemã, ascendeu ao trono da Rússia em 1762. Foi chamada Catarina, a Grande. Reformou o Palácio de Catarina e ampliou vastamente a Sala de Âmbar, que os visitantes qualificaram de "A Oitava Maravilha do Mundo".

Professor Wolfgang Eichwede Diretor do Centro de Pesquisa para a Europa Oriental da Universidade de Bremen. É o mediador entre a Alemanha e a Rússia no tocante à devolução de objetos de arte pilhados durante a Segunda Guerra Mundial.

Imperatriz Elisabete Filha de Pedro I, tornou-se imperatriz da Rússia em 1741 e dois anos depois começou a supervisionar a construção da Sala de Âmbar ganha pelo pai. Em 1775 a sala foi removida de São Petersburgo para o Palácio de Catarina.

Paul Enke Agente da Stasi que usava o codinome Paul Köhler. Pesquisador na Administração dos Arquivos do Estado da RDA em Potsdam, iniciou a investigação da Stasi sobre o destino da Sala de Âmbar. Em 1986 publicou *Bernsteinzimmer Report*, o mais difundido e influente livro sobre essa busca.

Barão Eduard von Falz-Fein Russo branco exilado, vive em Liechtenstein. Financiou a procura da Sala de Âmbar na Alemanha Ocidental e devolveu obras de arte pilhadas à Rússia e à Ucrânia, onde sua família teve origem. O "Clube da Sala de Âmbar" que criou teve entre seus membros Julian Semionov, George Stein e Georges Simenon, o criador do inspetor Maigret.

Frederico I Coroado "Rei na Prússia" em Königsberg em 1701, realizou as aspirações dos Hohenzollern de transformar a Prússia numa monarquia. Patrocinou a construção da Sala de Âmbar.

Frederico Guilherme I O Rei-Soldado. Era filho de Frederico I e ascendeu ao trono em 1713. Sem interesse pela Sala de Âmbar, que considerava excessivamente cara, deu-a ao czar Pedro I nos termos de um tratado diplomático assinado em 1716.

Uwe Geissler Informante da Stasi que trabalhava na "Kripo", a polícia criminal da Alemanha Oriental. Foi usado pela Stasi para interrogar testemunhas oculares potenciais durante a investigação sobre a Sala de Âmbar movida na RDA. Investigou a fonte ultra-secreta "Rudi Ringel".

Otto Grotewohl Presidente da Alemanha Oriental de 1949 a 1964. Cimentou os laços do país com a União Soviética numa época de grande inquietação no bloco Leste. Recebeu da União Soviética milhões de obras de arte alemãs pilhadas pelo Exército Vermelho durante a Segunda Guerra Mundial.

Aleksandr Kedrinski Um dos mais famosos arquitetos e restauradores da União Soviética. Dirigiu o projeto de reconstrução da Sala de Âmbar no Palácio de Catarina, aberta ao público em 31 de maio de 2003.

Erich Koch Comissário do Reich da Ucrânia e Gauleiter da Prússia Oriental. Transferiu para Weimar, em 1945, sua coleção privada de obras de arte pilhadas. Mais tarde (quando preso na Polônia) sugeriu ter contribuído para que a Sala de Âmbar fosse poupada e escondida.

Anatoli Kuchumov Um dos mais reputados curadores da União Soviética. Em 1964 dirigiu a investigação que concluiu que a Sala de Âmbar sobrevivera à guerra e fora escondida pelos nazistas em lugar desconhecido. Seu livro de 1989, *A Sala de Âmbar,* tornou-se a segunda publicação mais famosa sobre o assunto.

Erich Mielke Ministro da Segurança do Estado. Chefe da Stasi de 1957 a 1990. Obcecado em encontrar a Sala de Âmbar, aplicou milhões em moeda sonante na força-tarefa que fez escavações na RDA ao longo de toda a década de 1980.

Martin Mutschmann Gauleiter da Saxônia, para onde a Sala de Âmbar parecia ter sido removida nos últimos meses da guerra. Desapareceu em maio de 1945. Afirmou-se que fora seqüestrado pelo Exército Vermelho e levado para a União Soviética.

Nossa Amiga Professora Demos este nome a uma acadêmica soviética que ainda vive e trabalha em São Petersburgo, sem cujos contatos jamais teríamos encontrado o arquivo Kuchumov nem conhecido vários contemporâneos do curador.

Avenir Ovsianov Coronel reformado do Exército Vermelho. Trabalhou na Expedição Geológico-Arqueológica de Kaliningrado (GAK) que procurou a Sala de Âmbar durante a década da 1970. Após a desintegração da União Soviética, tantos caçadores de tesouro solicitaram permissão para escavar em Kaliningrado que a província fundou o Centro de Coordenação da Procura de Relíquias Culturais de Kaliningrado, sob a direção de Ovsianov.

Czar Pedro I Fascinado pelo artesanato do âmbar no Báltico, que conhecera ao viajar incógnito em 1696, Pedro, o Grande da Rússia esperou vinte anos para ganhar a Sala de Âmbar de presente. Seus artesãos não conseguiram montá-la em São Petersburgo.

"Rudi Ringel" Codinome de um informante ultra-secreto da Stasi e da KGB. Segundo ele, seu pai fora um Sturmbannführer da SS e removera a Sala de Âmbar do Castelo Königsberg para um local só conhecido pelo código BSCH, a conselho do Gauleiter Erich Koch.

Alfred Rohde Escritor, curador, especialista em âmbar e diretor do Museu do Castelo Königsberg. Encarregado da Sala de Âmbar em 1941, foi responsável por ela até seu desaparecimento em abril de 1945. Desapareceu alguns meses depois, com sua mulher.

Alfred Rosenberg Ideólogo de Hitler e ministro para os Territórios Orientais Ocupados. Uma empresa de sua propriedade, a Einsatzstab Reichleiter Rosenberg (ERR), participou do transporte da Sala de Âmbar para Königsberg. A ERR foi também acusada de evacuar a sala da cidade em 1945.

Professor Dr. Ivan Sautov Figura proeminente da elite cultural de São Petersburgo e diretor do Palácio de Catarina. Supervisionou a reconstrução da Sala de Âmbar e presidiu à sua inauguração em 31 de maio de 2003.

Andreas Schlüter Escultor da corte prussiana. Foi dele a idéia de uma sala apainelada com âmbar em 1701. Foi demitido antes da conclusão do projeto em Berlim.

Julian Semionov Escritor soviético, foi o criador do personagem Maxim Stirlitz, o "James Bond" do bloco Leste, que sabia falar quase todas as línguas européias "exceto irlandês e albanês". Passou duas décadas procurando a Sala de Âmbar e negando ter quaisquer ligações com a KGB.

Hans Seufert Conhecido por Oberst na Stasi, foi um agente de carreira que supervisionou a investigação promovida por Erich Mielke sobre a Sala de Âmbar, a "Operação Puchkin". Foi também chefe de Paul Enke.

George Stein Cultivador de morangos da aldeia de Stelle, nas cercanias de Hamburgo, e o mais famoso caçador de tesouros amador da Alemanha. De família originária da Prússia Oriental, passou um quarto de século procurando a Sala de Âmbar, mas o que encontrou foi uma morte sangrenta, após, ao que parecia, ter descoberto indícios de que ela fora secretamente enviada para os Estados Unidos.

Jelena Storozhenko Chefe da investigação secreta soviética sobre o destino da Sala de Âmbar nas décadas de 1970 e 1980. Dirigiu uma equipe que trabalhou sob o disfarce da Expedição Geológico-Arqueológica de Kaliningrado

(GAK), por vezes designada pelo codinome "o Orfeão". Aposentou-se em 1984, depois que sua operação foi encerrada.

Professor Dr. Gerhard Strauss Influente historiador da arte e professor da Universidade Humboldt, em Berlim Oriental. Teve estreitas ligações com as investigações promovidas pelos governos soviético e alemão oriental sobre a Sala de Âmbar.

Vladimir Telemakov Jornalista responsável por um jornal de operários da indústria automobilística em Leningrado. Passou décadas pesquisando para uma biografia de Anatoli Kuchumov para a qual ainda não encontrou editor.

Stanislav Tronchinski De origem polonesa, foi um funcionário graduado no campo da cultura em Leningrado e ocupou também um cargo na cúpula do Partido Comunista de Leningrado. Auxiliou Anatoli Kuchumov em sua busca da Sala de Âmbar durante a missão decisiva de 1946.

Paul Wandel Ministro da Educação da RDA na década de 1950. Era a ele que o professor Dr. Gerhard Strauss estava subordinado. Foi o inspirador das primeiras buscas da Sala de Âmbar empreendidas na Alemanha Oriental.

Günter Wermusch Trabalhou na Die Wirtshaft, antiga editora da Alemanha Oriental. Editou o *Bernsteinzimmer Report*, o influente livro de Paul Enke sobre a Sala de Âmbar.

Gottfried Wolfram Mestre-artesão da corte dinamarquesa. Entalhador de marfim por ofício, partiu para Berlim em 1701 para trabalhar com Andreas Schlüter na Sala de Âmbar original, projeto que viu soçobrar doze anos depois.

Marechal-de-campo Georgi Jukov Comandante da ofensiva do Exército Vermelho contra o Terceiro Reich, além de ator-chave na batalha pela tomada de Berlim. Teve sua carreira militar e política encerrada na União Soviética em 1946, acusado de saques durante a Segunda Guerra Mundial.

A SALA DE ÂMBAR

Introdução

No dia 22 de junho de 1941, logo após o meio-dia, chegou uma ordem urgente: evacuar Leningrado. Os nazistas haviam invadido a União Soviética às quatro horas daquela madrugada, sem declaração prévia de guerra. Estavam avançando com tal rapidez que, segundo os cálculos do Kremlin, em semanas estariam transpondo a porta sul de Leningrado, na Moskovski Prospekt.

Mas o dia 22 de junho era um domingo radiante, o primeiro naquele ano em que o tempo andara sempre enfezado. Muitos aproveitavam o fim de semana para passear pelas margens do rio Neva, a espocar garrafas do doce champanhe soviético; outros rumavam para as propriedades dos antigos czares, nos subúrbios, suas cestas de piquenique repletas de arenques e picles de cogumelo. A plena dimensão da crise só foi sentida na cidade por volta das seis horas da tarde. A maior força de invasão que já penetrara na União Soviética avançava inexoravelmente por seu território: quatro milhões de soldados alemães, 207 divisões da Wehrmacht, 3.300 tanques.

Evacuar os tesouros de Leningrado. A ordem partiu do LenGorIsPolKom (o comitê executivo da cidade). Agora todos ouviam. Era preciso salvar as coleções dos palácios e museus da cidade. Mas só o Museu Estatal Hermitage tinha dois milhões e meio de peças em exibição; havia milhares de outras nos palácios de Alexandre, de Catarina e Pavlovsk, além das coleções guardadas nos palácios Peterhof, Oranienbaum e Gatchina.

Um curador do Palácio de Catarina, no subúrbio de Puchkin, escreveu em seu diário: "22 de junho. Demos uma batida geral nos salões esta noite, encaixotando o que podíamos."

Mas havia trabalho demais: "24 de junho. Camaradas com hemorragia nasal de tanto se debruçar sobre caixotes de embalagem. Faltam-nos caixas e papel... Tivemos de usar os baús e os vestidos das czarinas para embrulhar nossos tesouros."[1]

E o que fazer com o maior dos tesouros da cidade, uma obra que, como se costumava dizer, sintetizava o poder imperial da antiga Rússia? No centro de uma série de salões interligados no primeiro pavimento do Palácio de Catarina, onde salão dava para salão, encontrava-se um aposento feito de âmbar, substância que, na época de sua construção, era 12 vezes mais valiosa do que o ouro.

A idéia de revestir inteiramente uma sala com painéis de âmbar fora aventada pela primeira vez na corte prussiana em 1701. A construção assombrosa e complexa que disso resultou veio a simbolizar a Idade da Razão em que foi concebida. Grãos da resina — o "Ouro do Norte" — haviam sido pescados às toneladas do mar Báltico, depois aquecidos, moldados e coloridos, para serem em seguida assentados um a um sobre enormes suportes de madeira, como num quebra-cabeça gigante. Quando, sessenta anos depois, os painéis da Sala de Âmbar foram doados à Rússia, visitantes à corte de São Petersburgo aclamaram-nos a "Oitava Maravilha do Mundo". "Chegamos agora a uma das raridades mais notáveis — quero lhe falar sobre a Sala de Âmbar", escreveu um romancista francês. "Só em *As mil e uma noites* e em contos de fadas, em que a arquitetura dos palácios é confiada a mágicos, espíritos e gênios, nos é dado ler sobre salas feitas de diamantes, rubis, jaspe-sangüíneo e outras pedras preciosas."[2]

Mesmo após a Revolução, quando as propriedades dos czares foram transformadas em museus estatais, a Sala de Âmbar continuou sendo a atração mais concorrida de Leningrado.[3] Já antes do verão de 1941, porém, a instalação do aquecimento central havia provocado rachaduras no âmbar e o pessoal do Palácio de Catarina tivera receio de desmontar os painéis. Quando, oito dias após a invasão alemã, o primeiro trem de ferro soviético carregado de peças de museu partiu da estação de Leningrado para o leste, rumo à Sibéria, a Sala de Âmbar não estava a bordo.

Os curadores que ficaram não tiveram mais tempo para pensar nela. Foram arregimentados para reforçar as defesas da cidade. Uma curadora escreveu em seu diário: "Estamos fazendo o trabalho de guardas, escriturários e faxineiros. As paredes estão todas nuas." Exceto as da Sala de Âmbar.

No final de agosto os nazistas haviam tomado Mga, um terminal ferroviário quinze quilômetros ao sul de Leningrado. Dali em diante, dois milhões de cidadãos permaneceriam isolados do resto do mundo por quase novecentos dias. Era tarde para evacuar mais o que quer que fosse. Em 1º de setembro uma linha fortificada pesadamente guarnecida já cercava a cidade. Os britânicos monitoravam o avanço: "9 de setembro. XVI Panzer Korps (16ª Divisão de Panzers) está ocupando Leningrado."

No dia 13 de setembro a vila de Puchkin foi atacada. " — [Koluft Panzer Group Four] agora em Detskoie Selo [Puchkin]." No dia seguinte, o ataque veio de cima. "— [Fliegerkorps have landed]. Ataque a Puchkin concluído. Todas as bombas caíram na zona-alvo."

No interior do Palácio de Catarina, meia dúzia de curadores continuava a trabalhar, tentando salvar o que fosse possível. Espalharam areia nos assoalhos para proteger a preciosa madeira marchetada, guardaram em depósitos todos os móveis que conseguiram deslocar. Mas ainda havia algo que ninguém protegera devidamente.

Mensageiros levavam comunicados de Puchkin para as autoridades municipais em Leningrado. O último chegou em 17 de setembro, às cinco horas da manhã: "O parque e o norte da vila estão lutando bravamente. Todos estão se deslocando para oeste. Pegamos até as máquinas de escrever. Não deixaremos nada para eles."

Nada, fora a Sala de Âmbar, escondida na escuridão sob uma outra sala, mais banal, feita de musselina e algodão. É que, em vez de evacuá-la, o pessoal do Palácio de Catarina decidira esconder o delicado tesouro sem tirá-lo do lugar. As insubstituíveis paredes de âmbar foram forradas com camadas de pano e estofo. Alimentavam a esperança de que os nazistas, caso conseguissem chegar até o Palácio de

Catarina, se deixassem enganar, pensando ser aquela mais uma sala comum, vazia.

Horas depois o palácio havia sido tomado. Um oficial alemão contou que quase imediatamente apareceram tabuletas toscas pregadas nas portas douradas, declarando as salas "reservadas para a 1ª Companhia etc. etc....".[4] Em toda parte havia "soldados alemães dormindo, as botas enlameadas sobre sofás e cadeiras preciosos". O rapidíssimo avanço deixara os nazistas exaustos. De repente ouviram-se gritos de alegria e o oficial alemão correu para ver o que os homens tinham descoberto. No primeiro pavimento, numa sala que ficava no meio de um corredor comprido, "dois intrigados soldados rasos aplicavam-se a arrancar... coberturas protetoras [das paredes]. Elas revelavam cinzeladuras em âmbar a rutilar maravilhosamente: as molduras de um mosaico".

Quando retornaram ao Palácio de Catarina, em 1944, os curadores soviéticos transpuseram os portões de ferro empenados e atravessaram um pátio em que arame farpado e covas nazistas espalhavam-se por toda parte. Subiram até a seqüência de salas do primeiro pavimento — não pelas escadas de mármore, que haviam sido reduzidas a cacos — e descobriram que, no lugar em que haviam escondido a "Oitava Maravilha do Mundo", só restara um vazio. A Sala de Âmbar desaparecera. Os nazistas só haviam deixado atrás de si suportes de madeira desguarnecidos e um intrincado mistério.

No outono de 2001 reconstituímos a história da Sala de Âmbar até esse ponto, valendo-nos de um pequeno número de fontes publicadas e dos arquivos Enigma já revelados e disponíveis no Departamento de Registros Públicos, em Londres. Ali estavam registradas as cerca de duas mil mensagens captadas diariamente pelo projeto Ultra, que interceptara as comunicações alemãs durante toda a Segunda Guerra Mundial.[5]

Nossa curiosidade acerca do destino da Sala de Âmbar, na época um assunto sobre o qual sabíamos muito pouco, fora despertada por uma sucessão de *press releases* e reportagens vindos da Rússia e da Alemanha. Em 1999, uma empresa alemã se oferecera para ajudar os russos a construir uma réplica da Sala de Âmbar original com uma doação de três milhões e meio de dólares. Agora, um ano e meio depois, o projeto estava quase concluído e o palco montado para uma inauguração portentosa.

As autoridades de São Petersburgo e Moscou falavam entusiasticamente sobre sua nova Sala de Âmbar, descrevendo-a como um memorial a tudo que a União Soviética perdera na Segunda Guerra Mundial. Em sua publicidade, os patrocinadores alemães exaltavam o projeto de reconstrução como um símbolo da nova Europa, sem Muro nem Cortina de Ferro. O Kremlin anunciou que convidaria quarenta chefes de Estado e de governo para a inauguração, marcada para coincidir com o tricentenário da fundação de São Petersburgo no dia 31 de maio de 2003. O evento seria transmitido ao vivo pela televisão a partir de um centro especialmente construído, com capacidade para abrigar mil jornalistas. O orçamento para as celebrações seria da ordem de bilhões de rublos. Embora tanto dinheiro estivesse sendo investido na nova Sala de Âmbar, ninguém parecia ter idéia do que fora feito da obra-prima original. Dizia-se nessa altura que ela valia mais de 250 milhões de dólares, cifra que a tornava a mais valiosa obra de arte desaparecida do mundo.

Existem, como descobrimos, muitos tipos diferentes de caçadores de tesouro. Inscrevendo as palavras "Amber Room" num mecanismo de busca ou em qualquer arquivo de jornal *on-line* na Internet, vêem-se surgir mais de oitocentas mil entradas.

Um grupo de especialistas em salvamento passou anos esquadrinhando as catacumbas que percorrem o subsolo da cidade alemã de Weimar, na crença de que a Sala de Âmbar fora secretamente transferida para a cidade báltica de Königsberg e de lá para Weimar por agentes nazistas a serviço do Gauleiter da Prússia Oriental.

Mergulhadores exploraram metodicamente os destroços enferrujados do *Wilhem Gustloff*, um navio mercante alemão torpedeado em 31 de janeiro de 1945 após zarpar do porto báltico de Gotenhafen, a noroeste de Dantzig. O navio estava evacuando 10.582 alemães feridos de Königsberg e da linha de frente soviética, cada vez mais próxima. Dizia-se que transportava também a Sala de Âmbar.

Especialistas em mineração reuniam-se regularmente no oeste da Saxônia e da Turíngia, onde a zona rural é crivada de profundos poços de minério e potassa, na crença de que, como os nazistas haviam usado minas e cavernas para ocultar obras de arte importantes, era possível que também a Sala de Âmbar tivesse sido escondida em alguma galeria subterrânea.

Essas diferentes teorias e seus defensores, uma espécie de liga de caçadores de tesouros europeus, americanos e russos, geraram milhares de pistas potenciais e um mundo estonteante de conspiração. No momento em que escrevemos mais de uma dúzia de escavações estão em curso na Alemanha, cada uma embasada numa teoria diferente.

Na Rússia, no entanto, há um buraco negro de informações. Quase todos os funcionários diretamente ligados à Sala de Âmbar original estão mortos ou desaparecidos. Por força das condições políticas e econômicas, seus documentos, diários e *memorabilia* foram dispersos, furtados, escondidos ou declarados secretos. Mesmo depois da *glasnost* e da *perestroika*, os arquivos públicos russos mais importantes, que poderiam conter material sobre as buscas oficiais da Sala de Âmbar, continuam impenetráveis. Os diretores dos museus de Moscou e São Petersburgo mostram-se constrangidos e com freqüência hostis (especialmente com quem chega sem ofertas de financiamentos internacionais ou intercâmbios de pesquisa para lhes oferecer).

Não tínhamos nenhuma experiência anterior de trabalho na Rússia ou no antigo bloco Leste, mas durante mais de uma década havíamos granjeado certa reputação como destrinçadores de matérias complicadas, fazendo pesquisas de campo ou arquivística para jornais e redes de televisão em países tão diversos como os Estados Unidos, a Grã-Bretanha, a China e a Índia. Naquele caso, a Rússia parecia o lugar certo por onde começar. Era vasta, turbulenta e dissimulada. Provavelmente, era também o lugar que mais segredos guardava, mesmo que fosse difícil extraí-los.

Em dezembro de 2001 voamos para São Petersburgo e começamos a fazer lentos progressos por meio de canais oficiais. Em certa altura, porém, amigos da antiga Universidade de Leningrado, especialistas em viver criativamente, sugeriram-nos uma outra estratégia, mais oblíqua. Ajudaram-nos a montar uma rede de personagens secundários, veteranos do Exército Vermelho, velhos camaradas, curadores de museus em atividade ou aposentados. Um conhecia o outro. Uma apresentação levava a um convite para jantar. Lentamente — tão lentamente que às vezes tínhamos a impressão de que não chegaríamos a absolutamente lugar nenhum — fomos recuando no tempo e desenterrando as histórias das pessoas diretamente envolvidas no mistério da Sala de Âmbar.

Em *dachas* e apartamentos, em bancos de parque e escritórios anônimos memórias se reacenderam, avivadas por vodca, chá preto adocicado ou cerveja branca. Para cada pasta oficial de documentos, diário ou folha de instruções que, segundo os arquivos e bibliotecas, estavam desaparecidos ou eram inacessíveis, encontramos minutas ou duplicatas escondidas em salas de estar e corredores. Para cada álbum do governo que fora esvaziado ou se perdera, descobrimos fotos emolduradas sobre consolos de lareira ou metidas em gavetas de velhas cômodas.

Seis décadas de segredo e de busca muitas vezes frenética pela Sala de Âmbar ganharam vida, assim como os esforços extraordinários dos que haviam lutado para sufocar a verdade sobre seu destino. A hesitação das primeiras semanas que passamos na Rússia deu lugar a dois anos de intensa investigação. Por fim, após viajar milhares de quilômetros entre São Petersburgo, Moscou, Londres e Washington, e entre a Holanda, o Lichtenstein e a Áustria, passando pela Alemanha, seguindo pistas documentais que nos levaram para os mundos paralelos da KGB na Rússia e da Stasi na Alemanha Oriental, chegamos ao castigado enclave russo de Kaliningrado e no coração de uma extraordinária estratégia de acobertamento.

Foi ali, numa cidade moribunda à beira do Báltico, quando o inverno começava a arrefecer, que as últimas peças do mistério da Sala de Âmbar se encaixaram, e fomos obrigados a encarar a verdade sobre um caso que poria em xeque o modo como víamos a União Soviética e seu lugar na Guerra Fria.

1

"SOU UM HOMEM COMPLICADO", disse ele, sem descerrar os dentes que brilhavam como medalhas do Primeiro de Maio. Cutucou a ponte com o dedinho, empurrando a obra de engenharia dental soviética para o lugar. "Dediquei cinqüenta anos à Grande Empreitada — e foi ela que os trouxe aqui. Correto?"

Os erres russos vibrantes do velho matraqueavam como lápis caindo no chão, lembrando-nos de que ainda não havíamos explicado por que estávamos ali, onde não deveríamos estar, nas salas reservadas à administração de um palácio-museu nos arredores de São Petersburgo. Mal nos havíamos recuperado do desafio que fora entrar ali: espremer-nos entre os imponentes portões vigiados, coroados por águias de duas cabeças; dar batidinhas em código numa porta discreta; engambelar uma *babuchka* protegida do frio de dezembro por cinco casacos, a balançar a cabeça metida num capuz forrado de pele como uma naja. Uma vez lá dentro, havíamos subido com estrépito quatro lances de uma escada de ferro fundido, passando por gárgulas de nariz quebrado — vítimas de guerra a esperar pela restauração havia mais de sessenta anos —, até encontrarmos aquele velho, sentado em silêncio em seu vasto estúdio, vestindo uma fina camisa vermelha de jérsei. Na parede atrás dele pendia um projeto intricado, uma interessante planta baixa com a inscrição: "Gabinete Imperial Prussiano".

Imediatamente, uma série de pensamentos desconexos começou a brotar de seus lábios finos, secos: "Já poderia estar aposentado, como certas pessoas que posso citar. Mas um homem como eu, cujo trabalho é de importância nacional, nunca pode realmente se aposentar. Depois, tive meu segundo ataque do coração." Acentuava as palavras como se estivesse lendo um daqueles exemplares do *Leningradskaia Pravda* que antigamente ficavam pregados nos quadros murais perto da Ulitsa Nekrasova, onde, como nos contou, costumava tomar café amargo num bar georgiano chamado Tblisi.

O ancião passou a mãozinha no cabelo branco, arrepiando-o. "Sou um patriota. E apesar disso, cá estou, admitindo a idéia de conversar com *os senhores*. Arre!" Triturou um cigarro com filtro num grande e viscoso copo de café e, pela janela, lançou um olhar iracundo para à tempestade de neve que açoitava o parque dos czares. Seu rosto empapuçado era um mapa de capilares rompidos.

As terras do Palácio de Catarina. Aqui Pedro, o Grande disputou a região com a Suécia em 1702, construiu uma simples quinta que deu de presente à futura Catarina I, para assinalar seu noivado com ela em 1708. Vinte e cinco quilômetros mais ao norte, no delta infestado de mosquitos do rio Neva, o czar estava erguendo a nova capital européia modelo, São Petersburgo. Cada estátua que podíamos ver naquele dia no jardim congelado, plantado havia mais de 220 anos, estava protegida por um envoltório de madeira e arame contra os vendavais que o assolam, vindos do golfo da Finlândia.

Em 1752, a imperatriz Elisabete, filha de Pedro, herdou a quinta e ordenou a seu arquiteto italiano, Bartolomeo Rastrelli, que a transformasse numa residência imperial de verão em estilo barroco. Uma "ampla faixa azul-clara, um palácio com colunas brancas como a neve", assomou entre as bétulas, os bordos e as cerejeiras.[1] O exterior do Palácio de Catarina foi dourado com cem quilos de ouro; no interior, como uma cadeia adornada com pedras preciosas, salões interligavam-se, um dando para o outro, branco, depois carmim, verde e depois âmbar.

Não demorou e outros palácios brotaram à sua volta e o subúrbio tornou-se conhecido como Tsarskoie Selo, a Aldeia do Czar. Na década de 1770, a nova imperatriz, Catarina, a Grande, ordenou a seu arquiteto escocês, Charles Cameron, que reformasse o Palácio de Catarina, imprimindo-lhe um estilo clássico. Era ali que ela entretinha sua legião de amantes, o último dos quais foi o conde Platon Zubov, de 25 anos, cujo nome ainda adorna o piso do térreo da ala sul.

O pavilhão adjacente, que podíamos ver pela janela do velho camarada, tornou-se o Liceu Imperial. Ali, em 1811, se matricularia, aos 12 anos de idade, Aleksandr Puchkin, que mais tarde imortalizaria a vila: "Sejam quais forem as separações que o destino nos reserve, sejam quais forem as fortunas que o fado tenha em suas mãos, somos sempre os mesmos; o mundo, algo de estranho, e Tsarskoie Selo a nossa Pátria."[2]

Foi das salas do Palácio de Alexandre, que se erguia atrás de nós, que o czar Nicolau II pediu em vão ao "Primo Bertie", na Inglaterra, que o ajudasse, antes de ser levado para Ekaterinburg, onde sua linhagem foi extinta num porão úmido. Abaixo de nós, no Grande Pátio, os cossacos de Aleksandr Kerenski renderam-se ao povo russo em outubro de 1917, pondo abaixo o Governo Provisório russo e entregando o poder a Lenin e aos bolcheviques. Na primeira oportunidade, envergando seus sobretudos pesados, os heróis da Revolução correram lá — queriam dar uma espiada no mundo decadente dos aristocratas.

Ali também chegara, em 1952, o velho camarada que tínhamos diante de nós: Aleksandr Aleksandreievitch Kedrinski: um dos mais celebrados arquitetos da União Soviética; membro da sagrada Academia Russa de Artes; ganhador do Prêmio Lenin; a obra de sua vida elogiada pelo LenGorSoviet (o antigo conselho municipal); suas realizações reconhecidas por secretários-gerais, *premiers* e presidentes — Brejnev, Gorbatchov, Chernomirdin, Ieltsin e Putin.

Mas, por difícil que tivesse sido chegar até Kedrinski (e, desde que começáramos a investigar o caso da Sala de Âmbar, em setembro de 2001, haviam sido muitas as entrevistas feitas em Londres e São Petersburgo, bem como as cartas, os fax e os telefonemas para emigrados e funcionários, vozes distantes perdidas numa tempestade de estática), tínhamos uma tarefa ainda mais delicada a enfrentar: dizer a ele que não fora para entrevistá-lo que havíamos percorrido todo o longo caminho até ali.

A pessoa a quem estávamos procurando era um outro curador russo, muito idoso, que outrora fora encarregado do mais amado tesouro de seu país: Anatoli Kuchumov, o último guardião da Sala de Âmbar e um dos mais velhos colegas do camarada Kedrinski. Os dois tinham trabalhado juntos durante mais de quarenta anos. Mas o telefone de Kuchumov estava desligado e ninguém se lembrava dele no abrigo estatal para aposentados nos arredores de Tsarskoie Selo.

Kedrinski ficou perturbado. "Não sabem que o tribunal baixou uma nova ordem?", perguntou, levantando-se para fechar a porta. "Bardovskaia vai me cortar a cabeça se eu lhes disser uma palavra." Bardovskaia? O nome não nos dizia nada, mas não quisemos imprensá-lo. Quadros idosos como Kedrinski são de um formalismo a toda prova; preferimos suportar seu longo silêncio. A atmosfera em seu estúdio cavernoso era sufocante. O sistema de aquecimento central ainda estava à espera da *perestroika*. Kedrinski fez ponta num lápis à maneira antiga — com longas e certeiras facadas. Latas de caviar com água para enxaguar pincéis, em vários tons de neve derretida, espalhavam-se por sua mesa, dividindo o espaço com seu santo tríptico: um isqueiro descartável, um cinzeiro e um maço preto e dourado de Pedro I, a mais nova marca de cigarros da cidade.

"Esqueçam Bardovskaia", anunciou ele de repente. "Continuemos. Vou lhes contar sobre a Grande Empreitada depois que tiverem aprendido alguma coisa a meu respeito. Meu pai. Ele foi um verdadeiro herói russo — morto na primeira guerra. Minha mãe — morreu também, pouco depois que eu nasci, no ano da Revolução de Outubro. Uma tia extraordinária me criou."

O camarada Kedrinski deleitava-se com o valor que todos atribuíam ao que sabia. A tudo que devia ter visto na condição de restaurador do partido, uma das poucas pessoas autorizadas a entrar em qualquer depósito trancado. Não nos deu a menor chance de perguntar sobre Anatoli Kuchumov, o último guardião da Sala de Âmbar.

"Minha tia estudara na Sorbonne e falava francês. Conhecera Toulouse-Lautrec e Modigliani. Ao voltar à nossa cidade em 1919, passou a lecionar na escola de balé — logo abaixo, na nossa rua. Uma época estranha."

Já havíamos notado como os russos falam sobre terror. Ele aflora obliquamente; em geral de maneira indistinta e muitas vezes inaudível, na forma de omissão — falavam do que era permitido, não do que era proibido. Ali em São Petersburgo, um museu vivo dos séculos XVIII e XIX, cuja arquitetura pouco fora afetada pelos eventos mais formidáveis e mais sangrentos do século XX, cidadãos resignados sentiam-se felizes em sonhar que também eles haviam passado incólumes por tudo aquilo.

Era 1919 — o ápice do Terror Vermelho. O número de habitantes da cidade fora reduzido de 2,3 milhões para 720 mil pela doença, a miséria, o pânico e a Cheka. "Quem quiser proteger os pobres endurecerá seu coração contra a piedade e se tornará cruel" — esse era o moto da Comissão Extraordinária para o Combate de Atos de Sabotagem e Contra-Revolução (Cheka), criada em dezembro de 1917 num pequeno escritório a minutos do Palácio de Inverno de São Petersburgo. A metrópole de canais, casas geminadas e jardins ornamentais, concebida à maneira um pouco de Amsterdã, um pouco de Londres, um pouco de Paris e um pouco de Veneza, logo pareceu execrável. Em *The Road to Calvary*, de Alexei Tolstoi, um personagem afirma ter visto o Diabo em pessoa rumando num *drojki* para a ilha Vasilevski da cidade. "Postos, honras, pensões, dragonas, a trigésima letra do alfabeto, Deus, propriedade privada e o direito de viver como se queria, tudo isso estava sendo suprimido", escreveu Tolstoi.[3]

Mas e Anatoli Kuchumov? Ele tinha sido criado também durante o Terror?

"Kuchumov era um mentiroso. Assumiu os louros por coisas que não fez", respondeu Kedrinski com aspereza, espetando o lápis no mata-borrão diante de si.

Ficamos chocados. Não era isso que esperávamos ouvir dele sobre um colega tão próximo, sob cuja chefia supostamente trabalhara durante tantas décadas.

Kedrinski vituperou: "Kuchumov passou a infância arrastando-se pelas margens barrentas do Volga, com calçados feitos de casca de árvore. Aos treze anos eu estava pintando retratos de Lenin. E aos dezessete estava apaixonado por meu país. Trabalhei arduamente e consegui uma vaga no Instituto de Engenharia de Leningrado. Pude continuar a pintar e estudar para me tornar um arquiteto, adquirir as qualificações de que precisaria para a Grande Empreitada." Suas palavras estouram como locomotivas velhas, cada uma arrematada com pequenas baforadas de fumaça de cigarro; antes de acender cada um ele lhe dá batidinhas afetuosas. "Tive professores magníficos, Eberling e Zedenberg. Gostava muito de suas aulas. Mas nós, os russos, nem sempre conseguimos conservar o que amamos."

Insistimos: E Kuchumov? Que tipo de formação tivera?

"Ora, Kuchumov! Não teve educação formal nenhuma. Seu bom gosto não ia além dos querubins rechonchudos e das rosas que mandava pintar nos tetos dos palácios que restaurava. Apesar disso, a equipe tinha de baixar a cabeça e fazer reverência para ele. Kuchumov tornou-se o czar dos depósitos dos museus."

Tentamos outra abordagem. Que acontecera no verão de 1941, quando a Sala de Âmbar desaparecera daquele palácio?

"Eu não estava em Leningrado. Estava no sul das montanhas do Ural. Construindo usinas e fábricas militares", disse o velho camarada, enquanto, pela janela, olhava crianças deslizando de trenó sobre os gramados cobertos de neve.

Começávamos a nos perguntar se não teria sido um erro procurar aquele homem.

Mas Kedrinski continuou: "Estou escrevendo um livro sobre a Grande Empreitada. O manuscrito é ultra-secreto." Essas palavras foram sussurradas. "Conto como reconstruímos o nosso país, restauramos nossos palácios bombardeados. Bardovskaia diz que não posso morrer antes de terminá-lo. O trabalho tem de ficar pronto para publicação em maio de 2003."

Bardovskaia. De novo aquele nome. Mas antes que pudéssemos perguntar sobre ele o camarada Kedrinski tirou da gaveta de sua escrivaninha escolar um maço de papéis da era soviética, folhas finas que se enroscavam como samambaias ao primeiro toque de uma mão tépida.

"Toda a minha pesquisa", disse. Algumas páginas estavam datilografadas, outras, cobertas com meticulosas e minúsculas letras cirílicas manuscritas. Lá fora a neve caía em grandes espirais; as janelas, que cristais de gelo iam cegando, estalavam. Kedrinski leu: "22 de junho de 1941. O verão se instalava. Nos velhos parques, jardins e praças, a folhagem verde e fresca perfumava o ar. De manhã cedo orquestras já tocavam, músicas animadas e felizes, cheias de vigor e alegria. Gente dos mais diferentes tipos flanava pelas ruas."

Mas Kedrinski dissera havia pouco que não estava em Leningrado em junho de 1941. Perguntamos de quem eram essas lembranças.

Ele fez uma pausa e fitou-nos por cima dos aros grossos e pretos dos óculos. "Do amigo dos senhores, Anatoli Kuchumov. São as memórias dele. Ele estava aqui naquele verão de 1941." Quisemos saber onde encontrara o diário de Kuchumov.

"Ora, isso não importa", disparou. "Preciso ter acesso a tudo para meu livro sobre a Grande Empreitada." Puxou um monte de papéis da gaveta: relatórios oficiais soviéticos, lembranças dele próprio e trechos de documentos privados de colegas, material timbrado com o sinete do arquivo do Palácio de Catarina. As páginas que tinha na mão eram parte memórias e parte material de referência.

Retornando ao que Kuchumov registrara em seu diário no dia 22 de junho de 1941, Kedrinski leu:

> "A multidão de folga acorria aos palácios num só fluxo. Ali, velhos descansavam nos gramados enquanto jovens dançavam ao som do acordeom. Outros jogavam vôlei e, numa torrente constante, bandos chegavam ao museu para ver a obra daqueles artistas de gênio — Rastrelli, Cameron. Grupo após grupo deslizava como se numa esteira rolante pela cadeia dourada de salões."

Como Kuchumov parecia apaixonado por sua Rússia! Suas palavras não soavam como as de um homem sem instrução. Parecia uma pessoa muito diferente da que fora descrita pelo velho e dogmático camarada sentado à nossa frente.

Kedrinski continuou:

> "Tudo estava como sempre quando, de repente, Klava, o supervisor, entrou de supetão na minha sala, ofegante, com a notícia de que o camarada Molotov [Viatcheslavi Molotov, comissário do povo para as Relações Exteriores de Stalin] faria um pronunciamento de urgência pelo rádio. Saí correndo pelas salas até a colunata do palácio, onde havia um alto-falante.
>
> Uma grande multidão já se formara ali. Com a voz rouca e embargada pela emoção, Molotov pronunciou palavras simples e terríveis: 'Homens e mulheres, cidadãos da União Soviética, o governo soviético e seu chefe, o camarada Stalin, instruíram-me a fazer o seguinte comunicado: às quatro horas da manhã, sem nenhuma declaração de guerra e sem fazer qualquer reivindicação à União Soviética, tropas alemãs atacaram nosso país...'"

Zitomir, Kaunas, Sebastopol e até Kiev, a Mãe das Cidades, haviam sido bombardeadas, em flagrante violação do pacto germano-soviético de não-agressão firmado entre Molotov e o ministro das Relações Exteriores de Hitler, Joachim Ribbentrop em 23 de agosto de 1939. Cabia agora a Molotov despertar o povo soviético: "O governo vos conclama, homens e mulheres, cidadãos da União Soviética, a se unirem ainda mais estreitamente em torno do glorioso Partido Bolchevique, em torno do governo soviético e de nosso chefe, o camarada Stalin. Nossa causa é justa. O inimigo será esmagado. A vitória há de ser nossa."

Em seu diário, Kuchumov registrara que ficara paralisado: "Guerra. Novos julgamentos. Novos desastres. Toda aquela vida nova de verão desaparecera e em seu lugar havia só perplexidade e a premonição de terríveis sofrimentos."

Kedrinski endireitou os papéis da pesquisa em sua mesa e voltou-se para nós: "Kuchumov não teve muito tempo para refletir sobre a guerra; horas depois recebeu ordem de se apresentar ao camarada Vladimir Ivanovitch Ladukhin, diretor dos palácios de Catarina e

Pavlovsk, um homem do partido. As instruções tinham vindo de Moscou. Tudo que havia de valor na cidade devia ser evacuado: maquinaria pesada, equipamentos de fábrica e o tesouro dos czares."

Era uma tarefa desanimadora. Milhões de peças estavam expostas no Museu Estatal Hermitage e havia outros milhares nos palácios que cercavam Leningrado: Catarina, Alexandre, Pavlovsk, Peterhof, Oranienbaum e Gatchina.

"Não havia muito tempo", disse Kedrinski. "O camarada Ladukhin garantiu a Kuchumov que havia um plano e que tudo daria certo se ele o cumprisse ao pé da letra." Suspirou. "Foi um erro tremendo. Kuchumov tinha apenas 29 anos. Filho de um carpinteiro, criado numa isbá."

Apenas nove anos antes Kuchumov não passava de um camponês sem qualificação nem dinheiro. Conseguira, sabia-se lá como, um emprego como catalogador júnior nos palácios de Leningrado e, em menos de uma década, ascendera até a posição de curador-chefe do Palácio de Alexandre. Fazia só dois anos que ocupava esse cargo quando Ladukhin o distinguiu, instruindo-o a coordenar a evacuação de todos os palácios de Tsarskoie Selo.

Por que uma ordem tão importante de Moscou teria sido confiada a um curador jovem e inexperiente?

Kedrinski fechou a cara. Passou-nos uma fotografia de um grupo de quatro pessoas diante do Palácio de Catarina. "Kuchumov, foto feita pouco antes da guerra", disse, apontando para o homem da direita.

O jovem curador parecia elegante em seu jaquetão trespassado, a larga gola branca da camisa informal cuidadosamente aberta sobre ele, mãos fechadas atrás das costas. Um par de óculos de aros redondos adornava-lhe os traços pequenos, femininos, e uma madeixa indisciplinada lhe caía sobre a testa. Uma caneta-tinteiro presa no bolso do peito assinalava seu recém-adquirido *status* de intelectual. Havia uma mulher no grupo. Perguntamos quem era.

"Ana Mikhailovna, dos famosos olhos azuis", disse Kedrinski, torcendo o nariz. Contou-nos que Anatoli Kuchumov e Ana Mikhailovna haviam se conhecido no Instituto de Artes de Leningrado, onde freqüentavam o curso noturno. Ela o acompanhara a Tsarskoie Selo, onde se tornara curadora, antes de os dois se casarem em 1935.

"Posso continuar a leitura?", perguntou Kedrinski num tom sarcástico. "Segundo o diário de Kuchumov, no dia 22 de junho de 1941 o camarada Ladukhin lhe entregou um envelope." Sobre ele estava datilografado: "Atos e instruções. A ser aberto somente em caso de declaração de guerra." O envelope fechado fora mantido num cofre pelo chefe de segurança da cidade e o plano de evacuação que continha era semelhante a um outro arquitetado um século antes. Em 1812, quando Napoleão rumava para a fronteira russa levando "brigadas de troféus" — cuja função era caçar obras de arte interessantes a serem enviadas para Paris —, os curadores russos haviam embalado e expedido milhares de peças dos museus de São Petersburgo e Moscou para depósitos distantes no leste.

Kedrinski continuou: "Segundo o diário de Kuchumov, contudo, a lista fora elaborada em 1936 por dois curadores que haviam incluído apenas 2.076 obras de arte de 110 mil itens possíveis do Palácio de Alexandre, do Palácio de Catarina e do Pavlovsk. Se Kuchumov tivesse se limitado a cumprir aquelas ordens, só 259 peças teriam sido salvas do Palácio de Catarina e apenas sete de seu próprio museu. Segundo os papéis que ele tinha diante de si, não deveria se preocupar com o mobiliário francês criado pelos famosos irmãos Jacob, a extraordinária coleção de relógios, a famosa coleção de armas do czar. Não havia menção alguma às obras de Fedot Shubin, o escultor russo, a nenhum exemplar das valiosas lacas chinesas, a nenhuma pintura de Serov, Reorich ou Markovski, alguns dos maiores pintores da Rússia. Por incrível que pudesse parecer, tampouco havia qualquer menção à Sala de Âmbar. Em contraposição, estavam incluídos objetos como uma máscara mortuária de gesso de Voltaire, pinturas não assinadas e não datadas e um exemplar de um prato japonês do século XVIII com qualidade de exportação."[4]

"Nada sobre a Sala de Âmbar! Kuchumov fez algumas indagações discretas e ficou aliviado ao saber que já em 1939 as listas de 1936 haviam sido consideradas inadequadas. Novas listas haviam sido elaboradas. Mas onde estavam? Kuchumov descobriu que haviam sido perdidas pelo próprio chefe de segurança de Leningrado. Mas quem ousaria encostá-lo na parede?" Kuchumov teria de improvisar. Procuraria ajuda junto ao pessoal mais velho, que conhecia bem as coleções. "Mas em junho de 1941, vários dos curadores mais competentes, os que detinham a antiga *expertise*, haviam desaparecido", disse Kedrinski.

O assassinato de Serguei Kirov, chefe do Partido Comunista de Leningrado, em dezembro de 1934, fora usado por Stalin para expurgar a velha guarda leninista. A isso haviam se seguido julgamentos espetaculosos, execuções em massa, o exílio de milhões de pessoas, a eliminação de camadas inteiras do partido. Os chamados Corvos Pretos haviam atacado com força total. Agentes a mando de Nikolai Iezhov — o novo comissário geral da Segurança do Estado que assumira a chefia do NKVD (Comissariado do Povo para Assuntos Internos), órgão que sucedera à Cheka —, eles criaram todo um novo gênero de violência, que se tornaria conhecida como *Iezhovshchina*. Quanto a Iezhov, uma figura coxa, insignificante, era chamado "Karlik, o Anão" pelo povo de Leningrado. A paranóia penetrava cada casa, enquanto botas pesadas subiam as escadas no encalço de palavras descuidadas; traíam-se vizinhos a pretexto de uma corda de estender roupa, uma frase irrefletida tornava irmãos e irmãs inimigos. Às vezes a recusa a fazer uma confissão, mesmo que de uma mentira, bastava para despertar a fúria de Karlik. Depois que a polícia secreta executou seu marido, Ana Akhamatova, a poetisa favorita da cidade, escreveu:

> No oeste o sol visível ainda brilha,
> E os telhados das cidades lampejam à sua luz,
> Mas aqui o sol branco já marca as casas com giz branco;
> chama os corvos, e eles acorrem voando.[5]

Muitos funcionários das instituições culturais de Leningrado pertenciam a famílias nobres (sendo os únicos que tinham tido acesso a educação superior e a viagens), e também eles passaram a ser minuciosamente investigados. Os Corvos Pretos percorreram os museus de Leningrado levando tantos curadores que o centro de detenção do NKVD ficou lotado. "Estava muito, muito cheio, havia gente dormindo em colchonetes pelo chão. Eu não fazia idéia de por que tinha sido preso", escreveu o curador Boris Piotrovski, futuro diretor do Hermitage. "Só sobrava lugar para mim debaixo da cama de alguém."[6] Piotrovski foi libertado, mas 12 outros foram fuzilados: orientalistas (possíveis agentes duplos e/ou nacionalistas armênios), colecionadores de moedas (uma paixão alemã), historiadores dos armamentos (obviamente capazes de arregimentar uma turba) e qualquer um que já tivesse publicado alguma coisa no exterior (desleal/espião/sabotador).[7]

Foi na esteira dos expurgos de Karlik que curadores relativamente inexperientes como Kuchumov, rapazes vindos das classes trabalhadoras e camponesas, fizeram carreira rapidamente. Mas quem da velha escola ainda estava lá para auxiliar o menino da roça em junho de 1941?

Kedrinski se agitou em sua escrivaninha. "Meu manuscrito", declarou, dando uma palmada numa pilha de papéis. Estendeu a mão para pegar um cigarro e aboletou os óculos com lentes de fundo de garrafa de volta sobre a ponte gordurenta do nariz. "'Todos os funcionários do palácio haviam sido demitidos no dia 22 de junho, salvo apenas os mais confiáveis, e naquela tarde, depois que a multidão foi embora, Kuchumov dirigiu-se com sua equipe para os depósitos do Palácio de Catarina'", leu Kedrinski em voz alta. "'Segundo as instruções que recebera, Kuchumov rompeu os lacres colocados nas portas pelo NKVD. Dentro, encontrou pilhas de caixotes e estofo, lonas impermeáveis e serragem, com que começar a embalar os tesouros do palácio.'"

Os caixotes, porém, eram inadequados para as peças que deveriam comportar e em número insuficiente. Assim como as listas preparadas em 1936, também essa tarefa havia sido muito mal executada.

Pondo seu manuscrito de lado, Kedrinski mostrou-nos um relatório do partido escrito em 1941. "É necessário fazer centenas de novos caixotes", declarava um funcionário anônimo. "Não há estofo suficiente. Faltam materiais de embalagem. Além disso, o depósito escolhido para os caixotes lacrados está alagado e é estreito demais." O tempo que se consumiu para refazer caixotes e providenciar material de embalagem levaria a decisões temerárias mais tarde.[8]

Pôs-se então a ler outro trecho do diário de Kuchumov:

> "22 de junho. Demos uma batida geral nos salões esta noite, encaixotando o que podíamos.
>
> 23 de junho. Depois que embalamos o que estava na lista de 1936, perguntei ao diretor se podíamos embalar mais coisas. "Façam o que for possível", disse-me o camarada Ladukhin. E fizemos o possível. Sem um minuto de trégua. Não paramos nem de madrugada. Não precisamos de muitas lâmpadas elétricas; estava claro durante a noite inteira. Vamos continuar trabalhando.
>
> 24 de junho. Estamos trabalhando sem parar há 48 horas. Camaradas com hemorragia nasal de tanto se debruçarem sobre caixotes de embalagem. Faltam-nos caixas e papel... Estamos cortando capim e usando feno fresco. Tivemos de usar baús e roupas das czarinas para empacotar nossos tesouros."

Kedrinski passou-nos um relatório resumido que Kuchumov entregara ao NKVD:

> "O vice-diretor (ciências), os diretores dos palácios e três operários de museu, entre os quais um empapelador e dois carpinteiros, supervisionaram o primeiro estágio da evacuação. Miniaturas, gobelinos, sevres, *Meissen*, ouro e prata, pinturas e livros, marfim. Foram feitos passaportes para cada caixote — inventários elaborados por especialistas do palácio. Até este momento temos 900 itens em 52 caixotes, todos revestidos com lona preta."

Tudo isso foi levado secretamente para o Arsenal, onde a chegada de cada caixote foi registrada por um membro do NKVD. A entrada foi lacrada e confiada a uma sentinela.[9]

Kedrinski acendeu outro cigarro e tragou a fumaça lentamente. "Ouçam isto, do diário de Kuchumov: 'Que devíamos fazer com a Sala de Âmbar? Que podíamos fazer? Mandei chamar o camarada V. A. Alspector, o especialista do departamento de restauração do palácio e dei-lhe instruções para prepará-la para ser evacuada.'" Kedrinski saboreou o momento antes de prosseguir a leitura. "'Os painéis de âmbar devem ser firmemente fixados com papel de cigarro embebido numa solução especial de cola.'"

Desde o século XVIII esses painéis tinham estado colados a suportes de madeira; agora era preciso grudá-los por cima com papel de enrolar cigarro para que a resina quebradiça não se estilhaçasse quando Kuchumov tentasse desprendê-la das tábuas.

Após breve hesitação, Kedrinski continuou: "'A experiência de remover um dos painéis resultou num desastre. O revestimento de âmbar desprendeu-se do suporte e espatifou-se por completo. Não podemos remover a Sala de Âmbar. Não ousamos removê-la. Que haveremos de fazer?'"

O velho camarada levantou-se da escrivaninha, folheando as páginas. "Referências, referências, referências arquivísticas, tudo registrado por Anatoli Mikhailovitch Kuchumov. Só sobrou isto — nada mais, nada menos — neste relatório."

O escultor prussiano Andreas Schlüter esperou quase a vida inteira para se projetar como um grande artista.[10] Submeteu-se a anos de aprendizado com alguns dos mestres-artesãos mais eminentes de seu tempo. Registros de guildas mostram que foi aprendiz de entalhadores de âmbar e marfim em Varsóvia e em Dantzig (hoje Gdansk). Mas foi só em 1694, quando já tinha mais de cinqüenta anos, que Schlüter foi chamado a Berlim pelos Hohenzollern para trabalhar na corte do eleitor da Prússia Frederico III.[11]

As primeiras criações do escultor foram peças clássicas perfeitas: um bronze do próprio eleitor e uma estátua eqüestre de seu falecido pai, Frederico Guilherme. Frederico Guilherme havia reorganizado os sistemas financeiros da Prússia, unindo ducados rebeldes como parte de sua campanha para transformar a Prússia num reino maduro. Agora seu filho estava tentando concluir o trabalho e ser reconhecido pelas potências européias como um monarca legítimo.

Foi então que, em 1695, a sorte sorriu para Andreas Schlüter. Arnold Nering, o superintendente de obras do eleitor, morreu inesperadamente, e o escultor foi convidado a participar dos projetos de Frederico III para transformar Berlim numa cidade pontilhada por parques e palácios, mais condizente com um rei. Começou esculpindo o exterior do Zeughaus (Arsenal) e do Palácio Real.

A segunda mulher do eleitor, Sofia Carlota (bisneta de Jaime I da Inglaterra), admirou os projetos de Schlüter. O casamento de Sofia Carlota, arranjado quando ela tinha dezesseis anos, fora sobretudo uma negociação política e ela rejeitava a corte prussiana para dedicar sua paixão à dança e à literatura. A música de câmara enchia-lhe o tempo. "Ela é uma amiga leal", escreveu Carlota sobre a música a Agostino Steffani, diretor da Ópera de Hanover. "Não nos abandona nem ilude; não trai e nunca é cruel. Não, ela nos proporciona todos os encantos e deleites do céu, enquanto amigos são indiferentes ou enganosos, e os seres amados, ingratos."[12]

Sofia Carlota queria encher Berlim de música e seus salões de conversas inteligentes. Seus palácios deveriam ser íntimos, divididos em salas pequenas mas primorosas, decoradas com bronze e ouro brunidos. Foi no Charlottenburg — uma *maison de plaisance*, o equivalente prussiano de Tsarskoie Selo — que essas idéias ganharam expressão. Em 1696 Sofia Carlota pediu a Schlüter que começasse a trabalhar nos projetos para a decoração interior do prédio.

Em 1699, porém, Johan Friedrich d'Eosander, brilhante arquiteto sueco e o favorito de Sofia Carlota, retornou a Berlim de uma licença para estudos e assumiu os projetos para o Charlottenburg. Schlüter ficou de tal modo amargurado por se ver preterido por um homem 25 anos mais moço que abandonou Charlottenburg e voltou a se ocupar das reformas do Palácio Real. Estava determinado a criar algo que atraísse todas as atenções, algo exuberante e inovador — salas adornadas com materiais suntuosos e inusitados, minerais, madeiras e tecidos raros. No entanto a idéia para a característica mais sensacional do Palácio Real, algo com que ele esperava ofuscar a obra do favorito de Carlota, lhe foi sugerida por um acidente.

Vasculhando os depósitos no porão do Palácio Real à busca de matéria-prima, Schlüter encontrou dúzias de arcas repletas de pepitas de uma resina dourada que reconheceu de seus dias na Polônia.

Aquilo era âmbar da Prússia Oriental, colhido no mar Báltico, uma substância cujo comércio era controlado pelos Hohenzollern. Mais de quarenta milhões de anos antes essa região fora parte da Fenoscândia, uma vasta floresta que se estendia da costa norueguesa ao mar Cáspio. Durante séculos essa úmida selva de coníferas, repleta de répteis e insetos, excretara centenas de milhões de gotículas de resina sobre o pesado solo de argila, congelando um sem-número de momentos: uma mosca pousada num ramo, a roçadela de uma pele de lagarto contra ela. Depois as massas de terra se separaram, camadas de gelo se formaram e derreteram, inundando o Báltico, criando mares e lagunas, fossilizando e espalhando aquele "ouro" pelo norte, jogando-o contra as línguas de terra em que mais tarde se ergueriam as cidades de Dantzig, Königsberg e Memel.[13]

Em razão dos métodos primitivos usados para sua coleta — no mar Báltico, ele era pescado por homens que manejavam redes gigantescas —, o âmbar era exorbitantemente caro e usado quase exclusivamente na criação de pequenos objetos decorativos ou litúrgicos como conjuntos para altar, escrínios e rosários. O fato, contudo, era que ali, naquele porão, havia mais âmbar do que Schlüter jamais vira.

Ele teria gostado de saber que o âmbar do Báltico tinha um valor particular para aristocratas prussianos. Em 1681 o grande eleitor Frederico Guilherme o usara para forjar laços diplomáticos com a Rússia, enviando a Fedor III, em Moscou, um trono feito com a resina que o czar declarou ser "a maior curiosidade do mundo". Quando, no ano seguinte, chegaram à Prússia notícias de que Fedor estava doente, Frederico Guilherme enviou mais âmbar para o grão-duque Pedro, então com nove anos, e que, pelo que lhe diziam seus espiões, seria o sucessor do czar. Junto com um espelho de âmbar, enviou uma proposta: daria aos russos acesso a portos estratégicos, não congelados, do Báltico, em troca do seu apoio à reivindicação de uma coroa pela Prússia.[14]

Andreas Schlüter deve ter concebido sua idéia naquele porão. Havia ali âmbar suficiente para apainelar uma sala inteira. Seu plano cristalizou-se em 18 de janeiro de 1701, quando Frederico foi finalmente coroado "Rei na Prússia" no Castelo de Königsberg, tendo a seu lado a rainha Sofia Carlota, resplandecente com suas jóias de âmbar. O monarca havia escolhido deliberadamente a capital histórica de seus antepassados, no litoral báltico, e jóias pescadas do mar Báltico para adornar sua coroa. Schlüter imediatamente mandou vir um entalhador de Copenhague.

Gottfried Wolfram, um mestre-artesão da corte dinamarquesa, especialista na elaboração de miniaturas lavradas em marfim, ficou fascinado com a audaciosa idéia de Schlüter. Os ateliês de Copenhague só eram capazes de produzir trinta peças de âmbar por ano, e todas eram pequenos ícones ou jóias.[15] Para revestir de âmbar uma sala inteira, seriam necessárias centenas de milhares de lascas que deveriam se encaixar de algum modo, como um enorme quebra-cabeça. Uma nova concepção era necessária. Gottfried Wolfram chegou a Berlim em abril de 1701, recomendado pelo rei Frederico IV da Dinamarca.[16] Teria de trabalhar depressa. A influência de Eosander estava crescendo. Em 3 de maio de 1702 Sofia Carlota escreveu à mãe sobre o jovem arquiteto, descrevendo-o como "o oráculo em relação a tudo que diz respeito... a construção".[17]

Laboriosamente, Wolfram confeccionou lâminas de âmbar de um palmo, aquecendo-as suavemente a uma temperatura entre 140 e 200°C, usando uma nova técnica desenvolvida por Christian Porschin, da guilda de Königsberg, que estava fazendo experiências para a fabricação de óculos escuros de âmbar.[18] A qualquer temperatura mais alta que essa, o âmbar se inflamaria e queimaria. As peças moldadas, após serem mergulhadas em água quente a que se acrescentava mel, linhaça e conhaque para dar um colorido sutil à resina, eram postas para endurecer em prateleiras de esfriamento, antes de serem polidas e inseridas no lugar num esquema traçado no papel. Wolfram colava as peças com uma goma obtida da acácia e refinada, o que tornava os painéis concluídos parecidos com vitrais. Sustentadas por folhas de ouro ou prata tênues como plumas e tábuas de madeira, essas paredes de âmbar (que compreendiam uma dúzia de grandes painéis com 3,65 metros de altura, dez painéis com pouco mais de noventa centímetros de altura e 24 seções de rodapés de âmbar) ganhariam vida à luz de velas.[19]

A construção caminhava bem, mas logo sua musa adoeceu. Sofia Carlota contraiu uma pneumonia durante uma viagem a Hanover para o carnaval de 1705. "Não se aflijam por mim, pois estou prestes a saciar minha curiosidade acerca de coisas que nem Leibniz conseguiu jamais explicar — o espaço, o infinito, o ser e o nada — e para meu marido, o rei, logo proporcionarei um funeral-espetáculo que lhe dará nova oportunidade de exibir sua pompa e esplendor!", escreveu ela, antes de sucumbir à doença no dia 1º de fevereiro, aos 37 anos.[20]

Em 1707, a carreira de Schlüter encerrou-se também, subitamente, quando outra obra ambiciosa, esta de engenharia — uma torre de cem metros de altura que projetara para a Casa de Moeda de Berlim — desabou. Uma investigação concluiu que ele cometera o erro de erguer a torre sobre um banco de areia. Aos 63 anos de idade, viu-se exilado da corte. Foi para a Rússia, onde ajudaria a erguer a nova São Petersburgo — num pântano.[21] Em Berlim, Eosander, o favorito da corte, assumiu o projeto da sala de âmbar e dispensou o mestre-entalhador Gottfried Wolfram, a quem acusou de cobrar caro demais e retardar o trabalho desnecessariamente. Para substituí-lo, foram contratados dois entalhadores de Dantzig, Ernst Schacht e Gottfried Turau, este último um mestre formado na antiga guilda de Dantzig.

Quando Wolfram pediu uma indenização e se recusou a entregar as peças de âmbar, Eosander irrompeu em seu ateliê e apoderou-se de quadros, painéis e de pastilhas parcialmente completos. Wolfram contratou um advogado e processou Eosander, que por sua vez conseguiu metê-lo na cadeia.

Quando finalmente conseguiu ser solto, Wolfram foi exilado. Seu último e apaixonado apelo ao rei Frederico I coincidiu com a morte desse monarca no dia 25 de fevereiro de 1713. Frederico Guilherme I, que sucedeu ao pai, não tinha tempo para frivolidades de salão, que tanto oneravam o orçamento, muito menos para a exorbitantemente cara Sala de Âmbar. O rei-soldado estava mais interessado em criar um super-Estado militar do que uma extravagância associada a uma irritante batalha legal. Eosander foi despedido, assim como os mestres-artesãos do âmbar Schacht e Turau, que não haviam conseguido decifrar o quebra-cabeça de âmbar de Wolfram. Este continuava aos pedaços e assim foi relegado aos porões do Zeughaus.[22]

Anatoli Kuchumov, o guardião soviético da Sala de Âmbar, trabalhara arduamente para compilar esse episódio da história da Alemanha. Suas notas, que Kedrinski nos mostrou, revelavam que cinco estudiosos o haviam assistido ao longo dos anos de 1940 e 1941 (tendo continuado a trabalhar mesmo durante o período em que os palácios de Leningrado foram evacuados): um acadêmico da União de Pesquisa e Restauração Científica, um do Hermitage, dois do Arquivo Histórico Central do Estado, um deles sendo o chefe do salão de leitura, e um estudante soviético residente no exterior que vasculhou a Alemanha em busca de material para enviar para a Rússia.[23]

A leitura dessas notas, compiladas em 1942, deixava claro que Kuchumov estava tentando compreender os artifícios usados por Wolfram na manufatura de seus painéis de âmbar. Suas referências identificavam um grupo de arquivos que registravam que, em 1716, o czar Pedro I partiu para a França passando pela Alemanha, e ali teve um encontro não programado com Frederico Guilherme I em que discutiram a Sala de Âmbar. O diário da corte do czar Pedro declarava: "Suas majestades se encontraram em Habelberg e permaneceram juntos de 13 a 17 de novembro, tendo assegurado um ao outro sua amizade e mantido algumas discussões do interesse de ambos."[24] Embora a etiqueta prescrevesse uma troca de presentes, ambos os monarcas estavam despreparados. A primeira consideração do rei Frederico Guilherme, um sovina, foi o custo, fato confirmado por um espião russo que atuava em sua corte:

> O rei destinou seis mil táleres para o encontro. Mas o ministro das Finanças fora informado de que esse dinheiro deveria ser usado de modo que o rei pudesse atender aos gastos da viagem de Wesel para Memel [hoje Klaipeda, na Lituânia]. Ele ordenou que o czar fosse muito bem-tratado em Berlim, mas declarou que não daria um *pfennig* a mais para essa ocasião. "Diga a todo mundo que paguei trinta a quarenta mil táleres para me encontrar com Pedro, o Grande", acrescentou.[25]

Frederico Guilherme decidiu presentear o czar com duas extravagantes encomendas feitas por seu pai que não tinham nenhum interesse para ele. Uma era o outrora famoso iate *Liburnika*, e, segundo o diário da corte russa, o czar ficou encantado com ele, mal sabendo que a embarcação estava num estado tão precário que sua tripulação quase morreu afogada após zarpar nela de Hamburgo. Aos trancos e barrancos, o *Liburnika* acabou chegando a Copenhague, onde foi consertado; sofreria uma segunda reforma ao chegar finalmente a São Petersburgo em 1718. (Segundo os anais da corte, o iate, que foi rebatizado de *Corona*, não deixou a barragem do Neva até ser rebocado para o cemitério naval em 1741.[26])

A segunda idéia parcimoniosa de Frederico Guilherme foi dar ao czar a Sala de Âmbar. Ele ouvira falar de quanto Pedro apreciava o âmbar. Em 1696, um ano depois de subir ao trono, o czar de 24 anos empreendera uma viagem secreta pela Europa. Sob o nome falso de "sargento Petr Mikhailov", percorrera o Báltico sueco, a Polônia e a Prússia. Em Königsberg, na Prússia Oriental, o "sargento" ficara fascinado com o âmbar, que os curandeiros da cidade proclamavam curar toda e qualquer moléstia, de reumatismo, doenças do pulmão e dor de dente a infecções de garganta e mau-olhado. O "sargento Petr Mikhailov" chegara a comprar um exemplar de *Succini Prussici*, de P. J. Hartmann, o tratado sobre o âmbar mais respeitado na época.

Anatoli Kuchumov desencavara também um artigo escrito em 1877 pelo chefe do Arquivo do Ministério das Relações Exteriores, de Moscou, que confirmava o envio da Sala de Âmbar inacabada para Pedro, o Grande em 1716. Uma equipe de mestres-artesãos do âmbar fora contratada pelo rei Frederico Guilherme I para embalar o quebra-cabeça de Wolfram em 18 caixotes. Depois de embrulhados em flanela,[27] todos foram envoltos em palha e em algodão encerado, à prova d'água, e por fim carregados em oito carroças que deveriam ser mantidas por um engenheiro e guardadas por um vigia. Os russos designaram o conde Aleksandr Golovkin, um amigo íntimo do czar, para supervisionar a operação.

O carregamento de âmbar partiu para São Petersburgo via Königsberg, a capital da Prússia Oriental. A estrada estava em tão más condições que foi preciso reconstruir as carroças. À medida que a chuva destruía o algodão encerado, foi preciso amarrar os caixotes com couros. Só seis semanas depois a caravana do âmbar completou a etapa seguinte da jornada, chegando a Memel. O comboio viajava em ritmo de lesma para evitar que a estrada esburacada causasse mais danos à carga. Quando por fim o presente chegou a São Petersburgo, o custo total da operação para o avarento rei da Prússia somava módicos 205 táleres.

Ao pesquisar um arquivo chamado "Cartas dos czares russos", compilado em 1861 e guardado na biblioteca do Hermitage, Kuchumov encontrou várias enviadas pelo czar Pedro I à sua mulher. "Cara Catarina, amiga do meu coração, como vai?", escreveu Pedro de Habelberg no dia 17 de novembro de 1716. "Sobre minha visita, quero lhe dizer que ela foi útil. Partiremos daqui hoje e com a ajuda de Deus logo iremos vê-la." Havia um pós-escrito: "O rei me deu um presente bastante grande em Postdam: um iate muito bem decorado e a Sala de Âmbar, com que eu sonhava havia muito."[28]

Nada tendo para dar em troca, o czar presenteou o pessoal da cozinha de Habelberg com 36 ducados e deu uma pele de zibelina ao comandante do rei. Mais tarde, numa carta enviada ao rei da Prússia de Tallin, a capital da Estônia, Pedro revelava continuar preocupado em lhe dar um presente apropriado:

> O homem que lhe entregará este documento, o criado Tolstoi, terá a honra de presentear Vossa Majestade [com] 55 gigantes, que são todos os que consegui encontrar em minha terra até agora. Quero dar também a Vossa Majestade uma barcaça construída em São Petersburgo e um torno. Sem dúvida Vossa Majestade ficará contente com estes pequenos regalos. P.S. Enviamos também a Vossa Majestade um copo que fizemos com nossas mãos.[29]

Kuchumov encontrou a resposta do rei-soldado, enviada em outubro de 1718. Agradecendo ao "generosíssimo irmão e amigo", ele escreveu: "Quero dizer que, além dos gigantes e de um copo feito pelas mãos de Vossa Majestade, recebi a barcaça construída em São Petersburgo e o torno com que Vossa Majestade me presenteou. Pareceu-me um presente maravilhoso."[30]

Foi necessário um tempo considerável para encontrar e enviar à Prússia soldados russos "gigantes" em número suficiente para recompensar adequadamente os prussianos pelo presente da Sala de Âmbar. Em junho de 1720 o conde Golovkin, então embaixador russo junto à corte prussiana, escreveu para seu czar: "O capitão Chernishov chegou aqui com dez soldados gigantes e transmitiu suas ordens, segundo as quais esses soldados eram um presente a Sua Majestade da Prússia."[31] Depois, em 1724, outros gigantes ainda foram enviados, duas dúzias deles, entre os quais um que se chamava, segundo os registros, capitão Bendemir.

Os caixotes que continham os painéis da Sala de Âmbar foram entregues no Palácio de Verão de Pedro, às margens do Neva, em meados de 1717 e recebidos ali pelo governador-geral Aleksandr Menchikov. As referências históricas pesquisadas por Kuchumov deixavam claro que ele estava seguindo uma linha de pensamento particular: conseguira a corte de Pedro fazer aquilo de que os prussianos haviam sido incapazes? Kuchumov estava tentando descobrir de que maneira a Sala de Âmbar fora montada, informação que no verão de 1941 necessitou desesperadamente obter, pois ela lhe permitiria desmontar a sala antes que a Wehrmacht chegasse.

Kuchumov deve ter ficado decepcionado ao ler o que governador-geral Aleksandr Menchikov escrevera em seu diário em 2 de julho de 1717: "Após passar duas horas almoçando, permaneci uma hora nas salas para examinar as caixas de âmbar que haviam chegado da Prússia."[32] Esse exame deixou o governador consternado. Ele registrou em seu diário que havia peças quebradas. Muitas faltavam. Outras esfarelavam em suas mãos. Três dias depois, porém, ele escreveu a Pedro, então em Paris, mostrando-se conformado com o desastre.

> Examinei essa Sala de Âmbar que foi enviada a Vossa Majestade pelo rei da Prússia e a coloquei nos mesmos caixotes no grande salão em que os convidados se reuniam, e quase todos os painéis estão em bom estado. Algumas pequenas peças se desprenderam, mas talvez possam ser fixadas com cola; mesmo que algumas não o possam ser, seria possível inserir novas peças. Posso dizer com sinceridade que nunca vi nada de tão magnífico.[33]

Teria a sala vindo acompanhada de alguma instrução para a sua montagem? Kuchumov procurou no Arquivo Central de Documentos do Estado e encontrou, numa seção intitulada o "Gabinete de Pedro, o Grande", o "Inventário da Sala de Âmbar presenteada por Sua Majestade da Prússia a Sua Majestade da Rússia". Mas o documento, datado de Berlim, 13 de janeiro de 1717, não continha nenhum conselho sobre como montar a Sala de Âmbar.[34]

A intenção de Pedro fora fazer da Sala de Âmbar sua *Kunstkammer*, um gabinete de curiosidades em que se podia entrar, uma idéia que tomara emprestada de Versalhes. Mas como não havia na Rússia uma só pessoa capaz de remontar o quebra-cabeça de Wolfram, o sonho do czar ficou guardado aos pedaços em seu Palácio de Verão até sua morte em 1725.[35]

Kedrinski enxugou gotas de um suor de inverno da testa. "Em 24 de junho de 1941 todo mundo estava grudado no rádio. Devorando o *Leningradskaia Pravda*. Lendo e relendo o *Izvestia*. A menor das informações era melhor do que nada. Mas não havia nenhum alento para a pobre Leningrado." Como os russos gostavam de dizer, não havia nenhuma "verdade" nas Notícias e nenhuma "notícia" na Verdade.[36]

De repente, porém, chegaram algumas orientações das autoridades municipais. Numa citação das instruções dadas por Trotski durante a Guerra Civil, ordenou-se aos cidadãos que começassem a transformar Leningrado num "enigma, numa ameaça ou num perigo mortal".

Kedrinski relembrou: "Cartazes pediam ajuda para a salvação da Pátria. Turmas de trabalho foram divulgadas. Estávamos todos incluídos e pusemo-nos todos a cavar e construir. Na zona rural, homens e mulheres continuavam construindo alçapões para tanques e trincheiras com suas mãos nuas quando os fascistas já estavam se aproximando. Durante 15 horas seguidas balões de barragem encobriram o sol."

Monumentos e estátuas foram protegidos com redes. O cavaleiro de bronze de Catarina, a Grande junto do rio Neva foi transformado numa pirâmide de sacos de areia. Alpinistas escalaram o pináculo dourado da catedral de Pedro e Paulo, na margem oposta, para jogar camuflagem sobre ela. "Em vez de defender meu diploma, defendi a cidade", afirmou Kedrinski, numa alusão velada. Mandaram-no ir para o fim da Moskovski Prospekt com um carregamento de "ouriços de aço" com que o Exército Vermelho tinha esperança de retardar o avanço dos tanques nazistas. "Construímos plataformas para armas antiaéreas sobre cada teto."

Mais adiante, na direção dos palácios de Tsarskoie Selo e Pavlovsk, sobranceira à cidade, havia uma faixa estreita de *dachas* e terrenos abandonados. Todos haviam saído dali, com exceção de Kuchumov e um grupo escolhido a dedo, que continuavam acondicionando os tesouros dos czares. Seriam os primeiros a sentir a plena força da invasão nazista, quando quer que ela ocorresse.

Mas e a Sala de Âmbar?

Kedrinski pareceu irritado por se ver arrancado de seu passado. Mas não pôde deixar a pergunta sem resposta. Afinal, ele era o oráculo do Palácio de Catarina. Matreiramente, sacou uns papéis que estavam embaixo do mata-borrão. "Os senhores devem compreender que este é um material que me foi confiado para meu livro, minha história da Grande Empreitada. Estas são as últimas palavras que Kuchumov escreveu antes de lutarmos para salvar a nossa pele."

Começou a ler do diário de Kuchumov: "'Chegou uma ordem do LenGorIPolKom. Sobre a Sala de Âmbar. Instruía-nos a tomar providências para esconder esse tesouro inigualável no lugar em que estava, sem expô-lo a outros danos.'"

A recomendação de Kuchumov de que se cancelasse a evacuação da Sala de Âmbar fora aceita. Ele deveria escondê-la onde estava, construindo uma outra sala sobre ela. "'Recebemos estofo da fábrica de roupas, além de panos de gaze.'" Depois de serem cuidadosamente recobertos com musselina, os painéis de âmbar foram protegidos com uma camada de *vatzin* [estofo de algodão]. Em seguida toda a sala foi redecorada com faixas de juta. O piso de parquete marchetado, feito de madeiras raras, coloridas, foi recoberto de areia. Todos os vasos grandes demais para serem removidos foram cheios de água, de modo a poderem absorver o impacto de deslocamentos de ar provocados por explosões. As vidraças foram protegidas com fitas adesivas entrecruzadas e as janelas vedadas com tábuas pelo lado de dentro. Os candelabros de bronze presos às paredes foram removidos e guardados em caixas; fez-se o mesmo com quatro mosaicos de pedra florentinos, representando os sentidos, que estavam afixados nos painéis de âmbar. Doze cadeiras, três mesinhas de jogo, duas cômodas, uma escarradeira e um ícone foram deixados onde estavam.

Kedrinski levantou os olhos das páginas: "Kuchumov não podia fazer mais do que isso e, de todo modo, recebeu novas ordens." Retomou a leitura do diário.

O camarada Ladukhin comunicou a Kuchumov que seus serviços não seriam mais necessários nos palácios. Certamente os pensamentos do jovem curador voltaram-se de imediato para a linha de frente, onde dezenas de milhares de jovens soldados despreparados estavam marchando quase sem armas rumo aos compridos canhões do extremamente bem-treinado Grupo Norte do Exército, sob o comando do general Wilhelm von Leeb. Mas Ana Mikhailovna, mulher de Kuchumov, também recebeu ordens de fazer suas malas. Kuchumov registrou em seu diário o que aconteceu em seguida: "'Anatoli Mikhailovitch, sinto dizer-lhe que o senhor deve deixar Leningrado', disse-me o camarada Ladukhin. 'Acompanhará a primeira leva de crianças a ser evacuada da cidade. O senhor e sua mulher devem levar consigo os tesouros para o lugar em que serão escondidos.'"

Kedrinski fez uma pausa: "Eles partiram no fim daquela tarde — 30 de junho de 1941."

Segundo registrou em seu diário, Kuchumov fez uma última e frenética ronda do palácio, percorrendo às pressas salões e salas. Com uma tesoura na mão, ia de cortinas a forros de assentos, de toalhas de mesa a roupas de cama, cortando retalhos de tecido — ia enfiando essas amostras no bolso do paletó, enquanto tentava registrar mentalmente o esquema decorativo do palácio, a que estava determinado a retornar. Entre as coisas que levou consigo estavam 28 fragmentos e cacos que haviam caído das paredes daquela inestimável, intrigante, exasperadora Sala de Âmbar — agora irreconhecível, acolchoada e embrulhada, empapelada e colada.

Kedrinski retomou a leitura:

> O comissário Ivanov estava à minha espera na estação. Trocamos um aperto de mãos. Em seguida entrei num vagão carregado, prendi a porta com arame, por segurança, e deitei-me sobre as caixas, esperando a partida.
>
> O solavanco forte da locomotiva me acordou. O dia raiava. Cinco horas. A luz do sol ofuscava. Era uma bela manhã. Dei adeus à minha cidade, que, vista do trem, parecia uma imensa ilha verde no meio de uma planície. Sobre ela brilhavam as cúpulas douradas dos palácios. Quando poderemos voltar para casa? Que será de nós e dos que estamos deixando para trás?

Trancados em 17 vagões, 402 caixotes estavam rumando para o interior da União Soviética, junto com Anatoli Kuchumov e Ana Mikhailovna.

"E eu fiquei", disse Kedrinski. "Subi ao terraço de um prédio com minha espingarda de mira telescópica. Não tinha permissão para fugir de Leningrado. Sentei-me num balde de aço e agarrei-me à borda. Esperando. Esperando. O camarada Molotov ordenara à cidade improvisar a defesa da pátria, e seguimos suas instruções. Ao-pé-da-letra. Enchendo garrafas com gasolina e um trapo seco. Lançar bombas incendiárias nos hitleristas. Esperando para enterrá-los no nosso solo soviético. Depois de cumprir meu dever no alto dos prédios, fui convocado para o *front*.

"Enfiaram-me num *bunker*. Estava transido de medo. Os senhores são capazes de adivinhar que ordens vieram de Moscou para mim quando a carnificina começou? 'Pinte!', disseram os generais. Fui nomeado o Artista do Exército Vermelho. O camarada Stalin queria cartazes com o retrato do general Suvorov, o vencedor de Kinburn em 1787, que comandara as tropas através dos Alpes. Achava que, fixados em hospitais e cantinas de campanha, eles levantariam o moral dos homens no *front*. Ele queria também pinturas de Santo Alexandre Nevski, o príncipe canonizado de Novgorod, que detivera a primeira grande invasão alemã setecentos anos antes. Eu pintava heróis russos e compunha historietas sobre eles para nossos fatigados garotos nas linhas de batalha."

O bater de uma porta tirou o velho de seu transe. Uma figura musculosa e enxuta, metida num paletó de feltro, a boca crispada pela desconfiança sob uma barba cor de ferrugem, veio em nossa direção. Cochichou alguma coisa ao ouvido do velho camarada. Kedrinski se pôs de pé imediatamente, trocou as pantufas de lã que estava usando por sapatos e enfiou-se às pressas num casacão. "Meu filho está dizendo que já lhes contei mais do que o suficiente e que vou ter problemas com Bardovskaia."

Protestamos: "Mas que foi feito da grande empreitada? Se chegamos até aqui, não poderíamos avançar um bocadinho mais? E por onde anda Kuchumov? Leve-nos pelo menos até Kuchumov, o guardião da Sala de Âmbar."

"Isso, meus amigos, está além até dos *meus* consideráveis poderes", retrucou Kedrinski, enquanto seu filho segurava a porta para ele passar. "Kuchumov está morto."

Sacudiu a gaveta da escrivaninha para se certificar de que estava trancada. O homem que reconstruíra Leningrado apagou um Pedro I e se afastou rapidamente com seu desconfiado filho. Nós os seguimos a alguns passos de distância, para mergulhar numa tempestade que recobria uma Tsarskoie Selo congelada como um grande manto encapelado, obscurecendo todas as nossas saídas.

2

PASSAMOS SEIS SEMANAS na Rússia sem conseguir coisa alguma. Nesse período vivemos como ratos num edifício estilo império perto da extremidade leste da Nevski Prospekt, em São Petersburgo. A porta da frente do prédio, de ferro fundido, abria-se com um segredo: 279. Os tambores da fechadura rangiam como dentes e a porta se abria para um lúgubre vão de escada. A luz do vestíbulo tinha sido furtada, mas podíamos sentir com os pés um remendo grudento nas lajes de granito do piso. Um fósforo aceso revelava manchas de sangue deixadas pelo porcalhão do quarto andar, um capataz de estaleiro que perdera o emprego meses antes e naquela altura só saía de casa à noite para dar pauladas em animais extraviados no cais.

Todo dia subíamos no escuro três lances da escada de pedra até chegar a uma portinhola de aço. Essa era a primeira porta para nosso apartamento; depois havia outra, de madeira, almofadada. O espaço entre as duas tinha a largura exata para que fosse possível emparedar alguém ali. Embora nada nos restringisse fisicamente, sentíamo-nos como numa arapuca naquele apartamento, a dois passos do lugar onde os bêbados que brigavam em frente ao Hotel Oktobrsakaia ficavam tão cegos pela vodca que mal enxergavam o velho letreiro acima deles: Leningrado, A Cidade Heróica.

Volta e meia o telefone tocava. O aparelho ficava na outra ponta do corredor; corríamos a toda para atendê-lo, mas sempre desligavam.

Lá fora na cidade as bibliotecas estavam fechadas. Era fim de janeiro de 2002 e as temperaturas de 35°C negativos estouravam os canos. Ninguém parecia saber o que fora feito dos papéis pessoais de Anatoli Kuchumov ou dos arquivos referentes à Sala de Âmbar (se é que existiam). Os arquivos do Estado, Central, de História, do Partido e de Literatura negavam possuir o que quer que fosse associado a uma coisa ou outra. De todo modo, não nos permitiriam nem entrar nos prédios até que nossa solicitação de ingresso fosse atendida, o que dependia de um processo opaco, sem começo real e possivelmente sem fim. Fomos informados de que os principais arquivistas da cidade estavam em suas *dachas* às margens do lago Ladoga, no leste; ali, caseiros nos comunicaram alegremente: "Não há ninguém em casa." Enquanto isso, fazia mais de um mês que o diretor do Palácio de Catarina tentava conseguir uma brecha para nós em sua agenda. Só nos restava relaxar e esperar. Na tentativa de dissipar a sensação de que estávamos presos como arenques numa barrica russa, repassávamos o que tínhamos anotado da conversa de Kedrinski, discutíamos que estratégia adotar para sair daquele impasse, líamos e relíamos a história de Leningrado, na esperança de não acordar numa daquelas manhãs gélidas e descobrir que estávamos sendo acusados de algum crime que não havíamos cometido.

No traçado urbano de São Petersburgo há pelo menos nove Sovetskaias e o apartamento que alugamos ficava na sétima. Ambulâncias particulares, tentando vender seus serviços no novo e frenético vale-tudo comercial, estavam sempre à espreita na esquina da nossa rua. Das calhas que corriam no alto dos prédios desciam dúzias de canos que, intermitentemente, vomitavam tubos de gelo — os projéteis congelados atingiam as pernas de pedestres desprevenidos com tal velocidade que podiam lhes estilhaçar os ossos. A rua, empenada após décadas de congelamento e degelo, convertia-se rapidamente num lamaçal escorregadio de neve marrom, com a colaboração dos detritos deixados por *pitbull terriers* incontinentes vestidos por seus donos com blusões de combate. Toda tarde, na Sovetskaia 7, mesmo quando o frio ficava mordente, meninos pequenos esfregavam Mercedes novos em folha estacionados ao longo do meio-fio para tirar-lhes o sal;

poliam aqueles carros comprados com dinheiro sujo até verem seus rostos afogueados reluzindo na lataria.

Os habitantes de São Petersburgo têm um dito favorito: "Tudo é proibido, mas sempre se pode dar um jeito." Esse epigrama é apreciado pelos capangas apalermados que brandem seus revólveres na porta do cabaré erótico Bonecas Douradas. E pelas mulheres com seu perene bronzeado do mar Negro que se empanturram no novo bufê japonês do exorbitantemente caro restaurante Tinkoff (um pauzinho em cada mão para empalar o *sushi*). Para o povo da cidade maldita de Alexei Tolstoi, o dito descreve um embuste russo, a ilusão de uma transferência de poder em que uma elite ameaçadora se curva perante reformadores que se provam igualmente vingativos e gananciosos, gente que só fará alguma coisa por você a um preço.

Telefonamos para a amiga de um amigo, uma professora aposentada do que foi a Universidade de Leningrado. Pelo que nos haviam dito, ela era uma verdadeira especialista em identificar fontes potenciais. O arquivo de um patriota, particularmente de alguém com a posição de Anatoli Kuchumov, e um mistério do calibre do da Sala de Âmbar eram mercadorias de valor inestimável. Um herói soviético não morre propriamente, some — parte dos documentos que trata dele é declarada secreta e a maioria é simplesmente furtada. Portanto, era provável que, mesmo antes que Kuchumov tivesse sido enterrado, muitos de seus pretensos amigos tivessem começado a guardar papéis seus, memomentos de sua vida e obra, na esperança de poder algum dia faturar com eles.

Informação é moeda sonante na Rússia pós-soviética, tendência reforçada pelos acadêmicos russos que, pela primeira vez, têm condições de esquadrinhar o passado do país, e pelos acadêmicos ocidentais, que pagam generosamente para ter acesso exclusivo a uma história que encaixotam e exportam.

A professora sugeriu que nos encontrássemos na Kolobok (O Homem do Pão de Gengibre), uma lanchonete perto da Sovetskaia 7, onde todo dia, na hora do almoço, garçons e garçonetes de avental vermelho servem milhares de pratos idênticos de *khatlieta* de carneiro e *shuba*, pequenos cubos de peixe salgado guarnecidos com beterraba e aneto.

Enquanto a professora mascava, nós lhe perguntamos se existia alguma espécie de *Who's Who* russo e como poderíamos chegar aos contemporâneos de Kuchumov. "Isso é muito engraçado", comentou ela. "Por que seria da conta de alguém saber quem é quem? Aqui aprendemos a conter nossa curiosidade."

Perguntamos o que deveríamos fazer.

"Não façam nada", respondeu.

Caminhamos de volta até nosso apartamento que tinha um pé no novo mundo e outro no velho. Metade dele (cozinha e banheiro) fora reformada e exibia um papel de parede perolado, pisos aquecidos e ladrilhos espelhados; a outra metade (quarto, salas de jantar e de estar) exibia tábuas nodosas e reboco gordurento. Junto da porta estava pendurada uma coleira de cachorro há muito esquecida. Na sala de estar, sobre um piano de armário desafinado, viam-se candelabros império. Aqui e ali, fotografias de uma outra família: crianças, um piquenique, um encontro de amor à beira de um lago. Uma cristaleira — pertencente a quem? — retinia quando o vento gélido que soprava no pátio sacudia as janelas. Eram vestígios de pessoas que não conhecíamos mas que viviam entre nós, antigos moradores da Sovetskaia 7, espectros que a todo momento pressentíamos mas nunca encontrávamos, como tudo o mais em nossa vida russa: Anatoli Kuchumov e sua mais importante responsabilidade, a Sala de Âmbar desaparecida.

O telefone tocou e corremos para atender. Agora ele ficava na metade do corredor, com o fio esticado ao máximo. Dessa vez conseguimos tirar o fone do gancho. Desligaram.

Ora de pé, ora deitados na cama de um estranho, perguntávamo-nos se a chamada teria sido do escritório do diretor, no Palácio de Catarina. Tiraríamos isso a limpo na manhã seguinte.

À primeira fímbria de luz de um dia de inverno, cediça e encardida como roupa suja de hospital, nosso fax estalou: "Encontro confirmado com Dr. Ivan Petrovitch Sautov, diretor, Palácio de Catarina. 10 horas, 2 de fevereiro 2002." No dia seguinte.

Ficamos felizes e nervosos. Corriam tantas histórias sobre a extravagância do Dr. Sautov naquela cidade, que era perfeitamente concebível que ele próprio tivesse criado algumas. Um de seus ex-colegas, demitido do Palácio de Catarina, gostava de chamá-lo de czar. Dizia-se que no seu aniversário de cinqüenta anos ele enfileirara pajens por toda a longa estrada até Tsarskoie Selo, cada qual segurando uma bandeja com copos de vodca. Seus colegas podem ter ficado espantados, mas certamente ficaram também admirados, o que, presumíamos, era o efeito que Sautov desejara obter.[1]

Junto com o convite para uma entrevista com o diretor, chegaram-nos suas credenciais: Ivan Petrovitch, 55 anos, nascido numa família de militares em Tallin, na Estônia, formado no prestigioso Instituto de Engenharia de Leningrado, o mesmo em que Kedrinski tivera seus estudos bruscamente interrompidos. Durante treze anos servira como chefe da Inspeção Estatal da Preservação do Patrimônio Histórico. Em 1987, por indicação unânime, fora promovido ao cargo de diretor do Palácio de Catarina, em Tsarskoie Selo. A palavra "unânime" estava sublinhada. Assumira o cargo quando Kuchumov ainda era um consultor sênior ali — isso significava que devia saber o que fora feito dos papéis pessoais do curador-chefe.

Era um *curriculum vitae* impressionante: Ivan Petrovitch ganhara a medalha Nacional do Desempenho, de ouro, em 1984; fora contemplado com a Ordem da Amizade pelo presidente Ieltsin; recebera o Prêmio da Federação do Estado Russo e a Ordem de São Daniel. "O trabalho inovador e o heroísmo habitual do Dr. Sautov é [*sic*] devotado ao propósito perene de preservar a cultura da Rússia para gerações futuras", concluía o currículo. E nós, que tínhamos para oferecer ao "Czar"?[2]

Não éramos bons em coisa alguma. Precisávamos pensar e planejar; antes, porém, tivemos vontade de comemorar longe da atmosfera sombria da Sovetskaia 7, à luz acetinada que banha o golfo da Finlândia no inverno. Tomamos o metrô Nevsko—Valileostrovskaia, a linha verde, e trinta minutos depois emergimos na Primorskaia, onde prédios de apartamentos se empilham uns sobre os outros. Veteranos da Marinha com molambentos suéteres listrados de azul e branco metiam a mão em valetas como se fossem andorinhas apanhando moscas ao cair da noite. Casais se enlaçavam e se desenlaçavam, valsando no gélido bafio de álcool da Primorskaia. Mais adiante, pudemos enfim sentir o cheiro do Báltico aberto de par em par, varrido pelos ventos do golfo, cortantes como vidro lapidado.

Finalmente a luz do dia esmoreceu; um cordão de luzes estendeu-se por toda a costa arenosa, em centenas de barracas de plástico e isbás de madeira sintética. Adiante, os bancos de areia começavam a congelar. Umas moças acenaram para nós. "Depressa, venham beber, nossa amiga está grávida." Meteram-nos copos de plástico nas mãos e, num chá de bebê improvisado, brindamos todos, com cerveja Baltika, a boa sorte que reunira desconhecidos para se embebedarem à beira-mar. Fomos arrastados para uma isbá onde um rapaz tocava acordeom e cantamos canções que nunca ouvíramos antes. "Dance, André, dance", exclamava a moça de cabelo mais escuro, girando cada vez mais rápido.

A cerveja foi substituída por vodca Russki Standard, para que pudéssemos festejar de verdade a concepção de uma criança cujos pais ainda não tínhamos tido o prazer de conhecer. Uma dose de vodca, acreditam os russos, é medicinal. A segunda é doce, mas pouco acrescenta, só serve para encher o tempo antes da terceira, a decisiva, o trago sem retorno que desencadeia a volúpia e enterra a sobriedade numa vala profunda. Em pouco tempo, só sentíamos o gosto do ar que tragávamos; a certa altura, percebemos que a porta da cabana se abrira — dali em diante só existiu o cheiro do Báltico e a saibrosa areia russa.

Nossa *marshrutki* — *van* que faz transporte coletivo — parou defronte a um Palácio de Catarina coberto de neve. Saltamos no pó macio e branco, deixando para trás os outros passageiros, uma gente sorumbática que passara a viagem encarando nossos rostos abatidos, como se fôssemos almas do outro mundo. A viagem de metrô até o ponto da *marshrutki*, no final da Moskovsky Prospekt havia sido igualmente apavorante. Num vagão pestilento, cheio de bêbados matinais, havíamos feito a viagem toda imprensados contra um anúncio de Coquetéis Molotov ("uma nova e revolucionária bebida engarrafada"), enquanto quatro batedores de carteira da Mongólia remexiam desajeitadamente em nossas bolsas.

Como estava cedo para nos apresentarmos ao Dr. Sautov, dirigimo-nos à entrada para o público do Palácio de Catarina. Depois de pagar nossos rublos, enfiamos *tapochkis* — pantufas azul-cobalto feitas com sacolas de plástico — sobre nossos sapatos úmidos de neve e seguimos a multidão escada de Monighetti acima. Passamos pelo Cupido Adormecido de mármore de Brodzski, atravessamos os salões dourados, que se interligam, e demos com o que parecia um cenário: num lado, à luz de candelabros, viam-se querubins dourados e um mosaico de pastilhas de âmbar; no outro, tábuas de compensado, escadas de mão e rolos de plástico. Grupos de turistas desfilavam pelo aposento, murmurando num arquejo, em francês, alemão ou russo: *"La chambre d'ambre!"*, *"Bernsteinzimmer!"* ou *"Yantarni komnata!"*. Os artesãos do Dr. Sautov estavam construindo uma réplica da Sala de Âmbar e, embora ainda fosse difícil perceber o sonho de Andreas Schlüter naquele espaço em obras, ele encantava em todas as línguas.

Sentindo-nos melhor, rumamos para o departamento de administração. Um grupo de oficiais da Marinha estava se despedindo do Dr. Sautov à porta de sua sala, com efusivos abraços e beijos nas faces, as abas dos quepes erguendo-se como velas. Ao entrar na sala do diretor, detivemo-nos diante de um painel de madeira envernizada. O Dr. Sautov pôde constatar que as fotografias em que aparecia ao lado dos presidentes Putin e Clinton e da rainha Elisabete II não nos escaparam.

O diretor usava um terno italiano lustroso. A presilha da sua caneta-tinteiro, com que passou a tamborilar sobre a mesa, era de âmbar. Atrás de sua cabeçorra, com um bem-cuidado bigode grisalho, havia um desenho, a mesma planta do "Gabinete Imperial Prussiano" que víramos no escritório de Kedrinski e que agora já sabíamos ser o projeto original da Sala de Âmbar, feito por Andreas Schlüter no século XVIII. Na outra extremidade do escritório estava uma mulher com seus sessenta anos, o rosto emplastrado de base emoldurado por um cabelo *platinum blond à la* Zsa Zsa Gabor.

"Bem-vindos ao Palácio de Catarina", entoou o Dr. Sautov. "Posso lhes apresentar Larissa Bardovskaia, nossa curadora-chefe?"

Bardovskaia. A mulher que Kedrinski mencionara. Uma pessoa que ele obviamente temia. Que saberiam Bardovskaia e o diretor sobre nosso encontro não autorizado com Kedrinski? O diretor tamborilou de novo sobre a mesa com sua caneta de presilha de âmbar, abrindo a sessão.

Começamos a recitar nossa lengalenga introdutória: ninguém estava em melhores condições de nos ajudar a obter informações sobre Anatoli Kuchumov e a Sala de Âmbar que o Dr. Sautov; o livro que pretendíamos escrever daria uma magnífica projeção a seu museu. Sautov nos interrompeu com sua própria arenga. "A chave de tudo é compreender o âmbar", disse, batendo a caneta na cachola. Seu gabinete abafado começava a nos dar sono. "Esse resíduo pré-histórico transmite uma pequena carga estática; é por isso que na Rússia usamos âmbar para terapias. Todo ano vou a Svetlogorsk e tiro toda a roupa para rolar no âmbar do Báltico."

Sufocamos a vontade de rir à idéia daquele corpo carnudo rolando pelo âmbar granulado e tentamos desviar o pensamento para a melancólica Svetlogorsk. Nos tempos soviéticos, autoridades do partido haviam construído *dachas* magníficas naquela vila litorânea na península de Samland, a fonte do "Ouro do Norte". Chegavam pelo litoral do Báltico em frotas de sedãs Zil com vidros escurecidos para ficar tomando chá enquanto suas amantes os esfregavam com resina de âmbar.

O Dr. Sautov fez um aceno para Bardovskaia e perguntou-lhe: "Que querem eles de mim?" Notamos pela primeira vez suas mãos enormes, que mais pareciam luvas de beisebol, agarradas à mesa. "Que experiência têm eles? Qual é sua especialidade?" Depois, virando-se para nós. "Já trabalharam com pessoal de museu alguma vez? Compreendem a natureza dos arquivos?"

Embora essas perguntas fossem pertinentes, o tom da conversa era sensivelmente pouco cordial. Expusemos brevemente nossa experiência profissional e qualificações. Éramos pessoas sensatas. Capazes de cumprir instruções. Iríamos colaborar.

Tap-tatap-tap com a caneta de presilha de âmbar. "Parece-me que não estamos nos compreendendo", disse o Dr. Sautov, tomando um gole de chá.

Depois de toda aquela vodca no golfo da Finlândia, estávamos morrendo de sede naquele escritório úmido e bem que teríamos gostado de acompanhá-lo num copo de chá, mas fomos adiante, os lábios secos rachando, e demos explicações sobre o livro que queríamos escrever.

O diretor bateu os punhos na mesa, irritado, e Bardovskaia interveio: "De que informação precisam?"

Teria a vodca nos tornado idiotas? Só poderíamos saber o que queríamos depois que ele nos dissesse o que tinha.

Bardovskaia inclinou-se para nós: "O que o Palácio de Catarina ganhará com isso?"

Sautov fez-lhe coro, esbravejando: "Isto aqui não é uma instituição de caridade. A troco de que os senhores ganhariam dinheiro com o que sabemos? É conhecimento precioso. Conhecimento caro. Teremos de lavrar um contrato."

Nessa altura, Bardovskaia, que estivera rabiscando uma fileira de 2 num bloco, interrompeu-o: "O segundo dia do segundo mês do segundo ano do segundo milênio é um dia de muito azar, nada propício para negócios."

O diretor não lhe deu ouvidos. "Um documento legal segundo todas as formalidades. Costumo tratar de negócios de maneira profissional."

Bardovskaia aproximou-se. "Todos têm de assinar contratos. Steven Spielberg assinou, pagou meio milhão pelo aluguel do salão de baile espelhado. É verdade. Elton John deu uma festa e se comprometeu a pagar 250 mil dólares. O pagamento não precisa ser necessariamente em dinheiro." Sorriu. "Uma equipe de filmagem de Hollywood forneceu aparelhos de ar refrigerado para as salas da administração. Um editor doou mil exemplares de seu livro. O mundo inteiro faz negócios conosco. Todos que têm alguma informação vêm aqui, procuram o Dr. Sautov, de modo que sabemos melhor do que ninguém quanto custa tentar encontrar a Sala de Âmbar", disse, tirando da bolsa um envelope pardo.

Agitou folhas de papel em que estavam colados cartões fúnebres orlados de preto, fotografias, cartões de identidade — sobre todos estavam escritas as letras RIC, de *requiescat in pace*. Numa página havia fotografias granulosas de cenas de crime, casas recém-destroçadas por explosões de gás, colisões de automóvel, um corpo jazendo sob folhas de faia caídas.

Aqueles incidentes estavam todos relacionados com a procura da Sala de Âmbar?

"Isso é material confidencial", retrucou ela, enfiando os papéis de volta no envelope. "Foi-nos enviado de Berlim, pelo correio, depois que fizemos uma exposição na cidade: *Mythos Bernsteinzimmer*. Não é para ser publicado."

O diretor Sautov debruçou-se sobre sua mesa e sussurrou: "Em maio de 2003 receberei quarenta chefes de Estado aqui." Flexionou as mãos enormes, enquanto assentíamos com a cabeça, embora sem fazer idéia do que estava querendo dizer. "Eu os conduzirei à minha recém-restaurada Sala de Âmbar. Os senhores a viram? É a última chance." Levantou-se e, para melhor expor seu pensamento, pôs-se a andar de um lado para outro na sala úmida. "Pretendo vedar totalmente as obras, que estão pela metade, até a sala ficar pronta. Sim, vou vedá-la daqui a dois dias." Bardovskaia sacudiu vigorosamente a cabeça, em aprovação. "Depois, em maio de 2003, no tricentenário da fundação de nossa esplêndida cidade, descerrarei as cortinas e revelarei ao mundo o milagre que recriamos. Estão me entendendo?" Sim, estávamos entendendo, e aquilo claramente não era de bom agouro para o nosso livro. "Temos um arquiteto de grande competência, que estudou os procedimentos antigos, um veterano que aprendeu de que maneira a Sala de Âmbar original foi montada. Mas é claro que os senhores sabem disso, pois já conversaram com Aleksandr Kedrinski." Portanto, eles estavam sabendo daquele nosso encontro.

Sautov continuou: "Aleksandr Kedrinski está elaborando um catálogo especial sobre nossa trágica perda e a Grande Empreitada. E sobre como estamos restaurando tudo. O livro que os senhores estão escrevendo trata obviamente do mesmo assunto, e não deve, não pode competir com o nosso." Nessa altura o diretor estava de pé junto à sua mesa e alguém abrira a porta da sala pelo lado de fora.

Contudo, precisamente quando começávamos a temer que ele tivesse resolvido não nos ajudar, o diretor mudou de tom. "Enviem-me um fax hoje dizendo o que querem; Bardovskaia calculará quanto custa *o que querem*."

Mas, objetamos, ainda não sabíamos o que eles tinham em seus arquivos.

Bardovskaia forçou um sorriso. "Façam uma proposta", guinchou. "Prepararemos um contrato. Todos têm de pagar, não é? Do nada, nada vem. É um antigo provérbio inglês, parece."

O sorriso de "adeus" do diretor já estava armado. "Enviem-me um fax", repetiu. "Teremos de designar um funcionário para supervisionar seu trabalho." A porta se fechou sobre essas palavras, enquanto éramos impelidos sem cerimônia de volta para a sala de espera.

Como o diretor nos autorizara a fazer uma rápida visita ao ateliê do âmbar do palácio, fomos conduzidos a uma porta de ferro sem nenhuma indicação, a apenas dez passos de seu escritório, passando pela neve. Dentro havia uma fornalha de atividade: 52 operários, ex-mineiros, canteiros e soldadores brocavam, lixavam e poliam febrilmente, enchendo o ar de um pó de sabor adocicado. "*Dobri.*" Uma mão rechonchuda limpou-se num avental e se estendeu. Boris Igdalov, chefe do ateliê do âmbar, apresentou-se e, pelo seu tom de voz, era evidente que não éramos os primeiros estrangeiros que recebia.

Entediado, Igdalov iniciou a rotina. "Reconstruir a Sala de Âmbar é trabalho para uma vida toda." Enxugou a testa com um trapo. "Quase vinte anos, e ainda não está concluído." Guiou-nos pelo ateliê. "Fervemos o âmbar em diferentes óleos." Caldeirões borbulhavam e balões de vidro fumegavam. "O âmbar pode ser sutilmente macerado com ervas, capins e até com caroços de cereja. Mas", acrescentou, puxando-nos para outra sala, "tudo isso é segredo de ofício."

Parou perto de um homem que estava cortando lascas de âmbar numa bandeja. Ele levantou os olhos e riu ao ver que seu paciente tinha novos visitantes para aturar. "Eu era contramestre de estaleiro antes da *glasnost*", recitou o artesão, já instruído sobre as expectativas dos estrangeiros. "De homem do partido a artesão."

Boris Igdalov seguiu em frente e entramos no depósito de âmbar virgem, cheio de grânulos de aspecto turvo e nacos de caramelo. "Tudo isso vem de Kaliningrado." A reconstrução demandaria seis toneladas de âmbar do Báltico. "A maior parte foi confiscada de traficantes estrangeiros. Não teríamos podido comprar tanto âmbar. Em 1997, Viktor Chernomirdin [então primeiro-ministro da Rússia] deu-nos várias toneladas e, mais recentemente, as autoridades alfandegárias de Kaliningrado nos deram mais, apreendidos de um contrabandista japonês." Igdalov rumou para seu escritório, sem interromper sua preleção. "Mas ainda não é o bastante."

Agora estávamos num saguão cortado por correntes de ar.

"Em 1999 tivemos de paralisar nossas atividades e, se uma empresa alemã, a Ruhrgas AG, não tivesse tomado a iniciativa de nos patrocinar, nossa Sala de Âmbar jamais seria concluída", disse, oferecendo-nos de novo a mão depois de limpá-la no avental. Estávamos de volta à pesada porta de ferro e nos vimos de novo na neve.

Uma fresta, embora quase imperceptível, abrira-se no Palácio de Catarina. Naquela tarde enviamos um fax com uma lista abrangente, detalhando a pesquisa que estávamos ansiosos por começar. Jogamos verde quanto ao que poderia haver no arquivo do Palácio de Catarina.

Mais tarde recebemos um telefonema de Nossa Amiga Professora, que nos pareceu estranhamente fria quando lhe contamos, empolgados, como havíamos seduzido o Dr. Sautov, convencendo-o a considerar nossos pedidos.

"Eu também fico satisfeita", comentou laconicamente. Em seu fim de semana na *dacha*, ela topara com um outro contemporâneo de Kuchumov, alguém que o conhecia intimamente mas não se projetara tanto. Tínhamos de ir vê-lo imediatamente, disse. Era um velho.

Ozerki — a penúltima estação da linha Moskovsko—Petrogradskaia, na estreita borda da cidade. Quando emergimos do metrô, a escuridão já baixara sobre São Petersburgo. A neve fresca no chão banhava o subúrbio de uma fria luz azul. Logo encontramos o prédio, um bloco de concreto da década de 1970 com apartamentos minúsculos que os moradores haviam humanizado com elegantes portas envernizadas. No oitavo andar, apertamos uma campainha que fez soar "O barqueiro do Volga". A porta se abriu apenas o bastante para que um par de olhos glaciais espiasse. Logo um rosto se vincou num amplo sorriso. "Sejam bem-vindos. Entrem, por favor." Dentro, apontou para uma grande esteira de junco sobre a qual estavam suas botas de neve de feltro cinza e vários pares de chinelos. "Sou Vladimir Telemakov." Gravata azul-petróleo, suéter azul-marinho de gola em vê sob um amarrotado paletó de terno de náilon. Ele se aprontara para a ocasião. Lamentamos não ter feito o mesmo.

Ofereceu-nos chá adocicado e pão preto. Sobre sua escrivaninha estava pousada uma pasta bojuda. Ofereceu-nos arenques e picles de cogumelos. Ele mesmo os colhera no verão, nas florestas de pinheiros às margens do lago Ladoga. Envolveu a pasta verde-pastel com as mãos. Serviu-nos um dedal de vinho doce da Geórgia que guardava havia muitos, muitos meses. "Sabem, também sou jornalista", disse, repuxando o elástico que prendia a pasta. Nós lhe dissemos que não sabíamos absolutamente nada.

Telemakov era enxuto. Tudo nele era parcimonioso. Roupas e frases. Era a própria imagem da moderação. Contou-nos que se formara em jornalismo na prestigiosa Universidade de Leningrado, com louvor, aos 22 anos. Ato contínuo, o Estado enviara seu prodígio para a ilha de Sakhalina. Perguntamos onde ficava isso. "Eu também não tinha a menor idéia." Pegou um grande mapa cor-de-rosa da União Soviética e foi arrastando o dedo em direção ao leste até onde pôde, quase esbarrando em Sapporo, no Japão. Sakhalina era a nova fronteira agreste, a antiga colônia penal czarista onde Anton Tchekov fora pesquisar para um livro sobre a vida de um sentenciado, uma terra distante entre o estreito Tártaro e o mar de Okhotsk. Levara dez dias para chegar lá, viajando de navio, ônibus e avião. "Durante três anos fui repórter na Cidade de Sakhalina. Não havia muitas notícias por lá." Não deixava de ser, contudo, um local evocativo para os que desejam afirmar a amplitude da Pátria.

"Um belo dia recebi um telegrama." Estava sendo chamado a Leningrado. Teve esperanças de ser transferido para uma agência nacional de notícias, quem sabe para o *Pravda* ou o *Isvestia*. "Fui designado para editar um jornal publicado por operários de uma fábrica de autopeças. Passei trinta e três anos lá. Poderia ter sido pior. Como os poloneses gostam de dizer, quando eu não podia cair mais fundo, alguém me deu uma bordoada nos fundilhos."

Telemakov trabalhava diligentemente, mas aos domingos entregava-se à sua verdadeira paixão: pegava um trem na Estação Vitebsk e ia visitar os palácios de Pavlovsk e Puchkin, como Tsarskoie Selo fora rebatizada em 1937. "Um dia reparei em um homem no vagão. Ligeiramente corpulento. Óculos de aros redondos. Paletó puído. Caneta-tinteiro no bolso do peito. Estava lendo. Apresentei-me a ele. Disse-lhe que gostaria de escrever sobre arte. Todo mundo conhecia Anatoli Kuchumov. Eu temia que um homem tão importante não me desse atenção, mas contei-lhe que sonhava com coisas melhores que a fábrica de autopeças. Ele respondeu que, se eu encontrasse tempo para isso, poderia acompanhá-lo naquelas suas idas e vindas de trem. Conversaríamos sobre arte e sobre a Grande Guerra Patriótica."

Dali em diante, todo domingo, o jornalista encarregado da gazeta dos operários furtava algumas horas, pegava o trem para Puchkin de madrugada e conversava com Kuchumov sobre os palácios de Leningrado. "Cautelosamente, ele começou a se abrir. Por fim, após muitos meses, falou-me sobre coisas *importantes*. Sentia-se lisonjeado pelo interesse que eu lhe dedicava, acho. Começou a relaxar e chegou a me emprestar documentos para estudar. Alguns eram relatórios oficiais. Outros, cartas que recebera durante a guerra. Durante oito anos ele atuou como um mediador, recomendando-me a outros funcionários de museu, e fiz anotações a partir dos diários e das correspondências deles também. Eu fazia cópias de tudo. Era meticuloso. Kuchumov sabia o que eu estava fazendo. No fundo, ele gostava da idéia de ter um biógrafo... E, é claro, eu era confiável. Eu era um deles."

Um deles? Antes que tivéssemos podido perguntar o que queria dizer com isso, Telemakov enfiou a mão na pasta verde que tinha diante de si e puxou um grosso maço de papéis. "Eu queria publicar isto em forma de livro, um tributo a Anatoli Mikhailovitch. Mas faz três décadas que tento, em vão." Abriu a pasta com hesitação. "Algumas coisas estão em inglês", disse. "O tipo de inglês falado pelos espiões. As únicas pessoas que sabiam falar a língua dos senhores eram os homens da KGB. Os agentes dela na fábrica de autopeças ficaram curiosos, quiseram saber o porquê do meu interesse por um dos mais famosos curadores da cidade. Por isso levei-lhes o manuscrito." Enfiou os papéis de volta na pasta.

Podemos ver isso?

Telemakov levantou-se, vacilante, e começou a se esquivar. "É o meu trabalho. Quero publicá-lo." Viu o ar de desapontamento nos nossos rostos. "Bem, é verdade que os senhores são jornalistas, são meus colegas. Quem sabe poderiam me ajudar? Se puderem, eu também os ajudarei. Levem estes papéis. Vão embora. Mas voltem quando tiverem conseguido chegar ao fim. Por favor, voltem. E me ajudem."

Rumamos para Sovetskaia 7 com os papéis de Telemakov. Imitando os russos, abrimos caminho às cotoveladas entre o amontoado de pessoas que se engalfinhavam diante da porta aberta do metrô e voamos para um lugar vazio nos bancos de plástico azul-turquesa. Emergimos da escada rolante na Ploschad Vosstania, repuxando a faixa de elástico. Descemos a Grecheski Prospekt e fomos na direção da loja do pão quente do Báltico, sempre naquela postura em ângulo reto de quem esquia em velocidade — era assim que todos os cidadãos andavam, sob pena de se esborracharem nas calçadas cobertas de gelo.

Por fim, abancados à mesa de pinho da cozinha, pudemos ler. O manuscrito começava com palavras de louvor a Telemakov escritas pelo professor Boris Piotrovski, diretor do Museu Hermitage e atualmente a figura mais importante no cenário cultural da Rússia: "Tenho certeza de que todos que puserem as mãos neste manuscrito o lerão do começo ao fim com grande interesse... além de arquivos e literatura, [Telemakov] usa as próprias palavras e fidedignos registros do diário de Kuchumov para contar uma esplêndida história sobre a abnegação dos funcionários de nossos museus, que arriscaram a vida para salvar nossos tesouros."[3]

Ao virarmos uma página, surgiu diante de nós um trecho do diário do curador-chefe, que começava exatamente no ponto em que Aleksandr Kedrinski parara: 30 de junho de 1941 — Anatoli Kuchumov estava no trem que levava os tesouros de Leningrado.

> O trem faz uma parada. Horas de espera na neve. Exposto a ataques por cima e pelos dois lados. Mas não há nada a fazer senão esperar que o Exército Vermelho limpe os trilhos.
>
> Corri ao longo dos trilhos e vi num vagão duas mulheres lavando o rosto uma da outra com neve. Depois vi lá um grande busto de bronze

> de Maria Antonieta. O semblante insolente dessa rainha pareceu deslocado aqui. Dei uma espiada dentro do vagão e vi dúzias de telas, nenhuma sequer coberta, jogadas sobre os bancos. Fiquei furioso com esse desleixo.

Mas depois Kuchumov apurara que aquelas duas mulheres eram curadoras; haviam fugido de Smolensk e tinham tido ainda menos tempo que ele para evacuar os museus de lá. Escrevera: "Elas me disseram que o bombardeio de Smolensk foi devastador. Os fascistas simplesmente desceram sobre a cidade. Alguns estavam disfarçados de milicianos soviéticos, outros de soldados do Exército Vermelho. Os caminhões carregados com aquelas peças de museu haviam deixado a cidade em ruínas no mesmo instante em que as ruas eram tomadas por uma multidão de nazistas. Que acontecera em Leningrado?"

Kuchumov estava temeroso, tanto por seus camaradas como pela Sala de Âmbar, que deixara para trás. "Eu pensava no Palácio de Catarina e nas coisas que não conseguira embalar e imaginava vividamente a tragédia de muitas cidades soviéticas tomadas pelos nazistas", escrevera.

Tudo aquilo ainda parecia surreal para Kuchumov, que ainda não vira nenhum sinal da guerra. Atravessando o coração da Pátria, o curador viu passar Vladimir, cidade fundada às margens do rio Kliazma pelo grão-príncipe de Kiev. Duas vezes ela fora saqueada pelos mongóis, mas seus cidadãos eram célebres por nunca se terem deixado esmagar. Segundo o diário de Kuchumov, os domos dourados da cidade estavam intactos: "Ela dava a impressão de algo nativo. Algo muito russo. Sem que eu quisesse, vi desfilarem em minha cabeça oitocentos anos de nossa gloriosa história."

Em 5 de julho de 1941, o trem de Kuchumov chegou às planícies cobertas de florestas da bacia do Volga, 880 quilômetros a sudeste de São Petersburgo, e recebeu ordem de esperar. Durante as três semanas seguintes, Kuchumov pôde pelo menos receber uma ou outra notícia de casa, quando chegava uma carta por mensageiro. "1° de agosto, de Elena Nikolaievna Beliaeva, curadora e organizadora do partido, Leningrado, ao camarada Kuchumov." Telemakov copiara essa carta ao curador-chefe. Correspondência lançada por avião ou transportada por mensageiros continuava a chegar a áreas isoladas da Rússia. e Kuchumov era daqueles que não jogam nada fora. Beliaeva escrevera: "Agora todos estão servindo nas trincheiras. Não restou nenhuma família no parque. Estamos deixando uns agrados para trás para os fascistas. Todo mundo está tentando manter o bom humor."

Duas semanas depois que essa carta foi escrita, o povo de Leningrado tinha escavado 26 mil quilômetros de trincheiras e 340 valas antitanques.

> 24 de agosto, de Elena Nikolaievna Beliaeva, curadora e organizadora do partido, Leningrado, para o camarada Kuchumov. Ainda estamos evacuando a vila Puchkin [Tsarskoie Selo] e os palácios. Milhares de objetos já foram salvos. As paredes dos palácios estão nuas. Ontem tirei a última tela do Palácio de Alexandre — O *Kasaki de Nicolau I*, de Kruger [*sic*], que foi enrolada. A situação está muito difícil para nós. Fazemos o trabalho de guardas, escriturários e faxineiros, mas nada funciona.

Três dias depois que essa carta foi escrita, um toque de recolher noturno foi imposto a Leningrado. A paranóia tomou conta da cidade. Qualquer homem de barba desgrenhada ou roupas esquisitas era fuzilado imediatamente ou jogado na cadeia. Volta e meia, tramas urdidas por sabotadores eram trazidas à luz. O medo reforçava o controle exercido pelo NKVD. Enquanto Leningrado se preparava, o trem de Kuchumov, finalmente autorizado a seguir viagem, avançou mais 160 quilômetros para o leste, até Gorki. Ali o curador conseguiu um rádio e pôde ouvir noticiários.

No dia 1º de setembro, Hitler ordenou que Leningrado e seus palácios fossem pulverizados. Os alemães manobraram seus bombardeiros e a artilharia para concentrá-los lá. Sete dias depois, enquanto partes da cidade estavam em chamas, a Luftwaffe pôs abaixo o depósito de alimentos Badaev com napalm e fósforo, incinerando todos os mantimentos num inferno que ardeu durante três dias, alimentado pela gordura e o açúcar ali estocados. Imensas espirais de fumaça ergueram-se muito acima do golfo da Finlândia, enchendo cada nariz em

Leningrado com um cheiro de maçã do amor, enquanto corações e mentes enfrentavam a iminência da fome. As ligações da cidade com o exterior — ferroviárias, aéreas ou rodoviárias — foram cortadas. As últimas reservas de alimentos haviam sido carbonizadas. Uma linha fortificada pesadamente guarnecida passou a cercar Leningrado.

Nos arquivos Enigma, em Londres, dispersos entre as duas mil mensagens interceptadas todos os dias na estação de decodificação de Bletchley Park, de onde os britânicos bisbilhotavam as comunicações alemãs, há fragmentos de informação que descrevem o cerco da cidade de Kuchumov: "9 de setembro. Ultra-secreto. XVI Panzer Korps (16ª Divisão de Tanques) está avançando sobre Leningrado..."[4]

No dia seguinte os alemães estavam chegando a Puchkin e seus palácios:

> 10 de setembro, 3h28, linha férrea para Krasnoie Selo (K.S.) foi cortada. No trajeto entre K.S. e Detskoie Selo [antigo nome de Puchkin] há 15 veículos [soviéticos] puxados a cavalo.
>
> 4h56: coluna motorizada avança para Detskoie Selo. Coluna inimiga tem veículos a motor e de tração animal, ao todo cerca de 150 veículos.[5]

Os comunicados nazistas não fazem nenhuma menção à carga que essa coluna soviética transportava, mas o que os alemães avistaram foi de fato a evacuação das peças dos palácios dos subúrbios de Leningrado, ainda em curso.

Em 13 de setembro o ataque começou. "Ultra-secreto: — [Koluft Panzer Group Four] está agora em Detskoie Selo, comunica Hauptmann Falk." No dia seguinte, os nazistas vieram de cima. "— [Fliegerkorps* aterrissou]. Ataque a Puchkin concluído. Todas as bombas caíram na zona-alvo."

*Fliegerkorps ou NSFK (Nationalsozialistisches Fliegerkorps) é a unidade tática da aviação alemã fundada em 1930, durante o período em que a Força Aérea Alemã encontrava-se proibida em virtude do Tratado de Versalhes. Estabelecida inicialmente como organização paramilitar, com forte traço ideológico, nacional-socialista, utilizava aviões particulares. Em 1935, quando Herman Göring criou a Luftwaffe — Força Aérea Alemã — a maioria dos membros da Fliegerkorps transferiu-se para a nova instituição. (*N. da R. T.*)

No Palácio de Catarina, um punhado de curadores que haviam optado por permanecer ali continuava a evacuar tesouros. Um deles, a camarada Sofia Popova, relatara: "16 de setembro, 20h, a situação tornou-se periclitante." Os boletins que Popova enviou da linha de frente seriam combinados num longo relato apresentado às autoridades de Leningrado em novembro de 1941. Quatro décadas mais tarde, o jornalista Vladimir Telemakov o encontraria.[6]

Popova escrevera:

> O inimigo aproxima-se de Puchkin pelo lado de Strelna [sudoeste de São Petersburgo] e começa a atirar com metralhadoras no chalé que fica no rumo da garagem em que Nicolau II guardava seus carros. Agora qualquer movimento é quase impossível. Parque e cidade sob fogo de artilharia pesado e bombardeio todas as noites. Estamos sem dúvida ficando surdos. Mas que é a surdez comparada à morte!

Apesar de tudo, funcionários escapuliam e jogavam redes de camuflagem sobre os palácios. Tarde da noite no dia 16 de setembro, a camarada Popova escrevera: "Bombeiros e militares montaram postos." As famílias haviam sido evacuadas para abrigos. "Fomos instruídos a nos manter em contato com comandantes de unidades regulares para saber em que momento devemos abandonar os palácios." Um regimento alemão conseguiu avançar e seguiu na direção do Palácio de Alexandre, a apenas um quarteirão de distância da cadeia dourada de salões do Palácio de Catarina. "Estamos vigiando os nazistas. O Exército Vermelho está na rua Anrov", escrevera a camarada Popova.

Chegou uma ordem do presidente do IsPolKom (o comitê executivo do Soviete de Leningrado): "O camarada Pavlov [Dmitri Pavlov, chefe do Abastecimento Alimentar de Leningrado] ordenou a interrupção do trabalho em todas as fábricas para a evacuação de nossos palácios. Todos os documentos devem ser queimados."

Em 17 de setembro um canhoneio iluminou uma aurora cinzenta sobre Puchkin. "5h: o parque e o norte da vila estão lutando bravamente. Todos estão indo para o oeste", escrevera a camarada Popova. Os funcionários dos palácios tentaram se esconder em Oranienbaum, a antiga propriedade de Aleksandr Menchikov. "Pegamos até as máquinas de escrever. Não deixaremos nada para eles." Puchkin fora tomada.

Enfiado num gélido porão em Gorki, Kuchumov podia apenas conjeturar sobre a sorte de seus amigos e dos palácios.[7] Não tinha como saber que o general Wilhelm von Leeb, comandante do Grupo Norte do Exército, estava entrincheirado num morro sobranceiro a Leningrado e que aconselhara a Hitler, no dia 21 de setembro, o uso do subúrbio de Puchkin como posição avançada para o ataque final à cidade. Não deveria haver invasão de infantaria, apenas destruição a distância. Retransmitindo instruções recebidas do Führer em 21 de setembro, o chefe do estado-maior naval qualificou a cidade de Kuchumov como "desprovida de maior interesse quando a União Soviética for destruída".[8]

Durante todo esse tempo a rádio Leningrado transmitia mensagens animadoras. Em seu abrigo antiaéreo, a poeta Ana Akhmatova recitava poemas inspiradores, exortando as mulheres escondidas a seu lado a serem corajosas.[9]

A guerra avançou também em direção à bacia do Volga. O presidente do IsPolKom de Gorki deu ordem para que Kuchumov penetrasse mais profundamente, com as coleções do palácio, no interior da Rússia, em direção ao lugar que os tártaros chamam de sua Terra Adormecida. O trem do tesouro seguiu do oeste para o leste, deixando a Europa para penetrar na Sibéria e na tundra congelada de Tomsk. Quatro semanas depois, chegou à confluência dos rios Tom e Ob. Mas ainda prosseguiria por mais trezentos quilômetros pela brancura cegante dos campos de neve. De Leningrado a Gorki, de Gorki a Tomsk, de Tomsk ninguém sabia para onde, cinco meses na estrada de ferro, 1.600 quilômetros percorridos, até que, no fim de novembro de 1941, Kuchumov chegou a Novosibirsk, uma "vila coberta pela geada, 55°C negativos no termômetro".[10] A leste estendia-se a selvagem república de Iakutia, a antiga posição avançada cossaca de Iakutsk. Ainda mais a leste estava o que sobrara dos dez a quarenta milhões de pessoas desaparecidas, deportadas por Stalin para os *gulags* de Magadan e Komsomolsk, a Cidade da Juventude.

Em Novosibirsk, o trem do tesouro foi finalmente descarregado, sua preciosa carga conferida e arejada. O teatro do lugar foi escolhido como depósito provisório. Em 21 de dezembro de 1941, Kuchumov escreveu em seu diário: "Esta vila muito clara, com suas lufadas brancas de fumaça, suas casas e igrejas de madeira, ficou encantada em nos receber. Deitávamo-nos sobre tapeçarias em nosso alojamento improvisado, agarrando os cupons que garantiam nossa ração de pão."

Enquanto isso, em Leningrado, Pavlov, o chefe do Abastecimento Alimentar, calculava que seis mil pessoas estavam morrendo de inanição por dia. Os que ainda sobreviviam estavam morrendo de frio, rasgando livros e rachando móveis para acender fogo. "Nunca estivemos tão longe um do outro como agora", escreveu a química soviética Elena Kochina sobre o marido em suas memórias do cerco. "Não temos nenhum meio para ajudar um ao outro. Compreendemos agora que uma pessoa deve ser capaz de lutar sozinha com a vida e a morte."[11]

Cidadãos apareciam junto às linhas alemãs em Puchkin, a fome falando mais alto que o medo, para procurar tubérculos em terrenos e *dachas* abandonados. A equipe de Pavlov fez experiências derretendo batom para untar a dura ração de pão com sua gordura. Mais tarde cozinharam correias de couro de máquinas em fogo brando para extrair a gelatina. Uma equipe de cientistas continuava rastejando na cratera aberta onde se erguera o depósito de alimentos Badaev, tentando desesperadamente toda sorte de experimento alquímico para transformar o entulho em coisa comestível.

Em Novosibirsk havia comida, mas praticamente mais nada. "Ficamos nos porões vigiando nossas cargas inestimáveis. De vez em quando até promovemos pequenas exposições. Mas não há nada que possa levantar nosso ânimo, ajudar-nos a superar a frustração de não saber o que está acontecendo com tudo que fomos obrigados a abandonar", escreveu Kuchumov.

A Sala de Âmbar o amargurava enquanto ele tiritava "na terra dos grilhões e do gelo" de Máximo Gorki, em meio aos tesouros de Leningrado.[12] O tempo parecia parado, e, para encher as horas, distrair-se da aflição de saber que destino tivera a Sala de Âmbar, Kuchumov começou a escrever um livro sobre a história dela.

Em 29 de janeiro de 1743, a imperatriz Elisabete, que ascendera ao trono russo no ano anterior, deu uma ordem: "Levai essa Sala de Âmbar para decorar os aposentos sob vossa direção; podeis usar o italiano Martelli..."[13]

Encontramos uma cópia dessa ordem na biblioteca do Hermitage, seguindo as anotações feitas por Kuchumov enquanto estava retido na Sibéria. O jornalista Telemakov havia transcrito todas elas para nós.

O que Kuchumov descobriu foi que um dos primeiros atos de Elisabete como imperatriz fora remover a Sala de Âmbar do depósito em que estava, no Palácio de Verão de Pedro, o Grande, para seu novo Palácio de Inverno às margens do Neva. Seu pai morrera sem jamais ter visto a sala montada e ela estava determinada a completar a tarefa. Confiou-a a seu escultor favorito, Alexandre Martelli.

Com base nas microscópicas notas de rodapé de Kuchumov, localizamos o contrato de Martelli (assinado pelo escultor), datado de 11 de fevereiro de 1743: "Prometeis montar a Sala [de Âmbar], classificar as peças que tendes e descobrir o que falta, fazer peças substitutas e erguer a Sala." Martelli receberia 600 rublos para realizar o trabalho de que os artesãos de Pedro, o Grande haviam sido incapazes.[14]

Só restava à imperatriz Elisabete decidir em que aposento do novo Palácio de Inverno a Sala de Âmbar deveria ser instalada. De início, optou por um cômodo pequeno, mas não demorou a mudar de idéia e designar para ela um grande salão. Como o âmbar que viera da Prússia não era suficiente para recobrir suas paredes, Martelli resolveu preencher os vazios entre os painéis de âmbar (que tinham vindo de Berlim) com 52 colunas espelhadas com arestas douradas. A corte russa mandou fazer as colunas, mas ao final verificou-se que não tinham as medidas exatas; encomendaram-se outras na Grã-Bretanha, mas elas nunca foram entregues. Assim, só foi possível concluir a Sala de Âmbar ampliada em 16 de setembro de 1745, com espelhos vindos da França.

Mas Elisabete continuou insatisfeita e ordenou outras três remoções da Sala de Âmbar, cada vez para uma sala maior, o que obrigava

Martelli a preencher cada vez mais vazios com espelhos e vidro sobre lâminas de metal. Em 1745 o novo rei da Prússia, Frederico, o Grande, ouviu falar dos labores envolvidos pela Sala de Âmbar e decidiu combinar diplomacia com um presente. Segundo o projeto, as paredes da Sala de Âmbar teriam como principal ornamento quatro molduras de espelho ricamente trabalhadas, também de âmbar, mas só se dispunha na Rússia de âmbar para manufaturar três delas. Ao saber disso, Frederico II encomendou a quarta moldura a seus artesãos em Königsberg, ao preço de 2.000 táleres.[15] Ela foi enviada a São Petersburgo juntamente com um poema, "A alegoria das vitórias e dos feitos heróicos da imperatriz".

Quando as quatro molduras de espelho de âmbar foram penduradas, porém, a imperatriz ordenou que a sala fosse novamente removida, dessa vez para o cômodo anexo a seu quarto de dormir. Depois pareceu-lhe que uma curiosidade tão original e suntuosa deveria ser usada para impressionar embaixadas estrangeiras. A perambulante Sala de Âmbar foi levada para o primeiro pavimento do palácio e remontada mais uma vez para servir como um salão de recepção para embaixadores.[16]

Ninguém ficou surpreso quando os painéis começaram a cair aos pedaços. Kuchumov encontrou este relatório datado de 1746: "Em razão de mudanças da temperatura, seções [da Sala de Âmbar] foram danificadas. Uma coluna está empenada. Ela foi reparada pelo mestre Enger. Ademais, muitas peças [de âmbar] desgrudaram-se das paredes e se perderam."[17] Em vez de restaurá-la, em julho de 1755 a imperatriz ordenou a V. Fermor, chefe da Chancelaria do Gabinete Imperial, que retirasse toda a Sala de Âmbar do Palácio de Inverno e a transportasse — devendo cada painel e cada moldura ser carregados com as mãos — para o Palácio de Catarina em Tsarskoie Selo.

Ali foi preciso reconstruir a sala num aposento ainda maior. Bartolomeo Rastrelli, um arquiteto italiano, foi encarregado da supervisão do projeto e Martelli foi mais uma vez contratado para montar a sala. Mas não havia dinheiro para comprar mais âmbar. A alternativa foi lançar mão de painéis falsos, vidro sobre lâminas douradas e espelhos dourados. A Sala de Âmbar foi instalada no centro da cadeia de salões dourados, entre o Salão dos Retratos e o das Pinturas, e sua manutenção foi confiada a Friedrich Roggenbuch, um especialista em âmbar trazido da Prússia.

Mas a Sala de Âmbar não continuou sendo essa espécie de colcha de retalhos por muito tempo. Em 22 de setembro de 1762, uma inocente alemã foi coroada "Imperatriz de Todas as Rússias" (vestindo, segundo a descrição de lorde Buckingham, quatro mil peles de arminho bordadas com milhares de pedras preciosas, meio quilo de ouro e dez de prata na coroa). Catarina II logo decidiu que os palácios do Tsarskoie Selo deveriam ser reformados.[18]

Encarregou John Bush, seu horticultor britânico, de projetar novos jardins com bustos de Cícero, Demóstenes e Marco Júnio Bruto. Foi também erguida *La Pyramide Egyptienne*, uma necrópole para os galgos reais e *L'Arc Triomphal du Prince Orloff*, um tributo da imperatriz a um de seus muitos amantes, Gregori Orlov (que a ajudara a assumir o poder derrubando o marido, o czar Pedro III). "Haverá uma terrível subversão nos arranjos domésticos em Tsarskoie Selo", avisou Catarina numa carta de 13 de abril de 1778. "A imperatriz terá dez quartos e vasculhará todos os livros de sua biblioteca à procura de projetos para decorá-las, dando rédea solta à sua imaginação."[19]

Nascida em Stettin, um burgo alemão próximo do litoral báltico (hoje Szczecin, no noroeste da Polônia), Catarina parece ter dado ao âmbar o devido valor. Sabemos pelo livro de encomendas da corte que um dos aposentos que ela resolveu reformar foi a Sala de Âmbar. Durante os quatro anos seguintes, foram encomendadas enormes quantidades — mais de quatrocentos quilos — de âmbar a preços exorbitantes, porque era preciso importá-lo da península Samland, na Prússia Oriental. Para fazer o trabalho, foram contratados quatro entalhadores da guilda de Königsberg; eles deveriam substituir todas as seções falsas, que tanto espaço ocupavam na sala de Elisabete, por novas, feitas de âmbar verdadeiro. Catarina encomendou também, do artesão italiano Giuseppe Dzokki, quatro mosaicos de pedra florentinos, representando os cinco sentidos, para serem fixados na sala. "Visão", "Paladar", "Audição" e "Tato e olfato" — todos os sentidos deveriam ser estimulados num ambiente que, quando iluminado por velas, emitia um fulgor langoroso, da cor do outono, ou do pôr-do-sol em Stettin.[20]

Menos de um século depois, a glória máxima do Palácio de Catarina já era lendária em toda a Europa. "Chegamos agora a uma das raridades mais notáveis — quero lhe falar sobre a Sala de Âmbar", escreveu Théophile Gautier em seu *Voyage en Russie*, em 1866.

> Só em *As mil e uma noites* e em contos de fadas, em que a arquitetura dos palácios é confiada a mágicos, espíritos e gênios, nos é dado ler sobre salas feitas de diamantes, rubis, jaspe-sangüíneo e outras pedras preciosas (...) Aqui a expressão "a Sala de Âmbar" não é apenas uma hipérbole poética mas a pura realidade, e não se trata, como você poderia supor, de um pequeno *boudoir* ou gabinete. Ao contrário, a sala é bastante ampla, com (...) paredes adornadas de alto a baixo com mosaicos de âmbar, inclusive um friso. Os olhos, não habituados a ver esse material aplicado em tal escala, ficam assombrados e cegos, tal a profusão de matizes intensos, abarcando todo o espectro do amarelo — do topázio enfumaçado ao limão claro. O ouro dos entalhes parece fosco e falso nessa vizinhança, especialmente quando o sol incide sobre as paredes e desliza por suas nervuras transparentes.[21]

Trabalhar na redação de um livro sobre a Sala de Âmbar não deve ter contribuído muito para aliviar a sensação de isolamento de Kuchumov, sepultado como estava em Novosibirsk. Ocasionalmente um exemplar do *Pravda* ainda chegava à Sibéria, levado por mensageiros, mas provavelmente as apreensões do curador apenas cresciam quando esquadrinhava os jornais soviéticos à procura de notícias. Entre os documentos que ele guardara em seus dias na Sibéria e Telemakov transcrevera, havia um artigo de jornal.

No dia 17 de novembro de 1942, o *Pravda* publicou na primeira página a confissão de um oficial nazista, Norman Förster, capturado em Mosdok, no norte do Cáucaso. Förster, um Obersturmbannführer (tenente-coronel) da Waffen SS, contara a seus interrogadores do NKVD uma história intrigante (que por sinal, menos de dois anos depois, seria citada no Tribunal Militar Internacional em Nuremberg). Em agosto de 1941, Förster encontrara por acaso em Berlim um ex-colega de escola, um certo "Dr. Focke", diplomado na Universidade Friedrich Wilhelm daquela cidade. Focke, que na época trabalhava como assessor de imprensa de Ribbentrop, Reichsaussenminister (ministro das Relações Exteriores) de Hitler, ofereceu-se para conseguir a nomeação de Förster para um novo e prestigioso cargo junto à 4ª Companhia de um Comando Especial secreto.

O Sonderkommando Ribbentrop, como era conhecido, tinha seu quartel-general no nº 6 da Herman Goring Strasse, em Berlim, e era integrado por oitocentos membros da SS. Em agosto de 1941 três de suas quatro companhias foram postas em serviço ativo no *front* oriental, vinculadas a tropas que estavam convergindo para a União Soviética. Segundo o *Pravda*, a companhia do Dr. Förster deveria acompanhar o Grupo do Exército Sul, comandado pelo marechal-de-campo von Runstedt. Förster revelou a seu interrogadores: "Antes de partir, fomos instruídos a, chegando ao território inimigo da Rússia, inspecionar todos os estabelecimentos científicos, instituições culturais e bibliotecas, bem como todos os palácios e arquivos e enviar para a Alemanha todos os objetos de valor que encontrássemos."

A tropa de Förster começou atravessando a Ucrânia, mas ele soube que a 2ª Companhia do Sonderkommando Ribbentrop, vinculada ao Grupo Norte do Exército, rumara diretamente para os palácios de Puchkin. "Ali eles apreenderam e removeram bens do museu do Palácio de Catarina. Sedas chinesas e ornatos entalhados foram retirados das paredes. Até o parquete foi removido", teria declarado o Dr. Förster, segundo o *Pravda*.[22] Era possível que a 2ª Companhia do Sonderkommando Ribbentrop tivesse removido também a Sala de Âmbar.

O manuscrito de Telemakov encerrava-se aí; embaixo, ele rabiscara: "Por favor, telefonem-me." Mas seu telefone estava enguiçado. Um operador disse que não funcionava há um ano ou mais. Tínhamos de voltar a Ozerki. Era muito tarde para ir naquela noite. O telefone tocou. Disparamos para o corredor e agarramos o fone. Dessa vez chegamos a tempo. Alguém estava tentando nos enviar um fax. Devagar, a mensagem foi-se desenrolando:

> Muito obrigado pelo interesse que demonstraram pelo Palácio de Catarina. Foi um prazer conhecê-los recentemente. Todos os materiais que temos são o resultado do trabalho de nossa equipe, fragmentos de informação que ela levou anos e anos para recolher. Pretendemos publicá-los num livro que já está sendo escrito por nossos curadores, sob a direção de Aleksandr Kedrinski, que os senhores conheceram alguns dias atrás. Considero acima de nossas possibilidades físicas responder às suas perguntas ou corresponder ao esquema que sugeriram. Parece-me que seria exatamente o mesmo que escrever um outro livro. Respeitosamente...[23]

Que podíamos fazer? Leváramos cinco meses para conseguir uma entrevista com o diretor Sautov e ele só precisara de três semanas para nos descartar. Afinal, talvez nem devêssemos ter tentado. Lembramos que parte do arquivo do Palácio de Catarina estava disponível em russo na Internet. Acessamos o *website* oficial do Palácio de Catarina (www.Tzar.ru) e, onde antes havia *links* para ensaios e artigos, vimos aparecer uma mensagem: "Em construção. Obrigado pelo interesse. Por favor, retorne em breve." Na manhã seguinte o noticiário local na televisão informou que a réplica da Sala de Âmbar que estava sendo construída no Palácio de Catarina fora fechada ao público e só voltaria a ser exibida em maio de 2003. Vários meses depois de iniciar nossa investigação sobre o destino da Sala de Âmbar, ainda não tínhamos batido os olhos num só documento original. Agora defrontávamo-nos com a perspectiva de mais 15 meses de obscuridade oficial, até a inauguração da sala reconstruída.

Estávamos de novo na rua da amargura. Mas então, lembrando-nos do dito predileto da cidade — "Tudo é proibido, mas sempre se pode dar um jeito" —, metemo-nos numa *marshrutki* para Puchkin. Encontraríamos Aleksandr Kedrinski e lhe explicaríamos a situação. Ele era mais prestativo que Sautov. Teclamos o código na discreta porta lateral, guardada pela *babushka* sibilante. Pelo menos ninguém tivera a idéia de mudá-lo. "Kedrinski", dissemos, passando rápido pela anciã, e enfrentamos os cinco lances da escada de ferro fundido. Mas a porta do estúdio do velho arquiteto estava trancada, embora ele nos tivesse dito que trabalhava todos os dias.

Ouvimos um barulho vindo de cima e subimos mais um lance num piscar de olhos. Topamos com uma portinha entreaberta e a empurramos. Estávamos no primeiro de três cômodos de teto baixo. Todas as paredes estavam forradas, centímetro por centímetro, de fotografias preto-e-branco do Palácio de Catarina. Algumas mostravam nazistas desfilando pelo Grande Pátio em passo de ganso. Apareceu então uma moça, ar apavorado, embrulhada em suéteres, o pescoço enrolado em cachecóis de lã acrílica e, em volta deles, um enorme cardigã vermelho. "Sim?", perguntou com rispidez. "Os senhores são...?" Não respondemos. Ela se dirigiu para um telefone. Ia discar para chamar os guardas. Duas colegas suas, as meias aparecendo sobre botas de plástico que lhes chegavam à panturrilha, enfiaram as cabeças sobre a divisória, apontando-nos e fitando-nos, bestificadas. Estrangeiros haviam entrado no arquivo privado do Palácio de Catarina!

Como fósforo mergulhado na água, quanto mais falávamos, mais nossas palavras em inglês geravam uma algazarra incompreensível, acompanhada por muitos gestos e vozes alteradas. Lançamos o nome de Aleksandr Kedrinski. Éramos amigos, vínhamos de Londres, estávamos pesquisando a vida dos curadores do Palácio de Catarina. As mulheres relaxaram. O fone foi recolocado no gancho. Afastando as mechas de cabelo que voavam em torno de seu rosto redondo, a moça do cardigã vermelho perguntou: "De quem? De alguém em particular?"

De Kuchumov, respondemos. De Anatoli Mikhailovitch.

Ela sorriu e se apresentou como Vica Plauda, chefe da Seção de Fotografia. "Sou neta de Kuchumov", disse, "sua única parente viva." A mulher do curador morrera antes dele, o irmão, depois. Seus filhos haviam falecido recentemente. Encontrar a neta de Kuchumov ali, no Palácio de Catarina, era um golpe de sorte que só podia acontecer num lugar como a Rússia, onde membros de uma mesma família se sucedem nas mesmas instituições. "Cresci ouvindo as histórias de meu avô sobre a reconstrução destes palácios, e cá estou, trabalhando neles, e cá estão os senhores, à procura dele."

Contamos a Vica nosso encontro com Kedrinski e nosso desentendimento com o diretor Sautov. Ela sacudiu a cabeça, levantando os olhos para o céu. Dissemos a ela que, embora amigos e colegas nos tivessem fornecido pequenos trechos de seus diários e correspondência, estava-se revelando uma tarefa impossível encontrar a maior parte dos papéis de seu avô.

"Eu também não guardo praticamente nenhuma lembrança dele", disse Vica Plauda. "Quando ele morreu, em 1993, havia caixas e mais caixas de material. Mas moro num apartamento comunal, tenho só um cômodo. Emprestei os papéis para a biblioteca do Palácio Pavlovsk. Ele foi o diretor de lá durante anos. Desde então, nunca mais vi esses documentos." Tomamos nota de um nome e de um número de telefone da biblioteca do Pavlovsk. "Guardei apenas algumas coisas, entre as quais uma pintura. Está pendurada aqui", disse, apontando para um óleo de rosas num vaso, um presente que Kuchumov ganhara de Anatoli Treskin, um dos mais prolíficos restauradores de palácios: um buquê do artista para seu protetor.

Vica Plauda ficou em silêncio, pensando. Depois, entregando-nos alguns papéis, disse: "Talvez isso os interesse." Mesmo à luz tênue da janela coberta de neve, era possível perceber como ela se parecia com Kuchumov. "São cópias de cartas escritas e recebidas por meu avô. Eu nunca as vira até que me foram enviadas de Nova York, no ano passado. Não tenho idéia de como foram parar lá. Ou de quem tem os originais."

Haveria mais alguma coisa? Vica Plauda saiu da sala. Voltou com uma pasta andrajosa, de onde tirou uma lâmina de vidro do tamanho de um cartão-postal, e segurou-a cuidadosamente entre o polegar e o indicador contra a claridade da janela. A luz transformou o retângulo escuro num fulgurante portal dourado. Ali estava o coração do Palácio de Catarina, iluminado por 565 velas, sua luz acariciando bolhas de ar pré-históricas e espinhas de peixe aprisionadas na resina viscosa, iluminando os rostos de querubins entalhados a se balançar em cornijas e bandos de papagaios e águias de âmbar a voar através de frisos clássicos. Tínhamos nas mãos o único registro em cores da "Oitava Maravilha do Mundo", um positivo fotográfico em cores da Sala de Âmbar original, feito em 1917 por um funcionário russo que depois fugiu com ele para Paris. Vica disse: "O Palácio de Catarina o comprou de volta de parentes desse funcionário duas décadas atrás; agora seu valor deve ser incalculável." Fotografamos a lâmina.

O telefone tocou na sala contígua. Vica voltou sacudindo a cabeça. "É para vocês", disse. Era o assistente do Dr. Sautov. O homem nos disse, em tom ríspido, que gostara muito de ver nossa operação secreta, atravessando furtivamente o pátio coberto de neve com casacos e chapéus pretos, como corvos. Encerrou dizendo que o diretor Sautov também acompanhara nosso avanço até as salas do pessoal e que a segurança fora chamada. Aconselhou-nos a esperar.

Saímos em disparada. Corremos escada abaixo com os documentos que Vica nos dera, escapamos do palácio, voamos para o ponto de ônibus, furamos a fila e forçamos passagem até os assentos.

Naquela noite, atrás de nossas portas trancadas, debruçamo-nos sobre a papelada.

No dia 24 de janeiro de 1944 os funcionários de museu desterrados em Novosibirsk, submetidos a um dos mais rigorosos invernos de que se tinha lembrança, reuniram-se em volta do aparelho de rádio para ouvir um comunicado. O Exército Vermelho lançara um contra-ataque sobre as forças alemãs que sitiavam Leningrado e naquele momento se aproximava de Puchkin e Pavlovsk. Três dias depois, 872 dias após o início do cerco, Leningrado foi libertada. Segundo as lembranças dos sobreviventes, foi como se uma imensa pedra tivesse sido erguida da relva, tudo embaixo dela achatado, rançoso e anêmico.

"Não conseguimos dormir por dois dias, ouvindo e esperando fragmentos de notícia", Kuchumov escrevera numa das cartas que sua neta nos dera.[24] Contava que desencavara uma "garrafa de vinho carinhosamente guardada" e copos de pé que haviam pertencido aos czares. "As pessoas beberam ao êxito do Exército Vermelho. Estavam entusiasmadas e agitadas, esperançosas também. A partir desse dia começamos a reembalar as peças. O objetivo de todos era um só — devolver os tesouros."

Em fevereiro de 1944 Kuchumov embarcou num trem em Novosibirsk. Fora chamado de volta por um telegrama do IsPolKom de Leningrado. Viajou "num vagão de passageiros, num assento, como se eu fosse um diplomata estrangeiro". Já era março quando chegou à "nossa favorita e bela Leningrado, que ainda parece a mesma, mas envelhecida, como um homem após uma doença debilitante". Mas antes mesmo que tivesse tempo para se deter nas terríveis cenas de morte e destruição que o esperavam, as autoridades o promoveram a chefe do Departamento de Museus e Memoriais e diretor dos Depósitos Centrais de Leningrado. Foi-lhe confiada a missão de assegurar o retorno de todos os tesouros evacuados a seus lugares originais nos palácios.

Imediatamente Kuchumov pediu licença para visitar o Palácio de Catarina. "A situação nos subúrbios, pelo que ouço dizer, é muito pior, mas eu mesmo ainda não a vi. Minha autorização para visitar os subúrbios está em processo de validação, vou recebê-la dentro de dois ou três dias. Parece que muitos objetos foram encontrados nos campos em torno de Gatchina, peças do mobiliário de Nicolau I", escreveu.

Em 27 de abril de 1944, de posse de sua autorização e na companhia do fotógrafo Mikhail Velichko, Kuchumov pôde ir ao Palácio. "Peguei um bonde para o terminal de Quatro Mãos, perto do Posto Central de Pedágio e esperei passar um carro na direção de Puchkin", escreveu. Foi "impossível reconhecer a região, havia traços de batalhas terríveis em toda parte... casamatas, obstáculos, buracos feitos por projéteis, arame farpado e sinais de minas por todo lado. Corpos na estrada".

Kuchumov registrou praticamente cada passo que deu e enviou esses relatos a seus colegas em Novosibirsk — cartas que Vica Plauda agora guardava amorosamente. "Descreverei cada unidade tal como meus próprios olhos a vêem", escreveu. O parque estava reduzido a "dez troncos desgalhados", a bacia de uma fonte estava jogada no chão esburacado, bardanas e erva-de-são-joão alastravam-se, altas, onde antes se erguiam casas. Ao longo do caminho, onde outrora havia aldeias só se viam "caixas vazias, queimadas a partir de dentro. Nuovo Suzi desapareceu. Rekholovo foi demolido".

Kuchumov vislumbrou Puchkin à distância através de "valas, trincheiras, muitas carreiras de arame farpado, campos minados". Havia montanhas de capacetes abandonados, enormes pirâmides de máscaras contra gases alemãs. "Um furacão devastara o parque." Ao longo da estrada viu "um monte de lixo feito de portas de palácio, molduras, até móveis". Reconheceu uma cadeira quebrada da Sala de Jantar de Prata. Que acontecera com a Sala de Âmbar, que ele decidira disfarçar em vez de evacuar?

Kuchumov e Velichko chegaram ao Liceu. "Alegrem-se! A estátua de Puchkin está intacta! Meu sonho se realizou: Estou em Puchkin, estou em casa." Logo notou "cinco cordas grossas penduradas dos galhos da velha bétula defronte à igreja". Eram forcas usadas pela Gestapo: "Cenas pavorosas devem ter se passado aqui... Ah, se pelo menos as paredes pudessem falar." Apesar de tomado por "dor e medo", o curador prosseguiu até os portões pintados de azul e dourado do Palácio de Catarina, determinado a levar a cabo a sua tarefa. "Entrei no Grande Pátio pelos portões escancarados. Senti dor e medo ao contemplar o palácio destruído, vazio e queimado. Podia-se ver o céu pelas janelas. As grandes estátuas de atletas estavam quebradas. Ao redor delas espalhavam-se vigas carbonizadas, coisas quebradas."

O Grande Pátio estava coalhado de "lixo, camas de ferro, móveis quebrados, sucata, esterco, caixas de minas e de cartuchos e uma inacreditável variedade de roupas sujas, exalando um fedor asqueroso, nauseabundo". Avançando cautelosamente por entre essa mixórdia, Kuchumov aproximou-se de sua meta, as salas do primeiro pavimento do Palácio de Catarina, a cadeia de salões dourados. A cada passo, sentia-se mais nauseado.

Subiu, embora não pela escada de mármore de Monighetti, que fora destruída, mas pela escada da administração, usada pelo pessoal. "Entrei nas salas da administração; não sobrava uma só divisória de madeira, tudo estava quebrado, as salas vazias. Algumas portas ainda exibiam as placas de antes da guerra, a do Comissário do Povo e a do Assistente do Diretor. Parecia que o palácio ainda estava vivo, como antes da guerra." Mas o teto desabara, e as paredes estavam crivadas de buracos abertos por projéteis. "Um *plafond* (pintura de teto) pendia... como uma mortalha negra."

Kuchumov passou lentamente de uma sala para outra, assimilando a escala da destruição. "Não sobrou nada das portas, foram todas arrancadas a machadadas. As esculturas não têm cabeça. Os baixos-relevos quase não foram danificados, mas os parquetes foram arrancados e as lareiras despedaçadas." Em seguida, segurando o fôlego, foi "subindo sobre montes de vigas carbonizadas, tijolos e ferros".

Só conseguiu chegar até a Antecâmara Oval. "Ela estava inteiramente coberta com a fuligem do fogo que destruiu a seqüência de salões. Era a única sala que restava de toda a cadeia. O que se via depois eram os destroços de um terrível incêndio. A fuligem cobria paredes de tijolos nus. Não restaram pisos nem tetos. Nada há senão uma imensa destruição em todos os três pavimentos." Nada sobrara onde antes estivera o tesouro que ele disfarçara esmeradamente, com gaze e chumaços de algodão trazidos da fábrica de roupas de Puchkin. A Sala de Âmbar fora destruída.

"Cada passo me mata", escreveu Kuchumov. "Esses animais transformaram em estábulos o palácio-museu, nosso orgulho. Nem animais teriam emporcalhado tanto os salões quanto o fizeram essas bestas bípedes. Temos de começar de novo."

3

NO PEQUENO PRÉDIO DE apartamentos em Ozerki, apertamos a campainha que tocava "O barqueiro do Volga". Voltáramos para devolver o manuscrito de Vladimir Telemakov e pedir novamente a sua ajuda. Ele nos disse que não, não estava esperando visitas, mas estava tão composto, de paletó, como da primeira vez. "Bem-vindos, bem-vindos. Por favor, entrem." Espichou os olhos para nossa bolsa e sorriu ao ver uma ponta da sua pasta de documentos verde. "Meu manuscrito os ajudou? Os trechos do diário e as cartas. Todos aqueles detalhes intrincados. Foi difícil reunir essas coisas. É um material extremamente raro."

É extraordinário, dissemos, um trabalho de grande dedicação. Mas estávamos confusos. Afinal, se Kuchumov havia constatado em 1944 que a Sala de Âmbar fora incinerada por ocasião da destruição parcial do Palácio de Catarina (fosse pelos soldados alemães em retirada ou pela *blitzkrieg* soviética), por que cargas-d'água tanta gente continuava a procurá-la?

Telemakov saiu da sala e voltou com uma pasta azul de que tirou uma caderneta. "Fui convidado, uma única vez, a ir ao antigo apartamento de Kuchumov em Pavlovsk. Lá, vi que ele guardava volumes de recortes de jornal que remontavam à Grande Guerra Patriótica. Esses volumes, como tudo o mais, desapareceram depois de sua morte. Mas copiei um ou dois artigos deles."

Começou a ler:

> *Pravda.* 15 de maio de 1945. Nosso correspondente especial escreve: Teríamos podido imaginar a queda de Königsberg, da fortaleza do centro da Prússia Oriental, a cidade que os hitleristas chamavam de o trampolim para o Leste? Não, porque os alemães perderam em Königsberg não só um centro nervoso de importância estratégica como o "cadinho" do nazismo, onde os cidadãos do mundo das trevas surgiram. A rádio de Londres também confirmou essa grande vitória soviética dizendo que Königsberg é o epicentro da Prússia, da qual era a capital quando Berlim era um charco.[1]

Telemakov levantou os olhos. "Tenham paciência", disse. "Há um segundo artigo do *Pravda* do mesmo dia. 'O coronel D. D. Ivanienko, Terceira Frente Bielo-Russa. 12 de maio de 1945. Por telégrafo.'" O comunicado levara três dias para ser impresso.

> Nas ruínas do Castelo de Königsberg, que abrigava o Museu da Prússia, encontramos quase trinta cadeiras de braço retiradas dos palácios de Tsarskoie Selo, na vila de Puchkin. Sobre as etiquetas originais, escritas por funcionários de Tsarskoie Selo, haviam sido pregadas outras, escritas em alemão, em letras góticas. Continuando nossas buscas, descobrimos molduras [de quadros] do Museu de Kiev, uma seleção de catálogos e livros, e um Livro de Doações, que consiste num inventário de doações feitas ao museu e registradas por curadores hitleristas em Königsberg.
>
> O ducentésimo item nesse Livro de Doações Nazista, registrado na página 141 como recebido em 5 de dezembro de 1941, é a Sala de Âmbar proveniente de Tsarskoie Selo. A página inteira é dedicada a ela, num rol em que figuram 140 itens [da sala] (...) está escrito que esses itens foram *doados* ao Museu de Königsberg pelas autoridades alemãs.

Telemakov cravou os olhos em nós. "A Sala de Âmbar havia sobrevivido, compreendem? Enquanto Anatoli Mikhailovitch estava imobilizado na Sibéria, temendo pela segurança dela no Palácio de Catarina, os nazistas a desmontaram e a transportaram para Königsberg. A Sala de Âmbar chegou à Prússia Oriental menos de três meses depois do início do cerco de Leningrado. Quando Anatoli Mikhailovitch me contou essa história, embora 35 anos tivessem se passado, brotaram lágrimas em seus olhos."

No dia 16 de maio de 1945, Anatoli Kuchumov enviou três telegramas: um para o LenGorIsPolKom, outro para Nikolai Belokhov, o homem à frente da Diretoria Governamental da Preservação de Monumentos, e o terceiro para Igor Grabar, em Moscou. Grabar era o diretor do Comitê de Arquitetura do Conselho de Comissários do Povo da URSS, um titã do mundo das artes soviético, ganhador do Prêmio Stalin, um homem ouvido pelo secretário-geral.

"Kuchumov era a pessoa óbvia para trazer a Sala de Âmbar de volta para a Rússia. Ele escreveu solicitando verbas e permissão para fazer a viagem. Fez a mala e se despediu de Ana Mikhailovna", contou Telemakov. Chegou um telegrama de Moscou. Sim, o camarada Kuchumov estava certo, Moscou estava organizando uma operação para trazer a sala de volta. E, sim, Moscou precisava de um especialista. Mas já havia um a caminho: o professor A. I. Brusov, de Moscou.

Telemakov encolheu os ombros. "Brusov! Anatoli Mikhailovitch ficou chocado com aquela decisão. Seria aquilo uma punição? Ocorreu-lhe que talvez o partido o estivesse culpando por não ter conseguido desmontar a Sala de Âmbar, quando, ao que tudo indicava, os nazistas tinham sido capazes de fazê-lo." Telemakov deu um suspiro. "Não posso lhes contar mais nada; só sei que Brusov deu uma entrevista à imprensa soviética. Tratem de encontrá-la. Espero que estas pequenas pistas os ajudem." E, ao cerrar a elegante porta do seu apartamento: "Por favor, não se esqueçam de mim. Vocês prometeram me ajudar. Voltem."

A Biblioteca Nacional da Rússia, diante da qual se ergue uma estátua de Catarina, a Grande dominando seu círculo de conselheiros e amantes (Suvorov, Orlov, Potemkin), é uma cidadela de livros muito esparramada. Uma das maiores bibliotecas do mundo, abriga mais de 32 milhões de volumes. Nos tempos soviéticos, as lombadas dos livros ficavam para dentro, invisíveis para o leitor, e a sala dos fichários ficava no meio de um labirinto de corredores patrulhados pela KGB.

O leitor soviético não podia ter acesso a pensamentos potencialmente contagiosos, como os cálculos de Andrei Sakharov sobre o que teria acontecido se Kruschev tivesse seguido adiante e feito a experiência de explodir uma bomba de hidrogênio de cem megatons na atmosfera soviética. Idéias desse tipo deviam passar por uma quarentena. Toda a pesquisa na biblioteca era vigiada; os leitores ficavam de pé numa fila à espera dos patrícios "*apparatchhiki* de pesquisa", que removiam estantes invisíveis rapidamente para cima e para baixo, como contas de um ábaco, selecionando e examinando. E embora tivesse tido críticos eminentes, entre os quais Máximo Gorki, que declarou corajosamente a Stalin: "A unilateralidade do modo como tratamos a realidade — criada por nós — exerce uma influência extremamente malsã sobre nossos jovens", o sistema era mantido.[2]

Hoje em dia qualquer um pode percorrer os corredores da biblioteca, mas na Nova Rússia, como o Estado movido a lucro paga uma miséria aos funcionários das bibliotecas, eles estão sempre na penúria e não tendem a ser prestativos. Finalmente encontramos uma mulher sentada a uma mesa com um forro de baeta enrugado, repleta de melados potes de cola e carimbos oficiais. Num calendário mecânico movido a manivela, à sua esquerda, estava escrito "Leningrado" em relevo. Com relutância, ela admitiu ter sido um dos antigos "*apparatchhki* de pesquisa"; agora era responsável pela emissão de cartões para leitores temporários. Mandou-nos descer ao subsolo.

Percorremos um, dois, três corredores. Passamos por um velho tapete vermelho e retratos de Lenin, novos bustos de Catarina, Pedro e Paulo, cruzando com centenas de pessoas que se moviam apressadas em diferentes direções, homens macilentos com cabelo de Gogol, velhas metidas em juvenis vestidos de poá zunindo por corredores impregnados de naftalina. Subimos de elevador a uma sala do quarto andar, descemos ao terceiro pela escada, até que, após passar três horas no prédio, encontramo-nos, ofegantes, numa sala hexagonal no porão, cheia de figuras silenciosas absortas em suas pesquisas, curvadas sobre os grandes renques de gavetas que forram essa sala dos fichários.

Em K, procuramos Königsberg: "ver Kaliningrado". Entre artigos sobre "Dança moderna para bailes" e "Como fazer um trabalho melhor na área cultural com pessoas do norte", havia uma referência a uma matéria da TASS: "Retorno bem-sucedido do professor Aleksandr Brusov e Tatiana Beliaeva de Königsberg, 13 de julho de 1945".

Brusov. Uma bibliotecária nos informou, no entanto, que o artigo desaparecera. De volta à sala dos fichários, esperamos que a gaveta dos Bs ficasse livre.

Procuramos Beliaeva e Brusov — nada listado. Mas em um decrépito almanaque de museus soviéticos encontramos: "Brusov, Aleksandr Ivanovitch, professor de arqueologia, Museu Histórico do Estado". E um número de telefone.

O homem enviado por Moscou a Königsberg para buscar a Sala de Âmbar ocupava um cargo prestigioso numa instituição sediada no coração da União Soviética, num prédio de tijolos vermelhos, em estilo gótico, na extremidade oeste da Praça Vermelha. Usando um telefone público da biblioteca, ligamos para o museu. "Brusov. Brusov? *Niet*", disse a operadora da mesa telefônica, e desligou.

Ligamos para Nossa Amiga Professora. Seria ela capaz de extrair alguma informação do fechado mundo dos museus de Moscou? Ela veria o que era possível fazer. "Tudo é proibido, mas sempre se dá um jeito", entoou. "Esperem perto do telefone."

Ligou-nos vinte minutos depois. "Aleksandr Brusov morreu. Em 1965." Parecia nunca haver nada simples e claro naquelas vidas russas. "Mas consegui localizar alguns papéis dele. Secretos. Na Leninka. A Biblioteca Lenin, em Moscou. Talvez consiga fazer cópias para vocês." Nossas chances de conseguir acesso a arquivos secretos eram exíguas. Dissemos que seria ótimo ter as cópias. "Tenho uma amiga na Leninka; ela tentará; se conseguir, enviará os documentos para vocês na Biblioteca Nacional da Rússia", diz a professora. "Por favor, sejam pacientes. Não façam nada."

Ficamos esperando, em grande aflição, como Kuchumov. Mas descobrimos que ele, enquanto esperava o retorno da Sala de Âmbar, havia iniciado uma nova pesquisa sobre Königsberg. Assim, enquanto aguardávamos notícias da Leninka, começamos a procurar um livro sobre o qual Kuchumov fizera anotações em seu diário em maio de 1945. "Tenho estudado P. J. Hartmann", escrevera o curador enquanto

Brusov seguia para o Báltico, tomando o lugar que ele julgava que deveria ter sido seu. Não sabemos não fazer nada.

Succini Prussici, physica et civilis historia fora publicado em Frankfurt em 1677 por Philipp Jacob Hartmann, um "professore medicine extraordinario". Os patrocinadores da publicação não haviam poupado despesas, seja mandando encadernar a obra em couro de bezerro caramelo, seja encomendando gravuras para o frontispício e os suportes. Tratava-se de uma exposição sobre as origens do âmbar, e Hartmann concluía que a substância era "indubitavelmente suco vegetal petrificado". Seu livro tornara-se um *bestseller*, tendo gerado tamanho interesse no ano em que foi publicado que o célebre físico britânico Dr. Robert Hooke, que iria descobrir as leis da elasticidade e da conservação da energia, esteve à frente de uma série de conferências sobre as teorias de Hartmann feitas na Royal Society em Londres.[3]

O debate sobre a gênese do âmbar ainda continuava em voga em 1696, quando o czar Pedro I fez uma viagem a Königsberg e, tendo ficado extasiado pelo Ouro do Norte, comprou um exemplar do livro de Philipp Hartmann. Um apêndice ao livro reproduzia depoimentos das primeiras testemunhas do artesanato do âmbar na Prússia Oriental, escrito por Simonis Grunovii, um monge dominicano que chegara em 1519 à região então conhecida como a península de Samland.

Grunovii escreveu que desejava comprar uma pepita de âmbar perfeita para dar ao papa, com o que esperava comprar sua salvação. Leão X, o mais extravagante patrono das artes entre todos os pontífices, iniciara recentemente um dos mais ambiciosos projetos de engenharia civil da cristandade, a construção da basílica de São Pedro, em Roma. A obra tinha uma única fonte de financiamento: a venda da absolvição do pecado original — indulgências papais eram concedidas em troca de objetos valiosos e dinheiro.

Para chegar a Samland, Grunovii devia ter tomado uma das três antigas Rotas do Âmbar que ligavam o mundo clássico à Europa do Norte desde antes do tempo de Heródoto. Pensadores da Antiguidade alimentavam grande temor dos que viviam além do "mundo fatigado" que terminava abruptamente na linha dos Alpes.[4] Ao norte ficava a *ultima Thule*, a mais longínqua região do mundo. Até o século XVI, muita gente ainda acreditava nas histórias de Adão de Bremen, um cronista do século XI que afirmara, em seu livro *Descrições das ilhas do Norte*, que ali vivia uma raça de amazonas que davam à luz filhos homens com cabeças de cão.

Estudos arqueológicos recentes revelaram que as três Rotas do Âmbar eram trilhas de seis metros de largura feitas de troncos assentados sobre leitos de galhos, presos uns aos outros com cavilhas e cobertos com areia e torrões de relva. É quase certo que Grunovii tomou a Rota do Âmbar Leste. Para tanto, deve ter embarcado num navio no golfo de Veneza e cruzado o Adriático rumo a Trieste. Ali deve ter seguido a cavalo com uma caravana de mercadores, transpondo os Alpes em direção ao Danúbio. Prosseguindo até o rio Oder, Grunovii deve ter rumado para o norte, até chegar ao Báltico oriental.[5]

Olaus Magnus, arcebispo de Uppsala, foi um dos primeiros a ilustrar a destinação de Grunovii numa *Enciclopédia de produtos naturais*, outra obra encadernada em couro, publicada em Roma em 1555. Numa página havia um tosco mapa de Samland, uma península claramente reconhecível que avançava pelo Báltico. Ao longo da linha da costa viam-se torres de vigia de aspecto ameaçador; ao lado de uma delas havia a figura de um homem com barrete e pantalonas, o pé apoiado numa pá, apontando com o dedo um barril a seus pés, do qual saíam labaredas. Ao lado dele lia-se *succinu* (*succinum*, a palavra latina para "suco", também significava seiva e, mais tarde, âmbar). A península de Samland era a fonte do Ouro do Norte.[6]

Simonis Grunovii descreveu o que viu: "Quando sopra um vento norte forte, todos os camponeses das redondezas vão para a praia e correm para o mar levando redes para pescar o âmbar flutuante(...) Mas muitos se afogam."[7] Em novembro e dezembro, quando o mar ficava agitado e o vento começava a soprar, fragmentos de resina de âmbar se desprendiam do fundo do mar e podiam ser colhidos com rede. Os homens que a pescavam usavam "couraças de couro com bolsos fundos" e ficavam "enregelados nas águas glaciais; era preciso degelá-los antes que pudessem ir para suas cabanas ou voltar ao trabalho, razão por que se mantinham grandes fogueiras na praia". Os homens eram amarrados uns aos outros para enfrentar o traiçoeiro repuxo das ondas e carregavam varas de seis metros em que se agarravam quando as mais altas rebentavam.

Segundo Grunovii, esses "pescadores" de âmbar eram escravos pertencentes aos Cavaleiros Teutônicos, um exército religioso alemão que assumira o controle da região e enriquecera graças ao monopólio do âmbar. "O grão-mestre da Prússia aufere lucros imensos (...) porque lhe pagam aproximadamente oitenta marcos por uma tonelada." Era um monopólio imposto pelo terror. Um édito publicado por um dos juízes da ordem declarou ser "proibido coletar livremente o âmbar pendurando-se na árvore mais próxima (...)" e autorizou seus subordinados a fazer justiça imediata, dando-lhes "o direito de matar qualquer pessoa que assim procedesse, sem interrogá-la". De fato, ao passar por ao Elbing, Pillau, Fischhausen e Gross Dirschkeim quando viajava a cavalo rumo ao litoral, o monge dominicano avistou esqueletos pendendo de forcas.

Grunovii foi guiado para a principal cidade da península, de onde os Cavaleiros Teutônicos, que a haviam dominado em 1254, administravam o comércio do âmbar. Em 1255, depois de expulsar os infiéis da terra, eles haviam construído, para comemorar a batalha, um enorme castelo sobre penedos às margens do rio Pregel "cujos alicerces e porões mergulhavam tão profundamente abaixo da superfície da terra quanto seus pináculos subiam ao céu".[8] Essa construção viria a ser conhecida como o Castelo de Königsberg, e seu Salão dos Cavaleiros, coroado com uma torre, erguia-se sobre uma masmorra com piso de lajes de granito e iluminada por tochas, onde prisioneiros eram dependurados em trapézios de aço.

Foi nesse castelo que, 691 anos mais tarde, o coronel Ivanienko, do Terceira Frente Bielo-Russa, encontraria, num Livro de Doações nazista, o registro de que a Sala de Âmbar chegara ali.

O dominicano Grunovii pagou dez *vierdings* — o equivalente a um pequeno saco de peças de ouro — ao grão-mestre dos Cavaleiros, Albrecht, por um "fulgurante âmbar — com meio dedo de comprimento". Uma equipe inteira de homens da guilda de Dantzig, próxima dali, teve de trabalhar em turnos durante seis semanas para "entalhar nessa peça uma imagem de João Batista menino". (Em 1707, a mesma guilda enviaria entalhadores a Berlim para auxiliar o arquiteto Eosander a montar a sala de âmbar original.)

Ao chegar ao Vaticano com o ícone de âmbar em seu alforje, Grunovii encontrou o papa preocupado com Martinho Lutero, que o atacara, entre outras coisas, pela venda de indulgências. Marcou uma entrevista com o "cardeal João N", o secretário particular do pontífice e mostrou-lhe a imagem de âmbar. "Ela valia certamente mais de dois mil florins [cerca de sete quilos de ouro] para Roma", disse o cardeal, mas ele tinha uma má notícia para dar a Grunovii: Leão X estava gravemente doente. Em dezembro de 1521 o papa morreu, junto com o lance do dominicano para comprar a salvação.

A Reforma Protestante chegou rapidamente ao Báltico. Em 1525 o grão-mestre Albrecht também se converteu ao luteranismo, dissociando a ordem religiosa de Roma. Isso transformou a região em um Estado ducal, o que continuou sendo até 18 de janeiro de 1701, quando Frederico I foi coroado "Rei na Prússia" no Castelo de Königsberg (em meio a uma celebração que estimulou Andreas Schlüter a construir a sala de âmbar original).

Ficou claro para nós que o livro de P. J. Hartmann revelara a Kuchumov que a Sala de Âmbar corporificava o *ethos* nazista. Seu transporte para Königsberg não fora uma coincidência e sua preservação devia ter sido certamente de suprema importância para curadores alemães.

Na quinta manhã que passamos na Biblioteca Nacional da Rússia, chegou um pacote de Moscou para nós. Fomos para o Salão de Leitura Bolchoi, onde uma bibliotecária nos acompanhou, gingando, até uma de centenas de mesas de madeira igualmente gastas. Abrimos ansiosamente o embrulho vindo da Leninka. Dentro havia páginas fotocopiadas e uma pequena fotografia de uma figura melancólica de cabeça branca e sobrancelhas de um preto retinto, com órbitas escuras que se afundavam como túneis de metrô. Vestia um terno de sarja amarrotado. A gravata parecia estrangulá-lo. Os traços eram mais semitas que eslavos. A legenda dizia que esse era o professor Aleksandr

Ivanovitch Brusov; a foto fora feita mais ou menos na época de sua missão a Königsberg. Por que parecia tão cansado da vida?

Folheamos as fotocópias. Eram trechos da agenda de Brusov, anotações referentes a sete dias numa página dupla.[9] Não tínhamos idéia do que nos seria enviado de Moscou, mas aquilo era melhor do que tudo que poderíamos ter esperado.

As primeiras anotações haviam sido feitas em 25 de maio de 1945. Revelavam que, duas semanas apenas após a rendição da Alemanha, enquanto a Europa ainda estava mergulhada no caos, o SovNarKom (Conselho dos Comissários do Povo), o braço administrativo do governo soviético, ordenara ao professor Aleksandr Brusov encontrar a Sala de Âmbar e levá-la de volta à União Soviética. Se o governo soviético agira com tamanha rapidez, a questão devia ser de imensa importância para ele.

Brusov deveria ser auxiliado por Ivan Pozharski, da Biblioteca do Teatro de Moscou. A chefia da expedição ficaria a cargo da camarada Tatiana Beliaeva, da Biblioteca Lenin. Segundo registros da Leninka, a camarada Beliaeva era chefe dos "*apparatchiki* de pesquisa". Os três deveriam partir para Königsberg no dia seguinte, 26 de maio.

Beliaeva, Brusov e Pozharski levaram cinco dias para completar a viagem de 1.600 quilômetros, apertados numa caminhonete militar que tentava se desviar do caos da rendição. Brusov escreveu: "Insterburg, pernoitamos. Gerdawyen, ficamos num hotel. Em Villan..." O professor não conseguiu se lembrar o que exatamente haviam feito em Villan.

"Königsberg: cidade em ruínas", escreveu Brusov quando chegaram no dia 31 de maio. "Condições muito difíceis, ninguém coopera — nem o exército nem o povo." O lugar ainda estava em chamas, um fedor de carne em decomposição pairava no ar. O Exército Vermelho reduzira a cidade medieval a um monte de entulho envolto numa fumaça acre. Cidadãos sobreviventes perambulavam sob a caçoada de soldados soviéticos. Cobertos de fuligem e cinzas, as roupas em frangalhos, os alemães não conseguiam compreender a selvageria do ataque nem a rapidez com que haviam sido derrotados.

Embora estivesse agindo em cumprimento de ordens vindas tão de cima, a equipe de Brusov foi obrigada a esperar uma licença da Administração Militar Soviética, que avisou que a área ainda não estava segura. Mal fazia dois meses que o bombardeio da artilharia soviética esmagara as últimas defesas de Königsberg.

Oficiais do Exército Vermelho lembravam-se de ter visto, no dia 2 de abril de 1945, os prédios "desfazendo-se em montes de pedra", enterrando vivas milhares de pessoas.[10] Em 6 de abril, o 11° Exército de Guardas e o 43° Exército haviam conseguido avançar até a cidade, ateando fogo aos prédios com lança-chamas, pondo em fuga desordenada os moradores escondidos em porões, enquanto cidadãos penduravam lençóis nas janelas e faziam sinais desesperados de rendição. No dia 8 de abril, centenas de pessoas que faziam uma tentativa de fuga foram avistadas pelas unidades de artilharia do Exército Vermelho e dizimadas.

Um sobrevivente, o general Otto Lasch, o Kommandant nazista de Königsberg, escreveu um livro sobre os últimos dias da cidade. Contou que, por um breve período, o castelo fora um porto seguro para os cidadãos alemães, até que, no fim da tarde do dia 9 de abril, o Exército Vermelho investiu contra seus portões principais, forçando sua rendição às nove horas da noite. Como as linhas de comunicação entre o castelo e seu *bunker* na Parade Platz da cidade haviam sido cortadas, Lasch só ficou sabendo da capitulação à uma hora da madrugada do dia seguinte. Na manhã de 10 de abril, o general Lasch e seus colegas oficiais emergiram nas ruas destruídas carregando sacos de dormir e mochilas.

Três dias depois Hitler sentenciara Lasch à morte, acusando-o de covardia. Königsberg significara muito para o Führer. Mais de cinqüenta mil soldados alemães haviam morrido em três meses de lutas intensas e 92 mil homens haviam sido aprisionados pelos soviéticos na campanha pela Prússia Oriental. Hitler advertiu todos os comandantes da Frente Leste de que "todo aquele que der ordens de retirada (...) deve ser fuzilado imediatamente".[11] Mas em 30 de abril Hitler estava morto e no dia 8 de maio o marechal Jukov, o cérebro do ataque soviético a Berlim, recebeu a rendição incondicional do chefe do estado-maior alemão na cantina dos oficiais de uma faculdade de engenharia militar em Berlim-Karlshorst.

Não era de surpreender, portanto, que o Exército Vermelho ainda precisasse de tempo para garantir o controle de Königsberg, e nesse ínterim Brusov montou sua equipe de busca, recrutando dois tradutores, o tenente Sardovski e o capitão E. A. Chernichov, da Terceira Frente Bielo-Russa. Em seu diário, Brusov escreveu que Chernichov era um homem de "trinta anos, simpático e nada tolo. Estudou no departamento de línguas estrangeiras de Moscou. Tem talento musical. É muito agradável e fácil trabalhar com ele".

Brusov tentou localizar também o oficial que, segundo o *Pravda*, afirmara ter encontrado o Livro de Doações do Castelo de Königsberg, o coronel D. D. Ivanienko. Ele ainda estava na cidade, mas estava sob a vigilância do major Krolic, um comissário político, e não podia prestar informações. Quanto ao Livro de Doações, ele "parecia ter desaparecido", registrou um perplexo Brusov.

Tentou então entrevistar alguns dos cidadãos alemães ainda na cidade. "Ninguém quer cooperar conosco", queixou-se a seu diário, ao saber que alemães haviam prestado informações sobre obras de arte saqueadas à Administração Militar Soviética e que estas não lhe haviam sido retransmitidas. Um homem que afirmava ter encontrado um esconderijo nazista, contendo entre outras coisas grandes caixotes de âmbar, havia sido dispensado; no dia seguinte seu corpo fora encontrado pendendo de uma árvore, as mãos amarradas nas costas. Brusov descobriu que outros dois informantes alemães haviam morrido da mesma maneira, manietados e enforcados, depois de prometer revelar a localização do tesouro alemão. Não conseguia atinar com o que estava acontecendo.

A população civil alemã estava sendo submetida a intensa investigação por forças de segurança, embora agora só restassem 193 mil pessoas numa cidade que tivera antes uma população de 2,2 milhões.[12] Königsberg estava cercada por nove regimentos do NKVD, enviados pelo chefe da segurança de Stalin, Lavrenti Beria, que sucedera a Karlik depois que o próprio Anão fora vítima de um expurgo em 1938. Os homens de Beria eram auxiliados por quatrocentos agentes secretos do departamento especial do NKVD (batizado em 1943 com um nome escolhido por Stalin: SMERSH, acrônimo de "Mate Todos os Espiões").

O SMERSH, responsável pelo serviço de contra-informação dos soviéticos, farejava toda Königsberg à procura de colaboradores, agentes duplos e traidores.

No dia 2 de junho, o professor Brusov e Tatiana Beliaeva foram autorizados a começar a vasculhar as ruínas, auxiliados por recrutas alemães. Foram diretamente para o Castelo de Königsberg, cujas grossas torres de vigia e ameias ainda dominavam a cidade. Brusov registrou: "Ele está inteiramente reduzido a ruínas. Poucos aposentos — na ala norte — permanecem intactos. Estamos juntando as coisas no pavimento superior, usando-o como depósito." Grandes seções do telhado haviam desabado em todas as quatro alas dos enormes claustros que se erguiam sobre o rio Pregel. A ala sul, do século XVI, ficara inteiramente arruinada. Grande parte da ala oeste, construída mais ou menos na mesma época, também fora destruída. Só escapara relativamente incólume o canto noroeste do castelo, sua parte mais antiga, que remontava ao século XIII. Ali se localizava o chamado Salão dos Cavaleiros, um vasto aposento destinado a solenidades.

Sob esse salão havia um complexo de porões profundos, iluminados por lustres pendentes de trapézios de ferro. Os russos encontraram as úmidas paredes desses porões forradas com enormes barris de vinho e cerveja e o piso de laje revestido com tábuas. Sobre elas estavam instaladas mesas de refeitório e longos bancos estofados. Ali funcionara um restaurante, em que os nazistas comiam em pratos de porcelana de borda vermelha estampados com a águia da Prússia e o nome do estabelecimento: Blutgericht, o Pátio de Sangue.

É difícil imaginar a escala da operação de busca e as condições em que a equipe soviética teve de trabalhar. O castelo se espalhava por um terreno imenso e estava perigosamente frágil; paredes de mais de 18 metros de altura ameaçavam desabar e seções inteiras estavam reduzidas a montes de escombros tão espalhados que era preciso usar uma corda para escalá-los. Além disso havia a poeira, sufocante, onipresente, penetrando cada fissura, cada poro, tornando o trabalho nas ruínas intolerável. Brusov e seus camaradas estavam terrivelmente carentes de recursos. Para escavar, não dispunham de nada mais avançado do que um par de pás. Não havia parafina, os militares lhes haviam dito, e portanto a luz era pouca, dia ou noite. Tampouco havia qualquer sinal da Sala de Âmbar.

Depois de alguns dias de buscas aleatórias, o professor encontrou um velho e trôpego alemão perambulando pelos escombros do castelo. Com seus óculos redondos, o homem pareceu a Brusov estranhamente parecido com Himmler.

Ele havia, sabia-se lá como, transposto o cordão de segurança. Brusov mandou que o detivessem e, quando interrogado, o velho, que disse se chamar Alfred Rohde, admitiu que havia trabalhado no Museu do Castelo de Königsberg. Voltara ali só para ver se os soviéticos precisavam de ajuda na limpeza do lugar. O sujeito não causou grande impressão a Brusov. Cooperava, mas parecia perturbado e negou repetidamente ter conhecimento dos tesouros soviéticos. Talvez tivesse sido uma figura importante em sua vida pregressa, mas agora, cada vez que mostrava a destruição à sua volta, ficava com os olhos marejados de lágrimas. Alfred Rohde devia ter sido gravemente traumatizado, pensou Brusov.

Mudou de idéia, porém, quando começou a interrogar outras pessoas que haviam trabalhado no castelo e a estudar o comportamento de Rohde mais atentamente. "Rohde parece um homem muito idoso; sua mão direita é trêmula; as roupas muito surradas", o professor escreveu. "Mas na realidade é muito experiente. Um crítico de arte. Tem vários trabalhos científicos publicados." Não ficava claro como Brusov chegou à verdade, mas o fato é que acabou descobrindo que o Dr. Alfred Rohde fora o diretor do Museu do Castelo de Königsberg dos nazistas.

Quando Brusov o enfrentava, Rohde mal reagia. "Talvez seja um alcoólatra. Não parece um homem confiável. Penso que sabe mais do que nos diz e que, quando fala, em geral está mentindo", rabiscou o professor em seu diário. "Quando ele não percebe que está sendo observado, sua mão pára de tremer. Insiste sempre em que as melhores coleções foram evacuadas, mas quando perguntamos para onde, diz que não sabe." Tendo ouvido rumores de que havia obras de arte guardadas num castelo situado numa vila prussiana próxima, Brusov sondou Rohde. "Quando sugeri que eles [os alemães] haviam enviado coisas para

Rautenburg, Rohde exclamou: 'Ah, vocês as encontraram?'" O velho ficou arrasado e enfurecido; devia estar escondendo alguma coisa.

À medida que foram limpando laboriosamente o entulho do Portão Albrecht, Brusov foi ficando desconfiado. "A escavação em busca da Sala de Âmbar começou antes da minha chegada", anotou ele em seu diário. "Eles começaram na ala sul do castelo. Percebi que o pequeno salão já fora escavado." Ficou ainda mais preocupado ao descobrir que o Livro de Doações Nazista, que registrava a chegada da Sala de Âmbar, havia sido encontrado pelo coronel Ivanienko em 25 de abril, quase três semanas antes que a notícia chegasse em Moscou. Durante esse intervalo considerável, buscas oficiosas da Sala de Âmbar poderiam ter sido realizadas. Mas por quem?

Não havia tempo para pensar. Continuaram escavando. Como restara pouca coisa da ala sul, a equipe de Brusov começou tentando abrir caminho pela Torre Rainha Luísa para chegar à ala norte, que estava bloqueada, e ao Salão dos Cavaleiros. Fotografias anteriores à guerra mostram um salão abobadado, sob um vasto teto sustentado por vigas, onde os Cavaleiros Teutônicos realizavam suas cerimônias sob o olhar de antepassados em sombrios retratos.

Na manhã de 5 de junho, Brusov conseguiu chegar até o Salão dos Cavaleiros. Tropeçando em blocos de pedra e traves de madeira, ele e sua equipe descobriram que ali tivera lugar uma cena dantesca. As colunas entalhadas do século XIII estavam carbonizadas, os antigos estandartes, incinerados, o espelho estilhaçado e distorcido, o piso de lajes quebrado pelas pedras caídas das paredes. Avançaram engatinhando pelas cinzas. Num canto, Brusov encontrou algumas molas de cadeira e velhas fechaduras alemãs de ferro. Em outro, pôde reconhecer cornijas e molduras russas. Naquela noite Brusov voltou para o seu alojamento e escreveu: "Encontrei gonzos de bronze das portas de Tsarskoie Selo (...) Cornijas que poderiam ser da Sala de Âmbar (...) Tiras de ferro com pinos como as usadas para encaixotar partes da Sala de Âmbar (...) Deveríamos desistir de procurá-la."

Era uma conclusão desalentadora. Três dias após iniciar sua missão, Brusov encontrara fortes indícios de que a Sala de Âmbar fora guardada no Salão dos Cavaleiros e ali fora destruída por um fogo devastador. No entanto já sabemos que a procura da Sala de Âmbar não cessou, que continua até hoje. Esse não poderia ter sido o fim da história.

Não havia como voltar a Moscou ou ao poderoso SovNarKom de mãos vazias. Ninguém ali — muito menos Stalin — estava com disposição para receber más notícias. Aqueles eram tempos de euforia; no dia 5 de junho, por exemplo, a rádio soviética retransmitiu os sons das comemorações promovidas na Praça Vermelha enquanto Stalin concedia a ordem da Vitória a Montgomery e Eisenhower.[13]

Brusov retornou às ruínas do castelo, firmemente determinado a encontrar mais provas, antes de relatar sua terrível constatação de que a Sala de Âmbar havia sido incinerada. Era preciso tentar encontrar mais alguma coisa, que fosse capaz de mitigar a má notícia, algo de grande valor com que adoçar suas desoladoras conclusões. Recrutou mais 12 voluntários alemães para vasculhar o entulho em troca de comida.

A diligência do professor começou a render frutos quase imediatamente: a equipe encontrou muitas obras de arte em bolsas de ar no entulho. "Escavamos incessantemente", escreveu ele, "e acabamos sendo bem-sucedidos: mil itens, pinturas italianas, porcelana e muitos objetos de prata." Mas nenhum sinal da Sala de Âmbar ainda. A busca foi ampliada para incorporar outras áreas da cidade.

No dia 10 de junho, oito dias após o início das escavações, Brusov e sua equipe conseguiram entrar num prédio municipal na esquina de Lange Reihe e Steindamm Strasse, a antiga rua principal da cidade. Havia ali indícios de uma evacuação apressada. Dezenas de milhares de peças de âmbar soltas estavam espalhadas pelo assoalho. Outras haviam sido postas em caixas. Ao lado destas, um inventário em alemão sugeria que grande quantidade de caixotes também contendo âmbar já havia deixado Königsberg "aos cuidados de Karl Andree".

Após um alvoroço inicial, Brusov soube por um de seus trabalhadores alemães que Karl Andree era o diretor do Instituto de Paleontologia e Geologia na Universidade Albertus de Königsberg. Isso o levou a concluir que o que encontrara eram os vestígios de uma coleção de âmbar outrora famosa em toda a Europa, composta de mais de 120 mil peças, das quais a mais valiosa era um "réptil em tamanho natural entalhado na resina".[14] Brusov topara sem dúvida com algo de imenso valor, mas sem nenhuma ligação com a Sala de Âmbar.

Naquela noite, o professor redigiu um comunicado para Moscou sob o testemunho do capitão Chernichov; foi enviada uma cópia para o comandante soviético em Königsberg.

> Examinamos um prédio na beira de Lange Reihe 4 onde havia uma coleção de itens do museu de geologia e do âmbar. Parece que os alemães começaram a evacuar o prédio mas algo os perturbou. A maior parte dos itens está rotulada. Talvez seja uma boa idéia embalar todos eles e transportá-los para um lugar mais seguro, um prédio protegido. Trata-se realmente de uma das melhores coleções existentes e talvez possa ser enviada para Moscou. Coleção geológica, extremamente bem sistematizada e muito vasta.

Claramente pensando em seu museu na Praça Vermelha, Brusov calculou que, com a ajuda de dez operários, seriam necessários de oito a dez dias para embalar o material.

Continuou aventurando-se mais e mais à procura de alguma coisa ligada à Sala de Âmbar. Investigou rumores de que havia um esconderijo nazista no Castelo Wildenhoff (hoje Zikova, na Polônia), a casa ancestral da condessa von Schwerin, uma aristocrata da Prússia Oriental. O Dr. Rohde afirmou que aquilo seria inútil. A equipe soviética encontrou Wildenhoff num estado deplorável. Testemunhas afirmaram ter visto uma unidade da SS atear fogo ao castelo antes de fugir. Mas nem tudo fora destruído. "Em três aposentos havia pilhas de documentos notáveis, papéis manuscritos e documentos jurídicos do século XVI, todos em ordem e numerados. Como nosso automóvel era pequeno só pudemos carregar parte desse material e teremos de voltar com um veículo maior no dia 16", escreveu Brusov. Mas nada da Sala de Âmbar.

Na véspera do dia em que deveria voltar a Wildenhoff, Brusov não conseguiu dormir. Era um homem na casa dos sessenta e sofria de insônia. Antes do alvorecer, vendo uma fumaça subir atrás de um muro quebrado do Castelo de Königsberg, resolveu sair e caminhar por lá. Quando subiu num monte de entulho para investigar, deu com Alfred Rohde, o curador alemão, agachado sobre um embrulho em chamas. Rohde gozava de privilégios especiais por ter colaborado com os soviéticos. Não ficava trancado à noite como outros prisioneiros alemães, embora tivesse ordem para observar um toque de recolher do cair da noite ao amanhecer. "Hoje encontrei alguns documentos", escreveu Brusov, revelando que conseguira salvar trinta cartas chamuscadas do fogo de Rohde. Este alegara estar queimando coisas sem valor, mas Brusov rejeitou a desculpa como "claramente absurda". Pediu a Chernichov que traduzisse os papéis que Rohde estava tão ansioso por destruir, mas o capitão ponderou que teria pouco tempo para fazer esse trabalho, pois prestava serviços também ao NKVD, que ainda estava processando cidadãos alemães.

Brusov retornou às ruínas do castelo, agora ainda mais desconfiado de Alfred Rohde, mas decidido a levar adiante sua missão. "21 de junho — passamos o dia todo procurando e encontramos pinturas italianas e flamengas", escreveu, observando que entre as telas havia obras de Andrea del Verrocchio e Brueghel, o Jovem.

Foi então que, poucos dias antes da data prevista para o retorno da missão Brusov/Beliaeva a Moscou, Chernichov surgiu com o borrão da tradução de alguns trechos dos documentos parcialmente queimados por Rohde. Segundo o diário de Brusov, um deles era o rascunho de uma carta para Berlim escrita em 2 de setembro de 1944, confirmando que a Sala de Âmbar fora embalada em caixotes, tendo escapado por pouco a um bombardeio aéreo aliado na noite de 27-28 de agosto de 1944. Rohde relatava que seu escritório no castelo fora destruído e que passara a trabalhar em sua casa, na Bickstrasse. Entre os outros fragmentos chamuscados havia autorizações para viagens concedidas a Rohde, uma delas para passar cinco dias supervisionando a remoção "de móveis, armas, esculturas de mármore e cem pinturas" pertencentes à condessa Keyserlingk "de Rautenburg para o Castelo de Königsberg". Havia também correspondência entre Rohde e outros aristocratas da Prússia Oriental, entre os quais o príncipe Alex

Dohna-Schlobitten de Elbing e a condessa von Schwerin. Havia uma referência de passagem a pinturas soviéticas vindas de Kiev. Uma outra missiva mencionava pinturas retiradas de museus soviéticos em Minsk.

Chernichov estava intrigado com um documento em particular. Nele Rohde comunicava a Berlim que havia perdido a chave para o depósito subterrâneo de um palácio, chamado Hofbunker. Rohde nunca mencionara esse Hofbunker antes. Brusov chamou imediatamente o curador alemão. Teriam os vestígios que ele encontrara no Salão dos Cavaleiros sido postos lá como um engodo? Estaria a Sala de Âmbar na verdade escondida naquele Hofbunker secreto?

Rohde não se abalou. "Declarou que o Hofbunker ficava na Steindamm Strasse e que nos levaria lá. Disse ter encontrado a chave", escreveu Brusov em seu diário. Na última semana de junho, o professor e Rohde foram a pé até o local, acompanhados por um jovem tenente do Exército Vermelho, Ilia Tsirlin, que deveria servir de testemunha. Perto da esquina da rua com Rosen Strasse do lado esquerdo, encontraram um porão com quatro pavimentos. Desceram por uma longa escada "até nos encontrarmos num abrigo antiaéreo muito bem equipado". Não se tratava de um *bunker* anti-raide comum. Brusov escreveu: "Havia quartos de dormir e coisas jogadas pelo chão. Havia pinturas e esculturas. Escolhemos duas ou três das melhores peças e fomos embora." Nada indicava que a Sala de Âmbar estivesse guardada ali, mas Brusov ainda acalentava a esperança de que estivesse escondida em algum outro lugar.

Como Rohde mentira sobre o Hofbunker, Brusov decidiu interrogá-lo formalmente. Obrigou o curador alemão a assinar uma confissão: "Destino das peças de museu pelas quais eu era responsável." Tínhamos esse documento diante de nós.

A história que o curador alemão contava mudou. Rohde admitiu que Alfred Rosenberg, ideólogo de Hitler e diretor da Einsatzstab Reichleiter Rosenberg (ERR), organização especializada no saque de obras de arte, usara Königsberg como depósito de peças pilhadas. No outono de 1941 Rohde recebera obras furtadas do Museu de Minsk, "pinturas do século XVIII do departamento de história, peças do departamento da herança dos czares, inclusive móveis". Tudo isso "foi alvo dos ataques aéreos anglo-americanos em agosto de 1944 e destruído" na ala leste do Castelo de Königsberg. No verão de 1943, Rohde recebeu "bens do museu de Kharkiv, pinturas ocidentais e russas, além de ícones". Essas peças haviam sido enviadas para Wildenhoff, mas transferidas de volta para Königsberg em janeiro de 1945, quando o Exército Vermelho estava chegando. Peças de Kiev chegaram em dezembro de 1943, "embaladas em 98 caixas e foram enviadas para o Castelo Wildenhoff. Havia cerca de oitocentos ícones — a mais importante coleção de ícones do mundo". Tudo isso desaparecera.

Mas e a Sala de Âmbar? Finalmente Rohde abordou a questão essencial. "Sim", admitiu: "Recebi a Sala de Âmbar vinda de Tsarskoie Selo" em novembro de 1941, "e a depositei no Castelo de Königsberg, numa sala adequada". O Livro de Doações (agora desaparecido) era, portanto, um registro verdadeiro e exato de todas as peças recebidas no castelo. Mas, acrescentou Rohde, "quatro semanas antes do ataque aéreo aliado", a Sala de Âmbar havia sido "removida para um lugar mais seguro, para que não sofresse nenhum dano". Algum tempo depois Rohde ordenou que a sala fosse levada de volta para o castelo — "embalei-a em caixotes e os guardei na ala norte, onde foram preservados até 5 de abril de 1945", juntamente com peças de mobiliário pertencentes à condessa Keyserlingk. Nessa altura o Exército Vermelho havia cercado a cidade. Todos os planos para evacuar a Sala de Âmbar foram abandonados, frustrados pela falta de tempo, os aviões de bombardeio e os movimentos de tropas soviéticos.

Embora Brusov não o tenha revelado a Rohde, essa declaração correspondia exatamente ao que ele descobrira no Salão dos Cavaleiros: molas de cadeira e fechaduras de desenho alemão (a coleção Keyserlingk); gonzos de porta de bronze russos e cornijas (da Sala de Âmbar). O fato de Brusov ter encontrado também tiras de ferro do tipo usado pelos alemães para firmar caixotes de madeira sustentou a história de Rohde.

Faltara tempo e sorte à equipe soviética. Felizmente, além de descobrir a lamentável verdade sobre a Sala de Âmbar, ela conseguira recuperar mais de sessenta caixotes de preciosidades. Durante a viagem de volta para Moscou, Aleksandr Brusov preparou seu relatório para o SovNarKom.

Quando a TASS entrou em contato com ele, Brusov deve ter pensado que tudo estava bem. A agência de notícias do Estado não teria podido saber de sua missão secreta a menos que o SovNarKom a tivesse informado a respeito. Diante disso, deu uma entrevista erudita sobre as descobertas feitas em Königsberg, certo de que era isso que se esperava dele. A Sala de Âmbar fora furtada pelos nazistas e removida para Königsberg, onde fora posta em exibição no castelo. Fora desmontada e encaixotada pouco antes dos bombardeios aéreos britânicos, que haviam arrasado grande parte de cidade em 1944. O Dr. Alfred Rohde, o diretor do Castelo de Königsberg, confessara que os caixotes haviam permanecido no castelo até 5 de abril de 1945. Uma testemunha havia corroborado a história, contando que, na véspera desse dia, Rohde recebera uma severa reprimenda de Erich Koch, o Gauleiter da Prússia Oriental, por não ter evacuado a Sala de Âmbar. Dois dias depois tropas soviéticas destruíram as defesas fascistas, tornando impossível remover os caixotes que continham a Sala de Âmbar sem dar na vista. Assim os caixotes continuaram na ala norte do castelo, onde, nas primeiras horas após a rendição alemã, entre 9 e 11 de abril, foram destruídos num terrível incêndio, que destruíra o interior do Salão dos Cavaleiros.

Os investigadores soviéticos haviam feito importantes descobertas em Königsberg, incluindo milhares de obras de arte pilhadas pelos nazistas, mas, infelizmente, Brusov descobrira também os gonzos e as cornijas da Sala de Âmbar. Ninguém sabia quem fora o responsável por sua destruição. Os selvagens e bárbaros alemães sob cerco? O Exército Vermelho vitorioso? Aquela fora uma guerra em que ambos os lados haviam lutado obstinada, tenaz e infatigavelmente por uma cidade que parecia ser o próprio coração do Terceiro Reich, declarou o professor a seu entrevistador.

A entrevista de Brusov à TASS, publicada em 13 de julho de 1945, chamou a atenção da Unidade de Radiodifusão do Ministério da Guerra Econômica da Grã-Bretanha, em Heddon House, que a traduziu em 27 de julho:

> Confidencial. Cientistas soviéticos estão fazendo escavações no Castelo de Königsberg com o objetivo de recuperar obras de arte pilhadas da URSS que foram escondidas ali. Numa entrevista à TASS, A. I. Brusov declarou que, a apenas noventa centímetros de profundidade, sob o entulho, foi encontrado um inventário do âmbar de Tsarskoie Selo (...) Os próprios painéis de âmbar ainda não foram descobertos, embora peças valiosas de Kiev, Minsk e Kharkiv tenham sido encontradas (...)[15]

Os aliados, porém, não ficariam sabendo de mais nada sobre o assunto. Os jornais soviéticos não deram seguimento à matéria. Tatiana Beliaeva não fez nenhum comentário público sobre os achados de sua missão. Dias depois Brusov se recolheu aos claustros do mundo dos museus de Moscou. Só abriu a boca para comentar sua missão a Königsberg uma única vez — e isso só quatorze anos mais tarde. Nesse meio-tempo, seu relatório foi posto de lado e seu diário apreendido pelo NKVD e depositado na Leninka. Afinal, que lugar poderia ser mais seguro para segredos de Estado que uma biblioteca pública soviética?

4

CAMINHAMOS ÀS escorregadelas pela neve derretida ao longo da barragem de Dvortsovaia, que acompanha as margens do rio Neva em São Petersburgo. "Nosso século XX foi muito feio", costumava queixar-se Nossa Amiga Professora da Universidade de Leningrado, quando a obrigávamos a voltar o pensamento para a União Soviética e nos ajudar a investigar o mistério da Sala de Âmbar. "Tivemos de sobreviver à época de Stalin e agora preferimos esquecer esse tempo. Preferimos estudar a Rússia do século XIX, um período de inovação e elegância, a época de nosso grão-duque Vladimir. Vocês deveriam voltar os olhos para esse período de nossa história também. Garanto que não seria uma perda de tempo."

Havia várias semanas que ela nos ajudava, e ali estávamos aquela noite, diante do nº 26, um *palazzo* de estilo florentino construído pelo grão-duque Vladimir por um milhão de rublos. Ele o erguera em 1865 num terreno fronteiro à catedral de Pedro e Paulo, que pertencera originalmente ao contra-almirante da frota de barcos a remo de Pedro, o Grande. A professora nos mostrou um livro que ela escrevera sobre esse palácio. Mais tarde iria nos apresentar a seu editor, disse-nos.

O grão-duque Vladimir, terceiro filho do czar Alexandre II, fora comandante da Guarda da Cidade e presidente da Academia de Artes, contou a professora enquanto subíamos uma tortuosa escada de mármore italiano, ornada com sereias e querubins, o corrimão estofado com veludo roxo. "Nosso grande baixo lírico Chaliapin e até Rachmaninov vinham jantar aqui", disse, abrindo a porta para um salão decorado com painéis de carvalho e pinturas que evocavam os contos de fadas russos. Guiando-nos através das salas solenes em direção ao *boudoir* da grã-duquesa Maria Pavlovna, abriu uma outra porta, revelando uma antecâmara mourisca com uma abóbada marchetada.

Fomos conduzidos por um longo corredor. "Em agosto de 1924, o filho exilado do grão-duque, tendo se convencido da verdade das histórias sobre a execução dos Romanov em Ekaterinburg, proclamou-se Cirilo I, imperador da Rússia", foi nos contando a professora. "Este palácio desocupado foi cedido aos pesquisadores e pensadores soviéticos por solicitação de Máximo Gorki, tornando-se a Casa dos Cientistas."

Não podíamos nos demorar. Estávamos ali para assistir a uma reunião do Clube dos Estudiosos da Academia Russa de Ciências em homenagem a um curador do Palácio Pavlovsk falecido no ano anterior. Embora não nos atrevêssemos a dizê-lo à professora, fazíamos votos de que o evento não fosse longo demais. "As pessoas que vocês conhecerão esta noite vivem, como eu, para a história russa. Venham", disse ela, abrindo uma porta sem enfeites que dava para o que antigamente deviam ser as dependências de serviço.

Homens e mulheres, jovens e idosos, vestindo ternos passados a ferro e camisas de punhos puídos, a pele translúcida, estavam espremidos em torno de um piano de cauda que não era necessário esta noite mas que não ficava bem em nenhum outro cômodo. A sala estava cheia de serralheiros, relojoeiros, pintores e empapeladores, escultores e entalhadores, douradores e costureiras, especialistas em Meissen, miniaturas e sevres. Toda essa gente não ganhava mais de vinte dólares por mês no Pavloksk ou no Palácio de Catarina, onde trabalhava como conservadores e restauradores.

A sessão foi aberta; uma mulher robusta levantou-se e começou a falar. "É Albina Vasiliava", sussurrou a professora. "Nós a chamamos de Bolchoi Albina. Curadora de porcelanas no Pavlovsk. Grande amiga de Anatoli Kuchumov."

Albina fez uma homenagem ao colega recém-falecido, que trabalhara 46 anos no departamento de escultura do Pavlovsk. A platéia ouviu reverentemente a história de como esse curador, em 1941, salvara estátuas do palácio das mãos dos nazistas, enterrando-as tão profundamente que, embora tenham escavado, os alemães nunca as encontraram. Depois, quando o parque fora liberado em 1944, o curador voltara e desenterrara uma por uma, apesar do terreno estar minado. Não se esquecera de registrar a operação de salvamento com fotografias.

"Algumas esculturas estavam quebradas em mais de sete lugares", contou Bolchoi Albina gravemente. Cabeças sacudiram-se em sinal de assentimento. "Como não temos um projetor nem máquina de fotocópia, peço que passem estas coisas entre vocês enquanto falo." Uma tira de documentos se enrosca enquanto passa de mão em mão; os membros da assistência detinham-se em cada item. "Só temos essas poucas coisas graças à filha do curador", diz Bolchoi Albina quando está chegando a nós a fotografia de um piquenique no parque Pavlovsk. Vemos homens com boinas pretas, fumando cigarros. Estavam todos rindo de alguma piada, inclusive o da esquerda, que reconhecemos: Anatoli Mikhailovitch Kuchumov. Nós do Ocidente estamos tão acostumados com fotos de cidadãos soviéticos envergando pesados sobretudos de pele que é estranho ver esses camaradas em poses tão descontraídas. Tivemos um vislumbre do mundo privado em que viviam curadores de museu como Kuchumov e Brusov.

Terminada a conferência, a assistência, segmentada em grupos menores, entregou-se a recordações. Um relojoeiro, usando colete, passou por nós: "Querem saber de uma coisa?", perguntou. "Querem saber por que continuamos todos aqui, mesmo sem ganhar quase nada e raramente sendo respeitados? Sabem por que nunca abandonamos nosso trabalho? Por causa daqueles que vieram antes de nós. Toda noite eu atravesso os salões de Pavlovsk no escuro para dar corda nos relógios, e sinto as almas de meus predecessores me observando."

Íamos de um grupo a outro, ouvindo, apresentando-nos, conhecendo tantas pessoas quanto possível, explicando nossa pesquisa sobre a Sala de Âmbar e nossa tentativa de descobrir por que não se pusera uma pá de cal sobre a história em 1945, em Königsberg, com os achados do professor Aleksandr Brusov.

Alguns sacudiam a cabeça. Outros levantavam as sobrancelhas. De repente uma mulher de olhos castanhos veio se apresentar, timidamente. Nadezda Voronova. Contou-nos que o pai trabalhara com Kuchumov durante décadas, ajudando-o nas pesquisas para seu livro sobre a história da Sala de Âmbar. "Vocês sabem muito pouco", disse. "Espero que não se ofendam por eu ser tão franca." Voronova mantinha os olhos no chão. "A busca não terminou em 1945. Anatoli Mikhailovitch foi a Königsberg em 1946 para reabrir a investigação sobre a Sala de Âmbar. Meu pai me contou."

Mas o relatório do professor Brusov fora enfático: a Sala de Âmbar fora queimada no Salão dos Cavaleiros entre 9 e 11 de abril de 1945, contestamos. Voronova esquivou-se: "Sinto muito, não posso ajudá-los mais. Meu pai morreu. Minha mãe é muito idosa. Está sozinha em nosso apartamento em Tsarskoie Selo. Tenho de ir embora. É um longo trajeto, de metrô e depois de ônibus." Passou os olhos ansiosamente pela sala e, chegando mais perto de nós, disse: "Tentem a biblioteca do Palácio Pavlovsk. Os papéis de Kuchumov devem estar lá. Ele foi diretor do Pavlovsk durante muitos anos. Kuchumov sabia da verdade acerca da Sala de Âmbar."

Vica Plauda, a neta de Kuchumov, nos dera o mesmo conselho, mas, com a atenção fixada na missão de Brusov a Königsberg, esquecêramo-nos de segui-lo.

Na manhã seguinte rumamos para a Estação Vitebsk e pegamos um trem para o palácio vizinho ao de Catarina. O Pavlovsk ficava às margens do rio Slavianka, 32 quilômetros ao sul de São Petersburgo; o caminho que percorremos era o mesmo que Vladimir Telemakov tomava para arrancar entrevistas de Anatoli Kuchumov. Era início de abril e, como a chuva dera uma trégua, o trem estava lotado de famílias dirigindo-se para suas *dachas*.

Uma fila esparsa de homens e mulheres do campo percorria alvoroçada o corredor do vagão, as mãos cheias de chicletes e *band-aids* para vender. Um grupo de músicos roucos fazia uma serenata para os passageiros. Um maltrapilho veterano da Chechênia sem um pé ia de um lado para outro, a mão esticada. Todas as mulheres lhe davam rublos. O homem sentado ao nosso lado tentava chamar a nossa atenção a todo custo. Apontou para uma grande garrafa de vidro que sua mochila cáqui deixava aparecer. Fez com a mão vazia a mímica de tomar a aguardente e bateu na garrafa com a unha. "Vai fazer uma farrinha no campo, hein? Não sabia? Só se leva de trem uma puta. Damas vão de táxi."

Meia hora depois estávamos cruzando o parque, passando por estátuas de bronze moldadas depois que Bonaparte voltara do Egito com troféus faraônicos, gerando uma mania por tudo que se relacionava com o Nilo. O palácio Pavlovsk fora um presente de Catarina, a Grande para Paulo, seu estranho e feioso filho, um menino de nariz inchado que conseguiu reduzir a Rússia de superpotência imperial a um Estado vacilante, em guerra com a França, em conflito com a Grã-Bretanha e ignorado pela Áustria. Envolvera também o país numa perigosa expedição nos canados selvagens da Ásia central como parte de um plano doidivanas de organizar um ataque surpresa à Índia. Paulo foi assassinado em 1801 por cortesãos brandindo almofadas. Mas os majestosos salões clássicos, com sua beleza discreta e proporções elegantes, não levavam os visitantes que os contemplavam a pensar em nada disso.[1]

Explicamos o objetivo de nossa visita ao diretor do palácio que, gentilmente, chamou um bibliotecário mal-humorado, comprido e magro, metido num folgado blusão amarelo tricotado à mão. "Não há muita coisa", informou ele, demorando-se no vão da porta mas recusando-se a nos encarar. Veio com quatro livros atrás das costas e jogou-os sobre a mesa. "Não há mais nada aqui relacionado a Kuchumov. Isso os interessará", disse, dando meia-volta e desaparecendo. O curador trabalhara nos palácios de Leningrado durante 45 anos, participara de um sem-número de missões, ocupara cargos importantes, tivera um papel de destaque na vida cultural da segunda cidade da União Soviética, e só havia ali quatro livros sobre ele, com informações de segunda mão?

Íamos saindo, abatidos, quando uma minúscula curadora nos chamou e nos levou pelas escadas do fundo até a sua sala, repleta de móveis recém-chegados de uma exposição no exterior. "Os senhores são meus convidados, por favor." Apontou, hesitante, duas cadeiras etiquetadas "Czar Paulo". Sentamo-nos e folheamos os quatro livros sobre Kuchumov enquanto ela escarafunchava os móveis à sua volta, examinando a menor fissura na pátina de uma escrivaninha de nogueira. "Deixem isso de lado", aconselhou-nos. Levantou-se e finalmente a reconhecemos. Estivera na reunião na Casa dos Cientistas. Apresentou-se como Malinki Albina (Pequena Albina, para não ser confundida com Bolchoi Albina, sua xará mais avultada, que também trabalhava ali).

"Não há nada nesses livros. Eu os li." Jogou para trás seu sedoso cabelo grisalho e revelou olhos transbordantes de histórias. "Sabem, o bibliotecário está escrevendo um livro — sobre Kuchumov. Aposto que não lhes contou isso. Mas é claro que a obra nunca verá a luz do dia. Não há dinheiro para livros na Rússia." Pensamos em Telemakov. Para retribuir sua generosidade, havíamos entregado seu manuscrito para o editor de Nossa Amiga Professora, mas nem ele próprio alimentava muita esperança de poder levantar o dinheiro necessário para imprimir o livro.

"E como, no fundo do seu coração, o bibliotecário sabe que seu livro é um castelo no ar", continuou Malinki Albina, "fará tudo para impedi-los de obter as informações que tem. É jovem, pode esperar." Quando estávamos pegando nossos casacos, Malinki Albina surpreendeu-nos, abraçando-nos afetuosamente. "Estamos velhos. A beleza da juventude nos abandonou." Amassou um cigarro num cinzeiro de ônix Romanov. "Mas vamos ajudá-los a encontrar os arquivos de Kuchumov sobre a Sala de Âmbar."

Retornamos à cidade. O ar enfumaçado cheirava a fogueiras, mesmo que não pudéssemos ver nenhuma. Provavelmente a fumaça vinha dos incineradores soluçantes junto ao Neva, onde as vastas águas do rio tinham um brilho de pérola ao luar. Um navio alto que um capitão bêbado enfiara sob uma ponte baixa havia despejado 875 mil galões de combustível na água. Todas as estações de metrô estavam obstruídas pelos que tentavam escapar do frio. Tomavam um trago rápido de Russki Standard e um sorvete (mesmo no maior rigor do inverno) e iam embora. As lojas de bebida alcoólica engarrafada, com vitrines de plexiglas blindado, estavam repletas de pessoas em trânsito e vergavam-se sob o peso de suas medidas de segurança. Estávamos de volta a Sovetskaia 7.

Meia-noite. O telefone tocou no meio do corredor. Saímos na disparada para atendê-lo. Um clique e um zumbido. Depois uma voz. "Tentem o Arquivo Central do Estado de Literatura e Artes." Era Malinki Albina. "Fica perto do Bolchoi Dom. Ouvi dizer que pode haver documentos de Kuchumov lá, só não tenho como ajudá-los a entrar."

O marco que ajuda a situar o Arquivo de Literatura atualmente é o vizinho Bolchoi Dom, um enorme edifício branco construído com pedras por assim dizer furtadas. Elas pertenciam às paredes de uma catedral dedicada aos marinheiros mortos na guerra russo-japonesa de 1905. Diz a lenda que Stalin mandou demolir a catedral e deu a placa de bronze com os nomes dos afogados para um açougueiro local usar como cepo. As pedras foram depois levadas em carrinhos de mão para serem usadas na construção do Bolchoi Dom, o novo quartel-general da KGB em Leningrado, para onde — segundo uma piada corrente — acorriam pessoas de toda parte para contemplar, de seus porões sem janelas, a vista dos *gulagui* siberianos.

Hoje em dia o intimidante Bolchoi Dom é o quartel-general da FSB (sucessora da KGB) de São Petersburgo. Mesmo depois que o encontramos, porém, continuou difícil localizar o arquivo. Além de se esconder num beco que sai da larga Ulitsa Chpalernaia, suas portas duplas estavam escondidas por um Lada queimado; sem contar que o piso grudento do caminho mal asfaltado apanhava aspirantes a pesquisadores como moscas em um mata-borrão. Embora tivéssemos solicitado um encontro com o diretor, nem chegamos perto de qualquer arquivo. Um assistente recusou-se a confirmar que havia de fato algum documento de Anatoli Kuchumov ali. Mesmo que houvesse, o acesso a eles podia ser restrito. Disseram-nos que os arquivistas precisavam de dez anos para catalogar cada nova doação; só depois seus conteúdos tornavam-se acessíveis a pesquisadores selecionados. Em certas ocasiões, a própria diretora poderia estar em sua *dacha* e a interina que ocupava o cargo não tinha poderes executivos.

Muitas antigas instituições soviéticas estão presas entre o desejo de lucrar com o futuro e o temor de revelar o passado. A essa altura, estávamos na Rússia havia vários meses, sofrendo uma frustração após outra, e precisávamos daquele encontro para trabalhar. Assim, tomamos a precaução de levar conosco uma carta de recomendação que havíamos sido aconselhados a usar se encontrássemos algum empecilho. Apresentamo-nos a uma guarda loura e exuberante que se levantou de sua mesa com tanto ímpeto que parecia uma garrafa de champanhe soviético morno. Subiu conosco uma larga escada ladeada por janelas fortemente trancadas. No patamar, um antigo elevador para documentos subia, a cabine cheia de fichas, preso a um cabo de aço com um nó direito. Os degraus estavam vergados, gastos por legiões de arquivistas empregados para manter pesquisadores à distância e suas requisições num limbo. Estávamos seguindo uma trilha de vapor de álcool puro que emanava de algum lugar acima de nós, flutuando por fotografias de uma cidade surpreendida a cantar, escrever e sonhar (apesar das tempestades de fogo costumeiras): buquês sendo lançados à dançarina Natalia Makarova por seu desempenho em *Giselle*; o escritor Daniil Granin exaltado após publicar suas lembranças do cerco de Leningrado; o pintor Aleksandr Vokraniv em seu ateliê.

Fomos introduzidos num escritório. Sobre a mesa vimos meia dúzia de calendários e igual número de agendas. Outros três calendários estavam pendurados nas paredes. Dois relógios de parede, dois de pulso e um despertador. Uma senhora idosa, miúda, entradas perfeitamente delineadas. Suas unhas, cardigã e blusa eram todos igualmente cor-de-rosa e seus pezinhos minúsculos erguiam-se sobre saltos imponentes. "*Dobroie Utro*", protestou ela, sentando-se e girando sua cadeira de espaldar alto com um ímpeto assombroso. "Aleksandra Vasilevna Istomina, diretora do Arquivo Central do Estado de Literatura e Arte. Em que posso servi-los?"

Fomos direto ao assunto: Anatoli Mikhailovitch Kuchumov. A diretora sacudiu a cabeça; deslizamos nossa carta de referência pela mesa. A unha pintada de Aleksandra Vasilevna acompanhou cada palavra. Fora escrita pelo editor da Nossa Amiga Professora. Sua empresa, uma das mais importantes do ramo em São Petersburgo, subsidiava a impressão de catálogos de arquivos russos. Ele recomendava enfaticamente que nossa entrada no arquivo fosse permitida. Um homem apaixonado, que nos saudara com uma profunda reverência quando fôramos apresentados, o editor lembrava-se com afeto de Anatoli Kuchumov e também tinha grande interesse em saber se os arquivos privados do curador haviam sobrevivido.

A diretora do arquivo sorriu de uma orelha à outra. Providenciou três xícaras de chá preto e uma caixa. Desta caíram bombons embrulhados num papel laminado brilhante, estampado com um panteão soviético: estrelas vermelhas, heróis fazendo saudação, cabanas de conto de fadas nas florestas da Carélia, foguetes ignescentes rasgando o firmamento. Eram produzidos por uma empresa fundada por Nadezda Krupskaia, a mulher de Lenin.

Aleksandra Vasilevna chupou ruidosamente uma Soiuz 10, deixando-a macia e maleável. "Entrei para os arquivos de Leningrado em 1950", disse. "Nunca tive outro emprego. Sei que não está na moda falar sobre o tempo de Stalin, mas vou ser sincera com os senhores. Foi um tempo bom. Viajávamos por toda parte em nossa URSS e tudo era muito barato."

Girou sua cadeira para olhar a chuva cair através de uma janelinha que lembra uma vigia. "Ainda não nos acostumamos a deixar as pessoas entrarem. Com essa *abertura*, como vocês dizem. Vocês são os primeiros *Angliski* que conheço na minha vida. Sabem que a única vez que conversei com um americano foi no ano passado? Num evento social na embaixada deles. Fiquei observando e ouvindo. Ele me disse que éramos muito emotivos, resignados e nossos líderes corruptos." Sacudiu a cabeça com uma expressão de desdém. "Chegam aqui como crianças, citando: 'Quatro pernas bom. Duas pernas ruim.'" A diretora estava pedindo nossa compreensão antes de nos falar sobre o preço da consulta aos arquivos. Mas haveria ali alguma coisa que valesse a pena comprar?

Aleksandra Vasilevna começou a fazer cálculos, tamborilando as unhas cor-de-rosa sobre uma fileira de números que rabiscava num bloco. "Todos os arquivos terão que passar por um exame minucioso.

Seus conteúdos terão de ser avaliados por um censor que decidirá o que é ou não relevante. Os senhores serão admitidos por um dia na próxima semana", determinou alegremente a diretora. Na Rússia nada é para hoje. E, embora autorizados por ela a entrar por um dia na sala de leitura, ainda não tínhamos certeza de que tipo de material poderíamos encontrar.

Na quarta-feira seguinte a guarda exuberante mal se mexeu à nossa entrada. Sabia que conhecíamos o caminho. A sala de leitura no segundo andar era de uma vulgaridade decepcionante: mesas de tampo de fórmica e cadeiras de cozinha. O peitoril da janela estava atravancado de imbés descuidados. O ar impregnado de fumaça de cigarro e as paredes de um marrom lustroso tornavam o cômodo mais parecido com uma sala de espera de estação ferroviária. O único outro traço digno de nota era Vitalia Petrovna, a superintendente dentuça que exibia um par de polainas de *mohair*.

Mas sobre a nossa mesa havia uma pasta amarrada com uma fita. Continha um maço de papéis privados de Kuchumov. Nossos nomes eram os únicos no cartão que registrava quem havia consultado aquela pasta, ele colado dentro da pasta tão recentemente que a saliva usada para umedecer a cola ainda estava úmida. Nem Kedrinski vira esses documentos. Mandaram-nos ir para um canto da sala com nosso arquivo virgem. Com a ajuda de Nossa Amiga Professora, que concordou em nos servir de tradutora, começamos a ler.

Um formulário impresso em cartolina:

> Ordem 88, 1º de março de 1946, Kuchumov, Anatoli Mikhailovitch, ex-curador da Sala de Âmbar e chefe dos Depósitos Centrais, Leningrado, é enviado em *komandirovat* a partir de 3 de março para Moscou, por várias questões ligadas à busca de peças de museu. Despesas serão pagas pela GA [Administração Geral], Museu Histórico do Estado.

O formulário era timbrado: Departamento Administrativo, Palácio de Catarina. Alguém havia escrito no pé do papel: "Kuchumov deve dizer que vai entrar em férias."[2]

Ser enviado em *komandirovat* significava ser enviado a outro lugar a trabalho, coisa muito comum no período soviético. Mas os cidadãos que faziam essas viagens não costumavam ser instruídos a disfarçar e dizer aos amigos que estavam saindo de férias. Aquele primeiro documento parecia confirmar o que Voronova nos dissera. Anatoli Kuchumov iniciara uma missão clandestina a mando do governo em 1946.

Anexa ao formulário do *komandirovat*, havia uma carta do ministro da Cultura da URSS às autoridades de Leningrado: 1º de março de 1946, ref. 04-18, ao LenGorIsPolKom. Kuchumov, Anatoli Mikhailovitch, *komandirovat* a Moscou a mando do SovNarKom. *Komandirovat* também para Tronchinski, Stanislav Valerianovitch. Caráter da missão: Secreta."[3]

O documento confirmava que a missão de Kuchumov realizava-se a mando do SovNarKom, um dos mais altos poderes da Federação Russa. Ele deveria ser acompanhado por Stanislav Tronchinski, que, segundo os funcionários de museu que haviam se reunido na Casa dos Cientistas, era um graduado burocrata cultural que servia em Leningrado. Os dois homens haviam se conhecido durante a evacuação dos palácios no verão de 1941 e haviam mantido correspondência durante toda a guerra: Kuchumov em Novosibirsk e Tronchinski em Leninsk-Kuznetski, no sopé das montanhas Alatai.

Os documentos seguintes eram anotações, um diário improvisado escrito com tinta roxa em papel quadriculado, numa letra elegante que reconhecemos como a de Kuchumov. Víramos essa letra antes em cartas que sua neta nos mostrara.

Kedrinski lera alguns trechos do diário de Kuchumov para nós. Telemakov transcrevera outros. Mas essa era a primeira vez que víamos uma parte original do diário de Kuchumov.

Ao chegar em Moscou, escrevera ele, fora ao Museu Histórico do Estado à procura de Aleksandr Brusov, o homem que no ano anterior conduzira a busca malsucedida da Sala de Âmbar. No museu, informaram-no de que o professor estava trabalhando em casa. Quando finalmente o encontraram, Kuchumov e Tronchinski lhe revelaram que aquela não era uma visita de cortesia. Haviam sido instruídos a ir para

Königsberg reinvestigar o destino da Sala de Âmbar. Queriam obter do professor informações sobre seus achados. Não havia nenhuma explicação para o fato de Moscou estar questionando àquela altura as conclusões do professor. Mas dispondo-se a investir no envio de uma segunda missão à procura da Sala de Âmbar, as autoridades soviéticas demonstravam a importância que lhe atribuíam.

Em sua entrevista com Kuchumov, Brusov revelou-se claramente nervoso. Kuchumov e Tronchinski haviam lido seu relatório de julho de 1945?, perguntou. Sim, tinham lido, mas haveria algo mais que ele desejasse deixar registrado? Brusov pensou. De fato, tinha algo novo que poderia ajudá-los. Mostrou-lhes a tradução da correspondência que salvara da fogueira feita pelo ex-diretor do Museu do Castelo de Königsberg, Alfred Rohde. V. F. Rumiantseva, uma especialista em pintura alemã na Galeria Estatal Tretiakov, em Moscou, passara nove meses reconstituindo aqueles documentos parcialmente queimados.

Brusov fez uma confidência. Algo que ocorrera em sua viagem de 1945 agora o perturbava. Kuchumov anotou:

> É sobre o Hofbunker. Em setembro de 1944, Rohde relatara numa carta a Berlim que não conseguia entrar no Hofbunker porque perdera a chave. Mas quando fomos com ele até esse *bunker* ele disse que achara a chave. Mas não foi preciso destrancar nenhuma porta. Assim que entramos ficamos alvoroçados e esquecemos Rohde por completo. De repente, dei-me conta de que ele não estava conosco e o fato é que só reapareceu depois que todos nós havíamos saído. Onde estivera? Não revistamos o *bunker* todo daquela vez. Teria Rohde nos levado ao *bunker* certo? Haveria naquele *bunker* outras salas que não nos mostrou. É isso que não me sai da cabeça.

No entanto nós havíamos lido no diário de Brusov que ele estava certo de ter revistado esse Hofbunker de cabo a rabo e não ter encontrado nada relacionado com a Sala de Âmbar. Agora ele mesmo lançava dúvida sobre o que escrevera. Devia estar se sentindo ameaçado ao ver suas conclusões postas em dúvida. Kuchumov e Tronchinski não registraram suas impressões. Simplesmente agradeceram ao professor e partiram. Tinham de se apressar se quisessem pegar o trem para Königsberg.[4]

Março de 1946 foi um mês agourento para viagens da URSS para o Ocidente. Em 5 de março, numa conferência em Fulton, Missouri, Winston Churchill advertiu o público: "De Stettin no Báltico a Trieste no Adriático, uma cortina de ferro desceu através do continente", enquanto Stalin em Moscou respondia culpando o Ocidente por uma guerra em que fora a URSS que perdera mais vidas. O secretário-geral advertiu também que o "campo imperialista" estava planejando fazer aquilo tudo outra vez.

Kuchumov e Tronchinski passaram a viagem para Königsberg debruçados sobre as cartas recém-traduzidas de Rohde, várias das quais diziam respeito à segurança de preciosidades pelas quais ele, Rohde, era pessoalmente responsável.[5] A última declaração de Brusov dava a entender que Rohde poderia ter mentido para seus captores soviéticos. A explicação disso talvez estivesse nas cartas que tentara destruir.

A primeira fora escrita por Rohde em 2 de setembro de 1944, um dia após a segunda onda de bombardeios aéreos britânicos sobre Königsberg, e era dirigida ao Dr. Gerhard Zimmerman, do Museu Kaiser Friedrich em Berlim. "Apesar da destruição do Castelo de Königsberg com bombas e armas incendiárias (...) até agora a coleção de arte não perdeu nenhuma peça importante", escrevera Rohde. "Os itens da sua coleção que estamos guardando sobreviveram nos porões sem sofrer nenhum dano." Em seguida mencionava o Hofbunker, dizendo: "Perdemos as chaves de sua porta de ferro e por isso não podemos entrar." A mesma história que contara a Brusov.

Kuchumov sublinhou com lápis vermelho esse parágrafo e o seguinte, em que Rohde pedia que uma mensagem urgente fosse retransmitida a seu superior, Dr. Ernst Gall, diretor administrativo dos Palácios e Jardins do Estado, em Berlim. "Ao *Herr Dr. Director*: a Sala de Âmbar não sofreu absolutamente nenhum dano afora o *sockel-platten.*" Essa carta confirmava que os 22 painéis de âmbar grandes e de tamanho médio, as partes mais importantes da sala, haviam sobrevivido intactos ao raide aéreo, mas seis das 24 seções de *sockel-platten*, ou rodapé, haviam sido destruídas. Era óbvio que os painéis de âmbar haviam sido guardados separadamente, talvez no chamado Hofbunker, aventou Kuchumov em suas anotações.

Havia outra categoria de cartas, enviadas por Rohde imediatamente após os bombardeios aéreos aliados. Acreditando que a cidade se transformara num alvo, ele tentara encontrar novos depósitos na zona rural da Prússia Oriental. Devia ter se sentado diante de um mapa de castelos provinciais, especulou Kuchumov em suas anotações, calculando quais estavam mais distantes do *front* e quais poderiam melhor resistir a bombas.

A primeira dessas cartas, escrita por Rohde em 6 de setembro de 1944, era endereçada ao príncipe Alex Dohna-Schlobitten. O castelo do príncipe Alex (Schlobitten é hoje Slobiti, na Polônia), uma fortaleza teutônica oitenta quilômetros a sudoeste de Königsberg, parecia naquele momento estar longe das unidades do Exército Vermelho que se aproximavam. Provavelmente Rohde sabia que o príncipe, além de "antibolchevique", era um patriota e um veterano de Stalingrado, onde servira na 60ª Divisão de Infantaria Mecanizada alemã. Rohde escrevera: "Como é necessário remover obras de arte, inclusive a Sala de Âmbar, para um lugar menos perigoso, peço-lhe que nos ceda dois a três cômodos do seu castelo." Essa carta confirmava que Rohde estava pretendendo evacuar a Sala de Âmbar. Kuchumov sublinhou a passagem com lápis vermelho e pôs um ponto de interrogação junto à palavra "remover".

Nesse mesmo dia, Rohde enviou uma segunda carta, para a condessa von Schwerin, avisando-a de que já enviara um carregamento de obras de arte para Wildenhoff, sua casa de campo situada quarenta quilômetros a sudoeste de Königsberg. Kuchumov fez uma anotação. Era preciso elucidar em que consistia aquele carregamento. As cartas de Rohde sugeriam que havia muitos esconderijos possíveis além dos que Brusov investigara em 1945.

Com a linha de frente avançando dia a dia e Königsberg sob a ameaça de outros raides, Rohde precisava de ajuda com urgência. No entanto a resposta que recebeu no dia 11 de setembro do príncipe Alex foi: "Os cômodos do porão são úmidos demais para abrigar obras de arte. Há um cômodo mais ou menos seco, mas não é muito grande.

Posso lhe ceder esse espaço, mas temo que não seja suficiente para a Sala de Âmbar." Os painéis eram grandes demais, só era possível guardá-los numa sala de tamanho considerável. Portanto, não haviam sido enviados para o Castelo Schlobitten.

A resposta da condessa von Schwerin não estava no maço de papéis que Brusov dera a Kuchumov, mas a partir de uma segunda carta de Rohde para ela em 17 de outubro de 1944 ele concluiu que o carregamento não especificado de obras de arte chegara em segurança a Wildenhoff e que o curador alemão planejava inspecioná-lo na última semana de outubro. Sim, era possível que a Sala de Âmbar tivesse ido para lá.

Mas, dada a natureza fragmentária das cartas que Brusov salvara do fogo, pareceu difícil a Kuchumov e Tronchinski acompanhar os movimentos de Rohde. Qual era o significado de um documento, de que só restara uma parte, enviado ao "Respeitabilíssimo Herr Lau" no dia 21 de outubro? "Ficaria profundamente agradecido se pudesse me avisar caso nosso plano sofra alguma alteração e se os caixotes tiverem de ser removidos de novo. Tenho de comunicar isso a meus superiores. No momento não sei se conseguirei ir além de Insterburg." Kuchumov sublinhou este trecho em vermelho. Não havia nenhum endereço de Herr Lau, nem qualquer outra referência a ele no maço. Kuchumov traçou um círculo em volta de Insterburg e registrou que ficava a oitenta quilômetros a leste de Königsberg. Ele sabia também que em janeiro de 1945, três meses depois que Rohde escrevera a Herr Lau, a vila fora tomada pelo Exército Vermelho. Se a Sala de Âmbar tivesse sido removida para lá, o Exército Vermelho certamente a teria encontrado.

A partir da análise das autorizações para viajar dadas a Rohde, a equipe soviética pescou datas e lugares. Em 18 de outubro, um dia depois de enviar sua segunda carta à condessa von Schwerin, Rohde recebeu permissão para ir ao castelo dela, Wildenhoff. Em 2 de novembro ele obtivera licença para fazer uma viagem de cinco dias à casa da condessa Sabina Keyserlingk em Rautenburg, 88 quilômetros a nordeste de Königsberg, perto de Tilsit (atualmente Sovetsk, na província de Kaliningrado). O resultado dessa viagem foi confirmado numa carta que Rohde enviara à condessa em 10 de novembro, três dias após seu retorno. Nela, avisava-lhe que levara para Königsberg "dois carros" de obras de arte da herdade que ela tivera de abandonar. Além de precisar encontrar um novo esconderijo para a Sala de Âmbar, registrou Kuchumov, Rohde se via na necessidade de evacuar obras de arte de propriedades rurais de aristocratas que já haviam fugido da Prússia Oriental.

A permissão seguinte, emitida em 8 de novembro de 1944, era assinada pelo Gauleiter Erich Koch, a autoridade máxima na Prússia Oriental. Ele deu a Rohde um mandato para "tomar quaisquer medidas para guardar, remover e evacuar quaisquer peças de arte da Prússia". O curador alemão estava claramente no centro do *establishment* artístico nazista na Prússia Oriental, e valiosas obras de arte estavam sendo enviadas em todas as direções.

Rohde mal devia estar tendo tempo para respirar. Em 15 de novembro escreveu ao Ministério da Cultura em Berlim sobre planos para evacuar obras de arte soviéticas de um esconderijo para outro. Em 26 de novembro, recebeu ordem de viajar ao Castelo Binanen para transferir uma outra coleção de arte para Königsberg. Mas foi a permissão emitida em 1° de dezembro de 1944 que chamou a atenção de Kuchumov. Ela o autorizava a viajar à Saxônia, várias centenas de quilômetros a sudeste, no coração do Reich. Havia no maço um relato dessa missão: "Minha viagem pela Saxônia de 3 a 10 de dezembro de 1944". Rohde visitara dois castelos, Wechselburg e Kriebstein, ambos a oeste de Dresden, tendo concluído que eram esconderijos absolutamente seguros, lugares perfeitos em que guardar o "tesouro insubstituível".

Um quadro da situação estava emergindo. Naquelas cartas de Rohde havia indícios claros de que obras de arte guardadas na Prússia Oriental haviam sido evacuadas para lugares mais a oeste pelos nazistas antes do avanço soviético. Era possível que a conclusão de Brusov de que a Sala de Âmbar fora destruída em Königsberg tivesse sido demasiado apressada. A última carta que havia no maço deu ainda mais esperança a Kuchumov. Era de Rohde para o Ministério da Cultura em Berlim, com data de 12 de janeiro de 1945: "Embalei a Sala de Âmbar em contêineres e eles estão sendo lacrados. Está na hora de evacuar esses painéis para a Saxônia; mais precisamente, podem ser enviados para Wechselburg em Rochlitz."[6] A carta parecia contradizer a afirmação feita por Rohde a Brusov de que a Sala de Âmbar permanecera no Castelo de Königsberg até 5 de abril de 1945. Kuchumov concluiu que Rohde mentira.

Confrontando as declarações de Alfred Rohde a Brusov com suas cartas, Kuchumov e Tronchinski começaram a elaborar uma lista de perguntas, com 33 pontos, para serem feitas a ele. Tronchinski começaria o interrogatório serenamente, perguntando sobre coisas que realmente só interessavam a colegas acadêmicos: a chegada da sala ao Castelo de Königsberg e sua exibição ali. Criaria a impressão de ser um amável quadro do partido, de estar conversando por conversar. Kuchumov calculou que se Tronchinski pudesse parecer modesto diante da arrogância de Rohde, o alemão não resistiria à tentação de se gabar para o primo pobre soviético. Kuchumov, aquela figura russa gorducha e de óculos, permaneceria em segundo plano, silencioso e meditativo, sem demonstrar ser quem de fato dirigia a operação.

A viagem de trem de Kuchumov e Tronchinski terminou em 19 de março de 1946. O general Vasilev, um dos comandantes de Königsberg, foi esperá-los na estação e insistiu em levá-los para dar uma volta pela cidade. "As únicas construções que continuavam de pé eram chalés isolados no fim das ruas, casas no meio dos escombros, agora ocupadas pelo comandante central e os *Narkomats* [representantes do Comissariado do Povo]", escreveu Kuchumov. "Só era possível caminhar por certas ruas em determinadas horas, dependendo do programa de demolição. Havia cerca de 25 mil refugiados alemães, morando em porões e em prédios arruinados nos subúrbios."[7]

Kuchumov e Tronchinski estavam tão tensos naquela primeira noite que, em vez de descansar no único hotel da cidade, caminharam mais de três quilômetros na escuridão e no frio até as ruínas do castelo. Cedo na manhã seguinte estavam lá de volta, tirando fotografias do lugar e da construção e planejando sua abordagem, como detetives na cena de um crime.

Não puderam resistir a tirar algumas fotos de si mesmos. Numa, mais pareciam camundongos diante da massa intimidante dos escombros do Portão Albrecht. Kuchumov colou as fotos num caderno de desenho de folhas pretas e escreveu legendas a giz. Esse caderno, que foi parar no Arquivo de Literatura, fora aberto tão raramente que as folhas divisórias de papel de seda estavam novas em folha, como se o álbum tivesse acabado de ser comprado na seção de papelaria da livraria Dom Knigi, na Nevsk Prospekt. Viramos suas páginas cuidadosamente e não tivemos autorização para fotografá-lo.[8]

Dois homens sorridentes, vestindo pesadas capas impermeáveis de *tweed* e sapatos de couro bastante gastos, as calças enfiadas nas meias; Tronchinski usava uma boina preta, Kuchumov um chapéu de abas reviradas; ambos eram eclipsados pelas montanhas de entulho que logo teriam de limpar. Noutra foto, estavam sentados junto às ruínas do Salão dos Cavaleiros, sérios e compostos. Kuchumov carregava uma pequena pasta de couro. Em outras duas fotos, os dois homens posavam contrafeitos diante de montes de tijolos não identificáveis, mais altos que eles. Em todas as fotografias os dois vestiam ternos idênticos — eles lhes haviam sido dados em Moscou para que não chamassem a atenção. E assim lá estavam: dois homens adultos num lugar medonho do pós-guerra, andando para lá e para cá como um par de jarras, ternos novos demais, as camisas brancas contrastando com as gravatas de agentes funerários.

> Cara Katia, faz três dias que estamos em Königsberg. Gastamos um dia e meio com burocracia. Encontramos o túmulo de Immanuel Kant, que continua miraculosamente intacto entre a ruína absoluta, e visitamos uma casa em que Richard Wagner se hospedou uma vez. Não nos foi permitido entrar no castelo arruinado. Vamos começar a procurar no meio do entulho.[9]

Vários documentos na pasta que nos fora entregue eram cartas informais como essa, escritas por Stanislav Tronchinski, que, embora estivesse numa missão secreta, obviamente não tinha segredos para sua mulher. A cada três dias ele enviara uma carta extra para Katia em Leningrado, fato de que Kuchumov só foi inteirado na década de 1960, quando a viúva de Tronchinski lhe deu as cartas para ajudá-lo na pesquisa de seu livro sobre a Sala de Âmbar. As ambigüidades e insinuações contidas nelas sugerem que Tronchinski sabia que seriam lidas por um censor, mas pensava que sua posição no partido lhe permitia não temer recriminações.

Kuchumov não escreveu cartas semelhantes à sua mulher, Ana Mikhailovna. Só fazia confidências para o seu diário. Estava se configurando uma pessoa obstinada e patriótica, que punha sua vida pessoal de lado enquanto tratava dos negócios do Estado. Tudo que datilografava ia direto para o Ministério da Cultura em Moscou, páginas de relatórios, cujas cópias a papel carbono estavam ali naqueles arquivos.[10]

"Primeiro, fizemos uma inspeção detalhada dos porões do castelo e dos túneis que levavam para fora de seus muros", escreveu. Podíamos imaginar Kuchumov à penteadeira de seu quarto de hotel, apertando os olhos à luz de vela enquanto todo mundo dormia. Usando o terno preto moscovita, o corpo gorducho a lhe forçar as costuras, o tecido áspero de lã começando a ficar lustroso após se contorcer com o curador por entre vigas quebradas e entulho. Kuchumov batucava as teclas de uma máquina de escrever, volta e meia cometendo erros e os riscava com Xs.

As passagens subterrâneas eram numerosas e enganosas, registrou Kuchumov. "Muitas estavam inundadas e todas eram perigosas." Algumas haviam sido sabotadas: a água havia sido eletrificada ou envenenada. Outras estavam simplesmente desmoronando e cheiravam a gangrena, cheias de gases, emitidos por corpos em decomposição, que podiam facilmente matar um homem. "Quarenta especialistas soviéticos morreram", escreveu Kuchumov sem nada comentar, como se quarenta homens mortos num episódio não fosse um fato digno de nota. Em face do que sabíamos sobre a importância que se atribuía na época em Moscou à checagem e rechecagem de tudo, esse episódio deve certamente ter sido investigado por alguma outra agência. Ignoramos por completo se essas mortes tiveram alguma ligação com a procura da Sala de Âmbar.

Quando começaram a inspecionar o próprio castelo arruinado, Kuchumov e Tronchinski fizeram descobertas imediatamente. Kuchumov escreveu a Moscou: "Em diferentes partes queimadas e destruídas da estrutura, encontramos grande número de fragmentos de móveis dos palácios de Catarina e de Alexandre (inclusive do Grande Salão, da Sala de Recepção Careliana de Alexandre I, da Sala Chinesa e de muitos outros aposentos)." Depois, na Ala Leste: "Perto do portão principal, descobrimos grandes fechaduras de bronze que pertenciam outrora ao Salão dos Leões do Palácio de Catarina."

Todos esses vestígios foram encontrados num pequeno número de dias, e no entanto Brusov havia afirmado em seu relatório ter dado uma busca completa no castelo. Bem, talvez isso não fosse tão surpreendente, uma vez que ele era um arqueólogo, sem nenhum conhecimento especializado sobre as coleções de Leningrado. Além disso, trabalhara poucas semanas após a rendição alemã.

Segundo as cartas secretas que Tronchinski enviava para casa, ele e Kuchumov logo haviam descoberto mais coisas:

> Querida Katia, encontramos fragmentos do assoalho do Palácio de Catarina. Móveis quebrados do Salão Bolchoi e da Sala de Estar Chinesa e também um armário de Alexandre I. Anatoli Mikhailovitch precisa ter cuidado. Ele estava na ala oeste quando caiu dois andares abaixo, com entulho despencando sobre sua cabeça. Só escapou de cair nos porões e morrer graças a uma velha viga de carvalho.

Kuchumov escreveu para Moscou: "Ao inspecionar o castelo, encontramos também, num pequeno cômodo térreo de uma das torres semiarruinadas, no meio da muralha sul, entre o entulho, mais cópias da correspondência oficial de Rohde." Uma das cartas era do general George von Küchler, que em 1942 substituíra o general Wilhelm von Leeb no comando do Grupo do Exército Norte, que estava alojado no Palácio de Catarina. Küchler perguntava a seu "bom amigo Alfred Rohde" sobre a chegada da Sala de Âmbar "enviada à Prússia Oriental". Essa nova carta provava que Rohde tinha algumas ligações úteis e influentes.

Kuchumov e Tronchinski vasculharam sistematicamente a ala norte. Concentraram suas buscas no Salão dos Cavaleiros. Kuchumov escreveu a Moscou: "Foi ali, segundo Rohde, que a Sala de Âmbar ficou em diferentes ocasiões." Também nesse salão Kuchumov e Tronchinski logo encontraram coisas que Brusov deixara escapar. Kuchumov escreveu: "A busca detalhada em camadas de fuligem, lixo e entulho que cobria o piso de pedra do Salão dos Cavaleiros, onde a Sala de Âmbar foi possivelmente queimada, revelou peças de madeira douradas e grande quantidade de molas e partes de ferro de móveis de guarda-roupas alemães."[11] Kuchumov concluiu que havia descoberto outra parte da coleção de móveis incinerada da condessa Keyserlingk — peças que Rohde dissera a Brusov ter guardado junto da Sala de Âmbar.

Dobradiças, cornijas, tiras de ferro. Kuchumov conjecturou que, se toda a Sala de Âmbar tivesse sido queimada ali, ainda haveria muito mais indícios no meio do entulho. Haveria necessariamente vestígios dos 22 painéis de parede de âmbar, de tamanho grande e médio, e das quatro molduras de âmbar que continham os quatro mosaicos de pedra florentinos encomendados por Catarina, a Grande, bem como restos dos próprios mosaicos.

Depois, em 22 de março, Tronchinski contou à mulher que Kuchumov encontrara algo significativo, que parecia diretamente associado à Sala de Âmbar: "Querida Katia, Encontramos molduras de cobre dos mosaicos de pedra, mas de apenas três deles. Ali estavam eles, literalmente debaixo dos meus pés."[12]

Kuchumov fez o relatório formal para Moscou:

> Encontramos os mosaicos perto da entrada do Salão [dos Cavaleiros], no vão da escada, cobertos por três camadas de cinza, totalmente queimados e descorados. Examinando a forma das molduras de bronze e os filamentos decorativos de arame que envolviam as peças de pedra, foi possível confirmar que foram produzidos na Itália, sendo portanto aqueles que outrora decoraram a Sala de Âmbar.[13]

Os achados pareciam apoiar a teoria de Brusov de que a Sala de Âmbar fora incinerada. Kuchumov, porém, sustentou o oposto. Tendo aprendido sobre a mecânica da Sala de Âmbar enquanto pesquisava para seu livro, ele advertiu Moscou de que, em junho de 1941, deixara no

Palácio de Catarina todos os quatro pequenos mosaicos de pedra, e agora só os restos de três deles haviam aparecido no entulho do Salão dos Cavaleiros.

Os mosaicos de pedra podiam ser destacados dos painéis de âmbar e o quarto deles devia ter sobrevivido em algum lugar. Se esse quarto mosaico tivesse sido embalado e guardado em algum outro lugar pelos nazistas, certamente existia a possibilidade de que os painéis de âmbar e as grossas molduras entalhadas que compunham a Sala de Âmbar continuassem escondidos, junto com ele, em outro lugar.

Espaço. Ao pensar nisso, escreveu Kuchumov, ele e Tronchinski haviam caído na gargalhada. Kuchumov sabia de memória as dimensões originais da Sala de Âmbar — uma dúzia de grandes painéis de 3,6 metros de altura, dez painéis médios com pouco menos de um metro e 24 seções de rodapés de âmbar. Sabia que os painéis grandes não podiam ser quebrados em peças menores; portanto, ao serem embalados por Alfred Rohde em janeiro de 1945, teriam requerido grandes e incômodos caixotes. Kuchumov escrevera a Moscou:

> Mais importante do que o número de mosaicos de pedra é a questão do tamanho. Se supusermos que os mosaicos foram embalados junto com os painéis, ainda fixados a eles, e que tudo isso se queimou no inferno [o Salão dos Cavaleiros], os caixotes para os painéis e os mosaicos teriam de ser enormes. No entanto o lugar onde encontramos os três mosaicos, entre as duas paredes e as janelas, é restrito e minúsculo.

Tronchinski e Kuchumov examinaram o monte de cinzas sobre o piso diante deles. Apesar do calor do fogo, os mosaicos haviam se preservado perfeitamente empilhados, embora agora fossem mais frágeis que uma teia de aranha. No mosaico de cima, a imagem continuava discernível, mas quando Kuchumov a tocou ela se esfacelou numa lufada de cinzas. Kuchumov escreveu a Moscou:

> Se os mosaicos tivessem sido empilhados ainda presos aos painéis de âmbar — uma camada do painel com seu suporte de madeira e uma camada de mosaico, outra camada do painel, e assim por diante —, quando os painéis se queimaram peças individuais de âmbar teriam se

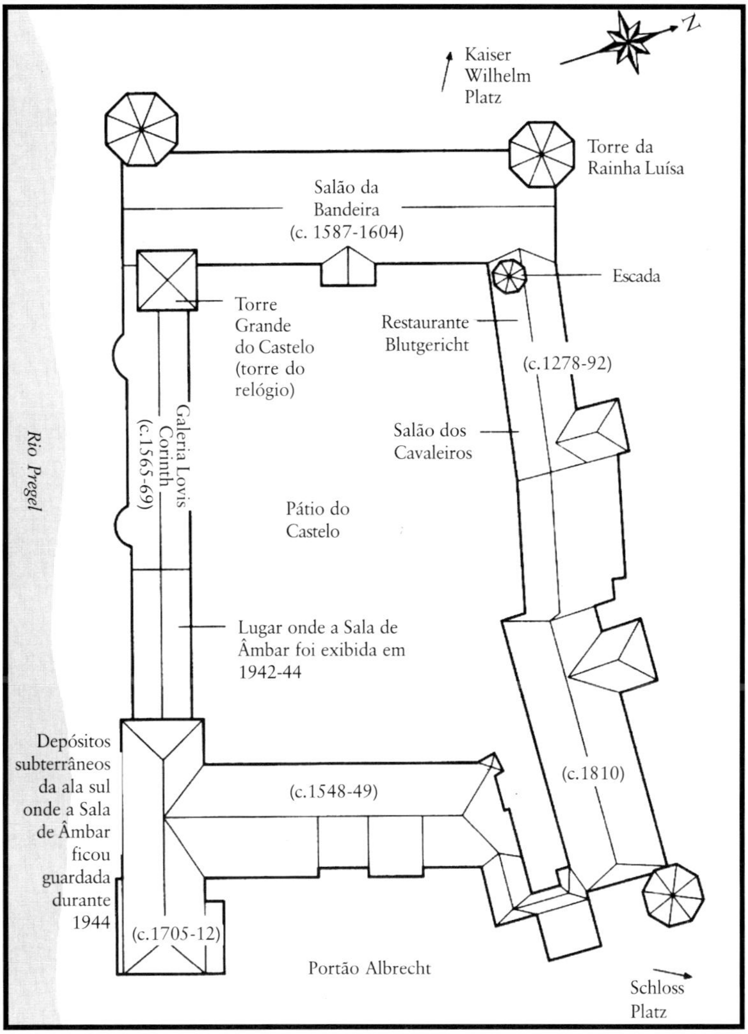

Castelo Königsberg, antes de abril de 1945

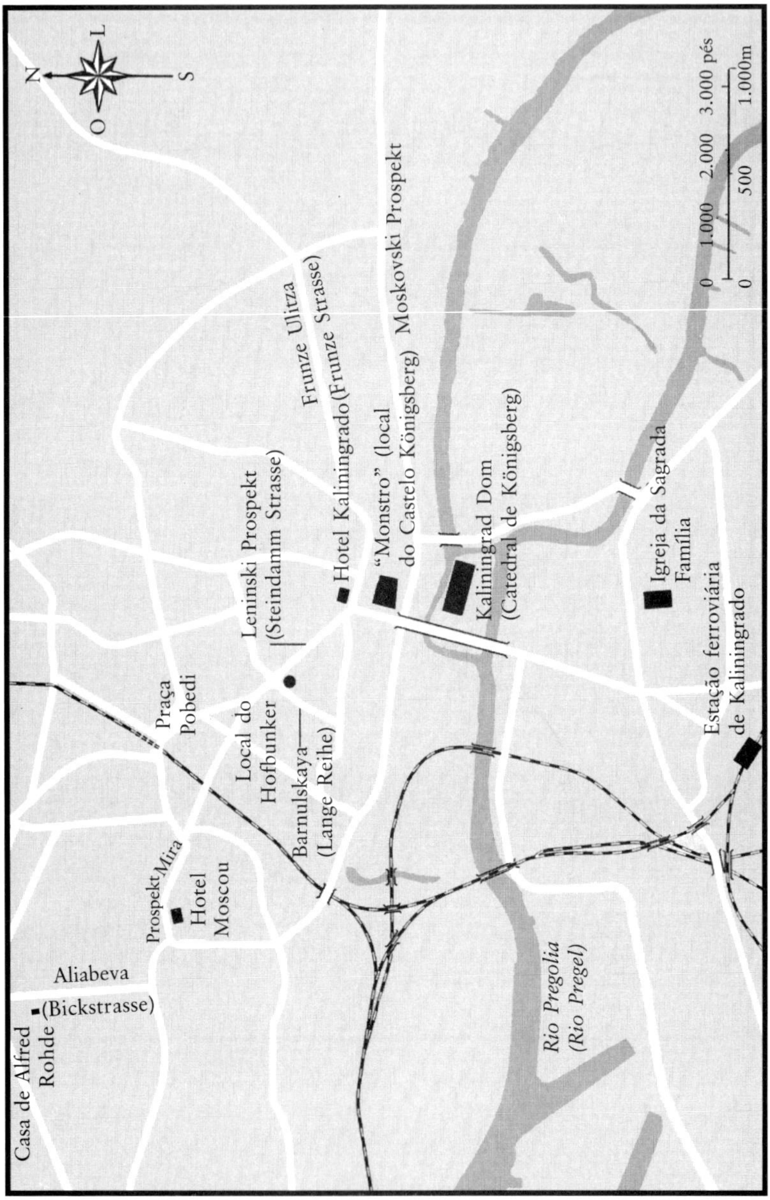

Kaliningrado, c. 2004 (nomes históricos entre parênteses)

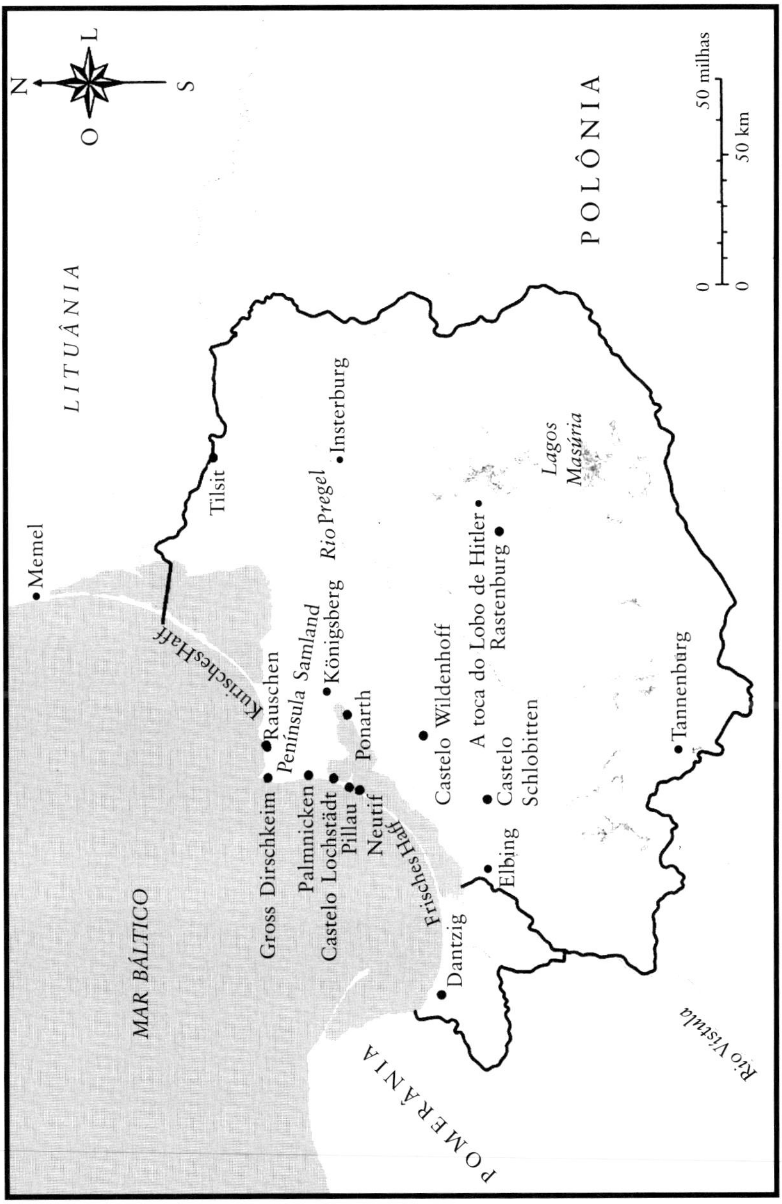

Prússia Oriental, c. 1945

Alemanha, c. 2004

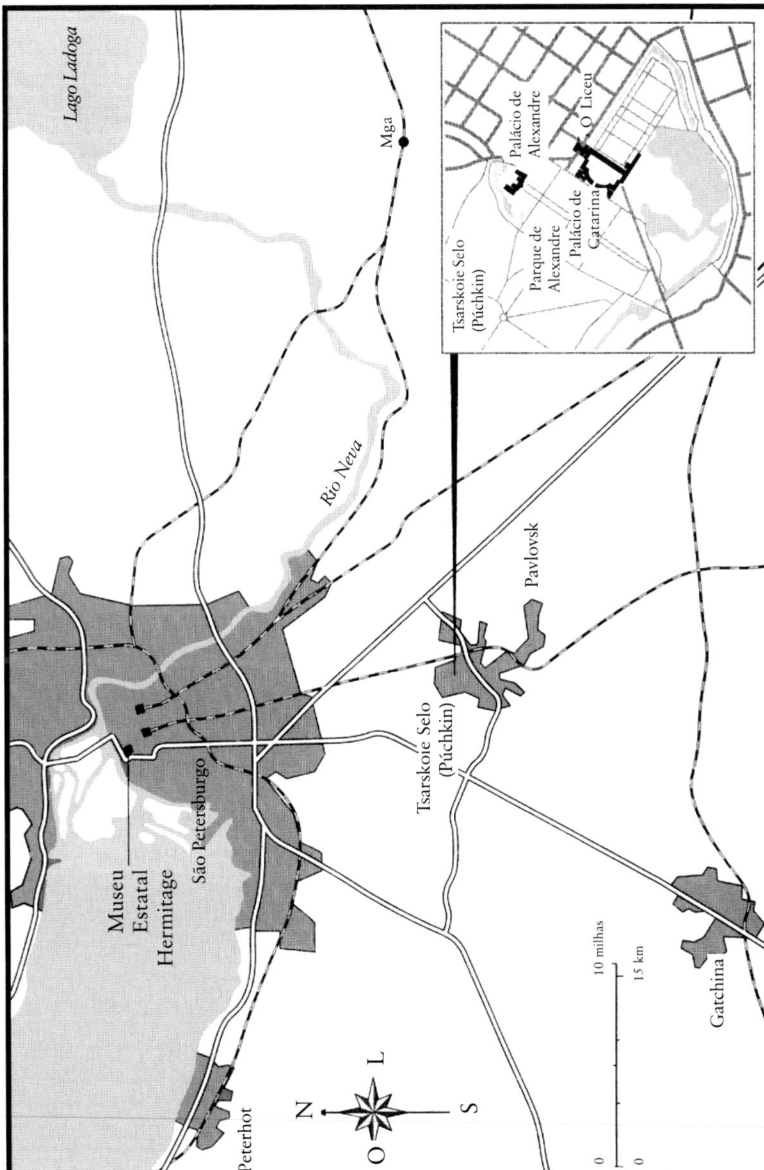

São Petersburgo e arredores, c. 2004

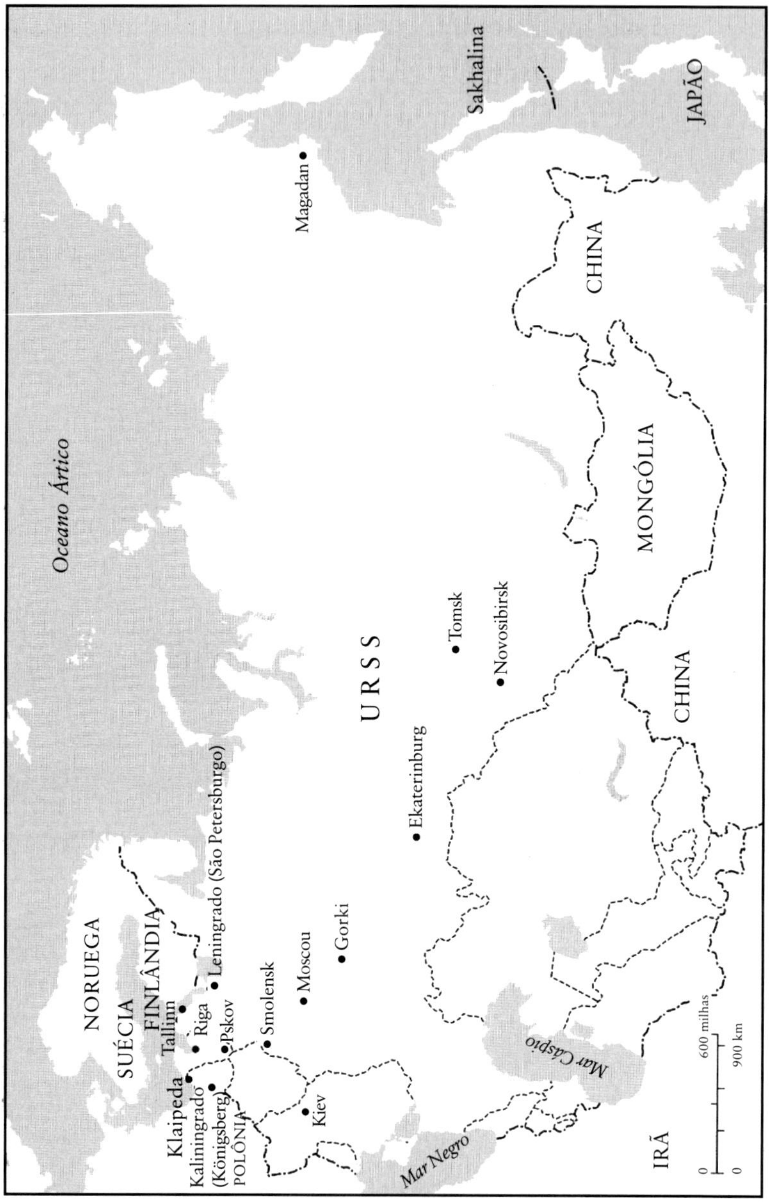

URSS, pós-1947

Desenho original da Sala de Âmbar, 1701

Palácio de Catarina (*Vera Lemus, Aurora Publishers, São Petersburgo, Federação Russa*)

Aleksandr Kedrinski (à direita) com colegas do Palácio de Leningrado após ganhar o Prêmio Lenin em 1986 (*arquivo Vica Plauda*)

Anatoli Kuchumov (à direita) com Anna Mikhailovna, sua esposa, pouco antes do início da Segunda Guerra Mundial (*arquivo Vica Plauda*)

Curadores encaixotam partes do Palácio de Leningrado após a invasão nazista na URSS em 1941

Czar Pedro I (*Museu Estatal Hermitage, São Petersburgo, Federação Russa*)

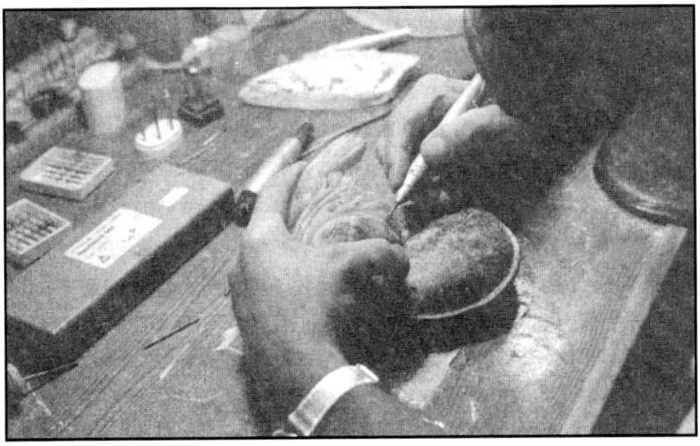

A oficina de âmbar no Palácio de Catarina

Vladimir Telemakov (*Catherine Scott-Clark*)

Vica Plauda, neta de Anatoli Kuchumov, segurando o único cromo colorido original da Sala de Âmbar (*Catherine Scott-Clark*)

A Sala de Âmbar

Tropas soviéticas entram no Palácio de Catarina, 1944

O Palácio de Catarina em ruínas após a ocupação nazista

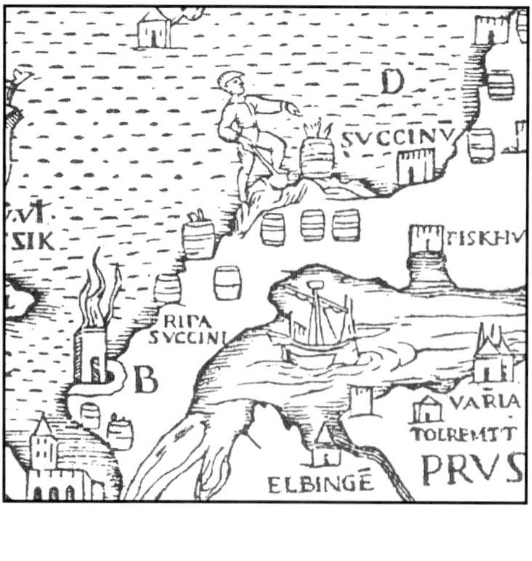

Mapa da península de Samland no século XVI, de Olaus Magnus, mostrando os locais da pesca de âmbar e os barris de queima, ao lado dos quais os pescadores se aqueciam depois de atravessarem o gelado mar Báltico

Frontispício do livro de P. J. Hartmann, publicado em 1677, mostrando pescadores de âmbar

Fotografia do Castelo de Königsberg, tirada pouco antes da guerra (*Museu Municipal de Königsberg, Duisburg, Alemanha*)

Professor Aleksandr Brusov do Museu Histórico do Estado, em Moscou, e seu diário (*arquivo Avenir Ovsianov, Kaliningrado, Federação Russa*)

Tanques soviéticos nas ruas de Königsberg durante o ataque final, em abril de 1945 (*arquivo Günter Wermusch, Berlim, Alemanha*)

A rendição do general Otto Lasch (ao centro), 10 de abril de 1945 (*Museu Municipal de Kaliningrado, Federação Russa*)

Pintura amadora do que restou do Castelo de Königsberg no pós-guerra (*arquivo Avenir Ovsianov*)

Alfred Rohde (*arquivo Avenir Ovsianov*)

Anatoli Kuchumov (à esquerda) e colegas do Palácio de Leningrado durante a década de 1950 (*arquivo Albina Vasiliava, Pavlovsk, São Petersburgo, Federação Russa*)

Sala de leitura do Arquivo de Literatura de São Petersburgo (*Catherine Scott-Clark*)

Príncipe Alex Dohna-Schlobitten

Entrada do Salão dos Cavaleiros do Castelo de Königsberg (*Museu Municipal de Königsberg*)

Blutgericht, restaurante nazista localizado na antiga câmara de tortura do Castelo de Königsberg (*Museu Municipal de Königsberg*)

Caricatura de Anatoli Kuchumov em sua mesa, pesquisando sobre o desaparecimento de tesouros do Palácio de Leningrado (*Tsentralny Gosurdarstvenny Archiv Literatury i Iskusstva, São Petersburgo, Federação Russa – TGALI*)

Caricatura de Anatoli Kuchumov com um carrinho de mão cheio de livros intitulados "arquivos, trechos, documentos", nos quais ele pesquisava sobre tesouros desaparecidos do Palácio de Leningrado (*TGALI*)

Anatoli Kuchumov (à esquerda) e colegas no Palácio Pavlovsk; a coroa foi usada pelo czar Paulo I (*arquivo Albina Vasiliava*)

Tropa soviética vitoriosa posa em frente ao *Berlim Reichstag*, 1945 (*Museu Municipal de Kaliningrado*)

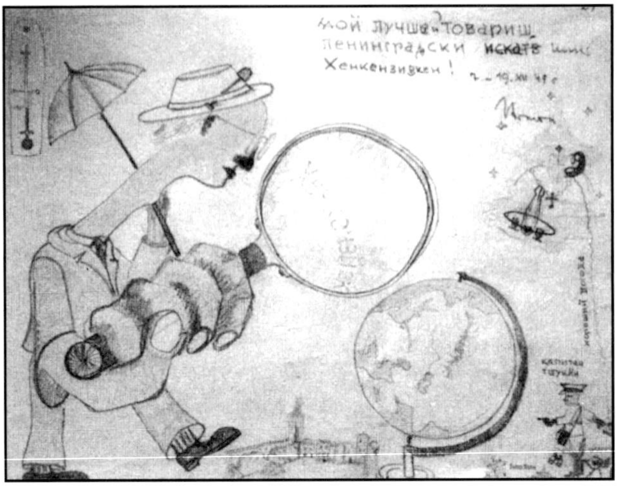

Desenho de Anatoli Kuchumov procurando pela Sala de Âmbar com uma lupa, 1949 (*TGALI*)

Gerhard Strauss (*arquivo Avenir Ovsianov*)

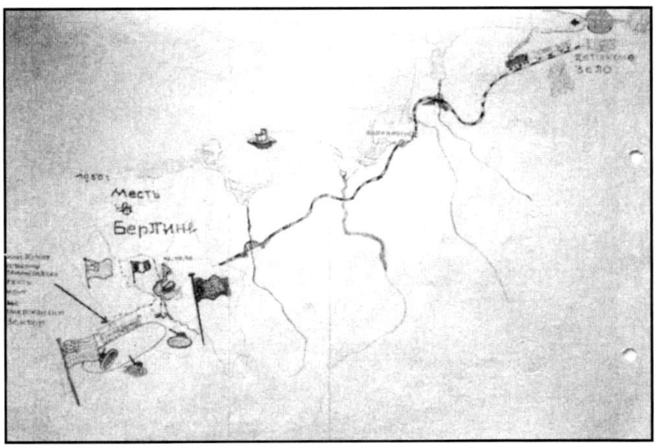

Desenho enviado a Anatoli Kuchumov, mostrando algumas pistas sobre a localização da Sala de Âmbar no pós-guerra, 1949

Friedrich Henkensiefken (*MPR Productions*)

Arquivos da Stasi, polícia secreta da Alemanha Oriental, empilhados para destruição, janeiro de 1990 (*BStU*)

Rendição de Königsberg, abril de 1945 (*arquivo Günter Wermusch*)

Livro de Paul Enke sobre a procura da Sala de Âmbar, publicado em 1986 (*British Library, Londres*)

Paul Enke, c. 1960 (*BStU*)

Arquivos da Stasi (*BStU*)

Doutor Ernst-Otto, Conde zu Solms Laubach (*arquivo Avenir Ovsianov*)

Günter Wermusch (*arquivo Günter Wermusch*)

Notícias do julgamento de Erich Koch em Varsóvia, 1959 (*MPR Productions*)

Obras de arte roubadas pelos nazistas, escondidas em minas alemãs e encontradas pelas tropas americanas em abril de 1945 (*Kali und Salz Gmbtt Erlebnis Bergwerk Merkers, Turíngia, Alemanha*)

George Stein (*arquivo Avenir Ovsianov*)

Viktor Chebrikov, presidente da KGB, com Erich Mielke (à direita), chefe da Stasi na Alemanha Oriental, no Q.G. da Stasi, em 1987 (*BStU*)

Barão Eduard von Falz-Fein, repórter nas Olimpíadas de Munique de 1936 (*arquivo Falz-Fein, Liechtenstein*)

Julian Semyonov

Marion Dönhoff (*arquivo Avenir Ovsianov*)

Fotografia policial do corpo de George Stein, 20 de agosto de 1987 (*MPR Productions*)

Königsberg antes da guerra (*Museu Municipal de Königsberg*)

O "Monstro"
(*Catherine Scott-Clark*)

A costa do âmbar na península de Samland (*Catherine Scott-Clark*)

Avenir Ovsianov (ao centro) em escavações pela Sala de Âmbar, na província de Kaliningrado, década de 1970 (*arquivo Avenir Ovsianov*)

Expedição geológico-arqueológica de Kaliningrado, com Jelena Storozhenko ao centro (*arquivo Avenir Ovsianov*)

Anatoli Kuchumov lendo na *boudoir* malva da Imperatriz Alexandra, Palácio de Alexandre, Puchkin, 1940 (*arquivo Vica Plauda*)

Doutor Ivan Sautov (à esquerda), diretor do Palácio de Catarina, assinando um acordo com a diretoria da companhia alemã fornecedora de energia Ruhrgas AG para o patrocínio da reconstrução da Sala de Âmbar

Destroços da escada Monighetti, Palácio de Catarina, 1945

Inseto no âmbar

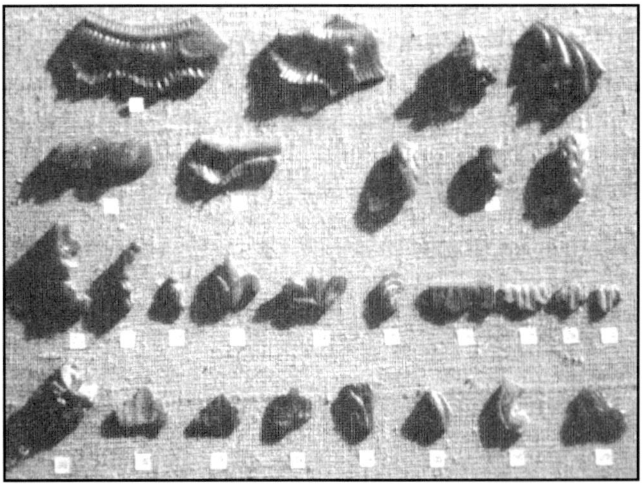

Peças que restaram da Sala de Âmbar (*arquivo Günter Wermusch*)

> desprendido, pois a cola que as prende derrete a temperaturas ainda relativamente baixas e seu suporte inflama-se mais ou menos à mesma marca. Algum vestígio dessas peças de âmbar, agora soltas e separadas dos mosaicos, teria ficado imprensado entre eles. Mas não encontramos nada.

Nada. Era inconcebível que nem uma só peça de âmbar de mais de uma dúzia de painéis de 3,6 metros de altura, cada um composto de milhares de lascas da resina, tivesse sobrevivido. Além disso, Kuchumov lembrou a Moscou que a Sala de Âmbar era decorada com 24 pilastras espelhadas que, segundo o *Pravda,* haviam sido registradas como recebidas no Livro de Doações do castelo. Escreveu: "Sobre essas pilastras havia 24 candelabros de parede. Examinando as cinzas não encontramos um só vestígio do bronze dos candelabros ou dos espelhos das pilastras."

Três mosaicos, e não quatro. Um espaço minúsculo em que só os menores caixotes teriam cabido. Nenhum fragmento de bronze ou de espelho nas cinzas. Nada imprensado entre os mosaicos de pedra. Por vezes era difícil acompanhar o raciocínio de Kuchumov, mas o que ele afirmava era que os indícios — grande parte dos quais nem mencionava, para poupar Moscou — revelavam que a Sala de Âmbar fora encaixotada e guardada em vários lugares, ou, no mínimo, não só no Salão dos Cavaleiros, onde o Dr. Rohde afirmara que ela ficara. A correspondência de Rohde deixava claro que os alemães haviam separado partes da Sala de Âmbar já em agosto de 1944, quando seis *sockelplatten*, parte dos rodapés de âmbar, haviam sido destruídos pelo fogo na ala sul enquanto todas as outras peças haviam sobrevivido.

Em 25 de março de 1946, Tronchinski escreveu novamente à mulher: "Querida Katia, temos de trabalhar realmente com afinco. Andamos e corremos uns dez quilômetros por dia. Descobrimos uma coisa." Mas não contara à mulher exatamente o quê haviam descoberto.

Três dias mais tarde, porém, ao escrever de novo, estava numa disposição de ânimo completamente diferente. "28 de março, Querida Katia, ontem fez uma semana que chegamos a esta cidade. Já andamos uns 140 quilômetros. Os resultados do nosso trabalho são parcos. Não encontramos o principal: o mistério da Sala de Âmbar não nos foi revelado."

Tronchinski tinha boas razões para estar desalentado. "[Rohde], o diretor do castelo, está morto. Morreu três meses atrás. Não conseguimos encontrar nenhum outro colaborador."

O homem era o pivô da investigação soviética. A ele se destinavam as 33 perguntas tão bem urdidas. Ele era a chave do mistério da evacuação da sala para a Saxônia. Kuchumov e Tronchinski pretendiam imprensá-lo. Ninguém vira Alfred Rohde desde dezembro de 1945. Nem o general Vasilev, nem ninguém no Q.G. do NKVD no Hotel Moscou. Nenhum dos agentes secretos do SMERSH. Considerava-se que era impossível entrar na cidade ou sair dela, e no entanto Alfred Rohde desaparecera, com sua mulher Ilse, a filha Lotti e o filho Wolfgang.

Um informante alemão afirmou que eles tinham morrido de desnutrição. Kuchumov achou difícil acreditar nisso, porque os soviéticos lhe haviam fornecido rações de emergência para mantê-lo vivo. "*Werwolfs,* membros da resistência nazista secreta, os levaram para outro lugar ou os executaram para ocultar o segredo da Sala de Âmbar", declarava uma carta anônima que recebeu.[14] O curador rejeitou essa possibilidade. Tronchinski sabia que alemães que haviam se prontificado a colaborar haviam sido enforcados e que havia naquele momento dez casos desse tipo sob investigação. No entanto Kuchumov resolveu investigar por sua própria conta. Escreveu a Moscou: "Soube que Alfred Rohde se suicidou. Sua mulher também está morta. Foi o que pessoas me contaram no hospital." Mas no mesmo relatório Kuchumov admitiu também que não conseguira encontrar os túmulos, os relatórios *post-mortem* nem os atestados de óbito. Nenhum médico em Königsberg se lembrava de ter atendido Rohde ou alguém da sua família. Aquela era uma cidade dominada pelo terror, onde era praticamente impossível guardar um segredo, uma cidade que se desmaterializara junto com Alfred e Ilse Rohde e seus filhos.

Mas Tronchinski e Kuchumov não desistiram e no dia 1º de abril o primeiro escreveu à sua mulher:

> Querida Katia, mais uma vez encontramos pistas da Sala de Âmbar (...) Se a sala foi demolida(...) não foi [no Castelo de] Königsberg (...) Encontramos também móveis valiosos da Sala de Âmbar (...) Deveremos ir para Moscou em 12 de abril.

Kuchumov comunicou a Moscou que ele e Tronchinski haviam encontrado três pessoas muito ligadas a Rohde. Paul Feyerabend — proprietário do Blutgericht, o Pátio de Sangue — o restaurante histórico que, o curador observou com repugnância, "funcionara durante duzentos anos nas antigas câmaras de tortura da Ordem Teutônica, debaixo do Salão dos Cavaleiros" —, apresentara-se declarando ser um comunista que fora obrigado a esconder sua carteira do partido. Dissera ter testemunhado um fato intrigante em julho de 1944. A transcrição do depoimento estava anexada.

> Feyerabend. Declaração 1, 2 de abril de 1946: julho de 1944 — dois veículos entraram no pátio do castelo, abarrotados de caixotes. Os pequenos foram postos no chão. Mas o resto, caixotes enormes, foram deixados nos veículos. Perguntei a Rohde que caixotes gigantescos eram aqueles e ele me respondeu que eram as paredes de âmbar vindas da Rússia.[15]

Feyerabend contou que Rohde foi chamado para uma reunião urgente com o Dr. Helmut Will, o Oberbürgermeister, ou prefeito, de Königsberg. Kuchumov registrou: "Encontramos Helmut Will."

Feyerabend dissera ainda:

> Após a reunião, os veículos, ainda carregados, deixaram o pátio. Rohde chegou então ao restaurante Blutgericht para encomendar uma caixa de vinho, dizendo-me que passaria vários dias fora. Voltou três semanas depois e o vi de novo. Contou-me que estivera numa grande propriedade rural. Algum tempo depois disse-me que sua missão dizia respeito à Sala de Âmbar vinda da Rússia, que estava naqueles caixotes que eu vira nos veículos.

Seguindo as deixas de Kuchumov, Tronchinski investiu violentamente contra Feyerabend. Não havia nenhum indício de que Rohde tivesse saído de Königsberg em viagem até os raides aéreos de 27-28 de agosto de 1944. Rohde dissera a Brusov que, depois que desmontara a Sala de Âmbar em julho de 1944, ela ficara guardada nos porões da ala sul do castelo. Em que data Rohde havia viajado com a sala? "Julho de 1944", insistira Feyerabend.

Pediram ao dono do restaurante que pensasse bem sobre o que estava dizendo, mas ele não retirou uma palavra do que dissera. Conseguiu, contudo, lembrar-se de outras conversas que tivera com Rohde depois daquela data: "Rohde me disse muitas vezes que a sala deveria ter ido para a Saxônia, e acabaria indo para lá, mas, em razão de problemas logísticos, não fora removida para lá em março [de 1945]. O Gauleiter Erich Koch também queria ela fosse evacuada para a Saxônia, mas a tensa situação militar tornara isso impossível." Mas, perguntou Kuchumov, como pudera Feyerabend inteirar-se de assuntos como aquele? Ele certamente podia servir vinho à elite, mas será que também bebia com ela? Seria plausível que um homem do gabarito intelectual de Rohde trocasse segredos com um *restaurateur*?

O interrogatório continuara, mas a transcrição que tínhamos diante de nós terminava abruptamente. Anotamos que deveríamos procurar as páginas que faltavam.

O interrogatório seguinte foi de Ernst Schaumann, um pintor da guerra e amigo de Rohde. Ele qualificou Rohde de especialista em âmbar. Disse que ele escrevera um livro seminal conhecido como *Bernstein* em 1937.[16] "Precisamos obter um exemplar", anotou Kuchumov.

Em abril de 1942, Rohde escrevera também um artigo ilustrado com fotografias para o *Pantheon*, um periódico alemão dedicado às artes, para celebrar a abertura da exposição da Sala de Âmbar na galeria do segundo pavimento da ala sul do castelo de Königsberg.[17] "Precisamos conseguir isso também", anotou Kuchumov. Schaumann forneceu o nome de uma nova testemunha a ser procurada pelos soviéticos: Jurgen Sprecht, um restaurador de Königsberg que estudara em Berlim sob o patrocínio de Rohde. "Mais tarde ele foi designado para trabalhar na Sala de Âmbar", disse Schaumann a Tronchinski. "Encontrar Sprecht", escreveu Kuchumov.

Schaumann recordou uma conversa digna de nota que tivera com Rohde: "Depois que voltei da França em outubro de 1944, perguntei ao Dr. Rohde sobre o destino das coleções de âmbar e de pintura", contou a Tronchinski. "Ele respondeu que, por ordem das autoridades de Berlim, elas haviam sido encaixotadas e transferidas para lugares seguros em propriedades rurais na Prússia Oriental e na Saxônia. Mais tarde, quando Königsberg estava cercado pelo Exército Vermelho, ele reafirmou isso." Tronchinski irritou-se. Feyerabend e Schaumann não podiam ter ambos razão. A Sala de Âmbar fora evacuada, ou não. Um dos dois estava mentindo. Kuchumov nada disse. Não conseguia saber ao certo se Schaumann era confiável ou se estava perturbado.

Por fim, chamaram Otto Smakka, que trabalhara como tradutor para as empresas pesqueiras em Königsberg. Ele confirmou que a Sala de Âmbar estivera em exposição. "Sim, eu a vi no verão de 1942. Era evidente que sofrera danos no transporte. Várias peças de âmbar tinham sido roubadas ou perdidas. Até o fôlder mencionava que faltavam peças nas paredes. Ocorreu-me que provavelmente haviam sido furtadas." A vasta e opulenta sala que tínhamos na mente, círios ardendo, paredes resplandecentes, como aparecia na lâmina de vidro que a neta de Kuchumov nos mostrara, já não chegara tal e qual a Königsberg no gélido inverno de 1941. E depois disso, como Kuchumov constatara, três dos quatro mosaicos florentinos haviam sido destruídos, assim como partes dos rodapés de âmbar. Kuchumov registrou que a da Sala de Âmbar pela qual estavam procurando era significativamente menor que aquela instalada no Palácio de Catarina. Mas isso não afetou suas conclusões gerais de que o espaço no Salão dos Cavaleiros, onde os mosaicos de pedra haviam sido encontrados, não era grande o suficiente para acomodar os próprios painéis de âmbar.

Só um homem, Alfred Rohde, sabia a verdade, e ele não podia mais falar por si mesmo. Kuchumov começou a analisar o caráter do curador alemão. Considerou a carta que lhe fora enviada pelo general Küchler, o comandante do Grupo Norte do Exército. Tinha Rohde realmente se empenhado em conseguir a Sala de Âmbar, pedindo a tropas estacionadas junto ao Palácio de Catarina que a levassem para Königsberg? Além disso havia também o livro-texto de Rohde, *Bernstein*, publicado sete anos antes do início da Operação Barba Roxa, e o artigo erudito que escrevera para *Pantheon*, aparentemente celebrando a chegada da sala a Königsberg. Kuchumov escreveu: "Rohde sonhou durante um longo tempo em ter a Sala de Âmbar em sua coleção. Expressou mais de uma vez seu pesar por ela ter deixado a Prússia. A seu ver o rei da Prússia cometera um grande erro dando-a para os bárbaros russos." Pensava consigo mesmo: por que esse homem deixaria seu maior tesouro à mercê de um exército que sitiava a cidade?

Sua conclusão foi: "As circunstâncias descritas nos obrigam a rejeitar a afirmação do Dr. Rohde, tomada como expressão da verdade pelo professor Brusov, no tocante à destruição da Sala de Âmbar no incêndio que destruiu o Salão dos Cavaleiros do castelo." Não, ele estava convencido de que as respostas encontravam-se fora de Königsberg.

Começou a pesquisar os quatro meses anteriores à queda da cidade.

> Em meados de janeiro as conexões ferroviárias entre Königsberg e o resto da Alemanha haviam sido interrompidas. Portanto, se tivessem usado estradas em vez do mar, só poderiam ter levado os enormes e pesados caixotes até algum lugar na Prússia Oriental. Até meados de março a Sala de Âmbar poderia ter sido removida para a Alemanha por via aérea ou marítima, mas essas eram as maneiras mais perigosas possíveis, levando-se em conta a proximidade do *front* e o domínio das nossas forças aéreas.

Kuchumov fez uma lista dos ex-amigos e colegas de Rohde que teria desejado interrogar. Onde estava o Oberbürgermeister Helmut Will? O NKVD informou que ele desaparecera. E o Schlossoberinspektor de Königsberg, Friedrich Henkensiefken? Dizia-se que fugira para a Alemanha. E um certo "Dr. Gert", dado como íntimo de Rohde? Ninguém sabia sequer seu nome completo. E Erich Koch, o Gauleiter da Prússia Oriental? Não havia provas de que alguém o tivesse avistado desde março de 1945. E Jurgen Sprecht, o restaurador e artesão de peças de âmbar? Esse acabou aparecendo. Estivera num campo de detenção soviético, mas foi encontrado enforcado em circunstâncias que ainda estavam sendo investigadas. Era um inquérito criminal. "Corpos, corpos, corpos", escreveu melancolicamente Kuchumov. "Mortos e desaparecidos."

Seria praticamente impossível para os dois encontrar essas testemunhas sem ajuda externa, visto que milhões de alemães, soldados e civis, estavam em fuga — uma massa de migração de metade da população da Europa. Kuchumov escreveu a Moscou pedindo permissão para publicar uma carta em *Vo Slavu Rodini* (Para a Glória da Pátria), uma revista lida por soldados soviéticos no campo. "Ajudem-nos a restaurar os museus de Leningrado", era o título da carta, que exortava "soldados, sargentos e oficiais", a "nos informar por meio dos editores sobre os lugares onde objetos de valor de significação histórica e artística podem ser encontrados, para que venham a ocupar novamente seu lugar em nossos museus".[18]

"Devemos ir para Moscou no dia 10 ou 12 de abril", escreveu Tronchinski à mulher. Ele e Kuchumov fizeram a viagem de trem e, lá chegando, foram fazer outra visita ao professor Brusov, que continuava trabalhando em casa. Conversaram sobre o caos reinante em Königsberg: a comida parca, quase só batata; a depravação dos fascistas. Em seguida Kuchumov começou a sondar o terreno. Estava confuso, disse. Testemunhas afirmavam que a Sala de Âmbar fora removida do castelo em julho ou agosto de 1944, ao passo que Rohde dissera a Brusov que ela fora escondida na ala sul. Kuchumov entregou a Brusov os depoimentos de Feyerabend e Schaumann. O professor os leu em silêncio antes de se defender.

Schaumann entendera mal. Ao mencionar a evacuação das "coleções de âmbar e pintura", Rohde não estava se referindo à Sala de Âmbar, mas à coleção científica de âmbar da Universidade Albertus. Ela era a mais famosa do mundo. Brusov encontrara parte dela, dezenas de milhares de peças, e, a julgar pelo comunicado que enviara a Moscou, vira isso como o coroamento de sua missão. "Afirma ter encontrado quase toda a coleção de âmbar. Diz que catalogou tudo e mandou para Moscou. Tem testemunhas", escreveu Kuchumov. "Nesse caso, por que essa coleção nunca chegou lá?"

Brusov ficou agitado. Por que estava sendo criticado, quando encontrara tanta coisa enquanto estava submetido às mais consternadoras condições? Perguntou a Tronchinski e Kuchumov: Do que o estavam acusando, de furto, de mentira ou de traição? E ainda: Que haviam eles encontrado. Nada, eles responderam, já saindo.

O que escreveram para o SovNarKom em Moscou foi:

> A conclusão é evidente. A Sala de Âmbar foi mantida escondida em segurança num lugar que era sem dúvida do conhecimento de Rohde, e a versão que ele contou [a Brusov], de que a Sala de Âmbar fora destruída no incêndio do Salão dos Cavaleiros, desviou a atenção da comissão Beliaeva/Brusov, que deixou de empreender outras buscas.
>
> O erro do professor Brusov foi acreditar facilmente nas palavras de Rohde, tomando por verdade o que dizia o colega museólogo, esquecendo-se de que estava lidando com um nazista fanático. Como não conhecia a Sala de Âmbar nem detalhes de sua decoração, Brusov não pôde checar a veracidade das palavras de Rohde por meio da escavação da área onde o incêndio ocorrera, para distinguir verdade e ficção. A maneira mais direta e melhor de descobrir onde está a Sala de Âmbar — interrogar o Dr. Alfred Rohde — está perdida para nós, mas resta-nos a possibilidade de colher informações adicionais de ex-funcionários do Museu do Castelo de Königsberg.[19]

Kuchumov apresentou ao SovNarKom uma lista de pessoas que desejava interrogar e solicitou uma permissão especial para fazer uma viagem a Berlim.

5

DEPOIS DO ALMOÇO no restaurante Kolobok, encontramos mais material à nossa espera no Arquivo de Literatura: uma caixa atraente, três vezes maior que a pasta anterior. Ninguém olhou para nós quando arrastamos nossas cadeiras pelo assoalho de parquete, embora a sala de leitura estivesse repleta de homens e mulheres de guarda-pó. Todos pareciam preocupados e, armados com pequenos lápis com borracha na ponta, aplicavam-se fervorosamente a seções de arquivos, como se estivessem apagando episódios inteiros da história.

Abrimos a caixa e examinamos o conteúdo, mas não havia ali nenhuma resposta de Moscou à lista montada por Kuchumov de testemunhas alemãs a interrogar, nem uma reação às críticas que ele fizera a Brusov. Não havia quaisquer instruções ou ordens. Só cartões de felicitações.[1]

Submetemos o cartão de registro dos leitores a minuciosa inspeção. A tinta com que nossos nomes fora escrita estava fresca. Mas, quando examinamos o número do arquivo, vimos que ele não era o que havíamos solicitado. O único sinal de Vitalia Petrovna, a supervisora da sala de leitura, era uma xícara de chá ainda morna e uma trilha de farelos de biscoito pela sua mesa. Saímos e, passando por fotografias de Makarova, Granin e Vokraniv, chegamos à sala da diretora, onde encontramos Alexandra Vasilevna Istomina contemplando pela janela a chuva que caía lá fora.

"Compete a nós avaliar o que é pertinente à sua pesquisa. Concluímos que certos materiais são irrelevantes", declarou-nos Alexandra Vasilevna com um débil sorriso. "Bem, claro que os senhores podem reapresentar seu pedido. Erros às vezes acontecem. Tomam-se decisões equivocadas. Não posso responder por todo o meu pessoal. Estamos terrivelmente sobrecarregados de trabalho." Aprovamos com a cabeça enquanto ela mexia em alguma coisa debaixo da mesa. Uma campainha soou no corredor. Vitalia Petrovna enfiou a cabeça na porta, enxugando a boca, e foi vítima de uma furiosa carraspana em russo.

Alexandra Vasilevna girou de volta para nós sobre as azeitadas rodinhas de sua cadeira: "Normalmente, levam-se dois dias para encontrar um material. O arquivo pelo qual sou responsável é vasto. É preciso localizar uma pasta entre vários milhões." Apontou para o telhado e assentimos, baixando a cabeça, cheios de compreensão. "Mas pagando uma taxa dupla os senhores podem fazer um pedido urgente. Se me lembro bem, um pedido urgente é atendido em apenas 24 horas. É isso mesmo, Vitalia Petrovna? Voltem amanhã. Vou ampliar a vigência dos seus cartões de leitores por mais três horas durante a manhã." Tudo é proibido, mas sempre se dá um jeito. Só nos restava esperar mais uma noite.

Na manhã seguinte encontramos a mesma caixa cheia de cartões de felicitações nos esperando sobre a mesa, e a diretora só deveria comparecer novamente à instituição vários dias depois. Bem, não custava nada ler o que tínhamos.

"Na celebração do seu décimo oitavo aniversário como funcionário de um Museu de Leningrado, de seus amigos e colaboradores." Esse primeiro cartão de felicitações era ilustrado com um desenho de uma cena numa biblioteca: uma fileira de mesas e, sentado à da frente, um pesquisador de óculos, ensanduichado entre duas enormes torres de pastas. Parecia o Salão de Leitura Bolchoi da Biblioteca Nacional da Rússia. O cartão seguinte mostrava o mesmo sujeito metido num terno preto, empurrando um pesado carrinho de mão de madeira repleto de livros, com um chapéu de abas reviradas equilibrando-se no topo. No dorso dos volumes liam-se as palavras: "Arquivos", "Extratos", "Documentos".

"No seu 47º aniversário": um cartão debruado de vermelho de 27 de maio de 1959. Trazia mais um desenho, a tinta, de um gorducho de terno preto a avançar a passos largos pela página; era um *scholar* — com uma mecha de cabelo caindo na testa e pequenos óculos de aros redondos, carregava com dificuldade sob cada braço um volume com a inscrição "*arkivie*". O pano de fundo eram os palácios de Leningrado e em volta do homenzinho caíam pára-quedas multicores que, a um olhar mais atento, revelavam carregar pianos, cadeiras e candelabros — os tesouros dos czares que retornavam. Dentro estava escrito: "A Anatoli Mikhailovitch dos seus camaradas agradecidos dos palácios Pavlovsk e de Catarina."

1962: "Por ocasião de seu 50º aniversário, 27 de maio". Um cartão lilás com borda dourada. Dentro, uma aquarela de uma figura metida numa toga azul, conduzindo uma biga e acompanhado por uma falange de donzelas de túnicas lilases. Sobre os troncos das figuras estavam coladas pequenas fotografias de rostos. O condutor da biga era Anatoli Kuchumov; suas sílfides eram curadoras dos palácios de Leningrado — havia vários rostos que nos lembrávamos de ter visto na Casa dos Cientistas.

Naquele mesmo ano Kuchumov comemorara também seu trigésimo ano de trabalho como funcionário de museu em Leningrado, e as felicitações eram mais formais: "Dos funcionários do Departamento de Arte da Europa Ocidental do Museu Estatal Hermitage; sinceras congratulações. Com nossa admiração por seu grande conhecimento e patriotismo soviético, seu gosto apurado e sua agudeza de visão, que são tão importantes." Oito membros do pessoal do Palácio de Alexandre também haviam enviado saudações. "Muitos foram mortos e dispersados pela guerra. Nós, porém, permanecemos todos vinculados pelo passado ao Palácio de Alexandre, de que você foi outrora diretor. Muito obrigado, Anatoli Mikhailovitch."

O maço tinha vários centímetros de altura e levamos a manhã inteira para chegar ao fundo da caixa. Um cartão nos chamou a atenção. Era de Kaliningrado, o nome soviético dado à cidade de Königsberg em 1947, após a morte de Mikhail Kalinin, o presidente do Presídio do Soviete Supremo. Enviado em 27 de outubro de 1975, o cartão era decorado com um buquê de íris azuis e trazia a dedicatória; "Caro Anatoli Mikhailovitch, aceite nossas congratulações pela honrosa distinção que recebeu. Desejamos que tenha muita saúde, criatividade e sucesso e o convidamos a ser nosso hóspede." Assinavam "membros da Expedição, presidente Storozhenko." Uma expedição a Königsberg. Talvez tivesse tido ligação com a Sala de Âmbar. Anotamos o nome do presidente, Storozhenko.

Seguia-se uma dedicatória escrita por Valeria Bilanina, a vice-diretora do Palácio Pavlovsk, em 27 de novembro de 1977.

> Ora, meu irmão, então está de cama?
> Você nos deixou em apuros e agora o ano está quase terminado.
> Mal posso levar minha carga sozinha.
> Quando isto tudo terminar, estaremos todos prostrados em fila.
> Kuchumov, Kuchumov, Kuchumov!
> Preste atenção, você precisa ter mais coragem e, em vez de remédios, encher-se de boa saúde e voltar para junto de nós.
> Por entre lágrimas, Valeria Bilanina.

O último item da caixa era um presente de Albina Vasiliava, especialista em porcelana do Pavlovsk, sem dúvida a mesma Bolchoi Albina que fizera a palestra na Casa dos Cientistas: uma flâmula de seda pintada à mão.

Aplausos, caricaturas, lágrimas e uma flâmula. Nada disso podia nos ajudar a descobrir que rumo tomara a investigação sobre a Sala de Âmbar conduzida por Anatoli Kuchumov. Ficamos a nos perguntar se algum dos colegas de Kuchumov, que tanto gostavam dele, tinham conhecimento da sua outra vida, das suas investigações secretas sobre a Sala de Âmbar que havíamos apenas começado a descobrir naqueles papéis que o Arquivo de Literatura mantivera trancados por tantos anos. As ordens do SovNarKom. As furtivas viagens de trabalho em *komandirovat* a Moscou e Königsberg. Um pedido feito às mais altas autoridades soviéticas para ir ao encalço de suspeitos em Berlim. A crescente obsessão de Kuchumov pela Sala de Âmbar.

Nossa Amiga Professora disse que falaria com a diretora do arquivo sobre a pasta de Kuchumov que havíamos realmente solicitado, mas nesse meio-tempo entramos em contato com Bolchoi Albina e lhe contamos que havíamos encontrado sua flâmula de seda. Esperávamos que sua curiosidade levasse a melhor sobre a timidez.

Bolchoi Albina riu ao telefone e concordou em se encontrar conosco. Duas semanas depois sentamo-nos com ela à mesa de um restaurante nos novos subúrbios. Aquecida por um rubro vinho georgiano, falou com um papagaio.

"Todos nós adorávamos Anatoli Mikhailovitch. Lembro-me de ter pintado a flâmula para seu aniversário. É embaraçoso que tenha ido parar num arquivo", disse, enfiando de volta no coque uma mecha de cabelo que se desprendera. "Ele inflamava todos nós com seu entusiasmo. Dizia que nunca desistiria de procurar peças russas roubadas pelos fascistas." Tomou outro gole de vinho. "Eu já ouvira falar muito sobre ele, antes de começar a trabalhar. Imaginava que era alto e bonitão, mas na verdade era mais para baixo, de pescoço grosso, como uma rã. Bem feioso."

Bolchoi Albina tirou algumas fotografias do bolso de sua saia de *tweed*. "Anatoli Mikhailovitch era um homem de origem humilde. Não se comportava como um diretor. Tinha só um terno e todos nós costumávamos escová-lo quando funcionários graduados iam chegar." Na primeira foto viam-se duas jovens com vestidos do tempo do império, uma delas sentada de pernas cruzadas, saltos agulha aparecendo sob uma longa anágua de renda. "Sou eu", disse. "Com um vestido de Maria Fedorovna, a mulher de Alexandre III." Em outra foto, um curador estava sentado num trono com a coroa de ouro de Paulo I.

Entre os colegas que o cercavam, rindo, estava a figura familiar de Kuchumov. Albina explicou: "Chamávamos isso de *capusnik*. Significa picar repolho para o inverno, mas acabou significando uma festa do pessoal. Para deixar as inibições de lado, aliviar a tensão."

Tentamos levar a conversa de volta para a pessoa de Kuchumov. Ele falava sobre a Sala de Âmbar?

"Não em público. Viajava em *komandirovat*, certamente. Dizia que viajava para participar de conferências. Sobre restauração. Ou que estava de férias, e nos deixava desnorteados por uma ou duas semanas."

Dissemos que todos os formulários de *komandirovat* que víramos até então sugeriam que, quando Kuchumov dizia que estava saindo de férias ou viajando a trabalho, na verdade estava tratando da questão da Sala de Âmbar.

Albina deu de ombros. "Quando voltava, ele só queria saber o que andáramos fazendo. Tinha amigos importantes, em altos postos na cúpula do partido. Nós éramos gente sem importância. Foi um tempo difícil. Talvez o mais difícil. Ele nos unia. Acho que vocês não fazem idéia de tudo o que sofremos durante a guerra."

Alisou as pregas da saia.

"Em 2 de outubro de 1941, soldados alemães que transportavam uma caravana de escravos me levaram à força de minha aldeia perto de Smolensk. Eu tinha só cinco anos. Despiram-nos, desinfetaram-nos e nos enfiaram em furgões." Suas faces estavam afogueadas. "Fomos mandados para a Polônia", disse, evocando uma viagem de horror para um lugar desconhecido. "O comboio foi bombardeado por aviões soviéticos o tempo todo. As crianças são tão ingênuas. Tentávamos nos esconder nas crateras, como se uma bomba não pudesse cair duas vezes no mesmo lugar. Um agricultor alemão nos comprou."

"Quando fomos libertados, o Exército Vermelho chegou para nos escoltar de volta. Nossos bravos soldados. Viajávamos a pé ou em carroças puxadas por cavalos pesados. A estrada era larga, coberta com uma camada grossa de lama. Passamos por uma cidade alemã. Acho que era Königsberg. De repente estávamos em Smolensk, e minha mãe disse: 'Esta é a sua cidade', mas eu não via cidade nenhuma. Apesar disso ficamos radiantes. Por fim chegamos à aldeia e vi que ela também tinha desaparecido. Mesmo assim, pusemo-nos de quatro no chão e começamos a escavar na lama, a fazer buracos, orgulhosos da pátria, felizes. Cobertas com folhas-de-flandres e madeira, essas covas se tornaram nossos lares temporários. Foi então que a NKVD chegou."

Depois da guerra, não havia na União Soviética lugar para ninguém que tivesse sido exposto a uma ideologia estrangeira e fosse portanto capaz de perturbar o programa. Na altura do verão de 1945, Stalin havia arrebanhado os cidadãos soviéticos que tinham sido prisioneiros de guerra na Alemanha: 126 mil pessoas, como aquelas da aldeia de Albina, que foram então condenadas como "capituladoras".[2]

Bolchoi Albina continuou: "Quando estávamos felizes da vida, vivendo bem no fundo do solo soviético, nossos amigos e vizinhos começaram a desaparecer. 'Não contem que foram capturados', dizia-se à boca pequena. 'Nunca deixem a NKVD saber que vocês foram prisioneiros dos alemães.'"

Apesar dos expurgos, no fim da guerra a vasta maioria dos cidadãos soviéticos estava profundamente imbuída de patriotismo, e esse nacionalismo se tornaria um instrumento valioso. Em 1946, Andrei Zhdanov, chefe do Partido Comunista de Leningrado, propôs um novo lema ao Comitê Central do Partido Comunista da União Soviética (CPSU): "Abaixo o servilismo perante o Ocidente".[3] A emancipação significava recuperar tudo que fosse soviético. A vitória sobre os hitleristas foi transformada na Grande Guerra Patriótica e as perdas e a capacidade de resistência dos soviéticos foram postas em primeiro plano: a batalha de Stalingrado, os novecentos dias de cerco, a profanação e a reconstrução dos palácios de Leningrado. Tudo que era russo devia ser encontrado, trazido de volta, reconstruído e celebrado. Cada preciosidade pilhada tinha de ser encontrada e devolvida a seu legítimo lugar. Para que o mundo fosse devidamente informado sobre essas perdas e triunfos soviéticos, Zhdanov fundou em 1947 a Agência Comunista de Informação (Cominform).

A caminho do metrô, Bolchoi Albina deu um braço a cada um de nós, enquanto tentávamos nos desviar dos *marshritkis* que passavam voando. "Foi quando comecei a trabalhar nos palácios que aprendi a me orgulhar do meu país. Anatoli Mikhailovitch, com sua busca incessante de tesouros saqueados, contribuiu para isso."

Nossa Amiga Professora nos telefonou. O Arquivo de Literatura encontrara a pasta perdida de Anatoli Kuchumov que havíamos solicitado várias semanas antes; estávamos autorizados a ir ler o material, por especial favor da diretora. Ao abri-la, na manhã seguinte, encontramos um texto intitulado "Documento em defesa do caráter de Mikriukov". Tinha um carimbo do dia 31 de outubro de 1945 e fora compilado pelos colegas de Ivan Mikriukov, diretor do Pavlovsk, que fora preso sob suspeita de ser "antipolítico".[4]

Declarava-se, em sua defesa, que ele chefiara o empacotamento das peças de arte do Palácio Pavlovsk no final do verão de 1941, depois que os primeiros carregamentos haviam partido com Kuchumov para Novosibirsk. Como Kuchumov, Mikriukov havia "improvisado enchimentos e caixotes, aproveitando cortinas e roupa branca para estofar sacas feitas de lençóis velhos e tapetes costurados, salvando assim 42 mil peças com valor estimado de um bilhão e meio de rublos". Como podia Mikriukov não ser um patriota? Muitos haviam posto sua liberdade em risco assinando aquele documento, mas no verso estava estampado o veredicto: ele tentara embalar as peças "cedo demais", era um derrotista. A sentença fora: "enviado em *komandirovat* para o Cazaquistão". Embora o fraseado oficial sugerisse uma viagem a trabalho ao Estado da Ásia Central, Mikriukov nunca mais voltara.

Surpreendentemente, o nome de Kuchumov não constava dessa petição para salvar Mikriukov, e no entanto ele guardara o documento por muitas décadas.

Menos de seis meses após a entrega daquele documento às autoridades de Leningrado, Kuchumov estava a caminho de Königsberg, à procura da Sala de Âmbar. Naquela longa viagem de trem, portanto, ele devia estar preocupado não só com as cartas que Alfred Rohde tentara queimar (e que lhe haviam sido entregues pelo professor Brusov) mas também com o destino de seu colega e amigo do Palácio Pavlovsk, cujo comportamento fora condenado como antipatriótico.

O segundo documento na pasta era um telegrama datado de outubro de 1947. Tratava-se de um outro *komandirovat*, uma suposta viagem de trabalho, desta vez para Moscou. Novamente, Kuchumov deveria dizer aos colegas que estava apenas saindo de férias. Em Moscou, ele se apresentou ao Comitê para Instituições Culturais, órgão sob o império de Zhdanov, e recebeu instruções do presidente do comitê, camarada T. M. Zuyeva.[5]

O documento seguinte era um relato desse encontro, escrito por Kuchumov com tinta roxa sobre papel quadriculado. O presidente

Zuyeva apresentara Kuchumov ao camarada Georgi Antipin do Museu Histórico do Estado, homem vinculado a uma "unidade especial do Departamento Militar", e ao camarada David Marchukov, representante do Comitê para Instituições Culturais. Kuchumov registrou que Antipin era um sujeito tenso, ensimesmado. Após receberem passaportes especiais e autorizações para viajar, os três foram conduzidos à pista de pouso militar de Sheremetievo e embarcaram num DC3 rumo a Kaliningrado.[6] Ao que parecia, Kuchumov estava sendo novamente enviado para reinvestigar o caso da Sala de Âmbar.

Toda a região estava sob a mais rigorosa segurança. No aeroporto de Kaliningrado, os guardas de fronteira inspecionaram os papéis e a bagagem dos três homens. Segundo as anotações de Kuchumov, ele ficou detido por quatro horas pelo pessoal da segurança. Levava na mala quinhentas fotografias dos palácios de Leningrado tiradas antes da guerra e foi tomado por um espião. Foi Marchukov quem finalmente convenceu os guardas de que Kuchumov estava ali numa missão secreta. Só então o DC3 levantou vôo novamente, com destino ao aeroporto Tempelhof. A meta final da missão não era Kaliningrado, mas Berlim.

Kuchumov registrou que suas escavações nessa cidade foram feitas "não muito longe do quartel-general da Gestapo", na Prince Albrecht Strasse, e que ele, Antipin e Marchukov haviam "perambulado pelas ruas, ávidos por ver como era realmente aquela capital do terror, a cidade que gerara o Terceiro Reich". Kuchumov lera no *Pravda* que o Quinto Exército de Choque soviético fora o primeiro a chegar à cidade, e que na manhã de 25 de abril de 1945, quando as tropas americanas haviam se encontrado com as soviéticas às margens do rio Elba, o laço se apertara e Berlim se rendera. Os russos haviam conseguido avançar até o Portal de Brandemburgo, abrindo caminho casa a casa, usando tanques T-H e foguetes katiusha, com um poder de fogo devastador para uma batalha em contato tão direto com o inimigo. As filas de casas bombardeadas lembraram a Kuchumov "caveiras com órbitas vazias".[7]

Quando a casa da moeda do Banco Nacional da Prússia caiu, em abril de 1945, fuzileiros soviéticos haviam arrombado seus cofres e encontrado, além de montes de dinheiro, antiguidades preciosíssimas da Assíria e da Pérsia, outrora exibidas no Museu Pergamon da cidade. Em 27 de abril de 1945, o Oitavo Exército da Guarda chegara ao Jardim Zoológico, nos subúrbios oeste da cidade, onde pusera abaixo a Zoo Flakturm, uma enorme torre de defesa antiaérea com grossas portinholas de aço, dentro da qual três mil civis se agachavam ao lado de pinturas e outros objetos de arte (entre os quais jóias de ouro encontradas numa escavação na Anatólia e que teriam pertencido a Helena de Tróia).[8]

Bombardeios aéreos dos aliados durante os três primeiros meses de 1945 haviam derrubado grande parte do centro histórico prussiano de Berlim, e em 1947 Kuchumov estava ansioso por ver o que restara do Museu Insel, numa ilhota do rio Spree, em que antes eram abrigados tesouros inestimáveis escavados por arqueólogos alemães na Turquia nas décadas de 1860 e 1870. Lá deveria estar o legendário altar de Zeus trazido de Pérgamo, com seu friso delicadamente esculpido. Mas Kuchumov não encontrou nada. Um soldado britânico que esteve lá na mesma época descreveu "um cenário de devastação, atravancado de entulho, com os magníficos monumentos de Mchatta e Mileto despontando como fantasmas dentre as ruínas, mais impressionantes que todas as que haviam visto antes em sua história de dois ou três mil anos".[9]

Diante do Reichstag, onde tropas alemãs haviam se perfilado pela última vez no dia 3 de abril de 1945, Kuchumov pegou um fragmento carbonizado de entulho e não pôde deixar de sorrir: "Quem resistiria a um pequeno *souvenir* desta cidade reduzida a estilhaços?"

Kuchumov visitou todos os quatro setores de Berlim: americano, britânico, francês e soviético. Quando o corpulento curador, ainda metido no seu terno preto não mais tão novo, testemunhou no Tiergarten, sob controle britânico, o difuso espetáculo secundário protagonizado por prostitutas e camelôs, vigaristas e receptadores, a maior parte usando os mais variados uniformes militares, foi tomado por um sentimento de nojo. "Basta-me sentir o cheiro da podridão da burguesia, é tão alheio ao coração e à alma de todo russo", escreveu. Com certeza esse comentário fora escrito para qualquer dos encarregados de implementar a nova campanha do camarada Zhdanov, que examinasse (acidentalmente) aquele diário.

Exausto, Kuchumov pegou uma carona para Berlim-Karlshorst, enfrentando o tráfego cáqui de jipes e caminhões rumo ao local em que a Administração Militar Soviética estava instalada. "Era o único lugar em que parecia haver algum tipo de ordem", escreveu. Lendo-se o relato de Kuchumov tinha-se a impressão de que ele só andava na companhia de soviéticos, fugindo à contaminação pelo Ocidente. No dia seguinte ele se mudou para o distrito de Berlim-Karlshorst e foi imediatamente chamado para uma reunião. Foi a primeira vez que viu o general.

O general Leonid Ivanovitch Zorin, chefe do Departamento de Reparações e Suprimentos, supervisionava a procura e a devolução de obras de arte pilhadas pelos nazistas. Era auxiliado por uma pequena equipe de especialistas soviéticos, entre os quais alguém que Kuchumov talvez conhecesse de vista, a camarada Xenia Agarfornova, curadora do Hermitage, em Leningrado.

Kuchumov recebeu instruções do general. O relatório que enviara de Königsberg fora muito bem recebido. Os indícios de que a Sala de Âmbar sobrevivera à queda da cidade e poderia estar escondida em outro lugar eram convincentes. O Comitê de Artes do Conselho de Ministros da URSS recebera uma chuva de respostas ao pedido de ajuda que Kuchumov mandara publicar na *Vo Slavu Rodini*. Ele deveria, portanto, levar adiante sua investigação sobre a Sala de Âmbar em regime de urgência. Além de ir ao encalço de testemunhas, porém, deveria vasculhar um vasto depósito de obras de arte soviéticas pilhadas que haviam sido reunidas pelos americanos no fim da guerra. Kuchumov lembrou ao general que seu *komandirovat* era para um mês apenas, pois havia necessidade dele nos Depósitos Centrais em Leningrado, que continuava recebendo um fluxo constante de obras de arte. O general respondeu que um mês provavelmente bastaria para a procura da Sala de Âmbar.

"Fui levado até as margens do Spree pelo general", escreveu Kuchumov. "No cais leste havia um prédio comprido e cinzento de pedra escura, com no mínimo quinhentos metros." O gigantesco imóvel à margem do rio era o depósito conhecido como Derutra. A Deutsch-Russische-TransportAktiengesellschaft (Associação Germano-Russa de Armazenamento e Transporte) fora fundada na década de 1920. O general, Kuchumov e o camarada Antipin destrancaram as enormes portas de aço. "Acreditem-me, não conseguimos crer no que estávamos vendo", escreveu Kuchumov.

As anotações seguintes haviam sido feitas numa data posterior. Kuchumov registrou as primeiras impressões que o camarada Antipin tivera do depósito.

> Enormes pilhas de pinturas emolduradas e telas enroladas. Consegue imaginar isso? Ícones, esculturas em madeira e mármore, manuscritos e livros, cerâmica, tapeçarias e tapetes, cristais, porcelana, desenhos e armas antigas, centenas e centenas de milhares de peças dos museus de Kiev, Minsk, Pskov, Novgorod, Kirch, Pavlovsk e Puchkin. Era estonteante. Estonteante.[10]

O prédio estava repleto de coleções soviéticas desmembradas que haviam sido roubadas pelos nazistas e escondidas por todo o Terceiro Reich. Disseram a Kuchumov que a maioria daquelas peças fora encontrada por soldados americanos; elas haviam sido acumuladas em Munique e Wiesbaden ao longo dos últimos 24 meses e de lá transferidas para Berlim. Mas havia um problema. Muitas daquelas obras de arte haviam sido furtadas da União Soviética por unidades móveis da ERR de Alfred Rosenberg, o esquadrão de furto de obras de arte do Terceiro Reich, cujo conhecimento da "cultura dos impérios russo e soviético" era precário. Os inventários soviéticos originais haviam sido destruídos e substituídos por fichas alemãs inexatas. Os americanos haviam se baseado nessas fichas para determinar a proveniência dos objetos roubados. Kuchumov escreveu: "Foi preciso também abrir os caixotes. Muitas peças que deveriam conter estavam faltando." A tarefa de associar item por item às instituições originais era hercúlea. Mas não tanto quanto a de abrir caixa por caixa em busca de vestígios da Sala de Âmbar. Kuchumov disse ao general que precisaria de uma equipe e também de transporte. Um caminhão e um jipe foram postos à sua disposição. E precisaria de tempo.

Contratou cem operários alemães na bolsa de emprego. Cada caixote foi aberto e novamente lacrado sob os olhos de um funcionário soviético. Kuchumov estava tão ansioso por trabalhar de maneira rápida e abrangente que aliciou todas as pessoas fisicamente aptas que conseguiu, até seu caseiro alemão, "Paul", a quem mandou examinar um anexo do Derutra.

Quase imediatamente, "Paul" voltou correndo com notícias. Dentro do prédio anexo, um antigo armazém de grãos, ele vira lâminas sobre suportes de madeira aparecendo por trás de um encerado. Como Kuchumov lhe dissera que os painéis da Sala de Âmbar eram montados sobre tábuas, estava certo de tê-la encontrado.

Kuchumov escreveu: "Fomos esgaravatando parte do invólucro com as mãos. Mas o que encontramos foi o assoalho de parquete, marchetado com madrepérola australiana e madeiras de lei raras, rosa e amaranto, que forrara outrora o Salão dos Leões do Palácio de Catarina." Aquele podia não ser o tesouro que procurava, mas ensinou alguma coisa a Kuchumov. O Salão dos Leões havia sido desmontado pelos nazistas, que depois haviam espalhado partes dele por toda a Europa: uma cornija de estuque fora abandonada num campo nos arredores de Puchkin, as fechaduras de bronze e uma porta haviam aparecido em Königsberg, e ali estava, em Berlim, o próprio assoalho. Kuchumov anotou em seu diário que o destino do Salão dos Leões demonstrava um procedimento nazista que talvez se aplicasse também à Sala de Âmbar — ela poderia ter sido furtada, embalada e depois espalhada por toda parte.

Os alemães que trabalhavam no depósito Derutra examinaram dezenas de milhares de caixotes à luz bruxuleante de lâmpadas de parafina, ajoelhados sobre objetos de arte até altas horas da noite. Kuchumov escreveu: "Eles levavam comida e garrafas térmicas para não precisar interromper o trabalho. Trabalhavam com diligência e profissionalismo. Eram minuciosos e incansáveis. Nossas relações eram cordiais."

Apesar de descrever em tantos detalhes seu trabalho do depósito de Derutra, Kuchumov não comentava o fato de nunca ter tido tempo para sair de Berlim, para viajar até os castelos da Saxônia para onde Alfred Rohde planejara remover a Sala de Âmbar.

O cansaço de Kuchumov era palpável. Seu modo de escrever começou a se deteriorar. As anotações tornaram-se ofegantes. O general obrigou-o a descansar por alguns dias. Kuchumov ouviu uma execução de *Gotterdammerung* (o apocalíptico *Crepúsculo dos deuses*), de Wagner, mas pareceu-lhe que soava como o incêndio de Leningrado. Só se sentiu revitalizado quando encontrou um cinema dirigido por russos que estava exibindo *O encouraçado Potemkin*.

Chegou novembro, seu tempo estava encerrado. Kuchumov foi despachado para Leningrado com 2.500 caixotes carregados em 11 vagões de trem. Seis outros vagões partiram para Kiev e outros quatro para Minsk. Ele escreveu: "Um vagão plano especial foi também usado na procissão que rumou de volta para a Rússia, e sobre ele as enormes estátuas de bronze de Hércules e Flora, serradas de seus pódios perto da Galeria Cameron no Palácio de Catarina." As estátuas haviam sido encontradas numa fundição em Dresden, quase irreconhecíveis — haviam feito todo o caminho, desde a Rússia, arrastadas por tanques alemães. "Podem ser reparadas. Disso não resta dúvida."[11]

Ao deixar a capital caída, Kuchumov escreveu: "Ali estava o sangue da vida fluindo de volta para nossas cidades." Mas certamente ele tinha consciência do que estava deixando para trás: as linhas de investigação inexploradas que haviam surgido em Königsberg na primavera de 1945. Não encontrara em Berlim um único vestígio da Sala de Âmbar.

A União Soviética a que Kuchumov retornou logo se transformaria num lamaçal. Em 31 de agosto de 1948, Zhdanov, o protegido de Stalin, morreu de repente, o que deu início a uma luta feroz de três frentes entre Georgi Malenkov, vice-primeiro-ministro, Lavrenti Beria, ministro dos Assuntos Internos, e Viktor Abakumov, ministro da Segurança do Estado e antigo chefe do SMERSH. A instabilidade corroeu também o *establishment* cultural.

Os copiões da segunda parte de *Ivã, o Terrível*, de Serguei Eisenstein (o czar era o modelo de Stalin), foram incriminados e sua nova obra proibida. Shostakovitch foi impedido de ensinar nos conservatórios de Leningrado e Moscou. Prokofiev, que abandonara espontaneamente sua vida nos Estados Unidos e retornara à Rússia, refugiou-se em sua *dacha*, destruindo tudo que adquirira no exterior. Polina Molotov, a judia viúva do ministro das Relações Exteriores de Stalin, foi acusada de ser uma conspiradora sionista que pretendia estabelecer a "Califórnia na Criméia". Seu marido a deixou por ordem de Stalin e no ano seguinte, sob o nome Objeto Nº 12, ela foi deportada para o *oblast** de Kustanai, no norte do Cazaquistão.[12]

O mais leve indício de deslealdade podia acabar com a carreira de uma pessoa. Em 1946 os escritores Mikhail Zoshchenko e Ana Akhmatova, residentes em Leningrado, foram expulsos do Sindicato dos Escritores. Mais tarde os manuscritos e cartas de Zoshchenko foram jogados numa caçamba de lixo por operários que limpavam seu apartamento.[13]

Celebrava-se tudo que era considerado quintessencialmente russo, e Kuchumov, embora não tivesse tido muito tempo para procurar a Sala de Âmbar em Berlim, não podia desistir de sua busca naquele momento. O último papel na pasta que tínhamos diante de nós revelava que o curador usou seus contatos no Exército Vermelho para reanimar a busca do tesouro. Era uma carta enviada a ele por um tal Simeon Pavlovitch Kazakhov. Dizia:

> Antes de minha visita a Zorin, não tinham ouvido falar do senhor. Mas deram-me atenção e agora o negócio começou. Amanhã falarei com o comandante geral levando um relatório e inevitavelmente eles enviarão o doutor a Kaliningrado com mais alguém para investigar esse lugar, porque ou ele realmente se esqueceu ou está fingindo que não consegue se lembrar.
>
> Que destino aguarda a Sala de Âmbar é algo que simplesmente ignoro. Esperemos pelas resoluções do Senhor Deus, não o que está no céu, mas o que vive na terra. Estou certo de que haverá bons resultados neste caso. Estou ansioso por voltar à minha terra natal. Este é meu único desejo. Aperto-lhe as mãos solidariamente, camarada Kazakhov.

*Divisão territorial administrativa numa república integrante da União Soviética. (*N. da T.*)

O pequeno envelope azul tinha o carimbo postal "19 outubro 1949, Polônia, Dept. Postal Nº 40223" e o papel era o que o Exército Vermelho fornecia a seus soldados em campo. Não se vê o carimbo de um censor militar, o que confirmaria que a carta veio de um acampamento militar. E há um pós-escrito: "Não envie cartas para cá. Remeta-as para Leningrado."[14]

Ficava claro que Kuchumov estava mantendo uma correspondência com o soldado Kazakhov com relação à Sala de Âmbar. Para nossa frustração, porém, não havia nenhuma outra referência a ele no fichário do Arquivo de Literatura. Não tínhamos a menor idéia de quem era "o doutor" nem do "lugar" de Kaliningrado a que estavam se referindo. O que o "doutor" afirmava saber, fosse o que fosse, era obviamente relacionado à Sala de Âmbar e era de tal importância que providências especiais estavam sendo tomadas para enviá-lo à cidade báltica. Nossa tradutora observou que, em 1949, a expressão "Senhor Deus na terra" era infalivelmente uma alusão aos serviços secretos soviéticos ou ao próprio Stalin. O Kremlin estava estreitamente vinculado a todo aquele empreendimento.

Fizemos uma cópia da carta.

Alexandra Vasilevna, a diretora do Arquivo de Literatura, avisou-nos que pretendia realizar uma importante inspeção dos papéis de Anatoli Kuchumov, que por isso não voltariam a estar à disposição dos leitores por pelo menos seis meses. Não poderíamos nos dar ao luxo de ficar plantados ali em São Petersburgo sem fazer nada, esperando. Era preciso encontrar uma outra rota. Tínhamos de descobrir pessoas que tivessem convivido com Kuchumov em 1949, ou pelo menos alguém em que ele confiasse. Mas os homens e mulheres que ele empregava como curadores iniciantes, como Bolchoi Albina, não tinham acesso a seu mundo privado. Tínhamos de encontrar alguém de posição igual à sua ou superior. Lembramo-nos dos afetuosos cartões que ele recebera, em particular de um que continha a pergunta: "Ora, meu irmão, então você está de cama?", escrito por Valeria Bilanina, vice-diretora do Palácio Pavlovsk e assistente de Kuchumov. Telefonamos para Nossa Amiga Professora e deixamos uma mensagem.

Ela nos ligou de volta mais tarde naquela noite: "Valeria Bilanina está viva! Mas é uma reclusa." Nada era simples na nossa vida russa. "Ela não está bem de saúde, e logo será hospitalizada para sofrer uma cirurgia. Nunca deixou ninguém entrar em seu apartamento, mas talvez vocês consigam tomar um chá com ela em Tsarskoie Selo."

A curiosidade venceu Valeria Bilanina. Concordou em nos encontrar em um ponto de ônibus numa pequena alameda que atravessa Tsarskoie Selo. Quando chegamos numa *marshrutki* lotada, o sol estava brilhando mas ela não apareceu. Telefonamos e ela atendeu imediatamente, como se estivesse esperando ao lado do telefone. "Está quente demais para praticar *détente* ao ar livre. É melhor virem ao meu apartamento."

Subimos ao segundo andar de um prédio de tijolos vermelhos do pós-guerra. "Entrem. Bem devagar." Valeria Bilanina dispara, empurrando-nos e puxando-nos pelo seu pequeno vestíbulo. "Não. Destruam. Desfigurem. Amassem. Nada. Sentem-se. Fiquem de pé. Tanto faz."

A primeira coisa que nos impressionou em seu apartamento é que era tão abarrotado que ninguém podia se sentar nem ficar de pé ali. Torres de caixas enchiam o espaço todo. Perguntamos se já conhecia Kuchumov em 1949.

"Claro que não", respondeu Valeria Bilanina, bufando, enquanto abria uma porta e se enfiava numa cozinha que emanava um cheiro de manteiga queimada. Na parede via-se seu retrato de formatura, de cinqüenta anos antes, e nele ela era esbelta, compenetrada e bonita. De ambos os lados da fotografia estavam pendurados desenhos de leões de Landseer.

Dez minutos depois Valeria Bilanina reapareceu para limpar a mesa da sala de estar. Sobre o consolo da lareira, junto com uma coleção de bules de chá quebrados, via-se um busto de Catarina, a Grande. Jarros exibiam flores de vidro, cercadas por uma floresta de rosas de fita de cetim, de todos os embrulhos de presente que ela recebera na vida. O prédio em que morava fora construído para os funcionários de Puchkin em comemoração do centenário do nascimento de Lenin; Valeria Bilanina mudara-se para lá em 1970. Antes, dividia um quarto no Depósito Central do Palácio de Catarina. "Até hoje estou esperando que inaugurem a placa comemorativa", diz ela, entre brincalhona e séria. Agora, tendo se aposentado do Pavlovsk, Valeria Bilanina era a curadora da *memorabilia* de toda a sua longa vida, guardada naquele pequeno apartamento. "Meu *arkhiv*. Cada uma delas" — acenou para as pilhas de caixas de papelão — "tem um tema diferente. Esta, por exemplo." Puxou de uma caixa um punhado de fichas amareladas. "São os inventários da evacuação de 1812; perfazem 12 livros." Ficamos nos perguntando por que aquelas coisas não estavam num museu. "E essa pintura" — olhamos para a parede — "foi um presente de Anatoli Kuchumov. É de Ivan Bilibin. Ele a encontrou debaixo de uma sebe. 'Fique com ela', me disse, 'como lembrança.'" Obviamente nem tudo que fora reencontrado depois da guerra fora para os Depósitos Centrais. "Esta aquarela da imperatriz Ana Ivanovna foi mais um presente de Kuchumov."

Valeria Bilanina serviu travessas de ovos cozidos, meadas de salsichas carnudas e uma fumegante panela de *kasha*, trigo-sarraceno cozido. Falava sem parar, mesmo enquanto comia. Perguntamos como poderia nos ajudar se ainda não conhecia Kuchumov em 1949. Valeria Bilanina pareceu perturbada. Gotas de suor brilharam em seu semblante abatido como borbulhas numa tigela de borche. Seu corpo avantajado tremeu e crispou-se; quase lhe demos um copo d'água. "Consegui meu emprego no dia em deixei a Universidade de Leningrado em 1952. Mas conheci Kuchumov melhor do que ninguém. Quando o vi pela primeira vez, ainda estava usando o terno que a comissão em Moscou lhe dera em 1946. Contou que ficara extremamente embaraçado ao perceber que ele e Tronchinsky haviam recebido roupas idênticas: gravata, sapatos, camisa."

Insistimos: ela sabia o que Kuchumov estava fazendo em 1949? Bilanina pulou da cadeira e começou a remexer em caixas. Por fim, tirou quatro cartas de um maço. "Kuchumov recebeu muitas cartas deste homem, um alemão. Ele tinha ligação com o que aconteceu em 1949." Parecia triunfante. "Havia coisas que não devíamos saber, e Kuchumov era um mestre em guardar segredos, mas na velhice foi ficando descuidado."

Pôs nas nossas mãos quatro envelopes pontilhados de manchinhas de gordura. "Como podem vocês, *Angliski*, compreender? Nem Kuchumov compreendia tudo. Eu sei, escrevi o obituário dele." Estava tremendo de novo. "Estão vendo agora com que tipo de mulher estão lidando? Toda esta contrariedade um dia antes de eu entrar na faca!"

Quatro envelopes vazios estavam dispostos sobre a mesa de pinho de nosso apartamento na Sovetskaia 7. Tinham o carimbo postal da ex-República Democrática Alemã (RDA) e estavam endereçados a "Pawlowsk, Museu Schloss de Leningrado, A. Kugumow". Todos tinham data posterior a 1949, o que nos deixou matutando: teria Valeria Bilanina entendido mal nossas perguntas? Um era de 3 de janeiro de 1951, outro de 1° de janeiro de 1970, o terceiro de 4 de janeiro de 1973 e o último de 25 de dezembro de 1976. Muito possivelmente continham votos de Feliz Ano-Novo. Todos exibiam o carimbo do censor soviético.

Reparamos, porém, que o envelope datado de 4 de janeiro de 1973 era ligeiramente mais gordo que os outros. Segurando-o contra a luz, vimos uma sombra opaca e alongada através do envelope, como um tumor num raio X. Quando cortamos o forro do envelope com uma gilete, um pedaço de seda caiu. Abrimos o frágil quadrado. Era uma carta em alemão escrita a lápis e muito de leve, para que não se pudesse perceber nenhuma reentrância passando-se a mão sobre o envelope.

O estilo era formal e antiquado. O autor da carta tinha tanto a dizer que, depois de encher o papel, suas palavras iam subindo por uma margem da página, na vertical.

> Caro Sr. Kugumow, passou-se um longo tempo, pelo que me lembro quase 24 anos, desde que trabalhamos juntos sobre o mistério da Sala de Âmbar. Receba minhas sinceras congratulações pelo Ano-Novo, desejo-lhe um ano de trabalho pleno de realizações. O senhor provavelmente não se lembrará de mim após tanto tempo. Em 3 de outubro de 1970 visitei Leningrado numa excursão em grupo. Teria gostado muito de encontrá-lo novamente, mas não consegui me lembrar corretamente do seu sobrenome e ninguém pôde me ajudar quando perguntei sobre o grande historiador da arte que fazia investigações sobre a Sala de Âmbar.

O autor estava com a memória fraca, provavelmente era idoso. Tinha também algo a confessar:

> Censuro-me muitas vezes por não ter insistido numa busca sistemática em Kaliningrado. Esse sentimento ficou especialmente intenso quando assisti, ano passado, a um filme soviético sobre a Sala de Âmbar em que meu nome era mencionado e, mais recentemente, quando o Sr. Seydervitz, o ex-diretor geral da Galeria de Dresden, escreveu sobre o destino da Sala de Âmbar. Nem tudo que ele escreveu está inteiramente correto, mas ele mostra bem a crueldade e a falta de responsabilidade com que os nazistas se comportaram com relação aos grandes monumentos de arte russos.

Seguia-se um pedido: "Gostaria muito de ir novamente a Leningrado. Poderia me arranjar algum lugar para ficar em Pavlovsk, já que sem isso não obterei permissão para ir à União Soviética?" Ele tinha em mente uma troca de favores. "Quem sabe o senhor gostaria de visitar nossa República também? Convido-o para se hospedar comigo, na minha casa. A mulher de meu filho faz estudos eslávicos e pode nos servir de intérprete."

Como essa carta secreta permanecera escondida até cortarmos o forro do envelope, Kuchumov nunca a lera. Imaginamos que o que o curador-chefe retirara do envelope e o que o censor soviético também vira devia ser algum inócuo cartão de felicitações pelo Ano-Novo. O quadrado de papel de seda fazendo menção à Sala de Âmbar e a uma viagem secreta a Kaliningrado havia sido escondido, presumivelmente, para que o assunto se mantivesse só entre os dois. No entanto, pelo que apuráramos até então, era claro que cada detalhe da operação para encontrar a Sala de Âmbar fora planejado, financiado e supervisionado por Moscou. Talvez o paranóico correspondente germânico estivesse tentando esconder seus pensamentos de olhos indiscretos em seu próprio país.

Por fim, ele se assinava: "Aceite os cumprimentos do camarada, Dr. G. Strauss, III Berlim, Heinrich-Mann-Platz 4, GDR."[15]

Voltamos às nossas anotações. Comparamos essa carta com aquela enviada a Kuchumov em outubro de 1949 pelo soldado Kazakhov.

"Amanhã irei falar com o comandante-geral levando um relatório, e inevitavelmente eles enviarão o doutor a Kaliningrado com mais alguém para investigar esse lugar, porque ou ele realmente se esqueceu ou está fingindo que não consegue se lembrar", comunicava Kazakhov a Kuchumov.

Diante de nós havia uma carta de um doutor esquecido que estava escrevendo em 1973 e referindo-se a uma viagem a Kaliningrado que fizera 24 anos antes. Só havia um meio de descobrir se o Dr. G. Strauss era o mesmo a que Kazakhov se referia. Não poderíamos voltar a consultar os documentos privados de Kuchumov por mais cinco meses. Mas poderíamos ir a Berlim e tentar descobrir quem era o Dr. G. Strauss. Em março de 1990, quando a Stasi, a polícia secreta da Alemanha Oriental, fora extinta, haviam restado fichas abrangentes sobre um em cada três cidadãos alemães. Um alemão oriental que se correspondia com um funcionário soviético sobre a procura da Sala de Âmbar certamente devia ter chamado a atenção das autoridades de Berlim Oriental. Telefonamos para a Agência Federal de Registros do Serviço Estatal de Segurança da antiga República Democrática Alemã, a estrutura burocrática responsável pela triagem e distribuição do que restara da Stasi. Sim, disseram-nos que havia material concernente ao Dr. G. Strauss e à Sala de Âmbar. Mas, acrescentaram, talvez levassem vários meses para dar uma resposta à nossa solicitação para examiná-lo.

Mais uma vez nossa pesquisa chegava a um impasse.

6

BERLIM ESTAVA CLARA E BRANCA. Dois dias depois do Natal de 2002, a cidade continuava envolta numa atmosfera festiva e esperançosa. Sob as calçadas congeladas, porém, estávamos voltando atrás no tempo. A linha U2 do metrô traz de volta impressões de uma outra época. Nela, os berlinenses do Oeste embarcavam em trens com destino à cidade nos confortáveis bairros comerciais e residenciais de Zoologischer Garten e Sophie-Charlotte Platz, enquanto seus compatriotas de Berlim Oriental o faziam no agitado bairro de Pankow ou na funcional Schönhauser Allee, mas os dois grupos nunca se viam. Os trens de um e de outro se moviam em sistemas políticos diferentes. Quando o trem que ia para o Oeste era obrigado a convergir com o que seguia para o Leste na Potsdamer Platz, os dois retrocediam sacolejando pelos trilhos escuros. Naquela altura, treze anos após o *die Wende* (ou "o momento decisivo", como os alemães chamam o processo de reunificação), ainda havia certo sabor de novidade em percorrer a U2 em toda a sua extensão, e alguma incredulidade e surpresa nos semblantes das pessoas quando viam, pelas janelas de seu vagão, um outro, brilhantemente iluminado, passar em sentido contrário.

Seis meses após deixar a Rússia, continuávamos à espera do resultado de nossa solicitação para consultar as fichas da Stasi. Em nossa frustração, resolvemos ir a Pankow e procurar o Dr. G. Strauss por conta própria.

Quando saímos da estação, a última parada na extremidade leste da linha U2, um vento furioso vindo do Báltico penetrava entre as torres de cimento, arrancando cachecóis de pescoços irritados de frio e furtando chapéus. Atravessamos a rua, procurando o endereço escrito em maiúsculas góticas: "III Berlin, Heinrich-Mann-Platz 4". Avançamos pelo caminho escorregadio.

Os supermercados eram pré-fabricados, as casas revestidas de concreto e cascalho. Nas décadas de 1960 e 1970, a alvenaria de tijolos vermelhos e entalhada de Pankow fora substituída por um utilitarismo considerado mais adequado à sociedade indestrutível que estava sendo forjada no bloco Leste. Hoje seus residentes não eram mais tão rijos e, sob os toldos de aço rachados, viam-se bêbados ensebados e traficantes ineptos, viciados idosos e *skinheads* enrugados, provavelmente todos ex-soldados que tinham ficado sem exército a que servir.

O bairro não fora sempre tão sórdido. No século XIX Pankow fora um aprazível retiro para berlinenses prósperos e na década de 1940 tornara-se o subúrbio predileto de Walter Ulbricht e sua panelinha. Em fevereiro de 1946, menos de um ano depois do colapso do Terceiro Reich, Ulbricht, o líder do Partido Comunista Alemão (KPD), assinou um pacto com Stalin que vinculava a Alemanha Oriental à URSS. Três anos depois, Ulbricht, "um canalha capaz de matar o pai e a mãe" (segundo Lavrenti Beria, o chefe do NKVD), fundou a República Democrática Alemã, que deveria ser governada por seu novo Partido da Unidade Socialista (SED). Um dos primeiros atos do novo governo foi requisitar as mansões do século XIX de Pankow para servirem de residências a seu politburo.[1] O Castelo Niederschönhausen, onde, ao que se dizia, a rainha Cristina, mulher de Frederico, o Grande, morrera de tédio e onde os nazistas haviam guardado "arte degenerada", também foi apropriado e destinado à hospedagem de autoridades estrangeiras (mais tarde, Fidel Castro e Mikhail Gorbachov passaram por lá).

Em 1950, quando a Stasi foi criada, o sossegado subúrbio de Pankow foi completamente cercado por seus agentes, tornando-se um enclave impenetrável. Só as pessoas mais confiáveis tinham permissão para entrar, que dirá para morar, naquele perímetro de segurança. O Dr. G. Strauss era uma delas.

Em São Petersburgo, os papéis de Kuchumov continuavam oficialmente trancados no Arquivo de Literatura. Nossa Amiga Professora, porém, usando mais uma vez suas ligações para nos ajudar, conseguiu alguns documentos de uma pasta de correspondência trocada entre Kuchumov e contatos seus em Berlim Oriental.

Enviou-nos uma leva de anotações que fizera a partir desse material, junto com uma carta sua. Lembrando-se de que estávamos à procura de uma fonte conhecida como "o doutor", estava alvoroçada com a notícia que tinha para nos dar. Topara com um informe secreto sobre um ex-prisioneiro de guerra alemão que havia afirmado, em 1949, saber onde estava a Sala de Âmbar e com a transcrição do interrogatório a que ele fora submetido. O homem chamava-se Dr. G. Strauss e sua ficha tinha o carimbo do Ministério da Segurança do Estado da URSS, a MGB (agência de informação e contra-informação que antecedeu a KGB), chefiada pelo camarada Viktor Abakumov.[2]

Em 1945, Abakumov, discípulo de Beria, assumira a chefia dos serviços secretos soviéticos e o comando da nova MGB, herdando a vasta rede de centros de interrogatório e detenção construída no final da guerra para prender nazistas, colaboradores e demais indesejáveis aos olhos do sistema. Seus agentes rondavam a Europa báltica e oriental à procura de oposição, prendendo sabotadores e dissidentes. Abakumov fomentou também o desenvolvimento de organizações de segurança semelhantes nas nações que acabavam de se tornar parceiras da URSS, entre elas a Stasi, na Alemanha Oriental.[3]

O documento da MGB que Nossa Amiga Professora nos enviou, datado de outubro de 1949, destinava-se a Anatoli Kuchumov. Eram informações e instruções que lhe seriam úteis num encontro que teria com o Dr. G. Strauss em Kaliningrado naquele mês de dezembro. Em anexo havia um *komandirovat* que autorizava Kuchumov a viajar para Kaliningrado. Informava-se que o general Zorin, em Berlim, já tomara as providências para o transporte do Dr. G. Strauss. Agora tínhamos certeza de quem era a fonte do soldado Kazakhov, "o Doutor" e esse antigo prisioneiro alemão eram exatamente a mesma pessoa.

Nas instruções da MGB, Strauss era descrito como "um historiador da arte" com antigos vínculos com a Prússia Oriental. Nascera ali em 1908 em Mohrungen (hoje Morag, na Polônia), uma cidade-mercado fundada pelos cavaleiros teutônicos, não muito distante do castelo do príncipe Alex, em Schlobitten. O Dr. G. Strauss estudara história da arte na Universidade de Königsberg e, ao se formar, fora recrutado pelo Instituto dos Monumentos Provinciais da Prússia Oriental. Em 1939 fora nomeado assistente do diretor das coleções de arte da cidade. Era provável, portanto, que tivesse convivido com Alfred Rohde, diretor do Museu do Castelo de Königsberg.

Havia mais. Em 1934 Strauss tornara-se um militante dos camisas-pardas, ingressando na Sturmabteilung; três anos mais tarde, enquanto muitos se abstinham disso, filiara-se ao Partido Nazista. Sua folha de serviços mostrava que durante a guerra estivera estacionado na Prússia Oriental como oficial da Wehrmacht, e nos dois últimos anos do conflito fora encarregado de proteger o Estado e seus tesouros artísticos dos bombardeios aéreos aliados, uma missão de grande importância dado o valor que o Terceiro Reich atribuía ao grande número de obras de arte acumuladas na região. Esse cargo revelava, ademais, que Strauss possuía algum prestígio político, pois poderia ter sido enviado para o *front*, onde tantos alemães morreram.

As instruções secretas entregues a Kuchumov haviam sido elaboradas por um certo major Kunin, do quartel-general da MGB em Berlim-Lichtenberg, e declaravam que, imediatamente após a guerra, Strauss fora mantido preso pelos soviéticos no Campo Bornholm, em Rossenthin, a sudeste de Berlim, no verdejante Brandenburg Spreewald. A vasta maioria dos prisioneiros alemães passara anos esperando a libertação e depois mais uma década tentando compreender e assimilar a derrocada de sua nação cindida. Strauss, contudo, fora solto após apenas quatro meses em Bornholm e logo em seguida lhe fora destinada uma casa de campo em Pankow. Essa mesma casa na Heinrich-Mann-Platz para onde estávamos nos dirigindo.

Muitos alemães obtiveram sua liberdade declarando fidelidade ao Partido Comunista. O informe da MGB declarava que Strauss dissera a seus interrogadores soviéticos ter sido comunista desde 1932. Afirmara que só ingressara nos camisas-pardas e no Partido Nazista Alemão por ordem do Partido Comunista, que o instruíra a fazer tudo que fosse necessário para ocultar suas verdadeiras filiações políticas.[4] Até que ponto podíamos acreditar naquilo? Não sabíamos.

Entramos no prédio em estilo gótico da prefeitura de Pankow, de arenito amarelo-claro de Bayreuth, com gárgulas, praticamente a única construção ali que evocava o tipo de Alemanha a que aquele subúrbio pertencera outrora. "Heinrich-Mann-Platz 4", disse o funcionário ao balcão, correndo o dedo pela lista de eleitores. "Professor Dr. Gerhard Strauss, é esse o atual morador da Heinrich-Mann-Platz 4. Há um número de telefone aqui. Posso ligar agora mesmo." O homem ainda estava vivo. Não havíamos contemplado essa eventualidade. Esperávamos, na melhor das hipóteses, encontrar parentes dele, ou um novo endereço para onde reenviar correspondência, quem sabe poder dar uma rápida espiada na casa em que morara. Dissemos não, muito obrigado, e saímos.

Tentamos nos acalmar. Queríamos parecer tão naturais quanto possível ao bater à porta. À nossa volta, através da neve, podíamos ver os contornos de grandes e lúgubres chalés, cada um em seu próprio terreno taciturno, os telhados inclinados cobertos por grossa camada de gelo. Postamo-nos diante do nº 4. O portão estava trancado, embora pudéssemos ver as luzes de uma árvore de Natal por uma janela do térreo. Limpamos delicadamente o gelo que cobria a placa de latão: "STRAUSS". Que deveríamos dizer? Alguma coisa comedida e neutra: "Estamos investigando a vida de um curador russo e descobrimos que ele tinha um correspondente na Alemanha Oriental." Tocamos a campainha.

Apareceu um rosto na janela do andar superior. Parecia ser de um homem. Perguntamos: "Dr. Strauss?" *"Sprechen sie Englisch, bitte?"* A porta da frente foi sacudida. Correntes foram soltas. Um ferrolho correu e uma fresta se abriu. Perguntamos de novo: "Dr. Strauss?"

Um homem de cabelo preto vestindo *jeans* pretos e suéter avançou cautelosamente até o portão, escorregando pela trilha congelada, examinando-nos com olhos que pareciam gelo. Aos gritos, demos uma explicação num alemão tão truncado que ele deve ter concluído que só podíamos ser ingleses. Aquele homem tinha cerca de cinqüenta anos. Não teria podido conhecer Anatoli Kuchumov em Kaliningrado em 1949. No entanto estava abrindo o portão e nós o estávamos seguindo rumo à casa.

Dentro, no assoalho novo de tábua corrida de pinho, não havia uma marca exceto as grandes pegadas pretas deixadas por nossas botas sujas de neve derretida. Nas paredes caiadas, óleos melancólicos e flautas conferiam um ar casto ao espaço. Com um gesto, o homem nos convidou a sentar ao lado da árvore, com enfeites entalhados à mão, *völkisch*. Tentamos elucidar quem era ele e o que estávamos fazendo na sua sala de estar. Mas o homem não nos deu ouvidos. Não ainda. Uma melodiosa voz feminina projetou-se do vestíbulo: *"Kaffee?"* Depois de dez minutos de silêncio ouvindo o borbulhar da cafeteira, a mulher se juntou a nós na sala de estar, levando biscoitos *amaretti* numa bandeja. Serviram-nos, embora ninguém ali soubesse quem era quem.

"Zo?", perguntou a mulher quando esvaziamos nossas xícaras.

"Então", dissemos, "conhecem o Dr. G. Strauss?"

"*Ja*, é claro", respondeu o homem num inglês capenga, afrouxando a gola do blusão e arfando um pouco, como se o ar tivesse ficado mais rarefeito. "Gerhard Strauss era meu *Vater. Warum?*"

"Oh, Stephan", interrompeu-o a mulher. "Seu inglês está soando cômico." Virou-se para nós: "Sou professora de inglês e russo na universidade. Vou traduzir. Querido, você é mesmo uma negação para línguas."

Entregamos a ela um dos envelopes de Valeria Bilanina.

"Stephan, veja isto. Que estranho!", exclamou a mulher, examinando atentamente a letra. "Lembro-me de *Vati* escrevendo algumas cartas assim. Stephan e eu havíamos acabado de nos casar, em 1972, e Gehrard, meu sogro, pediu-me que traduzisse algumas cartas em russo. Ele estava tentando localizar um curador em Leningrado, não é? Para tratar de um assunto relacionado à *Bernsteinzimmer*, acho. Encontraram estes envelopes na Rússia? Pelo que sei, *Vati* nunca recebeu respostas. Não queiram saber como ficou decepcionado."

Kuchumov morrera, infelizmente, dissemos. E o Dr. Gehrard Strauss?

A essa altura Stephan recobrara o raciocínio; tinha os braços apertados em volta do tórax e as pernas cruzadas. De repente deixou escapar toda a sua ansiedade: "O que sabem sobre o trabalho de meu pai? Quem são os senhores? O que querem saber sobre ele? Por que estão aqui?"

A mulher tocou-lhe a perna. "Stephan, deixe as pessoas falarem."

Ele relaxou um pouco. "É difícil falar sobre essas coisas", disse. "Talvez agora os senhores saibam de atos que nem eu, nós...", apertou a mão da mulher, "sabemos sobre meu pai. Na guerra, tínhamos de fazer certas coisas para sobreviver. Passamos por tempos difíceis." Lançou um olhar à mulher, em busca de apoio. "Não sei o que farão com as informações que lhes darei. De mais a mais, devem entender que eu era uma criança." Fez uma pausa. "Mas de fato me lembro de que meu pai viajou para Kaliningrado algum tempo depois da guerra." Fitou a árvore de Natal. "Uns russos vieram aqui. Não estavam fardados. Na época, fiquei desapontado. Agora penso que deviam ser da KGB. Houve discussões sussurradas. Papéis circularam pela sala. Esta sala. Mas por que eu deveria lhes falar sobre essas coisas?" Estava perdendo o controle novamente, o semblante muito carregado. "Os senhores são estranhos na minha casa."

Era uma bonita casa, dissemos, tentando imprimir um ritmo mais lento à conversa. A verdade é que acabáramos de entrar pela porta da frente, mal tivéramos tempo de tomar uma xícara de café.

"Deram esta casa a meu pai depois que os nazistas foram eliminados. Meu pai era um *Genosse*, entendem?"

Sim, dissemos, um camarada; era comunista.

"Ele nos contou muitas histórias sobre suas atividades secretas no KPD antes da guerra. Porque teve de ir para a clandestinidade. Teve de entrar no Partido Nazista, mas os odiava." Fez uma pausa e pediu à mulher que buscasse alguma coisa no segundo andar. Ela voltou com uma grande fotografia numa moldura de madeira branca: um velho de boina preta; um homem altivo num parque num dia de inverno. Podíamos ver seu hálito em contato com o ar frio.

"Gerhard faleceu em 1984", disse ela. "Como teria gostado de receber mais visitas da Rússia!"

Então o doutor estava morto.

"Estava nevando no dia em que ele partiu, como hoje." Stephan embalava suavemente a foto do pai sobre os joelhos. "Minha mãe estava tão preocupada. Dizia que ele nunca mais voltaria. Os senhores devem compreender, tínhamos certo medo dos russos." Sorriu para nós. "Talvez devesse dizer inquietação. Eram estranhos." Tentava sintetizar os sentimentos da época. "Bem, o Exército Vermelho levara tanta gente embora. Passadas seis semanas minha mãe ficou histérica. Juntou coragem e foi a Karlshorst. Disseram que ficasse tranqüila. O tempo estava muito ruim na costa do Báltico. O avião do meu pai ficara retido. Disseram para ela voltar para casa e esperar."

"Meu pai voltou para casa em meados de janeiro. Não falou muito sobre o que havia acontecido. Mencionou que quisera procurar a casa dos seus pais em Mohrungen, mas isso fora proibido. Contou também que ajudara na procura da Sala de Âmbar. Julgava-se pessoalmente responsável por encontrá-la e devolvê-la a Leningrado. Mais tarde, isso se tornou uma obsessão. Esse era um assunto constante na hora do jantar. Ao telefone. Não era bom. Acabou deixando-o doente. Volta e meia alguém telefonava. Russos, poloneses, até alemães ocidentais. Um homem chamado George Stein resolveu aparecer para jantar, sim, George Stein. Já ouviu falar dele?" Ao nos ver anotando o nome, Stephan se calou novamente.

Perguntamos por quê, a seu ver, os soviéticos tinham tanto interesse em seu pai.

"Durante os dois últimos anos da guerra meu pai trabalhou nas forças de defesa antiaérea em Königsberg. Suponho que era responsável pela segurança da Sala de Âmbar. Por isso os russos estavam tão interessados nele. Seu chefe chamava-se Andrei. Não, Andrei não, era..."

Sua mulher o atalhou: "Alfred, querido, Alfred Rohde."

O diretor do Museu do Castelo de Königsberg.

Stephan nos estudou com seus olhos de gelo e, espontaneamente, revelou que tinha um sótão cheio de material pertencente ao pai, diários e documentos semi-oficiais. Era um homem cortês, queria ser útil. Perguntamos se podíamos ver isso.

Vendo a excitação nos nossos olhos, ele fez uma pausa. "Eu já os examinei. Mas não devidamente. Preciso estudar esses papéis antes. Talvez se os senhores voltassem. Dentro de algumas semanas." Arrependera-se no ato de ter deixado escapar a referência ao arquivo privado do pai. Parecia em pânico. Podíamos acompanhar seu pensamento. Camisa-parda, nazista de carteirinha ou um leal *Genosse* agindo sob ordens do Partido Comunista? E, mesmo que fosse só um *Genosse*, que fizera Gerhard Strauss para o regime? Depois de tanto tempo só restavam os papéis, que talvez não revelassem as verdadeiras motivações do Dr. Gerhard Strauss.

Percebemos que Stephan estava enfrentando o dilema com que se deparam todos os que se reencontram após um conflito. Como devia uma família lidar com as múltiplas histórias que coexistem numa vida: expondo todas elas ou ocultando as impalatáveis? Não seria melhor seguir adiante sem esmiuçar as coisas, simplesmente amando a pessoa com quem comemos, dormimos ou passeamos no parque? A Europa do pós-guerra era um caleidoscópio de verdades multicores.

"Tenho minha própria vida para viver. Nossas próprias vidas para viver. Ninguém pode viver a vida de seu pai, embora eu ame o meu. Posso deixá-los em algum lugar?", perguntou Stephan, levantando-se. Tinha de sair para um encontro na cidade. Era um arquiteto paisagista contratado pelas autoridades municipais para ajudar a reconstruir Berlim. Levou-nos até seu Volvo e ficamos sentados em silêncio enquanto o motor se aquecia.

O Volvo arrancou e Stephan dirigiu por entre nesgas de nevoeiro congelado rumo a uma Berlim que escurecia, passando pelo Museu Judaico de Daniel Liebeskind, com sua Torre do Holocausto. Ali notamos com o rabo do olho um rapaz árabe que pedalava freneticamente uma bicicleta em direção à fila formada diante do museu antes que ela desaparecesse atrás do perímetro de segurança. Ao se aproximar, puxou uma arma da calça de moletom. Tinha uma pistola na mão e, antes que conseguíssemos gritar, puxou o gatilho, várias vezes, agitando a arma furiosamente. Ninguém mais, porém, pareceu ver aquilo; só nós, presos no tráfego, atrás de janelas embaçadas, fechados no carro do outro lado da rua. No entanto ninguém estava caindo, nem gritando ou sangrando. A arma devia ser falsa, por mais real que fosse o ódio do ciclista. Talvez tenhamos sido os únicos naquele dia a assistir àquela encenação.

Stephan estacionou na Alexanderplatz e inclinou-se para abrir a porta do carona. "Há coisas que não quero ler e espero que os senhores não as escrevam. Estão me entendendo?" Se voltássemos, veríamos no sótão documentos que Stephan Strauss não desejaria que publicássemos.

Não podíamos prometer censurar nossa pesquisa para deixar a reputação de seu pai intacta. Com Alfred Rohde morto, o encontro com o Dr. Gerhard Strauss, um dos assistentes dele, devia ter sido um momento crucial para Anatoli Kuchumov. Estava sendo para nós também.

Dissemos que lhe telefonaríamos, antes de mergulhar na escuridão emudecida da linha U2 com destino ao Oeste, enquanto Stephan Strauss seguia para seu encontro no Leste. Embora nossos caminhos tivessem se cruzado, não houvera realmente um encontro. Havíamos sido impedidos de nos compreender mutuamente, de revelar nossos verdadeiros caracteres e emoções: nós, por interesse pessoal; ele, por medo da história.

Sentíamos uma excitação nervosa à medida que o mistério da Sala de Âmbar se desvendava; mas até aquele momento tudo acontecera a certa distância — a história nos fora contada por relatórios, diários, cartas e memórias. Naquele dia a Sala de Âmbar se erguera da página e penetrara na vida de pessoas que nos cercavam, gerando dúvida e medo.

Duas semanas mais tarde, ao voltar a nosso hotel em Berlim, encontramos à nossa espera mais um pacote trazido de São Petersburgo por um mensageiro. Quando rasgamos o envelope demos com uma foto de Gerhard Strauss. Esse Strauss era um jovem elegante e sereno; usava uma camisa branca, tinha o cabelo escuro e basto penteado para trás, um jeito seguro, cosmopolita. Embora houvesse muitas semelhanças entre o Gerhard Strauss mais moço e o mais velho, este último não conservara o olhar confiante daquele rapaz.

Numa carta, Nossa Amiga Professora contava que o Arquivo de Literatura concluíra o exame do dossiê de Anatoli Kuchumov, que ela conseguira obter um cartão de leitor em nosso nome e encontrara mais material referente a nosso doutor da Alemanha.

Dr. Gerhard Strauss. Que sabia ele? O curador de Leningrado, Anatoli Kuchumov, tinha certeza de que Alfred Rohde, o diretor do Museu do Castelo de Königsberg, mentira em 1945 e que a Sala de Âmbar não fora reduzida a cinzas no Salão dos Cavaleiros. Com Rohde morto, porém, o soldado Kazakhov encontrara uma outra fonte, a quem chamava "o doutor", um homem que afirmava ter importantes informações sobre a localização da Sala de Âmbar. Sabíamos agora que "o doutor" era o Dr. Gerhard Strauss e que, em dezembro de 1949, ele fora enviado a Kaliningrado para ter um encontro com Anatoli Kuchumov.

Naquele último pacote recebido da Rússia havia um informe datado de 8 de agosto que explicava como a missão de Kaliningrado ocorrera. Tudo começara com uma carta enviada pelo Dr. Gerhard Strauss (o que discrepava da versão dos acontecimentos lembrada por seu filho). Gerhard Strauss convidara agentes soviéticos a irem à sua casa na Heinrich-Mann-Platz (decisão que obviamente não partilhava com a mulher, que pensou que ele estava sendo preso, segundo as lembranças de Stephan Strauss). Dissera-se disposto a auxiliar a nova administração soviética, oferecendo "informação sobre a Sala de Âmbar desaparecida".[5]

Strauss endereçara sua carta ao major Kunin, oficial de ligação com a MGB no Departamento de Oficiais Militares Soviéticos, Berlim-Lichtenberg. Devia estar muito seguro de si e do que tinha a oferecer para ousar entrar em contato com uma organização que a maioria dos alemães temia. "Compreendi pelo que me disse meu chefe de departamento, Sr. Valkmann, que os senhores estão à procura da Sala de Âmbar", escrevera jovialmente. "Desde que a guerra terminou conheci muitas pessoas que haviam estado em Königsberg e elas sabiam apenas da morte do Dr. Rohde e da destruição do castelo. Mas eu sei mais."

Strauss fora direto ao ponto, não parecendo tolhido nem pela culpa nem pela modéstia. A carta revelava que não era a primeira vez que tentava aquele contato; mostrava-se frustrado diante da falta de resposta dos soviéticos às três tentativas que fizera antes de oferecer seus serviços com relação à Sala de Âmbar.

Uma fora feita em maio de 1945, durante seu "lamentável" aprisionamento, quando, dizia, "contei tudo". O segundo depoimento fora dado em 1946 a um "major Poltavsev, Departamento de Informação, SV/V Alemanha". Procurara os russos pela terceira vez em 1947 e fora interrogado pela camarada Xenia Agarfornova, do Museu Hermitage, a curadora que Kuchumov conhecera em Berlim em 1947 quando catalogava obras de arte soviéticas pilhadas no depósito Derutra.

"Contei tudo à historiadora da arte de Leningrado; a Sra. Agarfornova", queixava-se Strauss ao major Kunin. "Como ninguém levou a questão adiante e não consegui entrar em contato com o senhor por telefone, resolvi escrever."

A comunicação entre as autoridades soviéticas em Berlim, Moscou e Leningrado com relação à recuperação de obras de arte pilhadas parecia ter sofrido uma grave interrupção. O SovNarKom enviara uma missão para recuperar a Sala de Âmbar poucas semanas apenas após a capitulação alemã, mas o Dr. Gerhard Strauss precisara de quatro anos e quatro tentativas para conseguir a atenção de alguém.

Talvez a camarada Agarfornova não tivesse levado Strauss suficientemente a sério para informar seu camarada de Leningrado, Anatoli Kuchumov, sobre as declarações dadas por ele em 1947. Era igualmente possível que ela nem soubesse que o curador estava à procura de pistas sobre a Sala de Âmbar no depósito Derutra. Nunca saberemos; o fato era que só graças à obstinação de Strauss em ser ouvido ele e Kuchumov haviam chegado a se encontrar.

Na carta que Nossa Amiga Professora nos enviou de São Petersburgo, Strauss reafirmava ao major Kunin que nunca fora nazista. Tampouco Alfred Rohde. O verdadeiro fascista seria o Gauleiter da Prússia Oriental, Erich Koch, que Strauss qualificava de "criminoso militar". Sobre a Sala de Âmbar, Strauss dizia: "Seria realmente uma grande perda se essa obra de arte se tornasse uma vítima da guerra nazista. Estou absolutamente disposto a ajudar nessa questão." O major Kunin havia assinalado essa passagem com três pontos de exclamação.

Contradizendo o testemunho de Alfred Rohde, Strauss afirmava que a Sala de Âmbar havia sobrevivido à queda de Königsberg. "Mas não pode estar na Zona Soviética [da Alemanha] porque, apesar de meus pedidos, não foi removida a tempo", escrevera. O major Kunin marcara a passagem com um ponto de interrogação. Qual fora exatamente o papel de Strauss em Königsberg durante a guerra? Ele parecia estar sugerindo ali que fora diretamente responsável pela guarda da Sala de Âmbar.

A carta de Strauss continuava: "Não apareceu nenhum objeto de âmbar no mercado de arte de Berlim, mas em março de 1945 chegou aos meus ouvidos que a Sala de Âmbar deveria ser removida para determinado lugar, a leste de Görlitz [uma área que foi parte da Saxônia até 1949, quando foi integrada à Polônia]." Mais uma vez o major Kunin traçara três graúdos pontos de exclamação. Strauss assinava "Chefe dos Museus de Arte Aplicada, Monumentos e Educação, RDA, Berlim". Ele havia sido reabilitado pelo novo regime alemão-oriental com notável rapidez e ascendera a um cargo influente. Mas chamar a atenção sobre si mesmo daquela maneira havia sido um passo arriscado.

O documento seguinte era uma esmaecida cópia carbono de uma longa entrevista realizada em 12 de dezembro de 1949. Ao decifrarmos lentamente as frases, demo-nos conta de que aquilo era a transcrição do interrogatório de Gerhard Strauss. Quem fazia as perguntas era Anatoli Kuchumov.[6]

Os dois homens conversaram no Hotel Moscou, em Kaliningrado. Fotografias anteriores à guerra mostram que ele era um prédio histórico, de tijolos vermelhos. Como um dos poucos prédios da antiga Königsberg ainda de pé em abril de 1945, o hotel fora requisitado pelo NKVD como seu quartel-general, antes que a MGB o ocupasse. Para chegar ao hotel, Strauss passara necessariamente pelas ruínas do castelo, pelas estátuas de Bismarck e do príncipe Albrecht, braços faltando, a cabeça cortada, e pelo que ele conhecia como Steindamm Strasse. Esta, que tivera seu nome trocado por Leninski Prospekt, conduzia à Prospekt Mira, onde ficava o hotel. Teria sido um choque para o Dr. Gerhard Strauss ver a cidade de sua juventude arrasada?

O cenário da entrevista não era descrito no documento, mas podíamos imaginar as circunstâncias prováveis: Kuchumov metido em seu pesado sobretudo de *tweed*, em seu terno preto e com seu chapéu de abas reviradas. Certamente tinha a surrada pasta de couro aberta ao pé de si. A neta de Kuchumov ainda a guardava, embora sua colega Valeria Bilanina tivesse provavelmente ficado com o conteúdo. Em frente a ele, sereno e confiante, "o doutor": Gerhard Strauss, com seu cabelo escuro bem-penteado, nem um só fio fora do lugar.

Basicamente, os dois homens deviam ter muito em comum: amavam a história da arte, haviam se formado em conservação e eram absolutamente dominados pelo desejo de encontrar a Sala de Âmbar, ainda que por razões diferentes. Mas, embora ambos estivessem agora no mesmo lado, acontecimentos recentes haviam criado um abismo entre o altivo prussiano e o russo andrajoso.

Sessão Um: "12 de dezembro de 1949. O que sei sobre a Sala de Âmbar. (traduzido pelo capitão Shukin)."

Traduzido. Kuchumov não conhecia nenhuma língua além do russo. Quanto a Strauss, sua nora nos contara que ele só sabia falar alemão. Assim, todas as nuances, as expressões e torneios de linguagem que favorecem o surgimento de amizades haviam sido perdidos quando eles se sentaram no (certamente gélido) Hotel Moscou durante o inverno para uma discussão formal, estorvados pela presença de um intermediário, o tradutor capitão Shukin.

Kuchumov começou perguntando por Alfred Rohde. Que podia Strauss dizer sobre o curador do castelo? Strauss discorreu com fluência sobre seu ex-chefe: Rohde nascera em Hamburgo e servira como oficial na Primeira Guerra Mundial, durante a qual sofrera uma intoxicação por gás. Kuchumov registrou que isso talvez explicasse os tremores de tipo parkinsoniano que o professor Brusov observara nele em 1945. Após a desmobilização, em 1918, Rohde se mudara para Munique, onde estudara história da arte na Universidade de Marburg. Depois continuara seus estudos em Paris, antes de finalmente assumir cargos em museus de Hamburgo, Breslau (hoje Wroclaw, na Polônia) e por fim em Königsberg.

Pergunta seguinte: qual era a posição política de Rohde? Kuchumov suspeitava que ele fosse nazista, mas Strauss informou-o de que seu ex-chefe nunca se filiara a um partido político. A única organização em que já ingressara fora o Sindicato dos Artistas, para o qual organizava exposições anuais de obras contemporâneas.

Rohde conhecia a elite nazista? Essa pergunta era uma espécie de balão-de-ensaio, que Kuchumov usara também com Brusov. Afinal, Kuchumov lera a correspondência pessoal do curador do castelo e já sabia que Rohde mantinha relações com o Gauleiter Erich Koch e o general von Küchler, chefe do Grupo do Exército Norte. Strauss se saiu bem. Confirmou que Rohde conhecia Erich Koch desde 1928, o ano em que chegara a Königsberg para se tornar diretor das coleções de arte da cidade e em que Koch se tornara Gauleiter da Prússia Oriental. Mais tarde, quando Koch fora eleito para o Reichstag da Prússia Oriental e assumira a responsabilidade pela cultura na região, ele e Rohde haviam passado a ter contatos mais regulares. "Mas nunca foram amigos", acrescentou Strauss. "Rohde era uma pessoa muito modesta e reservada, era respeitado por todos os colegas. Politicamente, era sem dúvida de centro; eu pensava que talvez fosse até de esquerda. Essa era a linha da maior parte das pessoas a que ele era ligado. Seus maiores amigos eram Hans Hopp e meu professor R. Worringer." Kuchumov anotou os nomes. Hopp e Worringer. Nada significavam para nós.

Mas Kuchumov insistiu com Strauss. Rohde devia ser um simpatizante dos nazistas para ter tido tanto sucesso em sua carreira. "Eu me lembro de como ele detestava os nazistas", contestou Strauss. "Rohde me falou sobre isso ao me mostrar fotografias de Kiev. Mas, profissionalmente, ele lhes prestava bons serviços. O fato de ele não ter saído de Königsberg só demonstra que reconhecia sua responsabilidade profissional para com suas obras de arte." Strauss sintetizou o assunto de maneira simétrica. "Por outro lado, Alfred Rohde também não tinha pavor da União Soviética. Ele não tinha más intenções. Essa é a única coisa que posso lhe dizer sobre ele." Kuchumov pusera um pequeno ponto de exclamação na margem.

Kuchumov perguntou a Strauss sobre a Sala de Âmbar. Resposta: "Em 1941, eu e o Dr. Rohde estávamos temerosos de que a Sala de Âmbar fosse destruída. Rohde entrou em contato com um velho amigo, o general von Küchler, e pediu-lhe que salvasse a sala despachando-a para Königsberg." Nesse lugar Kuchumov desenhou um asterisco — certamente pensando na carta escrita pelo general von Küchler, endereçada a "meu bom amigo" Alfred Rohde, que encontrara nas ruínas do castelo em 1946. Strauss parecia estar falando a verdade.

Strauss continuou:

> Quando a sala chegou, em 1942 ou 1943, foi instalada no museu, na ala sul do castelo. O cômodo ficava no terceiro pavimento e tinha apenas uma janela, dando para o rio. Os painéis estavam em ótimas condições. Tudo foi instalado cuidadosamente, as peças quebradas foram coladas de novo e os mosaicos postos no lugar. As paredes da sala, que tinham 4,8 metros de altura, pareciam emitir uma luz entre o amarelo e o castanho. Num dia nublado, o efeito era fantástico.

Kuchumov traçara um outro pequeno asterisco aqui. Ele ficara sabendo ao interrogar Otto Smakka, tradutor a serviço das empresas pesqueiras locais, que a Sala de Âmbar já estava gravemente danificada ao chegar a Königsberg. As datas que Strauss dava para a chegada da sala também entravam em conflito com os dados do depoimento de Smakka e do Livro de Doações encontrado pelos soviéticos em 1945. Mas Kuchumov deu a Strauss o benefício da dúvida.

Solicitado a expandir seus comentários, Strauss respondeu com uma ressalva. Ele nunca vira a sala antes, "de modo que não poderia lhe dizer se todas as partes haviam chegado a Königsberg". Supunha que "estava completa", disse, já que o Dr. Rohde nunca dissera nada sobre perdas. "O Dr. Rohde acreditava que a Sala de Âmbar poderia finalmente retornar [a Puchkin]. Embora ela fosse deslumbrante, eu me sentia mal e me preocupava com o fato de estar sendo cúmplice daquele roubo." Outro pequeno asterisco de Kuchumov. Talvez ele estivesse ficando irritado com as tentativas canhestras que Strauss fazia para ganhar suas boas graças.

Kuchumov perguntou a Strauss o que tinha a dizer sobre o plano para a evacuação da sala. Ele respondeu que tentara retirar a Sala de Âmbar de Königsberg na primavera de 1944. "Foi então que adverti Rohde pela primeira vez de que era perigoso mantê-la no terceiro pavimento do castelo, pois poderia ser destruída. Havia um perigo óbvio de bombardeio aéreo." Mas, segundo Strauss, Rohde mostrou-se relutante. "Só depois de várias advertências minhas ele concordou em vedar a janela com tábuas para evitar a entrada de metralha. Mas mesmo então as tábuas só cobriram a terça parte inferior da janela da sala."

Strauss contou que, graças à sua persistência, a sala acabou por ser desmontada, embalada em caixotes e removida para os porões da ala sul, poucos dias antes dos primeiros raides aéreos dos aliados — 27-28 de agosto de 1944. Mais um asterisco. Ao lado dele, Kuchumov escrevera um nome: "dono do restaurante do castelo Paul Feyerabend". Ele dissera a Kuchumov que Rohde removera temporariamente os caixotes para um lugar não revelado fora da cidade em julho de 1944, antes dos bombardeios aéreos.

Strauss tinha certeza quanto àquelas datas? "Tenho", respondera ele. Sabia que as coisas haviam se passado daquela maneira porque, embora não tivesse presenciado os bombardeios, voltara para Königsberg no dia 1º de setembro de 1944 e fora diretamente ao castelo. "Estava inteiramente queimado, mas as paredes externas ainda resistiam. Encontrei o Dr. Rohde por acaso no pátio, diante da entrada do porão da ala sul. Estava cercado de caixotes, grandes e pequenos, e me disse que a sala estivera guardada nos porões durante os raides e não sofrera estragos." Não fora a insistência de Strauss, a Sala de Âmbar não teria sido removida e teria sido diretamente atingida.

E depois? Kuchumov estava plotando fatos, datas e lugares. Que acontecera depois? Strauss pensou por um momento. Em dezembro de 1944 Rohde começara a viajar, disse. Mais uma marca na margem. Pela correspondência reconstruída de Rohde, salva do fogo por Brusov, Kuchumov sabia que fora em novembro de 1944 que Alfred Rohde começara a procurar a sério esconderijos fora da cidade.

Strauss corrigiu-se. Sim, agora se lembrava. Era novembro de 1944. Rohde havia feito algumas pequenas viagens à procura de esconderijos para as preciosidades do castelo naquele mês. Mas no fim das contas esses depósitos em castelos e herdades não eram suficientemente seguros. Strauss ouvira falar que Rohde escrevera numa carta que pretendia remover a Sala de Âmbar para o Castelo Wechselburg, na Saxônia. Então, ele executara esse plano? "Sobre a retirada da sala de Königsberg, nada sei", respondeu Strauss.

Kuchumov perguntou sobre o Salão dos Cavaleiros, onde Brusov concluíra que a Sala de Âmbar fora incinerada. Ela fora usada como depósito temporário para a Sala de Âmbar? Strauss respondeu: "É possível. [Rohde] me contou que queria pôr os caixotes no Salão dos Cavaleiros, mas não sei ao certo." Strauss estava entrando na defensiva, mas Kuchumov não afrouxou e perguntou quando ele vira Rohde pela última vez. "Em algum momento entre 11 e 15 de janeiro [de 1945]. Mas não me lembro se chegamos a falar sobre a Sala de Âmbar", respondeu vagamente Strauss.

Percebia-se pela transcrição que de repente o ritmo e a direção do interrogatório haviam mudado. O tranqüilo doutor pediu para voltar a Berlim. Disse que precisava conseguir mais testemunhas. Não nazistas, mas alemães como ele, oponentes silenciosos, ocultos, de Hitler, que haviam suportado as últimas semanas da guerra. "Ernst Schaumann, por exemplo, mora em Berlim. Posso descobrir o endereço dele e alguém pode checá-lo", sugeriu ele a Kuchumov. "Quem sabe se poderia perguntar ao general [Lasch] quem capitulou e foi levado como prisioneiro de guerra? É possível que Lasch saiba alguma coisa sobre a Sala de Âmbar", acrescentou.

Strauss acabara de chegar e, pelo que indicavam a correspondência e os documentos que haviam cercado a preparação de sua viagem, esta fora organizada a um significativo custo político e financeiro. Era improvável que os soviéticos o deixassem ir embora tão depressa. Comparamos as respostas imprecisas de Strauss com o que dissera em sua carta ao major Kunin: "Mas eu sei mais."

Uma última idéia ocorreu a Strauss: "Se a Sala de Âmbar tiver se perdido, não seria possível recriá-la com a ajuda de fotografias?" Era uma sugestão supérflua, que não poderia ter sido feita num momento pior.

Sessão Dois: "12 de dezembro de 1949. O que sei sobre obras de arte soviéticas levadas para a Alemanha (traduzido pelo Capitão Shukin)."

Sentir o pulso da testemunha. Deixar Strauss relaxar. Fazê-lo falar sobre áreas em que se sente mais à vontade. Seduzi-lo. Massagear-lhe o ego. Diminuir-se. Quando a sessão seguinte começou, Kuchumov parecia estar querendo acalmar o interrogado. Que havia Strauss testemunhado no exercício de sua função durante a guerra, como supervisor da defesa antiaérea, com acesso a *bunkers* e depósitos? Resposta: "O Dr. Rohde mostrou-me coisas que o Gauleiter Koch confiara à sua guarda; tinham vindo de Minsk, Kiev e Rostock. Chegaram em 1942, ou teria sido em 1943? Era proibido mostrar essas peças ou falar sobre elas."

Que peças? Por favor, seja mais preciso. Strauss respondeu: "Pinturas: séculos XVIII e XIX. Porcelana chinesa e jarras manufaturadas em São Petersburgo. Ícones também." Nomes? Descrições? Strauss não conseguia se lembrar. "Tudo estava em boas condições, mas não eram peças excepcionais. Naquela época, supúnhamos que só uma pequena parte das preciosidades [soviéticas] estava em mãos alemãs, achávamos que as peças mais famosas haviam sido escondidas pelos russos."

Onde estava esse pequeno número de peças soviéticas em poder dos alemães? "Estavam todas guardadas no primeiro pavimento da torre redonda, no canto noroeste do castelo [de Königsberg]; a entrada era pelo Salão dos Cavaleiros." Mais alguma coisa? "Bem, havia os sinos de igreja de Latvia. Tinham vindo em 1942, ou teria sido em 1943? Depois, não muito tempo antes do fim da guerra, chegaram as famosas peças de prata de Riga e Dantzig."

Temendo uma acusação, Strauss acrescentou: "Obtive essas informações do Dr. Rohde e de membros de sua equipe. Não sei de mais nada. Eu não trabalhava no museu. Meu interesse pela questão era estritamente político e científico." Suas respostas estavam começando a ganhar um tom defensivo de novo.

Kuchumov pôs um outro asterisco junto dessa última declaração. Sabíamos pelas anotações do curador-chefe que ele lera alguns dos depoimentos dados em Nuremberg com relação a obras de arte saqueadas, inclusive o de Hermann Voss, diretor da Galeria de Dresden, que, segundo seus inquisidores americanos, alegara constantemente "lapsos de memória para explicar discrepâncias em seu testemunho, tática que não melhorou em nada a atmosfera do interrogatório (...)" Os captores de Voss haviam concluído: "Ele adota a idéia profundamente germânica de que a história da arte é uma ciência pura, a que podemos nos dedicar sem qualquer responsabilidade moral exterior."

Sessão Três: "12 de dezembro de 1949. Onde poderia estar a Sala de Âmbar? (traduzido pelo capitão Shukin)".

Kuchumov retornou aos acontecimentos de janeiro de 1945. Strauss começou: "Segundo uma carta de Rohde de 12 de janeiro, a Sala de Âmbar ainda estava na cidade." Asterisco. Essas cartas haviam sido encontradas por Brusov e entregues a Kuchumov. Strauss não teria podido vê-las. No máximo ouvira falar delas a partir de mexericos de curadores alemães.

Mas se essa era uma informação de terceira mão, que mais nas declarações de Strauss se baseava em boatos? Ele tentou se defender: "Até 15 de janeiro [a Sala de Âmbar] poderia ter sido transportada de trem para a Alemanha; depois dessa data, só de barco ou avião." Asterisco. Errado. Kuchumov pesquisara o movimento dos trens a partir de Königsberg. Sabia que o último saíra de lá para a região central da Alemanha em 22 de janeiro de 1945.

Strauss acreditava que a Sala de Âmbar continuara no castelo até a queda de Königsberg? A resposta foi ainda mais evasiva: "O Dr. Rohde era um amante do âmbar. Sem dúvida teria tentado salvar a Sala de Âmbar. Mas não voltei a vê-lo. Só ouvi boatos sobre esconderijos em Görlitz. Mas havia muitos esconderijos possíveis na Prússia Oriental também, é claro."

Boatos. É possível. Talvez. Se estava tão mal-informado, por que tentara quatro vezes ganhar a atenção das autoridades soviéticas? Strauss não respondeu. Depois disse espontaneamente: "Havia um *bunker*."

Kuchumov tinha grande interesse por *bunkers* — lembrou a menção de Brusov ao Hofbunker. Rohde mencionara esse esconderijo numa carta a seus superiores em Berlim, mas só o havia mostrado a Brusov, em 1945, depois que este tirara aquela carta do fogo. Em 1946, Brusov dissera a Kuchumov que temia não ter vasculhado inteiramente o Hofbunker, após ter sido distraído por Rohde com uma história de chave perdida. Estaria a Sala de Âmbar escondida no Hofbunker? Strauss respondeu: "Acreditava-se que havia pinturas do Museu de Königsberg guardadas lá. É só isso que eu sei."

Onde ficava esse *bunker*? Kuchumov queria um endereço. Strauss deixou escapar: "Na Lange Reihe, eu acho, ou numa rua em Nasser Garden. Não me lembro ao certo onde."

Veio-nos à memória uma frase do soldado Kasakhov na carta sobre Strauss que enviara a Kuchumov: "Enviarão o doutor a Kaliningrado com mais alguém para investigar esse lugar, porque ou ele realmente se esqueceu ou está fingindo que não consegue se lembrar." Parecia possível que Kazakhov estivesse se referindo ao Hofbunker e à incongruência de Strauss.

Na defensiva, Strauss desfiou nessa altura uma lista de outros esconderijos potenciais na Prússia Oriental. "Há várias cidades com fortificações do século XIX: Wrangel Tor, Rosegarten Tor, Friedlander Tor. Todas foram usadas. Havia também um cômodo na estação ferroviária central. E o cofre do Reichsbank, perto do castelo." A fortaleza em Pillau, haviam procurado ali? "Mas acho que ela era um lugar improvável, porque estava cheia de soldados feridos. O Castelo Lochstädt... que me diz desse castelo?"

Kuchumov insistiu: "E o senhor, que me diz o senhor sobre o Hofbunker?" Os outros lugares mencionados por Strauss haviam sido revistados pelos soviéticos em 1946 e nada fora encontrado neles.[7]

Kuchumov fez uma provocação: estaria Strauss ocultando fatos sobre o plano nazista de evacuação? Strauss defendeu-se:

> Enterrei coisas de muito valor. Ajudei a enterrar livros da Biblioteca de Königsberg e do arquivo estatal no subsolo mais profundo do Castelo Lochstädt. A vinte metros de profundidade. Escrevemos uma mensagem

> num grande pano de algodão com a ajuda de um soldado russo capturado: "Preciosidades culturais russas, abrir somente na presença de um curador." Peças valiosas foram escondidas no Castelo Schlobitten também. Hoje isso fica na Polônia. Guardamos móveis e pinturas lá. Funcionários do Museu de Königsberg removeram essas peças. É possível que tenham retirado algumas coisas do museu também.

Strauss começou a despistar, talvez percebendo que corria o risco de se incriminar mais uma vez. "Eu não estava lá. Soube disso por Helmut Hels, de Hamburgo... não, talvez pela Sra. Clomp, da Comissão de Monumentos." Mais nomes. Mais contradições.

Strauss pediu uma pausa, mas Kuchumov voltou ao assunto do Hofbunker. Strauss voltou a fazer sugestões, a mencionar mais nomes e lugares: "O Castelo Schlobitten, a residência do príncipe Alex zu Dohna-Schlobitten. Converse com ele. Ele sabe. O professor Voringer, de Halle, contou-me que objetos da universidade e as peças mais valiosas da Biblioteca de Königsberg foram transferidos para o Palácio Langheim, perto de Warstenburg. O senhor deveria falar com ele." Mais nomes para a lista de testemunhas de Kuchumov. "Falava-se também da remoção de ícones das igrejas de Königsberg para Tilsit [Sovetsk, província de Kaliningrado] e da transferência de outros itens para Tsiten [província de Kaliningrado] e também para uma propriedade numa ilha na península de Samland, de cujo nome não me lembro."

Pense bem. Não pare. Logo poderá descansar. Deve saber o nome. Strauss ficou calado: "Não", disse por fim. "Não sei mais nada. Pelo menos sobre objetos de arte da URSS. Não consigo me lembrar de mais nada."

Ali estava um sujeito confiante o suficiente para entrar em contato com a MGB, uma organização temida pela maioria dos alemães, e oferecer seus préstimos na procura da Sala de Âmbar. Prometera precisão e detalhes, até uma solução, e no entanto, depois de obter uma permissão especial para viajar e de ser escoltado à província militar fechada de Kaliningrado, não revelava nada de substancial. Ao mesmo tempo que se punha no centro de acontecimentos-chave, afirmando que a Sala de Âmbar só sobrevivera aos bombardeios aéreos de 1944 graças à sua insistência em que fosse desmontada, não tinha nada de concreto a dizer sobre os planos de Rohde para a sala e declarava nada saber sobre seu destino final.

O que Kuchumov tinha de estabelecer era se Strauss realmente não sabia ou se estava jogando um jogo perigoso. Num apêndice à transcrição oficial datilografada do interrogatório, redigido algum tempo mais tarde, ele escreveu:

> Em 1949, de acordo com as decisões do partido local e da administração soviética, foi organizada uma grande e competente comissão(...) Uma centena de soldados e bombeiros, geradores móveis e outros equipamentos foram providenciados. Em seu depoimento, o Dr. Strauss só afirmou fatos já conhecidos graças aos depoimentos de outros e à correspondência de Rohde. Não descreveu a localização exata da Sala de Âmbar, apesar de nossa crença e esperança de que soubesse mais a esse respeito.

Não foi só isso. Quando os soviéticos decidiram escavar em Kaliningrado, Strauss atrapalhou a operação. O curador-geral concluíra: "Strauss tentou, como Rohde também o fizera por meios diferentes, desviar a atenção de nossa comissão de montes de tijolos no lado sul do castelo, recomendando que procurasse na ala norte, sugerindo o adiamento das escavações até que as plantas do castelo fossem encontradas."[8]

Strauss incorreu em graves acusações: levar o governo soviético a desperdiçar tempo e recursos.

O último documento no pacote que recebemos de São Petersburgo só vinha aumentar nossa incerteza com relação aos motivos de Strauss. Tínhamos diante de nós uma folha de papel dobrada com garatujas obscuras, além de mapas, datas e nomes.

De um lado, havia uma mensagem: "A meu melhor camarada de Leningrado. É melhor procurar em Henkanziskan! 7-19.XII.49."[9]

A escrita cirílica era ruim. O russo era a segunda língua de quem escrevera. Mas as datas eram intrigantes: 7-19 de dezembro de 1949, o período durante o qual Kuchumov interrogara Strauss em Kaliningrado. Supostamente, apenas o general Zorin, o soldado Kazakhov e a MGB deviam ter conhecimento dessa missão secreta.

A folha era dominada por um grande desenho de um homem com pequeninos óculos redondos e um chapéu de abas reviradas, com uma pá em miniatura presa na fita, no lugar da pena costumeira. Seu nariz fora colorido de azul, e ao lado dessa figura enregelada havia um termômetro marcando 10°C negativos. Diferentemente dos desenhos que ilustravam os cartões de aniversário enviados a Kuchumov, esse não era obra de um artista profissional; não podia haver dúvida, porém, quanto a quem era o personagem caricaturado.

Ali estava Kuchumov carregando uma lente de aumento dentro da qual a palavra HENKANZISKAN aparecia de novo, em letras grandes e vacilantes. Embora grafado incorretamente, isso só podia ser uma referência a Friedrich Henkensiefken, Schlossoberinspektor do Castelo de Königsberg, uma das pessoas cujo nome era um dos primeiros na lista de funcionários alemães desaparecidos. Quem teria zombado do curador com relação a esse homem, e por quê?

Aos pés da figura de Kuchumov havia um pequeno esboço do Salão dos Cavaleiros, na ala norte do Castelo de Königsberg. E, mais à direita, havia um globo, em que se via uma ampliação da península de Samland e, novamente, o nome "Henkanziskan". Na extrema direita da página havia um estranho desenho: a caricatura de um homem barbado flutuando nas nuvens com um telefone ao ouvido. Na outra ponta da linha (presumivelmente na Terra), um soldado do Exército Vermelho ouvia, cercado por desenhos: o Portal de Brandemburgo, uma árvore de Natal, uma garrafa rotulada *pivo* (cerveja), uma arma e uma galinha, sobre a qual estava escrito o nome STRAUSS.

Um oficial do Exército Vermelho (possivelmente o soldado Kazakhov) conversava com Deus (talvez a MGB ou Stalin) na época do Natal sobre uma situação perigosa em que uma galinha chamada Strauss estava envolvida.

No verso da folha havia um mapa da costa báltica desenhado à mão, com uma estrada de ferro que ia de Leningrado ao norte da Alemanha. Nela, via-se um trem fumegante que partia de "Detskoie Selo"

(Puchkin) para Kaliningrado, de onde seguiria para Berlim. A cidade era representada dividida em setores, cada qual realçado pela bandeira nacional do ocupante.

A galinha chamada Strauss aparecia de novo, no setor americano. "Cocó", estava escrito sobre seu bico aberto. No alto da página, novamente num russo imperfeito, estava escrita uma palavra que poderia significar "lugar" ou, se as letras estivessem mais bem-formadas, "vingança". Se o tema fosse esse, a legenda fazia algum sentido: "O melhor que meu camarada de Leningrado tem a fazer em Berlim é explorar o setor americano." Era ali que estava a solução do mistério, segundo o cartunista.

Alguém estava aconselhando Kuchumov a ter cuidado com a galinha chamada Strauss, disposta a jogar com a vida de outros para guardar um segredo de valor inestimável.

Havia mais alguém achando que Strauss estava mentindo, apesar de ter se oferecido para ajudar os soviéticos. Para compreender por que Strauss se lançara numa aventura tão arriscada, precisávamos de uma outra fonte, uma fonte objetiva que não tentasse influenciar nossa compreensão, alguém que pudesse também nos levar a Friedrich Henkensiefken, Schlossoberinspektor do Castelo de Königsberg. Não podia ser Stephan Strauss, o filho do doutor, tão empenhado em protegê-lo.

Ficamos divididos. O material que Nossa Amiga Professora obtivera no Arquivo de Literatura em São Petersburgo era sensacional e estávamos ávidos por ver o que mais havia lá. Por outro lado, um funcionário dos arquivos da Stasi também entrara em contato conosco para dizer que nossa solicitação fora aprovada. Decidimos ficar mais duas semanas em Berlim, enquanto Nossa Amiga Professora examinava o Arquivo de Literatura na Rússia para nós.

7

"AGÊNCIA FEDERAL PARA os Registros do Serviço Estatal de Segurança da antiga República Democrática Alemã" — a maioria das pessoas abrevia esse nome enorme para Ministério da Verdade.

Entramos na sua sede, transpondo portas de vidro laminado, às dez e meia da manhã. Guardas mulheres nos lançaram olhares ameaçadores atrás de telas de acrílico — para obter passes era preciso preencher formulários em três vias; era proibido entrar com máquina fotográfica, gravador ou caneta esferográfica. Às dez e cinqüenta fomos escoltados até a sala do funcionário graduado designado para acompanhar nossa pesquisa.

Das janelas do nono andar, o panorama podia ser visto claramente: bem em frente à congestionada Otto-Braun-Strasse, com suas cinco pistas e entrando pela cinzenta Alexanderplatz, o antigo eixo de Berlim Oriental. Ali, no dia 4 de novembro de 1989, quinhentos mil manifestantes se reuniram para vaiar o espião-chefe Markus Wolf, chamado para apaziguar os protestos públicos diários contra as intromissões da Stasi.[1]

Fomos conduzidos a uma sala que parecia uma caixa; as paredes estavam nuas e os únicos móveis eram uma grande mesa e quatro cadeiras, brancas e de plástico, dessas de jardim. Sentada numa delas está uma mulher fulgurantemente coberta de pérolas, como uma imperatriz japonesa: um globo em cada orelha, uma generosa volta no pescoço e um delicado cordão cingindo o pulso estriado de veias azuis. Enquanto falava, cuspindo as palavras como uma atiradeira, tamborilava na mesa com uma caneta de prata. “Então conseguiram seus passes?” Uma batida no livro. “Então foram aprovados?” Uma batida no livro. E assim foi, até que terminou de examinar, página por página, a enorme papelada que havíamos acumulado para ter acesso aos arquivos. O Ministério da Verdade tinha fama de ser terrivelmente burocrático, protegido por uma legislação labiríntica. Nossa esperança era que aquela entrevista introdutória não se alongasse demais.

A funcionária consultou seu relógio, a caneta pairando. “Infelizmente os senhores ainda não estão prontos para ver qualquer arquivo. Tenho de lhes explicar o procedimento.” Agora eram onze e quinze. Como se falasse com crianças indisciplinadas, ela continuou: “A tarefa dos senhores é difícil. Sou responsável por todos os arquivos relacionados com roubo de obras de arte e sua investigação dos períodos nazista e da Stasi. Esse estudo envolve o exame de mais de 1,1 milhão de documentos da era nazista e de mais dezenas de milhões de outros gerados pela Stasi. E somos apenas eu e mais nove colegas. Solicitações complexas de pesquisa chegam toda semana do mundo inteiro. Além da dos senhores.”

A Stasi começara como uma imagem espelhada, em ponto menor, da MGB de Victor Abakumov, que a patrocinara e presenteara com transcrições de interrogatórios soviéticos feitos no fim da guerra — a partir desse *kit* inicial, a RDA montara sua própria polícia secreta interna. Mas sob a orientação de Erich Mielke, que se tornara ministro de Estado para a Segurança em 1957, sofrera uma espécie de mitose marxista: seus departamentos iniciais de combate à espionagem, à sabotagem e à subversão haviam se subdividido em outras repartições responsáveis por coação, invasão da privacidade e traição. Por fim, havia 15 diretorias, 12 departamentos, quatro secretárias, o Dínamo Esporte Clube, o Regimento de Guarda Feliks Dzerzhinsky (batizado em homenagem ao chefe da Cheka soviética), um setor de publicações, uma escola de direito, um serviço médico, além de quatro grupos de trabalho, entre os quais um denominado, por incrível que pareça, Grupo de Trabalho Central para o Sigilo. Em seu apogeu, a

Stasi empregava 91.016 pessoas e dispunha de uma rede de 180 mil informantes (um para cada 62 civis).[2]

Os documentos da MGB sobre Strauss que havíamos recebido de São Petersburgo continham referências a três interrogatórios a que o doutor fora submetido em Berlim entre 1945 e 1949. Devia haver transcrições deles ali no Ministério da Verdade.

"Além disso há o princípio dos quatro olhos", a funcionária continuava falando. O regulamento datilografado que ela tinha nas mãos indicava que sua apresentação estava longe de terminar. Já eram onze e meia. "O princípio destina-se a eliminar por completo a intromissão em dados pessoais." Não adiantaria contestar, dizendo que, afinal, fora essa bisbilhotice que permitira a criação daqueles arquivos. "Por isso pelo menos dois membros do *staff* permanecem todo o tempo na sala quando uma pasta é aberta. Mas os documentos não estão realmente aqui, isto é, só temos cópias. Os originais estão onde sempre estiveram, em outro prédio, atualmente sob o controle da Agência Federal para os Registros do Serviço Estatal de Segurança da antiga RDA." Deu um tapinha num fichário, um caderno de folhas avulsas presas com ganchos, com ar protetor.

Todos os documentos originais da Stasi e da era nazista permaneciam na sede do falecido ministério, quase cinco quilômetros a leste dali, em Berlim-Lichtenberg, trancados em armários de aço especialmente projetados para sustentar o peso dos segredos de uma nação. A Stasi herdara o lugar, um conjunto de um prédio e meio na Normannenstrasse, em 1950. Nossa funcionária envolta em pérolas desfiou estatísticas: "Postos lado a lado, os documentos de papel se estenderiam por 122 quilômetros (...) As microfichas por 46,5 quilômetros. São 360 mil fotos; 600 mil negativos; 24 mil *slides*; 3.850 vídeos, 730 filmes e 100 mil registros sonoros."

Ninguém sabia de fato o vulto que a Stasi alcançara até 15 de janeiro de 1990, quando militantes pró-democracia do recém-formado Comitê de Cidadãos da RDA ocuparam os prédios e invadiram o arquivo central. Ali foram encontrados imensos fichários motorizados de cidadãos da RDA. Acima havia sete andares reforçados onde ficavam os documentos propriamente ditos e embaixo uma vasta sala vazia, forrada com cobre para evitar interferência eletrônica, em que a Stasi planejava instalar um supercomputador para mastigar mais depressa os dados colhidos pela espionagem.[3]

A funcionária sorriu. "Somos os supervisores de leitura. Não podemos falar com os funcionários que trabalham no arquivo central, no antigo ministério. Somos proibidos de visitar o arquivo central da Stasi — assim como os senhores. São eles que decidem, em caráter final, o que pode ou não ser liberado", declarou. O material liberado para consulta pública era enviado sob escolta pela Karl-Marx-Allee até a Otto-Braun-Strasse, onde supervisores como a que tínhamos diante de nós o submetiam a nova censura.

"Posso ser franca com os senhores?" Já vinha sendo. "Verão apenas um esqueleto de informação, pois só temos uma fração do que a Stasi realmente produziu. O que preservamos é um arquivo morto. Casos sem solução ou sem interesse, postos de volta na prateleira. Todas as pastas sobre assuntos atuais ou casos em andamento desapareceram."

Strauss morrera em 1984, seis anos antes de a Stasi ser extinta. Teria sido tempo suficiente para que se tornasse um caso sem interesse? E quanto a Kuchumov (morto em 1993)? E o Schlossoberinspektor Henkensiefken (que, como insistira o autor do cartum enigmático, era uma fonte vital para Kuchumov?) Ignorávamos por completo se estava vivo ou morto. Já eram onze e quarenta.

"Em janeiro e fevereiro de 1990, agentes conseguiram passar a mão até no que estava arquivado." Fotografias no saguão do Ministério da Verdade mostravam o interior de salas e depósitos da Stasi tal como haviam sido encontrados: malas postais abarrotadas de documentos a caminho de milhares de fragmentadoras de papel com que agentes as transformariam em montanhas de papel picado. Essas imagens, a primeira coisa em que batiam os olhos todos os que pretendiam obter alguma informação da Agência Federal, agouravam suas viagens de descoberta. Mas, ao subir de elevador ao nono andar, eles eram tranqüilizados por um cartaz que contava de que maneira, numa aldeia junto a Nuremberg, uma equipe da Agência Federal, conhecida como Equipe do Quebra-Cabeça, dedicava-se a colar os fragmentos de mais de 15 mil sacos de documentos recuperados em estado de fragmentação parcial. Estimava-se que levariam mais de 375 anos para completar a tarefa.

"Além disso, há leis", continuava a funcionária. Eram onze e cinqüenta. "A leitura de dossiês é regulada pelo Ato sobre os Registros da Stasi de 1991. Segundo a Seção 32, cabe-me estabelecer se as pessoas que os senhores estão investigando são 'personagens históricos contemporâneos'. Essas pastas só estão disponíveis para exame caso 'nenhum interesse prioritário dessas pessoas, digno de proteção, possa ser prejudicado'." Seu dedo acompanhava o fraseado da lei. "Portanto, eliminarei toda informação desnecessária à sua pesquisa. Riscarei tudo que disser respeito a terceiros. Os senhores não receberão nenhum documento original. Apenas fotocópias. Fotografias? Só podem ser obtidas se já forem de domínio público." Assentimos, embora tudo aquilo fosse quase incompreensível. A Agência Federal tinha sido criada para que as vítimas da Stasi pudessem ler suas fichas, mas, ao que parecia, um cidadão poderia levar a vida inteira para conseguir acesso à sua.

"Lamentavelmente para os senhores", pensávamos que ela já chegara ao fim!, "há também novas considerações." Demos um suspiro. "A lei sofreu emendas recentemente e todos os dossiês que já censuramos terão de passar por nova censura." O ex-chanceler da Alemanha Ocidental, Helmut Kohl, lutara para a introduzir a legislação que abriu os arquivos da Stasi em 1991. Mas recentemente o próprio Kohl havia provocado seu fechamento. Depois de ser condenado por receber uma contribuição ilegal de nove mil dólares para a União Democrática Cristã, e de aceitar pagar uma multa para ser inocentado, Kohl moveu uma ação contra a Agência Federal quando veio à tona que documentos da Stasi (entre os quais transcrições de conversas telefônicas grampeadas pela agência na sede do partido) poderiam lançar uma luz mais forte sobre suas atividades. Em março de 2002 um tribunal decidiu que a privacidade de Kohl seria invadida se esses documentos da Stasi fossem divulgados. O resultado era que milhões de pessoas que não tinham tido nenhum direito à privacidade nos tempos da RDA passariam a ter muito mais dificuldade para descobrir como, por quem e por quê haviam sido investigadas e o que constava contra elas.[4] Toda vez que alguém requisitasse um dossiê pessoal, seria preciso que as pessoas mencionadas, mesmo que fossem ex-agentes da Stasi, autorizassem sua liberação. "Mas os senhores estão com sorte. Como esse processo de recensura para esses dossiês ainda não começou, terão uma pequena janela de oportunidade."

Só tínhamos mais 12 dias para passar em Berlim antes da data marcada para nosso retorno a São Petersburgo. O relógio da funcionária marcava agora meio-dia e dez. "Talvez encontrem referências úteis aqui", diz ela, passando-nos um fichário de folhas A4 sobre a mesa.

Tínhamos diante de nós fotocópias de quarta geração tão borradas com marcador preto que eram quase ilegíveis. Manejando diligentemente um furador de papel, alguém picotara palavras das páginas e o encarregado de fazer aquelas cópias alinhara o papel tão mal que o leitor tinha de adivinhar a primeira palavra de cada linha. Além disso, havia o ubíquo carimbo da própria Agência Federal. Aparecia com tanta freqüência que mais palavras ficavam obliteradas sob ele. O marcador preto indelével fora aplicado de maneira relaxada. Numa página, o mesmo nome riscado numa linha aparecia por extenso sete linhas abaixo. Em duas pequenas fotografias de passaporte, os rostos haviam ganhado máscaras de Zorro feitas com marcador preto. O único fato óbvio que aqueles papéis nos revelavam de saída é que todos haviam sido preparados ou arquivados por um agente da Stasi cujas iniciais eram P. E.

Apesar de tudo, o que tínhamos diante de nós era algo completamente inesperado. Embora a data tivesse sido obscurecida no primeiro documento, não foi difícil inferir o ano a partir do texto. Não se tratava de um interrogatório a que Gerhard Strauss tivesse sido submetido pela MGB; era um relatório oficial escrito pelo próprio Strauss para o Dr. Paul Wandel, a respeito de sua viagem a Kaliningrado em dezembro de 1949. Estávamos tendo a chance, portanto, de ver o interrogatório do Hotel Moscou do ponto de vista oposto.

Essa versão era surpreendentemente diferente daquela fornecida por Kuchumov. Nela Strauss acusava Kuchumov de mantê-lo praticamente em cárcere privado após interrogá-lo. Declarava ter ficado detido em Kaliningrado durante várias semanas enquanto seu colega soviético resolvia fazer uma escavação insensata. Segundo ele, "o solo estava duro como pedra por causa das temperaturas negativas. Consumiram-se vários dias abrindo uma passagem através do antigo Portão Albrecht [do castelo] para que a escavadeira soviética necessária pudesse passar. Ela era enorme."

Strauss afirmava que Kuchumov estava tão desesperado por encontrar a Sala de Âmbar que escavava aleatoriamente:

> Disse-lhe que aquilo era inútil sem um conjunto adequado de plantas do castelo, coisa que eu poderia encontrar em Berlim. Ele me afirmou, aos gritos, que sabia mais do que eu sobre a disposição de um lugar onde eu trabalhara durante anos. Foi simplesmente exasperador. Vários dias foram gastos na remoção do entulho que cobria os vestígios nos porões da ala sul. Tentei fazê-lo ver que só encontraria ali paredes desmoronadas, mas ele não acreditou até ver com seus próprios olhos.[5]

Não havia nenhuma menção a boatos, a informações de segunda mão, a listas desesperadas de nomes, às vacilações de Strauss sob o peso das perguntas de Kuchumov. Por outro lado, Kuchumov não mencionara a idéia insensata de empreender uma grande escavação em Kaliningrado em pleno inverno. Não tínhamos idéia de quem está dizendo a verdade.

Foi só quando procuramos uma biografia de Paul Wandel, o destinatário do relatório de Strauss, que pudemos avaliar a real importância daquele documento. Um dos primeiros membros do Partido Comunista Alemão (KPD), Paul Wandel fugiu para a Rússia em agosto de 1931. Em Moscou, foi selecionado para a Escola Lenin (de espionagem), em que só os quadros mais promissores eram admitidos. Formou-se no Instituto Marx-Engels, onde foi apresentado a um camarada alemão mais velho, Wilhelm Pieck. Durante a guerra, foi secretário particular de Pieck e nas horas de folga transmitia pelo rádio propaganda antifascita destinada a debilitar o moral da Wehrmacht. Após o retorno da liderança do KPD a Berlim em julho de 1945, o líder comunista alemão Walter Ulbricht nomeou Wandel e Pieck para altos cargos no governo: Wandel assumiu o Ministério da Educação e Pieck foi o primeiro presidente da RDA.[6]

Ao escrever a Paul Wandel, Strauss estava de fato expondo o que pensava sobre a Sala de Âmbar para o presidente Pieck e, por extensão, para Ulbricht, o secretário-geral do Partido Socialista Unificado (SED) que governava a Alemanha Oriental. Embora o partido mal tivesse um ano de idade, seu comitê central parecia tão preocupado com o destino da Sala de Âmbar quanto o SovNarKom. Estávamos começando a fazer idéia do poder político que continuava impelindo a busca da Sala de Âmbar até nossos dias. Mas continuávamos sem compreender por quê.

"Posso?" A funcionária estava de volta, a mão estendida para o fichário. Meio-dia e meia. "Nosso expediente está encerrado por hoje."

Na manhã seguinte estávamos de volta. Um fichário esperava por nós numa das anódinas salas brancas do Ministério da Verdade. Dentro, mais páginas mutiladas, carimbadas, borradas, rabiscadas, mas pudemos ver que eram todas da autoria do Dr. Gerhard Strauss. Pelo que sabíamos, Strauss tivera um desempenho tão ruim em Kaliningrado que nos parecera não ter nenhuma contribuição a dar quanto à procura da Sala de Âmbar. Era uma testemunha incidental, que desapareceria. No entanto, diante de nós, em documentos secretos que entregara a seus superiores na RDA, parecia incansável, gerando montes de informação sobre a Sala de Âmbar. Vaidoso, ingênuo, falso, fosse quem fosse o verdadeiro Strauss, ele tinha um papel muito mais importante na procura da Sala de Âmbar do que havíamos imaginado anteriormente.

O primeiro documento nesse fichário era mais um relatório escrito por Strauss em 1950 para o Dr. Paul Wandel. Strauss fazia uma análise detalhada de tudo de que podia se lembrar com relação aos acontecimentos de 1945. E era um bocado. Relatava que em 15 de janeiro de 1945 voltara a Königsberg, após uma viagem pelos castelos na Prússia Oriental e ficara sabendo de planos para evacuar obras de arte do castelo da cidade. Encontrara o Dr. Alfred Rohde e dez operários cercados por caixotes cheios pela metade, edredons e travesseiros no pátio do castelo. Lembrava-se até dos nomes do ferreiro e do marceneiro que estavam fazendo os caixotes: Herr Weiss e Herr Mann. Rohde queixara-se de que sua tarefa de evacuar tesouros estava sendo retardada por causa de suas responsabilidades adicionais como Leutnant da Volkssturm (a guarda interna nazista). Em vez de retirar secretamente obras de arte de valor incalculável da cidade condenada, estava cavando trincheiras.

Strauss relatava que havia aconselhado Rohde a agir imediatamente, em particular com relação à Sala de Âmbar. Mas Rohde informara-o de que ela tinha tal valor para a hierarquia nazista que não seria possível removê-la sem autorização do Dr. Helmut Will, o Oberbürgermeister da cidade. Obter essa permissão estava se provando difícil. Depois disso Strauss deixara a cidade para cumprir outras obrigações como supervisor da defesa antiaérea, tendo retornado apenas no início de março de 1945, ocasião em que não vira sinal de Rohde. A última coisa que Strauss ouvira sobre a Sala de Âmbar fora dita por um funcionário subalterno do Ministério da Cultura, que lhe contara que ela fora removida para "algum lugar a leste de Görlitz". Era essa, portanto, a fonte de sua história de Görlitz, o gancho da carta que escrevera em 1949 ao major Kunin em Berlim, oferecendo ajuda aos soviéticos na procura da Sala de Âmbar. Strauss escrevera então: "Em março de 1945 chegou aos meus ouvidos que a Sala de Âmbar deveria ser removida para determinado lugar, a leste de Görlitz."

Não havia nada de casual, portanto, no passo que ele dera em 1949, oferecendo sua ajuda. Antes de viajar a Kaliningrado naquele ano, o doutor passara quatro anos pesquisando o destino da Sala de Âmbar, valendo-se de documentos do arquivo soviético de dossiês nazistas em Potsdam, uma área fortemente militarizada a sudoeste da cidade sitiada de Berlim. A Administração Militar soviética havia descoberto esconderijos de dossiês nazistas por toda a Alemanha e os havia trancado naquele arquivo de segurança. Para ter acesso a eles, Strauss provavelmente oferecera seus serviços como tradutor e convencera os soviéticos de suas credenciais comunistas. Mesmo assim, não conseguíamos compreender por que um homem que parecia ter merecido a confiança das autoridades soviéticas em Berlim tratava com desdém seu camarada Kuchumov em Kaliningrado.

Strauss estudara exaustivamente o plano nazista para evacuar obras de arte de Königsberg e, embora só fosse se encontrar com Anatoli Kuchumov em dezembro de 1949, essa pesquisa mostra que, mesmo trabalhando independentemente, os dois homens acatavam a mesma teoria quanto ao destino da Sala de Âmbar — a de que ela não havia sido destruída no Salão dos Cavaleiros.

No dossiê preparado para Wandel em 1950, Strauss citava uma carta do Gauleiter Koch datada de novembro de 1944. Nela, Koch avisava a Martin Mutschmann, o Gauleiter da Saxônia, que, em razão do agravamento da situação militar da Prússia Oriental, estava enviando um funcionário de museu para Dresden, na Saxônia, para procurar depósitos possíveis onde abrigá-las.

Em novembro de 1944 a Saxônia ainda era um porto seguro, com grande número de minas desativadas, cavernas e fortalezas medievais em que coisas de valor podiam ser escondidas. Era também uma passagem para a Baviera e a Áustria, onde o Alto Comando nazista construíra suas casas empoleiradas nas alturas e Hitler tinha seu Q.G. meridional, o Ninho da Águia em Berchtesgaden.

O dossiê de Strauss continha um outro documento da época da guerra endereçado a Wandel. Era um relatório escrito pelo homem que Koch escolhera como emissário: Helmut Friesen, chefe da Seção de Monumentos Provinciais em Königsberg. Friesen chegara a Dresden em 22 de novembro de 1944 e encontrara-se com Arthur Gräfe, chefe do Departamento de Coleções de Arte e Ciências e dos Castelos, Jardins e Bibliotecas do Estado da Saxônia. Um relato desse encontro escrito por Gräfe revelava que os dois haviam discutido "a guarda de tesouros artísticos insubstituíveis e de elevado valor monumental" e identificado um deles como "a famosa Sala de Âmbar, um presente de Frederico, o Grande ao czar Pedro III [*sic*] que fora salvo após o bombardeio aéreo em Königsberg".[7]

Portanto Strauss havia provado que, em novembro de 1944, duas figuras importantes do *establishment* cultural do Terceiro Reich, agindo sob as ordens de dois Gauleiters nazistas, haviam começado a discutir a evacuação da Sala de Âmbar em face da certeza de que Königsberg não era mais segura.

Segundo Arthur Gräfe, locais adequados para essa armazenagem estavam escassos, restando apenas seis que Friesen poderia examinar: os castelos Sachsenburg, Kriebstein, Wechselburg, Albrechtsburg, Augustusburg e Grossgrabe Manor. No dia 24 de novembro, Mutschmann aprovou o uso desses seis castelos como depósitos de obras de arte da Prússia Oriental e Friesen retornou a Königsberg.

Em 1º de dezembro de 1944, Arthur Gräfe fora avisado da chegada próxima de um segundo funcionário da Prússia Oriental, que supervisionaria a transferência de obras de arte daquela região para a Saxônia. Strauss encontrara um telegrama de Königsberg que comunicava a Gräfe o nome desse funcionário: Dr. Alfred Rohde. A pesquisa de Strauss na Alemanha corroborava os documentos encontrados por Brusov na fogueira acesa por Rohde no Castelo de Königsberg em junho de 1945: um relatório da viagem de Rohde à Saxônia e suas autorizações para viajar.

Quando Rohde chegara a Dresden, em 4 de dezembro de 1944, porém, o Castelo Sachsenburg, a oeste de Chemnitz, estava sendo usado como centro de testes para armas biológicas. Albrechtsburg, perto de Meissen, fora ocupado com o acervo da Galeria de Dresden, que incluía a *Madona Sistina* de Rafael. O Reichsleiter Martin Bormann, a sombra de Hitler, requisitara Augustusburg, também perto de Chemnitz, como depósito para a Chancelaria do Reich e agora ele abrigava bens pessoais de Hitler, entre os quais vários pianos de cauda e os móveis de Otto von Bismarck. Grossgrabe Manor, próximo de Kamenz, estava cheio de peças de museu retiradas de Dresden. Só restavam portanto, para Alfred Rohde, duas possibilidades: os castelos Wechselburg e Kriebstein.

Sabíamos pelo relatório de Rohde sobre sua missão na Saxônia, analisado por Kuchumov em 1946 que, em 4 de dezembro de 1944, Rohde e Gräfe viajaram oitenta quilômetros para o oeste a partir de Dresden, penetrando no coração do vale Zwickauer Mulde. Antes da guerra essa região tranqüila atraía muitos turistas alemães, que se encantavam com seus castelos providos de torreões e suas fortalezas sobre penhascos escarpados. Agora ela servia para lembrar ao Alto Comando nazista a natureza indômita dos aliados. Ali se situava o Campo Colditz, um campo para oficiais aliados aprisionados, 130 do quais haviam conseguido fugir, escalando muros de 2,15 metros e descendo por um rochedo de 76 metros.

Numa entrevista posterior, Gräfe lembrara que estava nevando quando chegaram a Wechselburg, um castelo barroco construído junto de uma basílica de oitocentos anos de idade, cerca de vinte quilômetros ao sul de Colditz.[8] Monges estavam preparando a igreja para o Natal e um deles guiara Gräfe e Rohde numa visita aos dois prédios. Rohde pedira permissão para usar "cômodos desocupados na igreja do palácio [e no próprio palácio], o grande salão do térreo, além de uns cinco ou seis outros aposentos". Embora isso significasse desalojar centenas de famílias ali refugiadas, Gräfe ordenara à capital distrital de Rochliz que requisitasse o espaço "em favor das coleções de arte do município de Königsberg".

Strauss escrevera em seu dossiê para Paul Wandel que Rohde e Gräfe haviam deixado Wechselburg ao anoitecer e seguido para Kriebstein, uma fortaleza gótica vinte quilômetros a leste. Em dezembro de 1944 essa viagem havia provavelmente durado mais de uma hora. O nível de tensão era elevado e Rohde e Gräfe deviam ter passado por dúzias de comboios militares que rumavam para o *front* oriental. Pequenos grupos de soldados alemães guarneciam barreiras ao longo da estrada. Podemos imaginar a cena, o carro sendo parado sob a neve, sentinelas trêmulas esperando impacientemente à janela do motorista para examinar papéis à luz de lanternas.

Rohde e Gräfe haviam chegado a Kriebstein por volta das oito horas da noite. A visão do castelo de seiscentos anos, empoleirado sobre um contraforte gelado sobre o rio Zschopau, ao luar, devia ter sido impressionante. Sabemos por fotografias que, em seu interior, galhadas de veado ornamentavam as paredes de compridos corredores abobadados, enquanto longas bandeiras rubras estampadas com a suástica pendiam do teto de um salão de banquete. Vários aposentos já estavam cheios de peças de museu vindas de Dresden. Ainda havia espaço, porém, para coisas "insubstituíveis". Num relatório apresentado por Gräfe a seus superiores (e encontrado por Strauss), ele escrevia: "Quatro cômodos aquecidos na casa que se ergue sobre o portão do castelo Kriebstein a serem postas à disposição das coleções de arte municipais de Königsberg. Além disso, Herr Rohde ficaria muito satisfeito se lhe fosse cedido o salão de banquete para o armazenamento de objetos de maiores dimensões das coleções de Königsberg."[9] A expressão "objetos de maiores dimensões" podia também referir-se à Sala de Âmbar, Strauss advertiu Paul Wandel, acrescentando que Rohde escolhera bem o lugar. Ao lado do Castelo Kriebstein havia uma pequena fábrica de peças de avião que dispunha de um ramal ferroviário próprio, que a ligava diretamente à Reichsbahn.

Depois de provar a intenção dos nazistas de evacuar a Sala de Âmbar para um de dois castelos na Saxônia, Strauss passava a tentar provar que a remoção realmente ocorrera. Avisava a Wandel, no entanto, que só conseguira encontrar em Berlim uma única carta relativa a qualquer dos dois castelos. Era de um funcionário da Reichsbahn para o administrador do Castelo Kriebstein, datada de 19 de dezembro de 1944. Mencionava que dois vagões de trem especialmente cedidos haviam partido da capital da Prússia Oriental e estavam a caminho de lá. Nessa altura Strauss cometeu um erro. Aqueles vagões não podiam conter a Sala de Âmbar, já que a data da carta do ferroviário e o lugar que ele mencionava conflitavam com os dados de uma carta escrita por Alfred Rohde em 12 de janeiro de 1945: três semanas depois da partida dos dois vagões de trem especialmente cedidos para Kriebstein, ele comunicara a seus superiores que a Sala de Âmbar continuava em Königsberg e estava sendo encaixotada para poder ser removida para o Castelo Wechselburg.

A pesquisa de Strauss foi interrompida por sua viagem a Kaliningrado, onde ele parecia ter ocultado do curador Kuchumov quase tudo que compilara nos arquivos soviéticos. Sendo um nativo da Prússia Oriental, tendo trabalhado em Königsberg, talvez tivesse sentimentos possessivos, julgando que era a ele que cabia decifrar aquele mistério e gozar da glória e das recompensas correspondentes. Mas era igualmente possível que os relatórios de Kuchumov tivessem sido expurgados.

Uma coisa, porém, ficava evidente a partir dos documentos do Ministério da Verdade que tínhamos diante de nós: ao voltar de sua malograda missão em Kaliningrado, Strauss fora recompensado por seu próprio governo. Uma carta assinada por Wandel, datada de junho de 1950, elogiava Strauss por ter, "por iniciativa própria", vasculhado a zona soviética em busca de valiosas obras de arte desaparecidas, entre as quais a Sala de Âmbar. Strauss foi então oficialmente nomeado pelo governo da RDA chefe de uma nova investigação sobre o destino da Sala de Âmbar.[10] Estava-se disputando uma corrida: duas investigações paralelas estavam em curso, uma chefiada por um graduado curador dos palácios de Leningrado, a outra, por um graduado burocrata da área cultural da RDA.

Segundo os documentos guardados no Ministério da Verdade, Strauss começou sua nova investigação escrevendo para todos os joalheiros da RDA, pedindo-lhes que comunicassem qualquer aumento perceptível ocorrido no número de peças de âmbar entalhadas que entrara no mercado desde 1945. Estava procurando provas de que a Sala de Âmbar fora levada para a Alemanha e desmontada.

Strauss ordenou também que todos os castelos da nova República fossem vistoriados e todos os seus novos ocupantes interrogados.

Além disso, recebeu permissão para chefiar pessoalmente investigações na Saxônia, lugar que Kuchumov não pudera visitar em 1947 durante sua estada na Alemanha, por ter sido obrigado a dedicar todo o seu tempo à catalogação de obras de arte soviéticas no depósito Derutra, em Berlim.

Um relatório escrito por Strauss para Wandel em junho de 1950 confirmava que sua primeira parada fora o Castelo Kriebstein, um dos dois selecionados por Rohde em dezembro de 1944. Strauss conseguira o que para Kuchumov nunca passara de um sonho: encontrar testemunhas. O curador de museu Walfried Kunz lhe contara que, em abril de 1945, o Castelo Kriebstein, repleto de obras de arte vindas de todo o Reich (inclusive Königsberg), fora tomado de assalto pelo Exército Vermelho. Segundo Kunz, o comandante soviético baseado na vila próxima de Waldheim confiscara imediatamente todas as obras de arte que abarrotavam o salão de banquete, a casa sobre a porta do castelo e outros cômodos. Kunz recebera ordens de ajudar a abrir e classificar os caixotes. Mas a Sala de Âmbar não fazia partes desses despojos.

Não era só isso. Kunz informara a Strauss que uma brigada especial do Exército Vermelho chegara a Kriebstein em julho de 1945 e promovera uma outra busca. Parecia haver conhecedores de arte entre os homens e Kunz afirmara tê-los ouvido conversar sobre Königsberg e obras que haviam desaparecido de lá. Mas, até onde Kunz sabia, os soviéticos não tinham achado mais nada. Diante disso, Strauss voltara sua atenção para o Castelo Wechselburg, descartando Kriebstein como esconderijo possível para a Sala de Âmbar.

Em Wechselburg, encontrara um velho padre católico, Gottfried Fussy, que era zelador da basílica havia mais de trinta anos. Fussy confirmou que em dezembro de 1944 havia mostrado os prédios ao Dr. Alfred Rohde e a um administrador de museu de Dresden (Arthur Gräfe), mas não soubera de mais nada até que Gräfe retornara pouco antes da rendição alemã. Strauss escrevera: "[Fussy] soube então [por Gräfe] que os vagões enviados de Königsberg não haviam chegado ao destino. As linhas férreas haviam sido interrompidas pelo exército soviético perto de Elbing." Segundo o padre Fussy, os primeiros visitantes a chegar depois disso haviam sido soldados americanos, em meados de abril. Strauss relatava a Wandel: "Eles encontraram um pequeno número de caixotes e os levaram."

Strauss sentiu-se capaz de transmitir uma única conclusão a seus superiores. Planos de alto nível haviam sido traçados para a remoção da Sala de Âmbar para a Saxônia, mas haviam sido abortados por movimentos das tropas aliadas e a interrupção das vias de transporte que saíam da Prússia Oriental. No entanto, escreveu Strauss, dada a importância desses planos, os graduados funcionários nazistas envolvidos neles e o valor atribuído à Sala de Âmbar como um "tesouro insubstituível", era "inconcebível" que a Sala de Âmbar tivesse sido simplesmente abandonada no inseguro Salão dos Cavaleiros, num castelo em ruínas no epicentro de uma cidade sitiada cujo futuro se tornava mais sombrio a cada hora que passava. Não. A Sala de Âmbar havia sobrevivido à guerra, escondida em algum lugar em Königsberg.

Havia apenas mais um documento naquele fichário do Ministério da Verdade: uma edição de 1959 de *Freie Welt*, uma revista ilustrada publicada pela Sociedade da Amizade Germano-Soviética, que continha uma matéria "exclusiva" em duas partes intitulada "Onde está a famosa Sala de Âmbar?".

O artigo começava assim: "Pela primeira vez todos os cidadãos da RDA conhecerão a verdadeira e fascinante história da Sala de Âmbar, graças à generosidade de nosso editor-convidado, o professor Dr. Gerhard Strauss, diretor da Faculdade de História da Arte da Universidade de Humboldt, em Berlim."

Surpreendeu-nos que Strauss revelasse a seus concidadãos algo que até então havia sido um segredo de Estado: "uma investigação secreta sobre o destino do maior tesouro da União Soviética". Strauss informava aos leitores que, ao contrário do que concluíra anteriormente o professor Aleksandr Brusov do Museu Histórico do Estado, de Moscou, a Sala de Âmbar não fora destruída por ocasião da derrota de Königsberg. Continuava desaparecida e pedia-se aos leitores que escrevessem para *Freie Welt* transmitindo qualquer informação que pudesse ajudar os camaradas soviéticos a encontrar aquele tesouro nacional.

Era inadmissível que uma revelação como essa tivesse sido publicada sem as bênçãos da Stasi e da KGB. Isso, por sua vez, suscitava a possibilidade de que o recém-promovido professor Dr. Gerhard Strauss fosse um influente agente soviético ou um informante da Stasi. Estava se tornando cada vez mais difícil desemaranhar os fios daquela intriga da Guerra Fria.

Voltamos aos arquivos russos. Numa tentativa de compreender a natureza precisa da relação entre Anatoli Kuchumov e o professor Dr. Gerhard Strauss, solicitamos todo o material relativo à década de 1950 existente no dossiê do curador de Leningrado. Recebemos um pacote magro de São Petersburgo. Nossa Amiga Professora dizia que andava muito ocupada e que não pudera visitar o Arquivo de Literatura tão freqüentemente quanto teria desejado. Além disso, dizia-nos que a diretora do arquivo pretendia limitar nossa pesquisa — tínhamos apenas mais seis dias para fazê-la. Como ainda não podíamos voltar para a Rússia, só nos restava confiar na professora.

O que recebemos foi um livro com recortes colados, em cuja capa estava escrito, em letras graúdas e sem firmeza, as palavras: YANTARNI KOMNATA, a Sala de Âmbar.[11]

O volume continha páginas de artigos de jornal e devia ser um daqueles vistos por Vladimir Telemakov, o jornalista encarregado do diário dos operários da fábrica de autopeças, em sua única visita ao apartamento de Kuchumov.

Folheamos as matérias sobre o tempo da guerra, até encontrarmos três longos recortes do *Kaliningradskaia Pravda*, um jornal soviético de texto muito cerrado. O uso de fotografias era espartano — nada devia interromper as colunas de dogma em letras microscópicas que enchiam página após página, como linguagem de computador. Mas na metade do primeiro artigo uma foto borrada de Königsberg devastada pela guerra e as palavras "*Yantarni Komnata*" nos chamaram a atenção e decidimos traduzir a série.

Escrito por Vladimir Dmetriev, o primeiro artigo, datado de 6 de julho de 1958, intitulava-se "A busca da Sala de Âmbar desaparecida continua".[12] Dmetriev revelava a seus leitores que aquele era o início de uma série exclusiva em três partes em que "pela primeira vez todos os cidadãos da URSS conhecerão a verdadeira e fascinante história da Sala de Âmbar". Acabáramos de ler uma frase idêntica, só que em alemão.

Dmetriev escrevia sobre algo que, até aquele momento, fora um segredo de Estado: "uma investigação secreta sobre o destino do maior tesouro da União Soviética, a Sala de Âmbar do Palácio de Catarina". Informava a seus leitores que, "ao contrário do que concluíra anteriormente o professor Aleksandr Brusov do Museu Histórico do Estado, em Moscou, a Sala de Âmbar não havia sido destruída na queda de Königsberg e continuava desaparecida". Strauss faria exatamente as mesmas afirmações um ano mais tarde em *Freie Welt*.

O repórter Dmetriev relatava que, em dezembro de 1949, participara da "missão ultra-secreta para a procura da Sala de Âmbar em Kaliningrado", uma investigação realizada por ordens do ObKom (Comitê do Partido Comunista no *oblast*) e autorizada pelo SovNarKom em Moscou. "Fiquei realmente envolvido e entusiasmado. Nunca fizera nada de tão interessante. Todos os dias comunicávamos ao ObKom as medições que havíamos feito no castelo e durante a noite analisávamos os resultados, como se aquilo fosse um complicado quebra-cabeça." Ficou claro para nós que Dmetriev estava se referindo àquela mesma expedição que Kuchumov chefiara e para a qual Gerhard Strauss fora chamado.

Ela devia ser secreta, mas Dmetriev continuava: "Foi um trabalho de extrema importância. Soldados, sapadores, engenheiros, oficiais, especialistas em drenagem com bombas d'água, geradores para iluminar entulho, túneis e *bunkers* foram mobilizados para ele. Eu andava por fortalezas e propriedades dando tratos à bola: onde poderia estar a Sala de Âmbar?" Intrigou-nos que Kuchumov não tivesse feito nenhuma menção a um valoroso membro da equipe chamado Vladimir Dmetriev, mas então nos demos conta de que, até aquele momento, só sabíamos, sobre a missão de 1949, o que se passara no quarto do Hotel Moscou em que Kuchumov interrogara e intimidara Gerhard Strauss.

A matéria do *Kaliningradskaia Pravda* revelava que uma equipe formada por especialistas e quadros do Partido Comunista de primeira linha estava no encalço dos nazistas sobreviventes, que poderiam conhecer as coordenadas da localização secreta da Sala de Âmbar. "Escrevam", Dmetriev instava a seus leitores. "Enviem-nos todas as informações que tenham." Dmetriev mostrava-se particularmente eufórico por ter ajudado a encontrar Helmut Will, Helmut Friesen, Gerhard Zimmerman, Ernst Gall e Friedrich Henkensiefken. Sem dúvida não era por coincidência que esses nomes estavam também na lista de alemães desaparecidos feita por Kuchumov e que um deles, Friedrich Henkensiefken, era o Schlossoberinspektor do Castelo de Königsberg mencionado no cartum enigmático enviado de Berlim para o curador-geral.

O segundo artigo do *Kaliningradskaia Pravda* fora publicado três dias depois, em 9 de julho de 1958. Nessa matéria, Dmetriev revelava que a primeira investigação soviética sobre o destino da Sala de Âmbar, em maio de 1945, organizada pelo professor Aleksandr Brusov, fora um fiasco. Usando uma série de nomes fictícios transparentes, Dmetriev fazia um ataque mordaz a "Viktor Barsov" (Aleksandr Brusov) e à sua colaboradora "camarada Beliaev" (Tatiana Beliaeva), acusando-os de relapsos e incapazes de seguir as pistas mais óbvias. "Barsov" era um "palerma" que deixara de interrogar a testemunha-chave para a investigação, o Dr. Alfred Rohde, diretor do Museu do Castelo de Königsberg, acerca da Sala de Âmbar, em parte porque "não sabia que [a Sala de Âmbar] fora retirada do Palácio de Catarina".

Essas afirmações conflitavam em cheio com o diário do próprio professor Brusov, em que havíamos lido que seu objetivo primordial era viajar a Königsberg para trazer de volta a Sala de Âmbar e que Rohde era sua principal fonte de informação. Dmetriev estava mentindo.

Em seguida ele afirmava que "Barsov" só entrara em contato com Rohde e sua mulher por acaso, quando os contratara para ajudá-lo a vasculhar o castelo em busca de outros tesouros desaparecidos, dando-lhes a mesma paga e rações de comida que os auxiliares soviéticos recebiam. "Rohde e sua mulher tiveram uma vida e um trabalho maravilhosos e confortáveis", escrevia Dmetriev, "até desaparecerem."

De uma "fonte militar de alto nível", Dmetriev ficara sabendo que de fato Rohde e a mulher não haviam morrido de doença, desnutrição ou suicídio. "Ambos foram envenenados", revelava Dmetriev, "assassinados para que parassem de revelar pistas da localização secreta da Sala de Âmbar." Segundo Dmetriev, as duas certidões de óbito encontradas por "Barsov", declarando que Rohde e a mulher haviam contraído disenteria, eram falsas e que o médico que as assinara após ter pretensamente submetido seus corpos a uma autópsia desaparecera. Quando as autoridades soviéticas abriram os túmulos para reexaminar os corpos, não havia nada neles. "Até hoje o verdadeiro túmulo [de Rohde] não foi encontrado", escrevia Dmetriev. No entanto sabíamos que Brusov escrevera em seu diário que Rohde ainda estava vivo quando ele deixara a cidade em julho de 1945.

O segundo artigo de Dmetriev encerrava-se com uma confissão de "Barsov" que nos deixou assombrados. "Sou um historiador" teria ele declarado ao jornal. "Sou ingênuo com relação ao caráter das pessoas. Não sou capaz de perceber seu estado de espírito. Não consigo distinguir se uma pessoa está alegre ou triste. Isso se tornou um problema quando recebi ordens para procurar tesouros com o Exército soviético."

Era difícil conciliar essas palavras com aquelas do diário que havíamos lido. "Barsov"/Brusov havia sido obrigado a fazer essa declaração pública humilhante por razões que ainda não podíamos compreender, ou todo aquele artigo era uma invenção.

A terceira e última parte da série, publicada no *Kaliningradskaia Pravda* em 12 de julho de 1958, era muito menor mas igualmente explosiva, pois abordava a questão da traição. O repórter Dmetriev escrevia que fontes militares lhe haviam revelado que alguns curadores de museu soviéticos eram traidores que colaboravam com os nazistas. "Nossos amigos alemães e seus ajudantes soviéticos conhecem o segredo da Sala de Âmbar. Ela não foi incinerada. Ainda não foi encontrada. A busca continua. Caros camaradas, enviem seus comentários e propostas para o *Kaliningradskaia Pravda*."

Os artigos de *Freie Welt* e do *Kaliningradskaia Pravda* continham idiossincrasias e erros idênticos. Ambos chamavam a filha de Rohde de Ilse e afirmavam que deixara Königsberg em 1944, quando seu nome era Lotti e ela permanecera na cidade até 1945. Ambos estampavam a mesma autocrítica canhestra que teria sido feita pelo palerma "Barsov". Ambos continham as revelações idênticas de que Alfred Rohde fora assassinado e de que a Sala de Âmbar sobrevivera à queda de Königsberg. Seria fácil descartar os dois artigos como falsificações, se não tivéssemos descoberto em seguida que a mesma matéria fora reproduzida em *Soviet Russia* em 21 de junho de 1959 e pelo jornal soviético *Linha de Frente* seis dias depois, bem como por todas as edições regionais do *Pravda*.

Depois dos anos de silêncio que haviam se seguido à entrevista dada por Brusov à TASS em 13 de julho de 1945, anos em que nem sequer uma palavra fora dita sobre o destino da Sala de Âmbar, surgia uma história inteiramente nova. Quando pusemos lado a lado todas as versões do caso publicadas na União Soviética e na RDA, ocorreu-nos subitamente que o que tínhamos diante de nós era uma campanha deliberada para pôr fim a qualquer idéia que ainda persistisse de que a Sala de Âmbar fora destruída no Salão dos Cavaleiros do Castelo de Königsberg em abril de 1945. Negava-se que a sala fora perdida e tentava-se desviar as atenções para os nazistas, que teriam evacuado a Sala de Âmbar do Castelo de Königsberg e a levado ninguém sabia para onde. Com a idéia perturbadora de traidores em seu meio, todos os bons camaradas deviam se unir e ajudar a procurar esses nazistas, para que a Sala de Âmbar pudesse ser devolvida à União Soviética. Tinha de haver um objetivo por trás de uma campanha como aquela.

Precisávamos de ajuda, idealmente de um dos responsáveis por aquela matéria. Ela fora publicada primeiro no *Kaliningradskaia Pravda*, mas quando telefonamos para o jornal disseram que ninguém lá sabia quem era Vladimir Dmetriev. Um contato em Moscou, que montara um banco de dados sobre jornalistas, disse que nunca houvera nenhum jornalista chamado Vladimir Dmetriev registrado. Era provável, portanto, que esse fosse um pseudônimo e de repente nos ocorreu que Dmetriev poderia ser Anatoli Kuchumov, o homem enviado para a reabrir a busca da Sala de Âmbar, um antagonista do professor Brusov. Teria sido do interesse de Kuchumov desacreditar os achados de seu predecessor. Pela primeira vez, notamos que o nome de Kuchumov estava ausente de todos esses artigos que falavam de sua missão de 1949 em Kaliningrado (e que estavam colados em seu livro de recortes).

Mas Kuchumov estava morto. Gerhard Strauss também. A revista *Freie Welt* deixara de circular em 1991. Ainda faltavam dez dias para a data de nosso retorno à Rússia. No entanto, como a Stasi controlava todas as publicações no tempo da RDA, procuramos um traficante de informações sobre a antiga Berlim Oriental que, segundo nos haviam dito, vendia contatos com ex-membros do governo comunista.

Perguntamos se poderia intermediar um encontro nosso com algum ex-editor de *Freie Welt*. "Não", foi a resposta do traficante de informações. "Mas há uma outra pessoa que talvez possa ajudá-los. Tenho contato com um tenente-coronel que trabalhava com propaganda na Stasi. Paguem e lhes conseguirei uma apresentação. Talvez ele saiba alguma coisa sobre isso." E desligou o telefone.

Diz-se que, hoje em dia, se você inserir o número certo de moedas na ranhura, ex-oficiais da Stasi aparecem. Mesmo assim, ficamos surpresos quando o tenente-coronel da Stasi nos telefonou. Foi uma conversa breve, sem troca de amabilidades. O homem pediu um codinome. Combinamos chamá-lo Herr "Stolz". Perguntou de que assunto se tratava. Fomos lacônicos. Dissemos que queríamos conversar sobre sua especialidade: propaganda do Estado. Ele pediu nosso endereço. Demos-lhe o número de nosso quarto no Berlin Swuissôtel.

Do oitavo andar do Swissôtel, ficamos espiando um homem de meia-idade, com uma boina preta de feltro e botas pretas de zíper, andar de um lado para outro no átrio de vidro lá embaixo. Ele observava o cenário minimalista de pinho colorido, mármore e cromo, detinha-se para passar a mão nos suntuosos móveis creme e curvava-se para cheirar os lírios cor-de-rosa, sem desgrudar o olho um minuto de todas as pessoas que emergiam dos elevadores.

De vez em quando se sentava no sofá junto ao bar do saguão, dando um descanso para suas botas pretas no voluptuoso e felpudo tapete, enquanto deslizava as luvas de suede sobre o couro macio que revestia as almofadas. Depois recomeçava. As flores. Levantava-se e sentava-se. Curvava-se e cheirava. Devia ser "Stolz".

Ligamos para a recepção e minutos depois ele estava à nossa porta, estudando nossos rostos com olhos azuis leitosos enquanto uma mão enluvada afagava uma barba impecável, idêntica à de Walter Ulbricht.

Só depois que a porta do quarto estava trancada Stolz deu sinal de estar disposto a falar. Poderia nos dizer alguma coisa sobre os artigos que Gerhard Strauss publicara em *Freie Welt*? Sentado na cama, encurvado, de frente para a janela, de costa para nós, ele monitorava o movimento das pessoas que faziam compras na Kurfürstendamm. De repente, olhou por cima do ombro. "*Freie Welt* foi um exemplo de manual", disse. Que queria dizer com "exemplo de manual"? "Stolz" não tomou conhecimento da nossa pergunta mas tirou as luvas e a boina de feltro preto. Notamos que suas faces coradas e os dedos finos e róseos tinham um lustro de *spa* caro, enquanto ele iniciava uma preleção sobre a arte da propaganda e da desinformação.

Nós o interrompemos. Poderia ser mais específico? Poderia nos falar sobre *Freie Welt*? A Sala de Âmbar?

O homem pegou a boina e começou a calçar as luvas. "Não sei nada sobre a Sala de Âmbar. Usaram um ardil para me trazer aqui?", perguntou com aspereza. "Pensei que tinha vindo para falar sobre mim. Sobre meu conhecimento especializado. Minha carreira na unidade de desinformação da diretoria de relações exteriores."

Tentamos serenar a atmosfera. Convencê-lo a ficar. Ele estava quase na porta. Precisamos de seu conhecimento especializado, dissemos. Estamos interessados em sua carreira. Mas precisamos também entender os artigos publicados em *Freie Welt*, o que realmente significam. O senhor gostaria de um café? "Stolz" se acalmou. Apontamos para a máquina Gaggia cromada que tínhamos à nossa disposição no quarto e apertamos um botãozinho preto em que estava escrito EXPRESSO. Ela verteu um perfumado café. "Certo", disse "Stolz". Fascinado com tanta sofisticação, o ex-oficial da Stasi sentou-se de novo no seu canto seguro junto à janela.

"Os senhores nunca entenderão *Freie Welt* enquanto não entenderem a natureza da desinformação", disse, saboreando o café.

"Nossos manuais eram os textos de Lenin, é claro."

Assentimos com a cabeça.

"E de Sefton Delmar."

Quem era Sefton Delmar?

"Stolz" fez uma expressão de impaciência. "Sefton Delmar foi o gênio por trás da ciência da desinformação. Surpreende-me que nunca tenham ouvido falar dele, pois foi um jornalista famoso do *Daily Express* dos senhores." Estava saindo pela tangente de novo, mas desta vez não o interrompemos.

Explicou que todos os agentes secretos da Stasi de sua diretoria eram obrigados a estudar a autobiografia em dois volumes de Delmar, *Trial Sinister* e *Black Boomerang*, em que o ex-chefe da agência do *Daily Express* em Berlim revelava sua vida dupla.[13] Em 1940 a Executiva de Operações Especiais (SOE) da Grã-Bretanha havia empregado Sefton Delmar, que era fluente em alemão, para arquitetar métodos destinados a debilitar o moral da Wehrmacht. Delmar criou uma falsa estação de rádio alemã, a Soldatensender Calais. Era perfeita sob todos aspectos, mas transmitia a partir da Floresta de Ashdown, em Sussex, e seus locutores eram agentes do serviço secreto britânico.

O personagem que Delmar encarnava no rádio era um beligerante reacionário prussiano, um oficial do exército conhecido pelos ouvintes alemães como *Der Chef*, homem profundamente leal à pátria mas sem papas na língua com relação a certas medidas do governo. "Stolz" nos contou que, num de seus primeiros programas, *Der Chef* atacou severamente o imediato de Hitler, Rudolf Hess, que fugira para a Escócia poucos dias antes. Stolz começou a se entusiasmar: "Estudei as transcrições dos programas. Delmar era um mestre sutil. *Der Chef* vociferava: 'Mal acontece uma crise, e Hess se enrola numa bandeira branca e voa para se pôr a si mesmo e a nós à mercê daquele judeu bastardo de uma figa, aquele bêbado fumador de charuto, Churchill!' Como os senhores vêem", disse, pousando sua xícara vazia, "a mensagem era plausível. A fonte é que era falsa."

"Stolz" estava querendo dizer que *Freie Welt* (que sabíamos ter sido uma publicação genuína da RDA) publicara uma matéria forjada sobre a Sala de Âmbar, um texto gerado na União Soviética?

"Não", disse ele. Não era a matéria que era falsa. Ela era parcialmente verdadeira, embora talvez houvesse exagero em alguns detalhes. A fonte da informação é que foi disfarçada. Provas recém-descobertas confirmavam que a Sala de Âmbar fora evacuada de Königsberg e guardada num local secreto, mas havia versões conflitantes acerca de seu paradeiro preciso.

"Estava-se planejando uma grande investigação. Mas para agir com segurança as autoridades precisavam identificar todas as pessoas que tivessem alguma informação sobre a Sala de Âmbar, que tivessem alguma relação com ela e se mantido em silêncio após a guerra. Precisavam de ajuda para testar e depurar suas hipóteses. Milhares de cidadãos da RDA haviam sido condenados por colaboração com os nazistas, saques e crimes de guerra, e a Stasi ainda estava à caça de pessoas. Ninguém se apresentaria voluntariamente se isso fosse pedido pelo Estado, mas um acadêmico respeitado da Alemanha Oriental, como Strauss, um ex-cidadão da Prússia Oriental, um homem já vinculado ao caso da Sala de Âmbar e que não tinha medo de declarar isso em público, encorajaria as pessoas a escrever. E de fato chegaram milhares de cartas em resposta aos artigos de *Freie Welt.*"

E o que essas cartas revelavam?

"Não fui eu que cuidei disso. A única coisa que sei é que esse caso da *Freie Welt* ficou a cargo de gente do mais alto escalão, o pessoal do comitê do ministro da Segurança do Estado, o camarada general Erich Mielke, e que logo depois a Stasi formou um grupo de estudos ultrasecreto para procurar a Sala de Âmbar. Sei disso porque costumava manter contato com seu chefe, Oberst [coronel] Seufert."

Perguntamos se o Oberst Seufert dera a entender alguma vez com que novas provas a Stasi estava trabalhando.

"Não. Como lhes disse, eu não estava envolvido nisso. Trabalhava para uma diretoria diferente. Mas lembro-me de instruções estritas sobre informantes que chegassem com pistas sobre roubo de obras de arte. Devíamos encaminhá-los imediatamente para o gabinete do Generaloberst Bruno Beater, o imediato de Mielke durante a década de 1970. Principalmente se elas tivessem relação com a Sala de Âmbar. Era óbvio que o Generaloberst Beater levava a questão da Sala de Âmbar desaparecida muito a sério. Vez por outra nos chegavam indagações vindas do gabinete de Beater. Mas eu cumpria minhas ordens à risca. Limitava-me a fazer as perguntas que me eram passadas."

Strauss trabalhava para a Stasi nessa época, perguntamos, ou quem sabe para uma agência de segurança soviética? Afinal, a matéria que ele escrevera tivera origem na URSS.

"Não tenho a menor idéia", disse "Stolz". "Não conheci Strauss, mas conhecia sua reputação. O Herr Professor Doktor era muito respeitado entre os escalões mais altos do Politburo do SED."

Poderia "Stolz" nos pôr em contato com o Oberst Seufert, o general Beater ou alguma outra pessoa vinculada ao grupo de estudos da Sala de Âmbar formado na Stasi?

Nenhuma resposta. "Stolz" tirou de uma pasta de couro um volume fino com uma capa barata decorada com um desenho da Sala de Âmbar colorido de amarelo e branco: *Bernsteinzimmer Report.* "Já viram isto? O autor era o mais destacado especialista na Sala de Âmbar da RDA. Reuniu grande volume de informações." Jogou o livro sobre a cama e nos deu as costas para continuar contemplando a Kurfürstendamm. O *Bernsteinzimmer Report,* publicado em 1986 por um homem que podia ou não ter sido um agente da Stasi, era o mais famoso livro publicado em alemão sobre o mistério da Sala de Âmbar. Mas estava esgotado havia muito tempo e aquele era o primeiro exemplar em que realmente batíamos os olhos.

Perguntamos se Paul Enke fazia parte do grupo de estudos da Stasi, mas "Stolz" não nos deu ouvidos. Estava ao espelho, ajeitando a boina preta de novo na cabeça. Dando uma folheada no livro, vimos uma dedicatória manuscrita na folha de guarda: "A meu camarada ["Stolz"], com agradecimentos, Paul Enke". Perguntamos: "Então o senhor conhece Paul Enke, o autor?" Nenhuma resposta. "Poderíamos pelo menos falar diretamente com Enke?"

"Stolz" conteve uma risadinha com a mão enluvada, roçando o couro da pasta contra os lábios. "Acho que não", murmurou, "Enke está morto. Foi muito inesperado. Um homem relativamente jovem. Ficamos todos muito chocados. O *Bernsteinzimmer Report* acabara de ser lançado."

Estendeu o braço. "Dêem-me o livro. Preciso dele. Preciso ir. Tenho de buscar minha filha no aeroporto." E desapareceu em meio a uma aragem de sabonete barato, mas tínhamos tido o livro nas mãos tempo suficiente para ver o nome do editor, Günter Wermusch, e a epígrafe com que Paul Enke iniciara sua história, tomada de Johann Wolfgang von Goethe: "Um pouco do esplendor do mundo dissipou-se com a guerra e o tempo."

8

DEMOS UMA BATIDA NOS sebos de Berlim especializados em publicações da antiga RDA, mas não encontramos o *Bernsteinzimmer Report* de Enke. O dono de uma loja na Ackerstrasse, na antiga Berlim Oriental, sugeriu que entrássemos em contato direto com o editor de Enke. "Günter Wermusch. Ele ainda está vivo", disse-nos.

Mas havia vários G. Wermusch no catálogo. Finalmente ouvimos uma voz fatigada: "Wermusch, *ja bitte*?" Uma tosse seca interrompeu nosso discurso ensaiado. O homem na outra ponta da linha devia estar tuberculoso ou ser muito velho. Ele soltou o fone. Tossiu, tossiu e desligou. Ligamos de novo, mencionamos um nome e esperamos a resposta.

"Paul Enke? *Scheisse. Nein, nein.*" Clique.

Tentamos de novo: "Alô?"

Silêncio. De repente Wermusch conseguiu articular algumas palavras: "*Sprechen sie Deutsch?* Não falo inglês. Desde 1992." Clique.

Nossa última tentativa: "*Guten Tag*, viemos de avião de Londres..."

Mais tosse. Em seguida ouvimos pigarros e um sussurro rouco: "Como disse mesmo que se chama? Certo. Quem lhe falou sobre mim? Venha daqui a três dias. Às cinco da tarde. *Nur eine halbe Stunde, ja?*" Clique.

Voltamos ao Ministério da Verdade, onde havíamos solicitado documentos relativos a Paul Enke, ao Oberst Hans Seufert e ao grupo de estudos da Stasi sobre a Sala de Âmbar. Não estavam prontos. Dois dias depois comunicaram-nos que, das pastas pessoais, só uma fora encontrada. Quanto ao grupo de estudos, precisariam de mais tempo para encontrar e liberar qualquer documento sobre ele, disse-nos o funcionário do Ministério da Verdade; além disso, não poderíamos ver os documentos sobre Seufert sem a permissão dele. Ainda estava vivo.

Paul Enke, KSII404/82, estava à nossa espera sobre uma mesa branca de plástico numa sala de leitura asséptica. Esse dossiê pessoal sobre o autor do *Bernsteinzimmer Report* era um calhamaço. Com Enke morto, Wermusch relutante e o livro esgotado, aquilo era mais do que teríamos podido esperar; tínhamos muita coisa para ler. Na sobrecapa do livro de Enke não havia nem biografia nem foto do autor. Na quarta capa lia-se que ele "(...) envolvera-se nas sindicâncias e investigações sobre o destino da Sala de Âmbar", mas não havia uma palavra explicando *como* isso ocorrera. A julgar pelo volume da papelada à nossa frente, Enke devia ser muito importante para a Stasi. Ao abrir o fichário, não sabíamos se estávamos prestes a ler sobre um humilde informante, um fanático que dedicava seus fins de semana à Sala de Âmbar, ou se iríamos descobrir entre aquelas páginas um investigador versado em métodos científicos no âmago de uma investigação patrocinada pelo Estado.

Primeiro havia páginas de fotografias. A mais antiga, um instantâneo preto-e-branco, estava presa numa folha de serviços de 1950 na Volkspolizei. Enke fora um policial do povo. Ela o mostrava como um jovem recruta cheio de garbo, orgulhoso de suas dragonas douradas, o emblema da força costurado no colarinho. A foto seguinte mostrava Enke cerca de uma década depois, agora vestido como um burocrata determinado num terno preto apertado, usando óculos de armação grossa. Teria se tornado um policial à paisana? As últimas fotografias eram de Enke no fim da meia-idade, com entradas e, nessa altura, cara de buldogue. Sua aparência era típica da RDA: vestia um chamativo paletó esporte xadrez, camisa preta em conflito com a gravata clara, expressão alheia. Essa tira de fotos, provavelmente feita no início da década de 1970 numa cabine automática, reaparecia por toda parte no fichário.

Em seguida havia um relatório escrito pelo major Schmalfuss, diretor de um departamento da Stasi, que parecia saber tudo sobre Paul Enke.[1]

Nascimento: Magdeburg, 20 de janeiro de 1925. Classe social: trabalhadora. "Tendo recebido uma educação protestante na casa dos pais, em 1931 Paul Enke ingressou numa organização cristã de jovens", escrevera o major Schmalfuss.[2]

Deixou a escola aos 13 anos. Foi aprendiz de torneiro. Desenvolvimento político precoce: "Juventude Cristã e Juventude Hitlerista". A Stasi descobrira no passado de Enke essa mancha grave, que certamente afetaria sua vida adulta na RDA: ele fora membro da Juventude Hitlerista. Mas o major Schmalfuss estava convencido de que a culpa fora dos pais: "Em conseqüência de influências político-ideológicas inadequadas [em casa], o camarada Enke ingressou na Hitler Jugend em 1935 e alistou-se voluntariamente em 1942."

Enke tinha 17 anos quando partiu para lutar pela pátria. Schmalfuss escrevera: "Served in fasch. Wehrmacht, Funkmeßer [técnico de radar] Marinebrigade (1º de maio de 1942 a 8 de maio de 1945), anspeçada, estacionado em Gdingen, Polônia; em Kiel, norte da Alemanha; em Courland, na costa báltica. Nunca foi condecorado."

Enke serviu durante toda a guerra na costa âmbar do Báltico e em seus arredores, o que talvez pudesse ter criado um tênue vínculo pessoal entre ele e a Sala de Âmbar. Teria ouvido falar da triunfal abertura da Sala de Âmbar ao público no Castelo de Königsberg na primavera de 1942?

A guerra terminou para o anspeçada Enke em 8 de maio de 1945 quando ele se rendeu ao Exército Vermelho, que o conduziu, com milhares de outros, para um campo de prisioneiros de guerra. O major Schmalfuss reproduzira a ficha de Enke como prisioneiro de guerra: "Campo Soviético 27/2 Moscou (maio de 1945 a janeiro de 1946); Campo Soviético 7711 Leningrado (janeiro de 1946 a maio de 1949); Zentralschule 2041, Kursant (junho a dezembro de 1949)."

Zentralschule 2041. Em 1949, ao que parecia, Enke convencera seus captores soviéticos de que podia ser reabilitado e, enquanto milhares de outros definharam nos campos até 1955, foi autorizado a passar seis meses fazendo estudos políticos na Escola Central de Instrução soviética em Kursant. Ali, segundo Schmalfuss, Enke "trabalhou como torneiro, montador, ferreiro e pedreiro". A essa altura estávamos ficando um pouco preocupados. O Paul Enke sobre o qual estávamos lendo não parecia prometer muito como membro de uma investigação secreta e ultra-rápida em busca da Sala de Âmbar.

Mas o major Schmalfuss tinha alguma coisa de positivo a dizer sobre Enke no tempo que ele passou na Escola Central de Instrução, em Kursant: "Teve seus primeiros contatos com antifascistas, tendo ingressado no Comitê Antifascista em Leningrado e, após breves cursos de formação, atuou como propagandista de brigada e companhia. O conhecimento teórico de marxismo-leninismo do camarada Enke é bom."[3]

Enke talvez não fosse brilhante, mas sem dúvida era esperto. Compreendeu que teria de mudar para se enquadrar ao novo mundo que surgira à sua volta. O major Schmalfuss escrevera: "O camarada Enke conseguiu compreender que a visão ideológica da vida que tivera até agora era incorreta. Essa compreensão e a visão de mundo que tem hoje o estão distanciando da casa paterna, mas o camarada Enke põe as necessidades políticas em primeiro lugar." Ao voltar da guerra, Enke era outro homem, disposto a criticar seus pais (...) e sua religião. "Contra o desejo dos pais, [Enke] abandonou a Igreja protestante", escrevera o major Schmalfuss. Sua ficha estava começando a ilustrar um homem que avançava rumo ao aparelho de Estado.

Mas que fizera Enke do resto de sua vida? "Ingressou na Volkspolizei da RDA (25 de janeiro de 1950), Magdeburg." A primeira fotografia de Enke, fardado, devia ter sido tirada nessa data. O Oberrat Bähr, diretor da escola da Volkspolizei, escrevera um relatório entusiástico sobre ele em 23 de outubro de 1950: "A consciência de classe do camarada Enke está bem desenvolvida. Através de suas permanentes auto-análises certamente chegará a ser um bom propagandista (...) Não se tem conhecimento de nada de desfavorável ou nocivo em sua vida social."[4]

Em 1952 Enke foi promovido ao posto de Oberrat (alto conselheiro) e um superior escrevera: "Enke possui uma ambição saudável e empenha-se em cumprir seus deveres, sacrificando seu tempo de folga(...) Seu espírito combatente se manifesta em discussões sobre problemas mais profundos."[5] Quase podíamos sentir Enke amadurecendo, ávido de sucesso e conhecimento.

Cinco anos mais tarde, em 1º de abril de 1957, ele foi transferido para o Ministério do Interior em Postdam, onde o incumbiram de "cuidar da administração de seminários para quadros e professores". Obteve um diploma de direito, com o grau "Bom", da Academia de Instrução Walter Ulbricht em Potsdam-Babelsberg. No diploma de Enke estava gravado o novo emblema do Estado, adotado sob inspiração soviética: um martelo e um compasso cercados por um crescente de centeio, simbolizando os novos estamentos sociais da RDA: o operário, a *intelligentsia* e o agricultor. Ele percorrera um longo caminho desde que deixara a escola aos 13 anos.

Um relatório manuscrito anexado à ficha observava que Enke começara a usar seu cargo em Potsdam para obter acesso a arquivos da época da guerra, fazendo "pesquisas pessoais" nos fins de semana como "*hobby*". Sentimos uma onda de entusiasmo ao ler que o assunto escolhido por Enke era "o roubo da Sala de Âmbar pelos fascistas". A nota registrava que ele fizera "descobertas significativas" e localizara importante documentação arquivística antes ignorada.[6]

No Ministério da Verdade, a funcionária das pérolas anunciou-nos subitamente que acabara de receber 12 mil páginas de material da Stasi relacionado à Sala de Âmbar. Estávamos interessados? Claro, respondemos. Os documentos estavam desaparecidos desde 1991 e nunca haviam sido devidamente analisados, ela nos disse. Perdidos e encontrados? Difícil acreditar, dissemos. "Os documentos estavam no Bundesarchiv em Koblenz. Foram enviados para o arquivo errado após *die Wende*", explicou ela, sem se deixar perturbar. "Sempre pensei que tinham sido destruídos. Mas estavam apenas guardados num canto escuro até que os recuperei. Os arquivos tendem a se apossar de tudo." A funcionária estava radiante. "Os senhores estão com muita sorte."

Um assistente entrou e depositou um fichário bojudo na mesa branca de plástico, apenas um de trinta volumes. "Depois que terminarem este, peçam outro." Disse, e deixou-nos sozinhos com a montanha de papel. Avisou-nos que dentro de poucos dias todos aqueles fichários seriam fechados, para poderem ser novamente censurados à luz da decisão judiciária obtida por Kohl. Precisávamos trabalhar rapidamente.

Imediatamente encontramos referências à pesquisa privada de Enke sobre a Sala de Âmbar em Postdam. Não fica claro, porém, se o material fora espontaneamente entregue à Stasi ou requisitado por ela.

Havia um relatório escrito pelo próprio Enke numa caligrafia firme, inclinada para a frente. Começava de uma maneira hiperbólica, com Enke descrevendo "o roubo da herança cultural da Europa pelos fascistas alemães" como muito pior do que os praticados "pelos persas na Babilônia, os romanos em Atenas ou os cruzados em Constantinopla". O roubo da Sala de Âmbar fora, segundo Enke, "a mais dolorosa de todas as perdas".[7]

Para fundamentar sua afirmação, Enke propunha-se a provar que a pilhagem da Europa e o roubo da Sala de Âmbar haviam sido premeditados. Os nazistas vinham escolhendo a dedo o que havia de bom e de melhor em matéria de arte na Europa desde 1933, declarava. Haviam reunido informação sobre os acervos de museus da Europa Oriental através de uma organização de fachada denominada Serviço Alemão de Intercâmbio Acadêmico. Excursões, conferências e seminários de treinamento gratuitos eram oferecidos a funcionários de museus da URSS, enquanto alemães de origem báltica eram enviados para espionar os acervos dos museus soviéticos. Em 1939, quando Molotov e Ribbentrop estavam negociando o pacto de não-agressão, e a Letônia, a Lituânia e a Estônia estavam sendo constituídas como repúblicas soviéticas, esses espiões da arte estavam fazendo listas de obras de arte dignas do interesse de Hitler.[8]

Em 15 de novembro de 1940, o responsável por esse serviço, o Dr. Nils von Holst, especialista em arte da Europa Oriental e chefe do departamento de assuntos externos dos Museus Estatais de Berlim, enviou uma circular secreta para todos os diretores de museu do Reich, pedindo-lhes que identificassem "peças de museu [estrangeiras] isoladas que, por alguma razão, pudessem representar um enriquecimento da herança cultural alemã". Em maio de 1941 o Dr. Nils von Holst estava em Moscou, tentando persuadir o diretor do Museu Puchkin,

Andrei Guber, a lhe permitir examinar depósitos, alegando interesse em comprar pinturas. Enke escrevera: "Ele tentou fazer o mesmo em Leningrado." Teria o Dr. Nils von Holst conhecido Anatoli Kuchumov e visto a Sala de Âmbar?

Em 22 de junho de 1941, quando a Operação Barba-Roxa foi iniciada, o Dr. von Holst ainda estava escrevendo sobre seus achados soviéticos. Dois dias depois ele apresentou seu relatório sobre "as mais importantes coleções de bens culturais nos países bálticos" ao Dr. Hans Posse, então diretor da Galeria de Dresden e, o que era mais significativo, um dos principais conselheiros de Hitler no tocante à arte.[9] Enke encontrara um despacho datado de 8 de julho de 1941 que encaminhava a lista de objetos de especial interesse para o quartel-general do 18° Exército, que a distribuíra entre os comandantes das unidades alemãs que estavam avançando rumo a Leningrado.

Em 1° de setembro de 1941 o Dr. von Holst foi mandado de volta à União Soviética, inicialmente para Smolensk, recém-capturada pelo Grupo Central do Exército da Wehrmacht, com instruções de ajudar a estabelecer uma sede no Leste para a Einsatzstab Reichleiter Rosenberg, a organização especializada na pilhagem de obras de arte dirigida pelo ideólogo de Hitler, Alfred Rosenberg. Em 26 de setembro, o Dr. von Holst estava no *front*, acantonado no Palácio de Catarina com o Grupo Norte do Exército, encarregado da preservação dos "tesouros de arte [dos palácios dos czares] em Krasnoie Selo, Peterhof e Oranienbaum e mais tarde também em Petersburgo [*sic*]", segundo uma carta do ajudante-de-ordens do Führer datada de 26 de setembro.[10] Embora de início estivéssemos céticos, a essa altura ficamos impressionados com a capacidade de Enke de acompanhar tão de perto um especialista em arte nazista ao longo de todo o seu percurso até o Palácio de Catarina.

Em seguida Enke relatava ter encontrado uma cópia da lista do Dr. von Holst anexada a uma ordem emitida por Hitler em julho de 1941, em que este reservava para si a primeira escolha entre as obras de arte saqueadas do Leste. Mas havia um problema aqui. A Sala de Âmbar não constava dessa lista.

Enke não se desencorajara. Continuara pesquisando até descobrir uma segunda lista, compilada para Joseph Goebbels, o ministro da

Propaganda, por Otto Kümmel, diretor (então com setenta anos) dos Museus Estatais de Berlim e chefe do Dr. von Holst.[11] Essa lista compunha-se de todas as obras de arte alemãs que haviam sido levadas para o exterior desde 1500 e deveriam ser repatriadas. A Sala de Âmbar ocupava um lugar de destaque nela. Se a pesquisa de Enke fosse confiável, ali estava a prova de que o roubo da sala fora premeditado. E era muito provável que a pessoa que havia planejado seu roubo, fosse quem fosse, tivesse também encontrado uma maneira de escondê-la em 1945.

Segundo Enke, todos os itens da lista de Kümmel deveriam ser devolvidos às suas cidades alemãs de origem ou guardados para a Sonderauftrag Linz ou Operação Especial Linz. Esta era um *Führermuseum* e parque da cultura ariana que Albert Speer, o arquiteto de Hitler, fora incumbido de construir às margens do Danúbio, nos arredores de Linz, a cidade onde o Führer passara a infância.

Enke encontrara um diário de guerra do 18º Exército e, nele, um registro de 29 de setembro de 1941 que, a seu ver, provava que o desmonte da Sala de Âmbar fora supervisionado pelo Alto Comando nazista: "16h: o capitão de cavalaria conde Solms, do Supremo Comando do Exército, que foi encarregado de registrar as obras de arte encontradas nos palácios czaristas, pede proteção para o palácio czarista em Puchkin(...) Ele se encontra agora na vizinhança imediata da linha de frente e está ameaçado pelo comportamento estouvado de nossos soldados."[12]

Enke procurara localizar a unidade do capitão Solms, o 50º Corpo, e no diário deste encontrou o seguinte apontamento: "14 de outubro de 1941. Krasnogwardeisk. Remoção para Königsberg das obras de arte salvas pelo capitão de cavalaria Dr. conde Solms e o capitão Dr. Ponsgen em Gatchina e Puchkin, entre as quais estão os painéis que revestiam as paredes do salão de âmbar do Palácio Puchkin."

Em arquivos militares mantidos na RDA, Enke descobrira que o nome completo do capitão de cavalaria era Dr. Ernst-Otto conde de Solms Laubach e que ele era um aristocrata de Frankfurt-am-Main e curador de museu na vida civil. Uma semana antes da chegar a Puchkin, o conde estivera no Palácio Peterhof, em Leningrado, supervisionando o saque da Fonte de Netuno, uma obra de arte que também estava na lista preparada por Otto Kümmel para Goebbels. Hitler pedira pessoalmente que a Fonte de Netuno fosse levada de volta para Nuremberg, onde fora fundida em meados do século XVII.[13] Se o conde estava agindo no Peterhof a mando de Hitler, argumentava Enke, era provável que estivesse fazendo o mesmo também no Palácio de Catarina.

Mas, após estabelecer que o Alto Comando nazista havia ordenado o roubo da Sala de Âmbar, quem assumira a responsabilidade direta por ela em Königsberg e posteriormente? Enke relatava que "o general [*sic*] marechal Goering, o Reichsführer SS Himmler, os Reichsleiters Lammers e Bormann, Rosenberg e o ministro das Relações Exteriores Ribbentrop, haviam todos usado seus cargos para acumular grandes coleções de arte, tendo possivelmente competido entre si".[14]

Fora em Alfred Rosenberg, no entanto, que Enke centralizara sua atenção, tendo descoberto algumas conexões interessantes.[15] Embora fosse de ascendência alemã, Rosenberg nascera em Tallin, a capital da Estônia, na costa báltica. Filho de um sapateiro, fora enviado para uma faculdade em Petrogrado (Leningrado), onde, raciocinava Enke, era provável que tivesse tomado conhecimento da lendária Sala de Âmbar. Após fugir de Petrogrado em 1917, em meio aos seiscentos mil russos brancos que buscaram refúgio na Alemanha, ingressara no Freikorps, unidades contra-revolucionárias móveis que lutavam para conter o avanço bolchevique. Depois que o Freikorps foi dispersado, seus veteranos continuaram estreitamente ligados entre si através da Irmandade do Báltico, uma organização para ex-membros das forças armadas cujas cerimônias eram impregnadas de mitos nórdicos e teutônicos de heroísmo e abnegação. Muitos, entre os quais Rosenberg, convergiram para Munique, onde formaram um círculo pseudo-intelectual em torno de Hitler e ingressaram na Sociedade de Tule, segundo a qual existia uma ilha mítica, a fonte do âmbar, uma terra presa nas massas de gelo do extremo norte, cujos habitantes pagãos adotavam um credo de força e lealdade.

Com tenacidade e trabalho árduo, dedicando seus fins de semana a pesquisar em Postdam, Enke identificara um membro graduado do Alto Comando nazista que não só fora responsável por pilhagem de obras de arte como tinha vínculos claros com a cultura báltica que envolvia a Sala de Âmbar e sua terra de origem.

Em 18 de novembro de 1941, Alfred Rosenberg ganhou de Hitler outra pasta ministerial: foi nomeado chefe do Reichsministerium für die besetzen Ostgebiete, o Ministério para os Territórios Orientais Ocupados. Na ocasião, *The Times* de Londres comentou: "Rosenberg é o especialista no Leste de Hitler (...) Rosenberg, que odeia tudo que é russo, exercerá certamente seu cargo com impiedosa brutalidade." A única parte da URSS que seria mantida intacta eram os Estados bálticos, prometeu Rosenberg, que os definiu como uma região conquistada "havia setecentos anos por cavaleiros alemães".[16]

Enke reconstituíra o crescimento da ERR-Ost, a organização especializada na pilhagem de obras de arte de Rosenberg no Leste, à medida que ela espalhara seus tentáculos por todas as cidades e vilas. Na Lituânia, a ERR-Ost operava fora da capital, Kaunus; na Letônia era baseada em Riga; na Estônia tinha escritórios em Tallin e Tartu; na Bielo-Rússia tinha sede na capital, Minsk; e na próspera república da Ucrânia mantinha quatro ativos escritórios em Chernihiv, Dnipropetrovsk, Kharkiv e Kherson. A ERR-Ost operava no Cáucaso, na Criméia e na Rússia propriamente dita, onde unidades se espalhavam num arco a oeste de Moscou, "em Pskov, Smolensk, Voroschilovgrad [*sic*] and Voronezh". Os agentes de Rosenberg estavam em toda parte.

Mas todos esses achados só tinham interesse acadêmico até que Enke topara com um relatório da ERR-Ost sobre a própria Sala de Âmbar. Em 28 de abril de 1944, o Dr. Nerling, que trabalhava no depósito da ERR-Ost em Riga, notificara o ministério de Rosenberg em Berlim "das obras de arte salvas da área operacional do Grupo Norte do Exército [em outubro de 1941]".[17]

O Dr. Nerling escrevia: "[O capitão Solms] enviou cinco vagões com obras de arte para Königsberg (...) via estações de Siverskaya, Luga, Pskov e Riga (...) Entre os tesouros enviados estava a Sala de Âmbar e várias pinturas e móveis preciosos (...)"[18] Enke se perguntava: se a ERR-Ost de Alfred Rosenberg supervisionara a remoção da Sala de Âmbar para Königsberg em 1941, teria sido responsável por transportá-la novamente em 1945, por ocasião da queda de Königsberg?

Mas nosso arquivo terminara.

Voltamos aos papéis pessoais de Enke. A julgar pelo que acabáramos de ler, ele parecia devotar suas energias de maneira tão exclusiva à sua pesquisa que nos surpreendeu ler que encontrara tempo para se casar (Gerda, 1950) e ter uma filha (Sonia, 1952). Não era registrado se pranteara a morte dos pais (Klara, 1958, e Paul, 1959), dos quais estava afastado.

Em 1962, um ano depois da construção do Muro de Berlim, numa época em que um segundo muro de reforço estava sendo erguido em paralelo a ele, Enke enfrentou um grave revés que ameaçou encerrar tanto seu *hobby* de pesquisar sobre a Sala de Âmbar quanto a sua carreira. Em decorrência de uma reorganização no Ministério do Interior, ele caiu em desfavor e seu cargo de vice-diretor do Departamento de Formação em Administração foi extinto. Em 17 de setembro de 1962 — um mês depois que o adolescente Peter Fechter foi abatido a tiros quando tentava escapar da RDA, caindo, diante dos olhos da guarda de fronteira da RDA na faixa da morte entre os dois muros de Berlim, onde foi fotografado sangrando até a morte — Enke conseguiu articular um plano de sobrevivência.

Os documentos seguintes revelavam que ele passou a espionar seus colegas e alunos do Ministério do Interior. O Oberstleutnant Hut da Stasi registrava que Enke dava informações sobre seus colegas de trabalho "sem hesitação" e parecia ser objetivo. "Caberia mencionar nesse contexto que o camarada Enke já tinha bons contatos com o [Ministério da Segurança do Estado](...)"[19] Espantara-nos que um burocrata tão subalterno do Ministério do Interior tivesse conseguido acesso irrestrito ao que eram obviamente documentos secretos da época da guerra. Agora ficava claro que isso fora resultado das relações que ele havia conseguido estabelecer com a Stasi.

O Oberstleutnant Hut continuava: "No final de [nossas discussões] foi perguntado ao camarada Enke se estava disposto a cooperar com o Ministerium für Staatssicherheit [MfS] ainda mais estreitamente do que antes. Ele respondeu positivamente." Foi pedido a Enke que apresentasse uma lista de parentes seus que deveriam ser investigados antes que ele pudesse ser incluído na folha de pagamento da Stasi.

Ele assinou um compromisso de não revelar nada do que fora discutido na reunião. Um padrão de comportamento estava emergindo: estávamos diante de um homem disposto a sacrificar amigos e família para melhorar sua situação.

Enquanto a segurança em torno do Muro de Berlim era reforçada com campos minados e arames, Enke galgava os degraus da traição, passando de um mexeriqueiro comum e eventual a informante em regime de dedicação exclusiva. Estava vinculado à Diretoria XX, o departamento da Stasi responsável por recrutar e equipar informantes: câmaras instaladas em troncos de árvore, escondidas em sinais de trânsito e portas de carro, microfones em caixas de fósforo deixados numa mesa-de-cabeceira. Em sua maioria, os informantes eram coagidos a trabalhar para a Stasi, mas numa época em que os salários na Alemanha Oriental eram vis, o atrativo do pagamento em dinheiro era suficiente para estimular alguns, como Paul Enke, a oferecer seus serviços.

Havia uma hierarquia de informantes: o Inoffizieller Mitarbeiter (IM), humilde bisbilhoteiro de vizinhos; o graduado Hauptamtlicher Inoffizieller Mitarbeiter (HIM), delator de categoria superior que tinha contato direto com a pessoa sob vigilância — o melhor amigo ou a esposa; o Inoffizieller Mitarbeiter zur politisch-operativen Durchdringung und Sicherung des Verantwortungsbereich (IMS), a loquaz categoria do patrão ou de uma secretária responsável por examinar os antecedentes políticos de seus colegas de trabalho. Mas, apesar de toda essa estratificação, os agentes da Stasi referiam-se às suas funções com o termo pejorativo *spitzel*, mais ou menos equivalente a alcagüete.

Em dezembro de 1962, os parentes que restavam a Enke haviam passado pelo crivo da segurança e Hauptmann Schliep, um funcionário ligado ao Departamento de Agitação da Stasi visitou-o em casa.[20] Schliep escrevera: "Enke abriu o jogo, disse quanto esperava faturar(...) declarou que não podia ter esperança de igualar seu salário líquido atual de 1.800 Ostmarks. O abaixo assinado [Hauptmann Schliep] observou que o camarada Enke poderia contar com um rendimento líquido de aproximadamente 1.200 Ostmarks se fosse empregado por nós." Paul Enke tornou-se um IM da Stasi no dia de Ano-Novo de 1963.[21]

No documento seguinte lemos que em 5 de outubro de 1964 Enke ingressou nos quadros da própria Stasi como espião em tempo integral com o posto de Oberstleutnant e a função de Referatsleiter (gerente de departamento) na Diretoria de Observação e Investigação (HA VIII, Seção 8). Ali estava, portanto, a prova de que, vários anos após começar sua pesquisa privada, o autor do *Bernsteinzimer Report* tornara-se um agente da Stasi.

"O funcionário 011-747 Enke" recitou o juramento pessoal de "proteger nossos operários e agricultores", manter-se "eternamente leal à nossa pátria, a RDA", dar a vida "para defendê-la de qualquer inimigo" e "obedecer para sempre sem hesitação às autoridades militares". Prometeu proteger a República e seu Ministério para a Segurança do Estado "para sempre e em qualquer lugar do mundo".[22] Voltamos as folhas para contemplar a fotografia do resoluto burocrata metido num terno preto apertado, usando óculos de armação grossa. Era a imagem consumada de um homem que mais tarde perderia a individualidade.

Em 1968 Enke completou seu treinamento na Stasi; profissionalmente, era qualificado como "Dr. Paul Enke, Historiador". Em 1970 tornou-se um Offizier im besonderen Einsatz, funcionário especial de operações da Stasi.[23] Recebeu uma identidade falsa, assumindo o nome de Dr. P. Köhler, pesquisador graduado no Centro de Documentação da Administração dos Arquivos do Estado, órgão do Ministério do Interior, Potsdam. "Ao mesmo tempo desenvolve suas atividades sociais (participa de todos os eventos partidários e de outros de importância relacionados com seu serviço)." Enke estava de volta aos arquivos numa posição muito mais influente que antes.[24]

Perfizera todo o arco: torneiro, operador de radar, informante, historiador, espião. Agora a única preocupação de Enke era destacar-se numa organização tão vasta.

Outro fichário com documentos do grupo de estudos sobre a Sala de Âmbar aterrissou na mesa branca de plástico. Começava com uma seleção de recortes de jornal reunidos pelo Oberstleutnant da Stasi Paul Enke, também conhecido como Dr. P. Köhler, do Centro de Documentação da Administração dos Arquivos do Estado do Ministério de Interior, Potsdam.

No dia 12 de abril de 1942 o editor-chefe do *Lokal-Anzeiger* de Berlim noticiou a cerimônia de inauguração da Sala de Âmbar no Castelo de Königsberg. Fora presidida pelo capitão Helmut von Wedelstadt, vice-Gauleiter da Prússia Oriental. A matéria não mencionava congratulações enviadas por Hitler, pelo Gauleiter da Prússia Oriental Erich Koch, ou por Alfred Rosenberg.[25]

Enke encontrara o artigo na revista *Pantheon* um periódico alemão ilustrado dedicado às artes, datado de outubro de 1942.[26] Era da autoria do diretor do Museu do Castelo, Alfred Rohde, mas não fornecia nenhuma pista sobre quem fora o responsável geral pela Sala de Âmbar enquanto ela estivera em Königsberg. Revelava uma imagem de Rohde completamente diferente daquela apresentada pelo Dr. Gerhard Strauss.

Durante as sessões de interrogatório a que fora submetido em dezembro de 1949, Strauss dissera a Anatoli Kuchumov que Rohde nunca fora um nazista e que sua linha política (se é que tinha alguma) era de centro-esquerda. Mas na revista *Pantheon*, Rohde descrevia a Sala de Âmbar como um "monumento cultural prussiano" que fora "resgatado" da "linha mais avançada de combate", em torno de Leningrado, após uma "saraivada quase inimaginável de vitórias" do exército alemão. (Embora, é claro, Rohde talvez tivesse sido forçado a formular a história nessa linguagem patriótica.)

Atenuando a destruição e a pilhagem dos palácios de Leningrado como "danos de guerra inevitáveis", Rohde revelava que "o capitão Solms Laubach supervisionou militares, entre os quais um oficial subalterno e seis homens de uma companhia de sapadores, [que], fazendo um esforço supremo em prol do interesse comum, conseguiram realizar em 36 horas esse trabalho urgente de desmonte".

Só 36 horas. Ficamos chocados ao saber que os nazistas haviam levado apenas um dia e meio para desvendar o complexo quebra-cabeça e fazer o desmonte que Anatoli Kuchumov declarara ser impossível, mesmo tendo oito dias para evacuar os palácios. Ficamos imaginando que conseqüências esse artigo teria tido para ele ao ser lido por Moscou. Rohde concluía num tom animador: "Desse modo, no mais profundo sentido dessas palavras, a Sala de Âmbar de Frederico I retornou à sua terra natal."

O mais interessante recorte de Enke era do *Königsberg Allgemeine Zeitung*. Ele noticiava a visita feita a Königsberg em 8 de julho de 1944 por Bernard Rust, ministro do Reich para a Ciência, a Educação e a Instrução Pública, para presidir ao quarto centenário da Universidade Albertus. Durante um banquete comemorativo realizado no restaurante Blutgericht (na antiga câmara de tortura do castelo de Königsberg), Rust declarara aos convidados que chegara a hora de transferir os tesouros do Terceiro Reich para o coração da pátria. Enke acreditava ter encontrado ali a origem do plano para evacuar a Sala de Âmbar — em 8 de julho de 1944 ele já havia sido concebido.

Dias depois, Amtmann Mertz, um funcionário de Rust vindo de Berlim, chegou a Königsberg com ordens para Alfred Rohde. Ele deveria desmontar a Sala de Âmbar imediatamente e enviá-la, juntamente com outras obras de arte, para um depósito em Kassel, a cidade medieval às margens do rio Fulda onde os Irmãos Grimm escreveram seus contos de fadas. Mas o Gauleiter da Prússia Oriental interveio. Segundo Enke, Erich Koch afirmou que a remoção dos tesouros da cidade, em particular a Sala de Âmbar, solaparia o moral da população. Mertz voltou a Berlim para pedir orientação.[27]

Em novembro de 1944, Erich Koch deixou-se finalmente convencer a deixar as evacuações prosseguirem. Aquele arquivo nos revelou que Enke lera o relatório que Gerhard Strauss enviara em 1950 a seu ministro, Paul Wandel. Como Strauss, Enke assinalou como importante a correspondência de novembro de 1944 entre Erich Koch e Martin Mutschmann. Como Strauss, declarou que ambos os Gauleiters haviam aprovado o plano de reservar um castelo na Saxônia para a Sala de Âmbar (caso fosse possível retirá-la de Königsberg).

Chegamos então à parte decisiva do arquivo. Enke conseguira ou não provar que a Sala de Âmbar fora retirada da Königsberg? Com o acesso que tinha a arquivos nazistas do tempo de guerra, ele foi capaz de reconstituir os últimos meses e dias da batalha pela Prússia Oriental com muito mais detalhes que Anatoli Kuchumov, que tentara o mesmo exercício em 1946.

Kuchumov concluíra que o último trem saiu de Königsberg no dia 22 de janeiro de 1945. Enke, no entanto, apurou que dois trens deixaram a cidade nesse dia: o chamado Trem Especial do Gauleiter, que supostamente teria levado Erich Koch para um local seguro, e também um D-Zug, um trem expresso civil. Isso significava que houvera uma segunda oportunidade de transferir a Sala de Âmbar.

Analisando ordens emitidas pelo Alto Comando nazista, Enke descobriu também o registro da saída de um navio de Königsberg em 22 de janeiro de 1945. Por ordem de Hitler a seu comandante-em-chefe, o almirante Dönitz, o navio alemão *Emden* — um pequeno cruzador que estivera no estaleiro de Königsberg para reparos —, zarpou numa missão secreta. Um filme nazista descoberto muito depois de Enke fazer sua pesquisa, rodado pelos *cameramen* de Goebbels, mostrava que o *Emden* levava em seu convés dois caixões envoltos em velhas bandeiras de regimentos alemães que haviam lutado a batalha de Tannenberg, a leste de Königsberg, onde o exército russo fora esmagado numa das campanhas mais decisivas de agosto de 1914. Esses caixões, cercados por uma guarda de honra, continham os corpos do ex-presidente do Reich, general von Hindenburg, e de sua mulher, que haviam sido exumados de um monumento erguido em Tannenberg. Por ordem do Führer, quebra-gelos rebocaram o *Emden* até Pillau, onde os caixões foram transferidos para um vapor de passageiros, o *Pretoria*, que partiu para Stettin na mesma noite. Se havia sido possível transferir corpos em 22 de janeiro de 1945, Enkel refletira, não teria sido possível transferir também outra coisa?

Com base em ordens, mensagens interceptadas e filmes antigos, Enke descobriu que, mesmo depois da chegada do Exército Vermelho a Elbing, a sudoeste de Königsberg, bloqueando todas as vias diretas para a Alemanha, até 31 de janeiro de 1945 os nazistas ainda teriam conseguido retirar caixotes e pessoas da região, rumando para o noroeste através da península de Samland e depois tomando um barco em Palmnicken (hoje Yantarny).

Enke encontrou ordens emitidas pelo Gauleiter Erich Koch para que Königsberg fosse suprida de munição por essa via, o que sugeria que ela ficara aberta até março de 1945. Enke deduziu também que entre 19 de fevereiro e 6 ou 7 de abril de 1945, forças alemãs haviam se reorganizado temporariamente, reabrindo estradas entre Kon e Pillau, o que teria tornado a evacuação da Sala de Âmbar possível até dois dias antes da queda da cidade.[28]

A conclusão de Enke foi: "Estou convencido de que a Sala de Âmbar e outras obras de arte valiosas roubadas da URSS pelos fascistas foram levadas para o Ocidente. Se fosse dado a alguém pesquisar os arquivos da Wehrmacht seria possível descobrir o destino da Sala de Âmbar." Só havia um pequeno empecilho: Enke trabalhava na RDA e a maior parte do arquivo militar da Wehrmacht estava em Freiburg im Breisgau, na Alemanha Ocidental.[29]

"O fichário, por favor." Uma mão estendida. O dia útil terminara. Às quatro horas em ponto.

Paul Enke passara certamente muitos meses metido naqueles arquivos abafados, sem acesso a esses recursos que hoje tanto aceleram o trabalho, como o fax e a Internet. Até o telefone era um problema. Ele não podia simplesmente discar para um número em Moscou ou Leningrado para sanar uma dúvida. Ademais, os responsáveis pela produção da maior parte do material que estava lendo haviam sido enforcados, tiranizados ou presos, quando não haviam fugido para o Ocidente ou a América do Sul.

Mas em meio a todas essas dificuldades Enke lutara para provar que a Sala de Âmbar havia sido evacuada e transportada para a Alemanha, refutando as conclusões de Anatoli Kuchumov e Gehrard Strauss, que acreditavam que ela sobrevivera à guerra mas continuara escondida em algum lugar em Königsberg.

Enke trabalhara num matagal de nomes estrangeiros, lugares obscuros, horários de trem e tabelas sobre o movimento de navios. Texto cirílico havia sido transliterado em alemão e vice-versa, com perda de detalhes a cada versão. No início o curador soviético aparecia sob o nome Kuchumov, mas depois se transformava em "Kugumow" e finalmente virava "Kutschumow". Um subúrbio de Leningrado era chamado uma vez Tsarskoie Selo e depois Detskoie Selo, antes de se transformar em Puchkin. Uma aldeia da Prússia Oriental passava a pertencer à Polônia com novo nome e uma população reassentada que nada sabia sobre o passado. Apesar de tudo, Enke havia perseverado até o fim, embora não soubéssemos que descoberta ele fizera para ter tanta certeza de que a Sala de Âmbar havia chegado à Alemanha.

Ficamos aliviados ao ver que o fichário que chegou em seguida à mesa branca de plástico estava recheado de material mais recente da Stasi sobre a Sala de Âmbar. A maior parte dos documentos datava da década de 1970 e esperávamos que ela pudesse nos dar alguma pista da informação que estimulara o ministro para a Segurança do Estado a promover uma grande investigação sobre o destino do tesouro desaparecido.

De saída, vimos que Enke recebera ordens de aplicar o manual de treinamento do ministério para interrogar testemunhas do caso da Sala de Âmbar. Folheamos avidamente as páginas dos relatórios sobre a espionagem de "pessoas operacionalmente interessantes", provavelmente redigidos a partir de anotações rabiscadas no verso de envelopes, em folhas arrancadas de cadernos escolares, em tíquetes do U-Ubahn ou em ingressos de cinema.

Esse fichário estava repleto de remissões a fichas de *Operative Personenkontrolle* (OPK), que eram abertas sobre qualquer pessoa escolhida pela Stasi para investigação posterior. Toda ficha de OPK começava com uma descrição padronizada: sexo, idade, altura, cor de cabelo, cor dos olhos, sinais característicos. Seguia-se um relatório preliminar, e depois um plano de ação e solicitações de controles clandestinos, com respostas variando de "prisão temporária" a "prisão" e de "investigação" a "interrogatório".

Havia registros escolares e universitários, *curriculum vitae* e declarações obtidas de vizinhos, colegas de trabalho, amigos e parentes. Havia mapas de conjuntos residenciais e comentários escritos, do tipo: "É possível conseguir a chave do apartamento dele sem que ele saiba?" Ou: "Esse 'objeto' teria uma amante de quem pudéssemos nos aproximar?" Ou ainda: "Já temos o endereço da condessa Schwerin na República Federal da Alemanha. A fonte das informações é um dos parentes dela e foi transmitida para nós por um informante de confiança."

A partir desse conjunto de informações, algumas pessoas tornavam-se *Operativ Vorgangs* ou OVs, alvos de uma investigação em regra. Os agentes usavam uma variedade de aparelhos que facilitavam a tarefa de remover as camadas de privacidade da pessoa. Aqui também havia escolhas: medidas "A" (grampo telefônico) ou "B" (aparelhos de escuta).[30] Em se tratando de "elementos negativos hostis", eram solicitadas amostras de seu odor, colhidas da entreperna ou das axilas. A Stasi transferia essas amostras para seu "conservador de cheiros", de onde podiam ser retiradas e usadas, junto com matilhas de cães farejadores chamados *schnüffeltieren* caso um "objeto" de vigilância se tornasse AWOL, isto é, se ausentasse sem permissão.

Havia também caminhonetes pintadas com a alegre frase "Peixe fresco de Rostock!". No tempo da RDA todos sabiam que elas carregavam homens e mulheres apertados como sardinha em lata, até sete presos neste pequeno veículo. Elas percorriam várias vezes as ruas dos subúrbios, para que ninguém deixasse de vê-las — arrebanhava-se de dia, interrogava-se de noite. A paranóia cada vez mais disseminada levava cidadãos a lançarem mão dos mais incríveis expedientes para se defenderem. Havia quem escondesse lápis em miniatura em cavidades do corpo quando temia ser abordado por agentes do Estado, assim teriam alguma coisa com que rabiscar um pedido de socorro. A Stasi reagiu a essa prática introduzindo a "inspeção do pênis".[31]

A julgar pelo número de formas de espionagem e pastas de OVs contidos naquele único fichário, Enke estava evidentemente em busca de um novo e rico veio de informação sobre a Sala de Âmbar.

Nesse ponto finalmente topamos com uma pequena referência aos artigos publicados em 1959 em *Freie Welt* (em que Gerhard Strauss, afirmara publicamente pela primeira vez que a Sala de Âmbar sobrevivera à guerra). Enke escrevera que grande parte da informação que estava utilizando havia sido fornecida por leitores de *Freie Welt*. "Stolz", o ex-agente da Stasi que nos visitara no Berlin Swissôtel, estava certo. Omitindo a fonte dos artigos de *Freie Welt* (a Stasi e a KGB), estimulara centenas de leitores a responderem.

Mas ficamos frustrados: quase todos os detalhes que identificavam esses leitores e a informação que haviam fornecido estavam tachados de preto. Não conseguiríamos ter nenhuma idéia do pensamento da Stasi sobre a Sala de Âmbar porque as nossas pistas potenciais haviam sido obliteradas pelos censores do Ministério da Verdade.

Em alguns documentos só restava o "Reg-Nr", o número do caso de um "objeto" particular e o Ministério da Verdade não nos dava acesso ao índice que estabelecia a correspondência entre nomes e números. O que não havia sido riscado estava escrito na terminologia do *Dictionary of Political-Operative Work* [Dicionário de trabalho do agente da polícia política], de Erich Mielke, um léxico de quinhentas páginas de termos e definições que estava na terceira edição quando o Muro de Berlim caiu.[32]

Tomemos a palavra inglesa *"hate"*. O *Oxford English Dictionary* a define como "um sentimento de aversão intensa, rancor, hostilidade ou animosidade". Seu equivalente em alemão, *hass*, a palavra favorita do ministro, era definido como "um dos traços fundamentais da luta apaixonada e irreconciliável contra o inimigo", um atributo essencial de todo bom araponga. Embora esse léxico controlasse em última análise a vida de todas as pessoas na RDA, por um dos muitos paradoxos da época ele nunca foi acessível ao povo, que era deixado deliberadamente confuso e equivocado, que foi como nós ficamos ao ler esses documentos naquele momento.

O que aquele fichário nos revelava era uma intrigante hierarquia de codinomes que não poderíamos decifrar sem ajuda.

Günter Wermusch, o editor do *Bernsteinzimmer Report*, o livro de Paul Enke, mora num subúrbio a leste de Berlim em que o passado foi sufocado por uma floresta de torres idênticas. Ao passar pelo centro de esportes, ouvimos os ecos das braçadas de um nadador solitário.

Na porta do prédio, antes de tirar o dedo da campainha, ouvimos uma voz: "Têm que subir pela escada. O elevador está *kaput*." Subimos dezoito lanços. A porta estava aberta. Vimos, na penumbra, um homem mais jovem do que esperávamos, com uma barba de dois dias e um *jogging* de malha sintética. Günter Wermusch parecia um treinador soviético enxovalhado, do tipo que dava instruções ríspidas aos gritos para ginastas tampinhas na televisão na década de 1970. "É melhor entrarem", murmurou e, coxeando, conduziu-nos para dentro do apartamento.

O apartamento cheirava a livro mofado, tédio e vazio. Na cozinha, uma ceia solitária estava posta sobre a fórmica cinza: uma garrafa de vinho tinto, uma lata de cogumelos, um garfo e uma faca. O vestíbulo estava repleto de velhas caixas de papelão que entornavam papéis no chão, pastas empilhavam-se precariamente sobre elas, ao lado de uma fotocopiadora estragada. Brochuras russas escoravam estantes feitas em casa. Notamos a ausência de fotografias de família nas paredes. Nenhuma pintura a dedo presa na geladeira.

"Vieram de Londres, hã? Espero que não tenha sido só para me ver. Acho que ficariam desapontados." Wermusch limpou a garganta e encheu um cachimbo com um fumo com aroma de baunilha. Havia um dicionário de inglês no braço da sua poltrona, ao lado de várias caixas de pílulas. "Quem lhes deu meu nome? Com quem conversaram?"

Não mencionamos "Stolz", nem os arquivos do Ministério da Verdade de saída. Ativemo-nos ao *Bernsteinzimmer Report.*

"Sou um *Lektor*", disse Wermusch, defensivamente, virando rapidamente as folhas do seu dicionário. "Isso, um editor de texto, esta não é a expressão exata, mas entendem o que quero dizer, não é? Sou um historiador, e no caso do *Bernsteinzimmer Report* fiz o que a editora para a qual trabalho, Die Wirtschaft, me pediu." Aproximou-se manquejando da janela panorâmica que tomava toda a parede mais recuada, mostrando ao longe a gigantesca torre de televisão que se ergue na Alexanderplatz.

Perguntamos: "E Paul Enke? Como o conheceu?"

Wermusch se refugiara num canto. "Ele me procurou em 1984", disse, imprensado entre as estantes e uma cadeira. "Eu havia editado um livro científico sobre o âmbar. Ele continha um capítulo sobre a *Bernsteinzimmer.* Enke me telefonou. Disse que vinha pesquisando o mistério desde a década de 1950. Tinha um manuscrito e queria que eu o lesse." Uma espiral de fumaça pairava sobre a cabeça de Wermusch.

"Que lhe disse ele sobre sua pesquisa?"

"Enke contou-me que vira a Sala de Âmbar em Königsberg durante a guerra e que mais tarde se tornara um pesquisador da Volkspolizei. A investigação da Sala de Âmbar era seu passatempo nos fins de semana. Chamamos pessoas como ele de *hobby-Historiker*. Por que deveria ter desconfiado dele?" Ocorreram-nos várias razões, mas ficamos de boca calada.

"Na época, supus que Enke ficara interessado da mesma maneira que todos nós. Os artigos de *Freie Welt* em 1959 haviam entusiasmado todo mundo. Houve quem comprasse detectores de metal." *Freie Welt* de novo. Os artigos de Gerhard Strauss haviam obviamente conseguido gerar uma empolgação duradoura.

Wermusch contemplava meditativamente uma mancha em seu tapete. "Em 1959, cada um de nós pensava que conseguiria descobrir alguma coisa que escapara a todos os outros. O caso da Sala de Âmbar teve esse efeito, sabe? Assim, quando Enke procurou a Die Wirtschaft em 1984, pareceu uma grande idéia publicar seu manuscrito. Entusiasmar as pessoas de novo." O telefone tocou no vestíbulo. Foi atender, coxeando. "*Wer ist da? Nein. Nein. Nicht. Eine minute.*" Largou o fone e se arrastou de volta para a sala, perturbado. "Essas pessoas ligam o tempo todo. Não sei quem são."

Perguntamos se ligavam para falar da Sala de Âmbar. Wermusch não respondeu.

"Antes de *die Wende* não se faziam perguntas", disse ele, enquanto punha o telefone no gancho de novo, esquecendo-se de que havia alguém na linha. "Trabalhamos com o manuscrito na casa de Paul Enke em Berlin-Grünau. Havia sempre um terceiro homem presente, de cabelo preto, mas ele nunca falava nada. Uma vez Enke o apresentou como 'meu amigo Hans'."

"Encontrou-se dúzias de vezes com esse homem e nunca soube quem era?"

"Só descobri depois que Enke morreu em dezembro de 1987." Wermusch fez uma pausa. Fitou-nos, consultou o relógio, encheu o cachimbo e recomeçou: "O funeral. Suponho que fui convidado por ser *Lektor* de Enke. Não éramos lá muito amigos. *Zo*, havia algumas pessoas para se despedir dele. Mas nenhum policial verde. Sabem, a

Volkspolizei. Nenhum amigo da força apareceu. Aquilo me pareceu, hã, *sonderbar.*" Virou rapidamente as folhas do dicionário. "Estranho, *ja*? A única pessoa que reconheci foi o homem de cabelo preto silencioso dos encontros na casa de Enke. Aproximei-me dele depois da cerimônia. Apresentou-se como Hans Seufert."

Seufert. O Oberst, ou coronel, da Stasi encarregado do grupo de estudos sobre a Sala de Âmbar.

"Perguntei a Seufert onde estavam os colegas de Enke da Volkspolizei. Ele riu na minha cara. 'Camarada', disse, 'não andamos fardados.' Ria tanto que não conseguia falar. Até hoje não entendi aquilo."

Ficamos em silêncio, refletindo sobre a afirmação de Wermusch de que só descobrira que Enke era membro da Stasi depois do funeral. Perguntamos se poderia nos dar mais um esclarecimento. "Qualquer coisa. O que quiserem." O senhor também era da Stasi?

Wermusch deu um pulo da cadeira, dando-nos um vislumbre de sua antiga agilidade, e começou a remexer furiosamente numa de suas caixas. "Em toda a minha vida só fui pago pela minha editora", gritou por sobre o ombro. "Vejam, vejam a prova." Dando um salto, passou-nos uma papelada mutilada com o conhecido carimbo do Ministério da Verdade. Mas viu que nossos olhos se detinham numa abreviatura junto a seu nome: "*Gen.*"

"*Nein. Nein. Nein.*" Deu um murro no braço da sua poltrona. "*Nicht General* mas *Genosse.* Éramos todos camaradas. Olhem aqui. Vejam esta palavra." Apontou para *Freiwilliger.* "Voluntário, foi isso que fui. Voluntário, não da Stasi, não informante. Fiquem com isso. Tenho outra cópia."[33] Wermusch havia sido voluntário em quê? Não fazíamos a menor idéia, mas ele tinha um sortimento pronto dessas referências não incriminatórias tiradas de sua ficha na Stasi. "Afinal, como eu teria podido ser da Stasi?" Torcia as mãos. "Meu pai foi da SS." Segundo a lógica deturpada da Alemanha unificada, era preferível expor os antecedentes nazistas da própria família a ser denunciado como membro da Stasi. "Talvez eu tenha sido escolhido para editar o livro porque sabia russo. Não sei. Eu tinha trabalhado para o camarada Naumann como tradutor. Fui com ele a Moscou várias vezes." (Konrad Naumann havia sido o chefe do SED em Berlim Oriental no início da década de 1980 e ocupava uma posição importante no Politburo.)

Wermusch pegou três garrafas de soda e abriu-as. Mas afinal, perguntamos, o que Enke e a Stasi haviam descoberto para ter tanta certeza de que a Sala de Âmbar estava escondida em algum lugar na Alemanha?

"Não sei. Não participei da investigação da Stasi", respondeu Wermusch rispidamente. Levantou-se, foi coxeando até o vestíbulo e esticou os braços para alcançar uma prateleira quase encostada no teto, onde se empilhavam dúzias de fichários e pastas, com datas anotadas no dorso, todos contendo rascunhos do *Bernsteinzimmer Report.* "Enke exercia um controle total sobre seu material. Só tenho o que ele me mostrou. Há muitos documentos oficiais sobre a procura da Sala de Âmbar, devem estar nos arquivos da Stasi." Sim, sabíamos disso. Essa era a principal razão de nossa presença ali. Seu rosto ficou lustroso de suor no mesmo instante. "Estão tentando arrancar alguma informação de mim?" Não, dissemos. Precisamos da sua ajuda para decodificar os documentos de Enke nos arquivos da Stasi. Wermusch deu uma risadinha. "Não precisam de mim. Precisam de alguém que tenha estado lá dentro."

Lemos para ele alguns nomes que havíamos anotado no Ministério da Verdade. Generaloberst Beater? "Morto. 1982." Generalleutnant Neiber? "Nunca conseguirão arrancar uma palavra dele, foi processado por um sujeito que colocou na prisão." Markus Wolf, o chefe de espionagem no exterior da Stasi? "Sairia caro demais para vocês. Só abre a porta de casa depois de ver a cor do dinheiro." E quanto ao Oberst Hans Seufert, ainda se mantinha em contato com ele? "Vocês estão um pouquinho atrasados. Ele morreu há dois dias. A mulher dele me telefonou." Nosso senso de oportunidade não podia ser pior.

Lemos uma lista inteira de codinomes de informantes e fontes da Stasi que haviam trabalhado no caso da Sala de Âmbar. "Morto. Morto. Morto", recitava Wermusch. Estava se divertindo. "Esperem." Parou em HIM "Bernd" (um Hauptamtlicher Inoffizieller Mitarbeiter ou informante pago de categoria superior da Stasi). "Esse aí eu conheço. É o codinome de um espião da 'Kripo' [a polícia criminal], um

Oberstleutnant. Fazia o trabalho de coerção para Enke. Ele está por aí. De qualquer modo, vocês não têm muita escolha."

Achava que ele nos ajudaria?

"Só se julgar que merecem. Depois da reunificação, quando começaram a farejá-lo em busca de informações sobre a Sala de Âmbar, ele disse ao governo alemão para onde devia ir."

"Bernd" era confiável?

"Cumpriu pena na prisão Bautzen — foi acusado de tentar fazer jogo duplo, teria sido apanhado traindo a Stasi, vendendo segredos. Depois, na prisão, ele descobriu que seu chefe andava de caso com a sua mulher."

O motivo da sua prisão, portanto, não estava claro. Mas não tínhamos como procurá-lo. Não podíamos chamá-lo de "Bernd", afinal a Guerra Fria terminara. "Seu nome verdadeiro é Uwe Geissler."

Wermusch foi arrastando os pés até o vestíbulo. "Vou telefonar para ele esta noite." Quando já estava fechando a porta, deteve-se e enfiou a cabeça de fora: "Talvez gostem disto", disse, jogando-nos um exemplar do *Bernsteinzimmer Report.*

Abrimos o livro e lemos algumas palavras da introdução. "O roubo da herança cultural da Europa pelos fascistas alemães foi muito pior do que aqueles praticados pelos persas na Babilônia, os romanos em Atenas ou os cruzados em Constantinopla." "A Sala de Âmbar", continuava Enke, fora "a mais dolorosa de todas as perdas". Lêramos essa passagem antes, num dos primeiros relatórios de Enke para seus chefes na Stasi. Ela conseguira chegar até a edição final.

9

DOIS DIAS DEPOIS encontramos Günter Wermusch pestanejando no saguão do seu prédio, vestido para um safári, com jaqueta de couro e calças de combate. Ao nos ver, exclamou: "Como vão meus novos amigos?" Estava mais bem-humorado. "Tenho algumas coisas para vocês", declarou, mostrando-nos uns papéis. "Datilografei minhas teorias ontem à noite. É só um pequeno *hobby* meu. Nada de muito importante. Leiam mais tarde." Ao entregá-los, desculpou-se: "Escrever anda sendo muito penoso para mim. Parece que não consigo segurar uma caneta."

Ninguém atendera o telefone no apartamento de Uwe Geissler, perto da Allee der Kosmonauten, em Berlim Oriental. Mas Wermusch sabia onde ficava o bangalô em que ele passava os fins de semana, duas horas a sudeste da cidade, e achava que poderíamos encontrá-lo ali. Enquanto seguíamos de carro, margeando o rio Spree, Wermusch explicou que ficara conhecendo Geissler após a morte de Paul Enke — fizera viagens com ele pela RDA para entrevistar testemunhas potenciais relacionadas ao caso da Sala de Âmbar. Disse estar curioso para ver se Geissler estava muito acabado. De nossa parte, ficamos pensando que era intrigante que aquele *Lektor* tivesse acompanhado um informante da Stasi em investigações oficiais. Mas deixamos o assunto para outra ocasião.

Em uma hora chegamos ao lago Krossinsee. Às suas margens havia uma aldeia de casas de tijolos vermelhos, com um tanque de água estagnada para patos, um lugar que segundo Wermusch, que agora suava visivelmente, se tornara o retiro favorito de agentes da Stasi aposentados. Uma estrada secundária dava numa trilha de areia; seguindo-a, divisamos um grupo de chalés de cimento idênticos que desciam até a margem do lago. "A casa de Uwe Geissler é uma dessas", apontou Wermusch, tentando se desvencilhar do cinto de segurança. Diante de nós, uma placa anunciava o nome da aldeia: Ziegenhals (Goela de Cabra).

O chalé emergiu em meio a canteiros extremamente bem-cuidados de cravos-de-defunto, lírios-tigres e maria-sem-vergonha. Rãs satisfeitas pulavam entre tulipas de plástico. O gramado de um verde-esmeralda intenso estava aparado em quadrados e listras. À nossa aproximação, um sujeito baixote, com peito de pombo, vestindo uma camisa-pólo roxa e calça de náilon, deu um pulo de sua cadeira de jardim e correu até a cerca baixa de estacas. Um vizinho nos informara que aquela era a propriedade de Geissler. "*Scheisse!*", gritou o homenzinho, enrugando a testa na tentativa de se lembrar se aqueles eram semblantes que teria preferido esquecer. "*Mein Gott!*", exclamou ao cair em si e estendeu uma mão queimada de sol: "Wermusch? *Wilkommen. Wilkommen. Und...?*"

Geissler afastou-se com Wermusch em direção ao lago. Podíamos vê-los gesticulando vigorosamente, virando-se para nós, até que Wermusch segurou o antebraço do dono da casa, num gesto tranqüilizador, e o guiou trilha acima. Depois, espremidos em volta de uma mesinha de plástico, notamos a família de anões de jardim que despontava entre os arbustos. Para um colaborador aposentado em paz no seu jardim, Geissler tinha os olhos extraordinariamente injetados. Queixou-se a Wermusch de que não vinha conseguindo dormir naqueles últimos dias. Mal acendeu um cigarro, foi tomado por um ataque de tosse convulsiva, enquanto Wermusch lançava um olhar nostálgico para o monte de guimbas no cinzeiro.

Geissler definiu alguns pontos. Nunca traí ninguém, entenderam? Nunca fui ignóbil. "Todos nós fomos traídos pelo Ministério da Verdade. Nunca fui espião. Só tentei ajudar. É meu impulso natural." Wermusch olhava para o nada. "Os soviéticos sofreram um golpe terrível na guerra, perderam muito mais que todos os outros", continuou. "Ajudá-los a encontrar o que havia sido roubado deles era o mínimo que um alemão podia fazer."

Seus olhos acompanhavam uma mulher delicada, com cabelos prematuramente grisalhos, que saíra do chalé, atrás de nós. "Querida, traga alguma coisa para nossas visitas comerem". A *liebling* de Geissler, que devia ter a metade da idade dele, apertou-nos as mãos silenciosamente, com a força de um carcereiro, e voltou para o chalé.

Perguntamos a Geissler qual fora o seu papel no grupo de estudos sobre a Sala de Âmbar. "A 'agência irmã' [a KGB] estava tentando localizar todos os antigos aristocratas na Prússia Oriental, aqueles com quem Alfred Rohde se correspondera em 1944 em seu empenho para encontrar um esconderijo para a Sala de Âmbar: Keyserlingk, Dohna, Schwerin. E também os funcionários graduados dos castelos e museus: Henkensiefken, Will, Friesen, Gall, Zimmerman. Gostariam de biscoitinhos amanteigados dinamarqueses? Sirva-os, *liebling*." Aqueles nomes começavam a se tornar familiares para nós. Estavam todos na lista de alemães desaparecidos feita por Anatoli Kuchumov; tinham sido publicados em *Freie Welt* e no *Kaliningradskaia Pravda*. Mas continuávamos ignorando o papel que qualquer deles desempenhara no caso da Sala de Âmbar.

"E então, conseguiu encontrá-los?"

Mas Geissler não nos escutava. Falava. Para um homem que supostamente devia ter passado a vida de bico calado, era de uma loquacidade espantosa. "Fomos extraordinariamente bem-sucedidos." Wermusch teve um arrepio quando Geissler enfiou um grande biscoito na boca.

"Podem ter certeza. Os soviéticos cometeram um erro mandando todas as testemunhas embora." Em 1949, as autoridades de Kaliningrado haviam expulsado todos os alemães da Prússia Oriental, instalando soviéticos em suas casas e granjas. Geissler alguma vez apontara a miopia dessa medida? "É, eu poderia ter feito isso", engrolou, "mas estava muito ocupado. Na estrada. Tentando arrebanhá-los de novo."

Nuvens escuras formavam-se no céu; o toldo listrado acima de nós sacudia-se ruidosamente. Tentamos conduzir a conversa para o que realmente nos levara até ali. Qual fora a nova informação sobre a Sala de Âmbar obtida pelos serviços de segurança? "*Freie Welt*. Depois da publicação dos artigos, mais de mil testemunhas se apresentaram e passamos a averiguar cada uma delas. Soldados que tinham feito saques em Leningrado. Moradores de Königsberg que tinham visto a Sala de Âmbar", disse, enquanto um trovão ecoava através do lago.

Perguntamos qual fora o motivo principal da publicação dos artigos. *Freie Welt* havia sido sem dúvida a segunda etapa. Lembramos a teoria de Herr "Stolz", mas não a mencionamos. A chuva começou a fustigar o chalé, a água escorria do toldo. "Há muito mentiroso por aí", gritou Geissler sobre a zoeira do dilúvio. "Pessoas tristes, iludidas, que queriam participar do mistério, queriam participar de algo especial. Algumas chegaram a tentar encontrar a Sala de Âmbar por conta própria. Tínhamos de pôr um paradeiro naquilo imediatamente." Que tal seria, imaginamos, enviar uma carta para o editor de *The Times*, e encontrar um agente da MI5 na soleira da nossa porta?

Geissler fitou o céu, pestanejando: "Parece que está chovendo." Só notara isso naquele instante, e, empurrando-nos, tratou de se enfiar na cabana, onde sua *liebling*, ajoelhada no chão, catava migalhas no tapete. De lá, abancado atrás de uma mesa de café de vidro fumê, acenou para que Wermusch e nós entrássemos. "Eu era um especialista. Não um daqueles lambe-botas que eles empregavam. Era um investigador criminal." Acendeu mais um cigarro. "Eu só partia para cima de um 'objeto' quando estava pronto. Às vezes eram necessárias várias tentativas para perceber a verdadeira história por trás da mistificação deles." Uma cotovelada e uma piscadela. "Tínhamos de saber mais sobre eles do que eles mesmos." Tomou um gole de chá.

"Eu costumava dizer: 'Se você roubou uma coisa ou outra, isso é aceitável. Todo mundo afanava na guerra. Mas se tiver matado pessoas, o caso é outro. Não é tão fácil de perdoar." Forçou um sorriso. "Era um truque e tanto. Sempre funcionava. O resultado é que eles acabavam admitindo que tinham pilhado e eram pegos com a boca na botija. Os idiotas não entendiam que era exatamente de saqueadores que estávamos atrás, em especial qualquer pessoa ligada à Sala de Âmbar." Cerrou os punhos, enquanto Wermusch escapulia do chalé com um cigarro na mão. "Houve um sujeito que admitiu ter roubado uma obra muito valiosa. Quando percebeu que eu iria denunciá-lo, pediu misericórdia. Disse que nunca contara para sua mulher e agora ela iria saber pela Stasi. Tive de chamar a ambulância." Geissler ria, os olhos marejados de lágrimas. "O sujeito teve a porra de um infarto."

Nesse momento a *liebling* de Geissler pegou a bolsa e se retirou do chalé, agitando uma cortina de contas ao passar pela porta. Estávamos começando a compreender por que cidadãos da RDA jamais teriam respondido a *Freie Welt* se tivessem a mais leve suspeita de que a Stasi estava por trás daquilo.

Perguntamos a Geissler se ele realmente cumprira pena em Bautzen (uma prisão de segurança máxima da Stasi apelidada "Tormento Amarelo" pelos que eram metidos em seus prédios cor de urina).[1] Já tínhamos ouvido fanfarronadas demais.

Geissler pegou um cigarro. "Foi tudo um mal-entendido. Foi isso que meu chefe, Oberst Hans Seufert, disse quando me tirou de lá em 1977. Passei três anos preso. O tempo todo numa solitária. Ouçam minha tosse. Meus pais morreram e não me deixaram sair nem para enterrá-los. Acusaram-me de vender segredos da Stasi." E vendera? "Nunca. Um agente da Stasi estava de olho na minha mulher. Quis me tirar do caminho. Fizeram uma armação, fui falsamente incriminado. Seufert me contou. Ele me disse: 'Você cumpriu sua pena; agora, bico calado. Se discutir, volta.' No fim tudo deu certo. Casei-me com outra, mais nova. E fui reconduzido à equipe da Sala de Âmbar." Geissler, que passara à defensiva, apontava o dedo para nós. "Sei muitas coisas importantes", gritou, acenando para um depósito imaginário no fundo da cabana. "Gente do governo veio me procurar em 1993, o Ministério do Interior e o chefe da União Democrática Cristã de Berlim. Ficaram tão impressionados com o que sei sobre a Sala de Âmbar que me ofereceram dinheiro para pôr tudo no papel." Seu rosto estava afogueado. "Dinheiro também pelos documentos da Stasi sobre a investigação que tenho. Mandei todos irem se catar."

Perguntamos que documentos eram aqueles. "Meus papéis são o meu pé-de-meia. Eu os peguei em janeiro de 1990, quando tudo foi para o inferno." O Oberst Seufert dissera uma vez a Günter Wermusch que seu grupo de estudos sobre a Sala de Âmbar gerara 180 mil páginas de informação; por outro lado, soubéramos pela funcionária do Ministério da Verdade que os arquivos que ela obtivera recentemente continham apenas 12 mil.[2] Ainda havia alguém sentado em cima do resto.

Mas que história esses documentos contavam? Geissler não resistiu à tentação de falar: "A Stasi descobriu que o Gauleiter da Prússia Oriental, Erich Koch, conseguira remover a Sala de Âmbar do Castelo de Königsberg para a Alemanha. Quando os artigos da *Freie Welt* apareceram, a informação foi confirmada pela carta de um dos leitores. O homem escreveu que seu pai, um Sturmbannführer da SS, havia supervisionado a evacuação da Sala de Âmbar sob ordens de Koch."

Poderia aquilo ser verdade? A existência de um plano para evacuar a Sala de Âmbar fora vislumbrada por Kuchumov, reforçada por Strauss e retraçada por Enke, mas aquela era a primeira confirmação positiva que tínhamos de que alguém a ordenara e de que o trabalho fora realizado. Ainda não podíamos acreditar. A revelação de Geissler abria uma série imensa de novas possibilidades. Começamos a nos perguntar se teríamos começado nossa pesquisa no lugar errado do país errado, seguindo o fio errado. Tínhamos de arrancar uma informação mais precisa de Geissler. Ele poderia nos mostrar a prova?

Ele sorriu, encheu os pulmões com uma longa tragada e inclinou-se até chegar a cabeça a uns três centímetros da nossa. Podíamos ver cada poro da sua pele oleosa e seus incisivos lascados. "Não seria interessante? Merece uma coisinha extra." Ainda não havíamos falado sobre dinheiro. Geissler acomodou-se de novo na sua cadeira. "Vou lhes dar uma palha. De graça. O autor da carta só descobriu o segredo do pai em 1949, uns dois anos após a morte dele, ao encontrar documentos do tempo da guerra escondidos numa bolsa de couro no porão da casa da família. Nunca havia falado sobre esses documentos até ler o artigo em *Freie Welt*."

Tínhamos de dar corda em Geissler. Que diziam esses documentos?

"Havia um recibo confirmando a entrega de 42 caixotes e pacotes ao pai do autor da carta e uma ordem para que a Sala de Âmbar fosse levada para um esconderijo secreto cujo codinome era BSCH. Um outro documento era a transcrição de uma mensagem de rádio que notificava o cumprimento dessa ordem: 'Ação Sala de Âmbar concluída. Guardada em BSCH. Acessos explodidos. Baixas em decorrência de ação inimiga.' Havia também um mapa. Mas não ficou claro a que lugar esses documentos se referiam. Sem contar um outro problema, muito mais sério: o autor da carta, que não passava de um garoto quando encontrou esses papéis, ficou tão apavorado com o que leu — em 1949 a caça a ex-nazistas continuava — que queimou tudo."

Era demais para acreditar. Como vocês confirmaram a versão do autor da carta?

"Ele foi interrogado. Pelo autor dos artigos de *Freie Welt*, o professor Dr. Gerhard Strauss."

Aquele nome de novo.

"O Dr. Strauss relatou que, a seu ver, o autor da carta estava falando a verdade. Tinha pouco a ganhar expondo o passado nazista do pai. Concordamos em disfarçar sua identidade; ele se tornou a fonte 'Rudi Ringel'."

Onde ficava BSCH?

Geissler não fez caso da pergunta: "Depois que Strauss o investigou, 'Rudi Ringel' foi levado para Kaliningrado, para que os soviéticos também pudessem interrogá-lo. O camarada K. Lebedev, presidente do comitê distrital para assuntos artísticos, chefiou a averiguação. Toda a informação relacionada a 'Rudi Ringel' foi enviada ao camarada Veniamin Krolevski na secretaria do partido de Kaliningrado."

"Mas se os indícios apontavam para a Alemanha, como disse há pouco, por que levar 'Rudi Ringel' para Kaliningrado e encaminhar todas essas informações para a KGB?"

"Eu lhes disse que a localização de BSCH não ficara clara porque os documentos haviam sido queimados. A 'agência irmã' concordou que 'Rudi Ringel' estava provavelmente dizendo a verdade, mas deduziu que BSCH era um lugar em Kaliningrado. Evidentemente não estávamos em condições de contradizê-la e, enquanto ela fazia o seu trabalho, tratamos de fazer o nosso, checando os autores de todas as outras cartas enviadas a *Freie Welt*. Finalmente 'Rudi Ringel' voltou para casa, na RDA."

E depois, o que acontecera?

Silêncio. Vapor condensado pingava das janelas do chalé, a chuva espancava fragorosamente o teto de ferro corrugado; de repente a mulher de Geissler assomou à porta da frente, uma caixa de tortas de cereja na mão.

"*Liebling*. Que tal fazer uma pausa nesta conversa e comer e beber juntos?" A chaleira foi posta no fogo. O café foi servido e só depois de saciado Geissler se dispôs a continuar. "Enke submeteu 'Rudi Ringel' a um interrogatório cerrado. Fiz o mesmo com a irmã e a mãe dele. Agarramo-nos a eles como carrapatos." Felizmente nada fazia Geissler se calar. "Encontramos em registros nazistas muitas referências que confirmavam as histórias contadas pela família 'Ringel'." Acendeu outro cigarro. "E essas referências revelaram algo de que desconfiávamos o tempo todo: os documentos que 'Rudi Ringel' encontrara no porão da casa da família foram mal-interpretados pela KGB. Eles nunca conseguiriam encontrar BSCH em Kaliningrado; BSCH ficava aqui na Alemanha."

Como a Stasi localizara BSCH? A partir de que pistas?

"Isso seria dar o serviço e serviço tem preço; o que posso lhes adiantar de graça é que Enke provou que o pai de 'Rudi Ringel' havia tirado a Sala de Âmbar da Prússia Oriental. A mensagem de rádio — 'Ação Sala de Âmbar concluída. Guardada em BSCH. Acessos explodidos. Baixas em decorrência de ação inimiga.' — havia sido transmitida de algum lugar na Alemanha."

"Paul Enke comunicou isso ao Oberst Seufert, mas o chefe foi cauteloso. Não queria entrar em conflito com as 'autoridades fraternas', que estavam fazendo escavações em Kaliningrado. Disse que se encontrássemos mais provas endossaria um pedido de verbas para o financiamento de escavações na Alemanha. Mas" — comeu um pedaço de torta — "havia um problema. Enke identificou na RDA setecentos lugares possíveis para BSCH: minas de sal, minas de carvão, pedreiras, cavernas e *bunkers*. A Secretaria de Estado mandou-nos enxugar a lista. Procuramos 'Rudi Ringel' de novo, mas ele declarou que só sabia o que vira nos documentos. Seu pai morrera dois anos após o fim da guerra, sem jamais ter falado sobre a localização de BSCH. A única pessoa viva capaz de revelar onde a Sala de Âmbar fora escondida era o homem que dera as ordens: o criminoso de guerra nazista Gauleiter Erich Koch."

Geissler deu uma olhada no relógio. "Tempo encerrado. De graça, mais nada. Segunda-feira estarei de volta na cidade. Liguem para mim; conversaremos sobre grana", disse, animado. "Não têm saída. Sou a única pessoa ligada ao grupo de estudos sobre a Sala de Âmbar que ainda está viva."

Liebling mal conseguiu manter a porta aberta e bateu-a atrás de nós. A aldeia da "Goela de Cabra" parecia ter desaparecido sob o dilúvio.

Em 28 de maio de 1949 o *Daily Telegraph* noticiou a prisão de um lavrador chamado Rolf Berger na aldeia de Haasemoor, a norte de Hamburgo, depois de um alerta de vizinhos desconfiados. "No bolso de sua calça foi encontrado um frasquinho de vidro com cianeto de potássio, do tipo fornecido aos chefes nazistas. Um frasco parecido havia sido usado por Himmler depois de sua prisão em 1945", revelava o jornal. Interrogado, o lavrador admitira ser Erich Koch, o antigo Gauleiter da Prússia Oriental. Contou que vivera incógnito durante quatro anos naquela região esparsamente povoada do extremo norte da Alemanha, a mesma em que Alfred Rosenberg, o ideólogo nazista e ministro do Reich para Territórios do Leste Ocupados, fora finalmente capturado em maio de 1945.

Foi um golpe para a operação conjunta dos serviços secretos britânico e alemão, montada, sob o codinome Renda Antiga, para dar caça a nazistas desaparecidos. Erich Koch, que ingressara no movimento nacional-socialista na primeira hora, ainda em 1922, e cuja carteira do partido exibia o número 90, fora um dos mais procurados, juntamente com Bormann, Eichmann e Mengele. Naquela altura, porém, não havendo nenhuma promotoria central em atividade e o Tribunal Militar Internacional em Nuremberg estando encerrado, os britânicos mantiveram Koch na sua base em Bielefeld, enquanto decidiam o que fazer com ele.

Stalin mostrou interesse em processar Koch, pois mais de quatro milhões de cidadãos soviéticos haviam morrido e outros dois milhões foram enviados para campos de trabalho nazistas quando ele ocupava o cargo de comissário do Reich para a Ucrânia (antes de se tornar Gauleiter da Prússia Oriental). Os britânicos solicitaram aos soviéticos que enviassem uma justificação legal detalhada para a extradição; ao mesmo tempo, porém, Koch iniciou ele próprio uma ação judicial, apresentando um apelo: "Sei que, como ex-membro do Partido Nazista(...) incorri em condutas políticas gravemente culposas, mas vos rogaria que acreditassem que em todos os meus erros políticos e humanos eu(...) estava servindo a uma boa causa e ao bem-estar de meu povo."[3] Afirmou não alimentar ilusões quanto ao "que me espera atrás da Cortina de Ferro". Não era a morte que temia, "mas o tratamento vil e desumano que esse sistema [soviético] aplica a seus adversários. É a frieza com que um ser humano é usado e depois cruelmente morto". (Palavras de um homem que ordenara que os cadáveres dos prisioneiros soviéticos em Rovno fossem incinerados e as cinzas vendidas como fertilizante para agricultores alemães.)

Os britânicos não se comoveram com o apelo de Koch, mas o antigo Gauleiter não foi julgado na União Soviética. Em vez de depoimentos de testemunhas, declarações escritas e juramentadas e fotografias, os soviéticos responderam com uma carta concisa, afirmando que o tribunal de Nuremberg já havia provado os "atrozes crimes de guerra" de Koch.[4] Em seguida chegou a Berlim Oriental uma outra reivindicação do direito de processar Koch — partia do governo polonês e era amparada por um documento legal detalhado, com testemunhos associados a acusações específicas. Os britânicos despacharam o ex-Gauleiter da Prússia Oriental para Varsóvia.

Mas tendo posto as mãos em Koch os poloneses desistiram de julgá-lo. Durante nove anos ele foi mantido em custódia numa prisão de Varsóvia, uma protelação que nunca foi adequadamente explicada, embora os poloneses fizessem débeis alegações de que ele estava fraco demais para enfrentar um julgamento. Essa inércia dos poloneses contrastava com Nuremberg, onde se vira uma proporção significativa da liderança do Terceiro Reich ser julgada, processada, presa ou enforcada em apenas dezoito meses.

Só em novembro de 1958 os poloneses iniciaram a ação judicial contra Koch. Filmes feitos para a televisão mostram um lacrimoso ex-Gauleiter refestelado no banco dos réus; com um lenço amarrado em volta da cabeça, mais parecia uma vítima da Grande Guerra. Em 19 de março de 1959, após dez anos de custódia e quatro meses e dezessete dias de julgamento, com a leitura de 1.500 páginas de provas, Koch foi finalmente condenado à morte pelos poloneses. Ele recorreu imediatamente, com base em seu mau estado de saúde, e conseguiu adiar mais ainda seu destino. Os soviéticos não perderiam essa oportunidade.

Havíamos pedido a Nossa Amiga Professora, em São Petersburgo, que esquadrinhasse os papéis de Kuchumov em busca de qualquer referência ao antigo Gauleiter da Prússia Oriental e, quatro dias antes da expiração da validade de nossos cartões de leitores, um mensageiro entregou um pacote em nosso hotel de Berlim. Continha uma extraordinária série de documentos secretos soviéticos. O primeiro era uma carta enviada do Palácio de Catarina em 28 de março de 1959, nove dias após a condenação de Koch à morte, suspensa naquele momento por força de um recurso. O camarada A. V. Bobidanosov escrevia ao gabinete do procurador-geral da União Soviética: "Pode-se acrescentar mais um crime a todas as atrocidades cometidas por soldados nazistas no território ocupado da União Soviética: o roubo da Sala de Âmbar do Palácio de Catarina."

Segundo o relato do camarada Bobidanosov, a pesquisa realizada até então mostrava "claramente que a Sala de Âmbar não foi destruída na guerra e não poderia ter sido retirada de Kaliningrado (...) percebe-se que altas autoridades alemãs estavam interessadas no destino do mais valioso troféu de arte de todo o mundo. É possível, portanto, que Erich Koch tenha tido conhecimento do destino [da sala]".

O camarada Bobidanosov continuava:

> Pelo que sabemos, no recente julgamento em Varsóvia a Sala de Âmbar nunca foi mencionada; é possível, portanto, que esse criminoso de guerra leve esse mistério para o túmulo. Por essa razão, a comissão estatal para

> a busca de obras de arte pede-lhe que encaminhe ao procurador-geral polonês as seguintes solicitações: 1. Que se interrogue Erich Koch a respeito da Sala de Âmbar. 2. Que se examine o material do julgamento em busca de quaisquer relatos de testemunhas que possam lançar luz sobre a remoção da Sala de Âmbar.

O procurador-geral da União Soviética respondeu ao camarada Bobidanosov em 3 de junho de 1959: "Em resposta à nossa solicitação as autoridades na Polônia interrogaram o antigo Gauleiter Erich Koch. Mas declarou que nada sabe sobre o destino da Sala de Âmbar; não tinha conhecimento de sua existência e jamais foi informado sobre seu valor incomparável. Além disso, no material de seu julgamento não há menção alguma à Sala de Âmbar."[5]

Era uma resposta estranha, essa dos poloneses. Lembramos que em 1949 o Dr. Gerhard Strauss fornecera aos soviéticos um dossiê de provas que vinculavam Koch à Sala de Âmbar: cartas dele ao Gauleiter Mutschmann em Dresden, solicitando depósitos seguros; ordens dele a Alfred Rohde para que inspecionasse castelos na Saxônia em busca de esconderijos para "tesouros insubstituíveis", entre os quais a Sala de Âmbar.

Como seria de esperar, os soviéticos não aceitaram a resposta polonesa e insistiram em enviar um emissário próprio para interrogar Erich Koch. Para isso, precisariam de uma figura neutra, que não irritasse os poloneses nem o antigo Gauleiter. Procuramos um relato da entrevista. Não havia referência a ela no Arquivo de Literatura, mas encontramos no Ministério da Verdade um relatório datado de 24 de junho de 1959.[6] Lemos ali que um interrogatório fora realizado naquele mês na embaixada da RDA em Varsóvia e, examinando a lista dos presentes, descobrimos que o homem escolhido como emissário dos soviéticos não era outro senão o professor Dr. Gerhard Strauss da Universidade Humboldt. Strauss, que de início nos parecera ser um personagem secundário, um nome numa carta manchada de gordura posta de lado por um curador soviético, agora parecia onipresente. Ele devia estar com muito prestígio em 1959, tanto aos olhos de Moscou quanto do politburo da RDA para ser escolhido para negociações tão delicadas.

A minuta mostrava que a reunião — entre Strauss, Erich Koch, seu advogado, o embaixador interino da RDA Riesner e o procurador-geral da Polônia — tivera um péssimo começo. Um carcereiro mostrara a Koch os recentes artigos de Strauss sobre a Sala de Âmbar, publicados em *Freie Welt*. Koch se pusera imediatamente a atacar Strauss, dizendo-se desgostoso com os artigos e com as "falsas acusações" de que tinha alguma relação com o destino da Sala de Âmbar. O prisioneiro nazista na fila da morte enfrentou o emissário do bloco, acusando-o de espalhar mentiras como um jornalista de tablóide. Aquilo devia ter sido terrivelmente embaraçoso para Strauss, que tentara convencer o antigo Gauleiter de que era na verdade um sério acadêmico da Alemanha Oriental e estava empenhado no esclarecimento do mistério da Sala de Âmbar a serviço de seu governo. "Foi possível minimizar aquilo", relatou Strauss. Nunca saberemos o que ele realmente disse a Koch sobre *Freie Welt,* o fato é que conseguiu fazer o antigo Gauleiter continuar falando.

Em seguida Strauss e o prisioneiro haviam passado a discutir o ocultamento de obras de arte em *bunkers*. Strauss observara que as informações que Koch tinha sobre possíveis esconderijos na Prússia Oriental correspondiam às suas; ademais, o antigo Gauleiter admitira a possibilidade de a Sala de Âmbar ter sido escondida num *bunker* ou porão. Insistira, porém, em que nunca dera ordens com relação à Sala de Âmbar, uma resposta que deveria ser vista num contexto mais amplo, advertira Strauss. "Em geral Koch tomou muito cuidado em só fornecer informações que minimizassem sua própria responsabilidade e falassem a seu favor." Embora afirmasse nada saber sobre o destino da Sala de Âmbar, o antigo Gauleiter dissera considerar impossível que ela tivesse sido removida para a Alemanha.

Koch propusera sua própria teoria radical. Strauss registrara: "Koch considera provável que a Sala de Âmbar tenha sido transportada pelo exército soviético, mas quando contestei, dizendo que nesse caso ela teria sido reinstalada em Puchkin, ele admitiu que meu argumento era mais forte que o seu." Quando a reunião de noventa minutos estava chegando ao fim, Koch pediu que Strauss desse sua "palavra de honra" de que aquela discussão permaneceria confidencial. "Ninguém deveria saber que ele estava ajudando a encontrar a Sala de Âmbar", relatou Strauss. "No momento não podemos esperar mais de Koch, mas como ele está tentando influenciar a apreciação de seu recurso, não é impossível que em breve obtenhamos mais declarações dele."

Depois de nosso encontro com Uwe Geissler continuávamos sem saber ao certo como a Stasi havia vinculado Erich Koch à Sala de Âmbar e a um esconderijo na Alemanha. Naquele relatório da Stasi, Koch não revelava nada que o associasse à Sala de Âmbar nem a um plano de remoção que terminasse na Alemanha. Mas, exatamente quando começávamos a pensar que talvez Geissler tivesse mentido, o documento seguinte entre os que havíamos recebido de São Petersburgo confirmava a história contada por Geissler. Ele nos dissera que, no verão de 1959, um cidadão da RDA sob o codinome "Rudi Ringel" fora enviado a Kaliningrado e submetido a interrogatórios cerrados por funcionários do partido. Líamos agora que "Rudi Ringel" realmente existira e fora levado a Kaliningrado no verão de 1959. O funcionário soviético que o interrogara fora Anatoli Kuchumov, o curador de Leningrado.

Num relatório datilografado com a inscrição "Ringel. Ultra-secreto", Kuchumov resumira a história contada pela testemunha. Ela era notavelmente semelhante à que ouvíramos de Geissler. Kuchumov escrevera:

> Em julho de 1949, dois anos após a morte do pai, quando a família se preparava para mudar de casa, a mãe [de "Rudi Ringel"] mandou-o limpar o porão. Sob um monte de carvão úmido, ele encontrou uma bolsa de couro para mapas, como as usadas pelos soldados durante a guerra. Estava coberta de mofo. Seus conteúdos estavam molhados e colados uns nos outros. O que pôde ser decifrado eram folhas datilografadas de ordens, relatórios, partes de um mapa da cidade de Königsberg e vários documentos da SS como fotografias de passaporte do seu pai [Sturmbannführer da SS "Ringel"], um dos quais com a assinatura de Himmler. Embora tivesse apenas 13 anos, "Rudi Ringel" pôde compreender a importância daquilo.[7]

Portanto o mapa que "Rudi Ringel" se lembrara de ter visto era de Königsberg, não da Alemanha. Não fora isso que Geissler nos contara.

Kuchumov pedira a "Rudi Ringel" para reproduzir de memória os conteúdos da pasta e registrara que a testemunha reconstituíra sete documentos, tendo depois assinado cada um como "cópia verdadeira". Kuchumov os rubricara. O camarada Wagnerman os traduzira. A camarada Shaposhikovna da KGB os autenticara.

O primeiro documento reconstituído era uma carta endereçada ao pai de "Rudi Ringel", datada de dezembro de 1944:

> Ao Sturmbannführer da SS "Ringel". A Operação Grüne deverá ser iniciada em breve em Königsberg. O senhor deverá portanto, como combinado, assumir a responsabilidade pela evacuação da Sala de Âmbar. Limites B-Sch-Kniproderstrasse, Steindamm, Reihe/BU$_3$UP, visível das ruas Jakobstrasse, Gezekusplatz. Após enterrá-la, destrua o prédio. Em seguida o senhor e seus oficiais devem ir para [falta o nome do lugar] agindo ali como combinado. Após levar a cabo com êxito essa missão, favor confirmar por mensageiro. *Heil* Hitler.

Embora os nomes de rua estivessem truncados, o que se descrevia aqui era quase certamente um lugar em Königsberg nas adjacências da Steindamm Strasse.

"Rudi Ringel" lembrara-se de que outro documento que lera estava marcado como "Ultra-secreto" e era dirigido ao "Gabinete Central do Ministro da Segurança do Reich V.V.S. (departamento das forças aéreas militares)": "Ordem executada. Ação Sala de Âmbar terminada. Entrada explodida segundo ordens. Ação fez muitas vítimas. Estou chegando a local combinado [falta o nome]." "Rudi Ringel" lembrara que a mensagem tinha a assinatura de seu pai, o Sturmbannführer da SS, embora não fosse datada.

Kuchumov desenhara um mapa do centro de Königsberg. Na junção de Steindamm Strasse e Lange Reihe o curador-geral assinalara a igreja da Steindamm, um tanque e um monumento da Primeira Guerra Mundial. Uma área que se estendia entre a igreja e o tanque foi sombreada e marcada com a palavra *"bunker"*. Portanto, se "Rudi Ringel" fosse confiável, a evacuação da Sala de Âmbar, sob o codinome Operação Grüne (Verde), fora realizada. O tesouro soviético fora removido do Castelo de Königsberg e escondido na cidade em algum lugar perto da igreja da Steindamm. Nesse caso, como pudera a Stasi concluir que a Sala de Âmbar fora levada para a Alemanha?[8]

Vimos com frustração que os outros cinco documentos transcritos por "Rudi Ringel" não estavam na nossa pasta. Telefonamos para São Petersburgo e pedimos à professora para reexaminar o índice. A resposta não demorou: "Nada." Voltamos ao Ministério da Verdade para ver se a Stasi recebera um registro do interrogatório a que Kuchumov submetera "Rudi Ringel". Também ali, nada.

Do Arquivo de Literatura, só dispúnhamos de mais recortes de jornal feitos por Kuchumov; as notícias eram referentes a Erich Koch.

Como Strauss previra em 1959, Erich Koch logo começara a falar novamente sobre a Sala de Âmbar, deixando escapar informação para seus guardas na prisão Mokatovska. Em setembro de 1961 ele falou também com o jornalista polonês Vladimir Orlovski e logo depois, em outubro, ao *Izvestia:* "Erich Koch tem conhecimento de dois *bunkers* em que Rohde e o Dr. Helmut Will esconderam obras de arte.[9] Neles, entre outras, devem estar obras de sua própria coleção. Não pode ter 100% de certeza de que a Sala de Âmbar também está lá, mas pensa que quase certamente está."[10] Embora Koch continuasse negando ter tido qualquer responsabilidade pela Sala de Âmbar, tinha quase certeza de que fora removida para um *bunker* em Königsberg, uma história que parecia compatível com os indícios fornecidos por "Rudi Ringel".

Três anos mais tarde as autoridades polonesas comutaram a pena de morte de Koch para prisão perpétua, alegando publicamente que a atenuação fora concedida porque o prisioneiro estava sofrendo de uma doença terminal. Pouco depois ele foi transferido para uma prisão especialmente construída numa área rural da Polônia, onde continuou a cooperar.[11] Em 1967 vazaram histórias de que o antigo Gauleiter (surpreendentemente, ainda vivo) havia incriminado o Reichsleiter Bormann; este, segundo ele, desejava avidamente apoderar-se da Sala de Âmbar, que, na estimativa de Koch, "valia mais que 150 milhões de dólares".[12]

Em 5 de fevereiro de 1967 a TASS noticiou que as autoridades soviéticas haviam se convencido de que a Sala de Âmbar estava na

Prússia Oriental, depois que Koch finalmente admitira que fora ele que ordenara a Alfred Rohde e ao Dr. Helmut Will que "retirassem aquele tesouro" e o escondessem num *bunker* sob uma igreja da cidade, próxima a Steindamm. Tratava-se sem dúvida do mesmo *bunker* identificado por Kuchumov num mapa que desenhara oito anos antes, após interrogar "Rudi Ringel", a testemunha da RDA. No final de fevereiro de 1967, a TASS revelou que investigadores soviéticos estavam efetivamente de partida para Königsberg — com equipamento pesado de perfuração de poços. Não havia ali nenhum registro do que se descobrira nessas escavações.[13]

Quando os artigos sobre a Sala de Âmbar foram publicados no *Kaliningradskaia Pravda* e em *Freie Welt* em 1958 e 1959, a atenção do público foi canalizada para nazistas de nome desconhecido que foram acusados de ter evacuado a sala do Castelo de Königsberg, embora não se revelasse (e talvez nem se soubesse) para onde fora levada. As novas informações fornecidas por "Rudi Ringel", que escrevera em resposta a esses artigos, sugerira que um desses nazistas era Erich Koch. Em 1967 Koch finalmente admitiu que estivera envolvido na evacuação da Sala de Âmbar (embora sempre reafirmando que ela fora levada para outro lugar na própria cidade de Kaliningrado). Assim, a Stasi e a KGB pareciam usar ao mesmo tempo as mesmas pistas Koch-Ringel para remar em direções diferentes. Geissler nos afirmara que, segundo a Stasi, a história significava que a Sala de Âmbar devia ser procurada na Alemanha, para onde acreditavam que Erich Koch a enviara. Enquanto isso, a KGB continuou apostando em Kaliningrado até o fim.

Talvez não estivéssemos entendendo nada. Tínhamos aguda consciência da passagem do tempo. O que seria melhor, ficar em Berlim ou voltar para São Petersburgo? Entramos no elevador para subir ao nono andar do Ministério da Verdade em Berlim e, depois de passar a metade da manhã examinando centenas de transcrições de interrogatórios censuradas, topamos com a minuta de um relatório de 1976: "Plano de medidas para uma procura cuidadosamente concentrada de pistas da Sala de Âmbar no território da RDA". Ali estava finalmente um relatório, redigido na linguagem canhestra da Stasi, sobre suas operações na Alemanha. Esperávamos encontrar ali uma explicação ou uma refutação do que Geissler nos afirmara. Era uma sorte que, por ele não conter muitos nomes, os censores tivessem poupado o documento.[14]

O Oberstleutnant Paul Enke notificava seu chefe de seção, o Oberst Hans Seufert: "Sabemos que na União Soviética a busca é conduzida por uma comissão governamental, mas com base nas pistas essa busca foi concentrada exclusivamente em Kaliningrado, não se tendo dado muita importância a uma verificação de pistas e indícios que apontavam para esconderijos na Saxônia e na Turíngia." Essa declaração dava a entender que em 1976, nove anos depois que a TASS noticiara o início de escavações em Kaliningrado com base em informações dadas por Erich Koch, os soviéticos ainda não tinham encontrado coisa alguma.

Enke recomendava: "Investigações intensivas e imediatas sobre o grande número de fatos e pistas disponíveis. A alusão velada de Koch ao local em que se encontrava sua coleção pode referir-se tanto a depósitos da Turíngia quanto a esconderijos no oeste da Saxônia."

O relatório prosseguia:

> Recomendações adicionais: parece necessário interrogar Erich Koch amplamente sobre o assunto de sua coleção particular. Uma investigação desse tipo já foi realizada antes em 1960 *[sic]* pelo professor Dr. Gerhard Strauss, Berlim, mas sem qualquer resultado e, de todo modo, ficou restrita exclusivamente a Kaliningrado. Hoje seria possível fornecer a Koch algumas pistas que poderiam refrescar-lhe a memória e fazê-lo pensar. (Perguntas seguem em anexo.)

Aquilo coincidia exatamente com o que Geissler nos dissera. A Stasi pensava que a KGB interpretara mal os indícios fornecidos por Koch e "Rudi Ringel".

Enke pedia uma "investigação do verdadeiro papel do Sturmbannführer da SS 'Ringel' no ocultamento da Sala de Âmbar". Aconselhava: "As declarações de 'Rudi Ringel' quando interrogado por uma comissão do governo soviético [Anatoli Kuchumov] repousam unicamente em suas lembranças da infância (ele tinha 13 anos em 1949). Recomendo que volte a ser interrogado agora."

A razão por que Enke julgava necessário reavaliar as declarações de Erich Koch e "Rudi Ringel" ficaram claras quando lemos um relatório de uma viagem de investigação à Turíngia e à Saxônia feita por Enke em junho de 1976.

Ele viajou na companhia de Gerda, sua mulher (um casal em férias era uma "fachada" que a Stasi usava de vez em quando). Haviam seguido primeiro para Weimar, o berço da República de Weimar. Enquanto Gerda passeava pelas ruas de pedra que a Mercedes blindada de Hitler outrora percorria com estardalhaço, Enke instalou seu escritório na sede local da Stasi, uma casa na Cranach-Strasse, onde passava horas debruçado sobre material de arquivo da era nazista.

Relatório de Enke a Seufert: "Tudo que os nazistas haviam trazido para a Turíngia no intuito de continuar na boa vida(...) teve de ser deixado para trás. Palácios, até os salões de baile de muitas hospedarias, haviam sido abarrotados até o teto com artigos de luxo."[15] Nos arquivos de Weimar, Enke encontrou imediatamente "vestígios interessantes" de Koch, entre os quais "amplos sortimentos de documentos, herança de seu governo sangrento na Ucrânia, removidos para Bad Sulza [próximo dali] no início de 1945".

Muitas obras de arte da Prússia Oriental foram levadas para a Turíngia na primavera de 1945, relatava Enke, inclusive esculturas medievais do Castelo de Marienburg (hoje Malbork, na Polônia) e uma arca de ferro da Irmandade de São Jorge, de Elbing. Alguns dias depois, Enke encontrou um inventário feito em 1945 de "peças de museu entregues para armazenamento ao Museu Estatal de Weimar", redigido por seu diretor no tempo da guerra, Dr. Walter Scheidig. Ele arrolava valiosos gobelinos, pinturas e grande coleção de candelabros de prata. Mas o que primeiro chamou a atenção de Enke foram pinturas de valor monetário insignificante: *Vista de Elberfeld*, *O rugiente monarca do vale* e uma série de retratos de família de terceira categoria.

Enke lembrou-se de que Elberfeld, na Renânia, era a cidade natal de Erich Koch e que, segundo jornais que lera em Potsdam, *O rugiente monarca do vale* fora um dos muitos presentes que o Gauleiter ganhara durante sua permanência em Königsberg. Entrou em contato com Berlim Oriental: "Encontramos o lugar para o qual a coleção roubada [de Koch] foi transferida, embora talvez sem que ele mesmo soubesse!" Acrescentou que lera uma vez num jornal da RDA que Erich Koch lançara um desafio: "Quem encontrar minha coleção de arte encontrará também a Sala de Âmbar." Enke acreditava estar se aproximando de algo importante.

Enke se pôs à procura do Dr. Scheidig, que compilara o inventário das obras de arte evacuadas de Koch. No lugar onde se erguera o Museu Estatal de Weimar (intensamente bombardeado na guerra e ainda em ruínas em 1976), Enke encontrou um velho *marchand* aposentado que lhe disse que Scheidig morrera. Mas Enke não precisava se preocupar: ele próprio (o *marchand*, cujo nome estava riscado) também sabia como a coleção de Erich Koch viera parar no museu de Weimar.

O velho *marchand* lembrava-se de que um oficial nazista chegara numa caminhonete no dia 9 de fevereiro de 1945. Dissera ser um "administrador do Gauleiter Koch" e que estava "trazendo peças de museu valiosas de Königsberg". O oficial, que vestia a farda do Nationalionalsozialitsches Fliegerkorps (NSFK) parecia contrafeito. Não era "nem um historiador da arte nem um curador de museu" e assim que descarregou sua caminhonete pareceu afobado para ir embora. O velho reparou que o carregamento era uma mistura de "caixotes, engradados, pastas e baús", que o pessoal do museu amontoou abertos no térreo. "Tudo na evacuação daqueles caixotes parecia ter sido feito sem reflexão nem planejamento, confiando-se muito na sorte", escreveu Enke.[16]

Depois de várias semanas de bombardeios aéreos sobre Weimar, em 9 de abril de 1945 (o dia em que Königsberg se rendeu), o administrador do Gauleiter Koch voltou para buscar "as peças de museu de Königsberg". Abarrotou de caixotes e pastas uma pequena caminhonete com placa da Suíça, com a bandeira do Comitê Internacional da Cruz Vermelha. Voltou novamente no dia 10 para pegar mais um lote e disse que voltaria no dia seguinte, 11 de abril, para pegar o resto. Mas nunca o fez — a força que chegou em Weimar em seguida foi o Terceiro Exército dos EUA (em 11 de abril de 1945). Os especialistas americanos em arte que acompanhavam as tropas encontraram os caixotes abandonados no saguão do museu de Weimar. Ordenaram a Scheidig, o diretor do museu, que os abrisse e fizeram um inventário, registrando que, ao lado de retratos de família, águas-fortes alemãs e gravuras havia candelabros de prata e peças de museu com etiquetas escritas em russo. Era essa a lista que Enke descobrira.

Quando Enke lhe perguntou o que fora feito de tudo aquilo, o *marchand* disse que o surpreendia que não soubesse. Uma curadora vinda da Rússia visitara Weimar em 1948, interrogara Scheidig e levara a maior parte do conteúdo dos caixotes para a URSS. O velho disse ainda que ela se chamava Xenia Agarfornova.

Conhecíamos esse nome. Segundo o diário que Kuchumov escrevera durante sua viagem a Berlim em 1947, quando, a serviço do general Zorin, classificara objetos valiosos soviéticos roubados no depósito Derutra, Xenia Agarfornova fazia parte da equipe. Viera do Hermitage de Leningrado e recebera a incumbência de percorrer o interior da Alemanha para recobrar obras de arte escondidas. Ela também havia interrogado Gerhard Strauss. A URSS reivindicara parte da coleção de Koch e não se dera ao trabalho de comunicar isso à Stasi. Por quê?

Para confirmar isso com as autoridades soviéticas, Enke enviou uma carta a Leningrado. Enquanto esperava a resposta, dedicou-se a fazer um levantamento das peças de Koch depositadas no museu que *haviam* sido levadas de Weimar na caminhonete da Cruz Vermelha nos dias 9 e 10 de abril de 1945.

Sentado à sua mesa em Cranach-Strasse, com uma garrafa de cerveja preta e um prato de porco ao vinagrete a seu lado — nada lhe parecia melhor para estimular seu cérebro —, Enke retraçou o avanço dos aliados em 1945 em seu mapa rodoviário da Turíngia. "Nas condições descritas, é improvável que a caminhonete tenha avançado a mais de trinta quilômetros por hora", escreveu em seu relatório. "Considerando a viagem até o depósito [museu de Weimar], a descarga, a viagem de volta, controles no caminho e pausas para repouso, não teria podido percorrer mais do que 150 a 180 quilômetros a partir de Weimar." Mas para que direção os tesouros de Koch haviam sido levados?

O Exército Vermelho avançava pelo norte. Se a caminhonete tivesse seguido para o oeste, teria topado com as tropas americanas, que chegaram a uma aldeia da Turíngia chamada Merkers no dia 4 de abril de 1945. Os americanos estavam avançando também a partir do sul e chegaram a Coburg, na Baviera, em 11 de abril, ameaçando a A9 *autobahn*, entre Berlim e Nuremberg. Enke concluiu que a única opção sensata em 9 e 10 de abril de 1945 teria sido seguir para o leste, pela A4 *autobahn* até Gera e depois para Dresden. "Para simplificar e abreviar nossa descrição, chamaremos essa área dúbia de Saxônia ocidental", escreveu ele.

Em que lugar na Saxônia ocidental? Enke relatou: "Em abril de 1945 toda a esperança [nazista] já se evaporara, transformando-se na certeza de uma derrota acachapante. Nessa altura os nazistas estavam procurando, não mais palácios, castelos ou mosteiros (...), e sim esconderijos onde [obras de arte] pudessem ser guardadas e permanecer escondidas por certo tempo." Minas, não castelos. Cavernas, não mosteiros. *Bunkers*, não cofres. Enke lembrou a Seufert que em maio de 1945 os americanos haviam descoberto a vasta coleção do Führermuseum numa mina de sal sob as montanhas Alt-Aussee da Áustria.

Enke vasculhou arquivos para tentar localizar possíveis esconderijos subterrâneos na Saxônia ocidental. Foi a Dresden e, entre os papéis que reuniu, havia uma carta escrita pelo professor Fichtner à Chancelaria do Reich em dezembro de 1943: "Neste momento, os melhores e mais satisfatórios depósitos para salvaguarda e resgate são acomodações descentralizadas em áreas bem camufladas da Alemanha central." Fichtner citava uma pedreira de calcário em Lengefeld, na borda norte da reserva natural das Erzgebirge, na Saxônia ocidental, grande parte da qual ficava "literalmente dentro da montanha, podendo ser considerada absolutamente segura contra bombardeios aéreos". Na ocasião, a Chancelaria do Reich recusou o oferecimento e, até onde Enke pôde averiguar, esse esconderijo continuara desocupado.[17]

Enke pôs-se a estudar a região das Erzgebirge, uma faixa densa e acidentada de floresta de pinheiros que envolve a fronteira montanhosa entre a Saxônia e a Tchecoslováquia. A região das Erzgebirge — palavra que significa "montanhas de minério" — havia sido intensamente escavada em busca de zinco, prata e chumbo desde o século XII. Enke visitou um "arquivo das montanhas" em Freiberg, uma cidadezinha na extremidade nordeste das Erzgebirge, que reunia mapas das minas fora de uso da região. Relatou a Seufert: "É imperativo que a busca tenha alvos muito precisos porque o arquivo abriga milhares de metros de prateleiras repletas de documentos, além de cerca de 76 mil mapas de minas e poços."

Enke soube por moradores do lugar que em 11 de maio de 1945 os corpos do cunhado de Hitler, bem como de quatro assessores do Gauleiter da Saxônia, Martin Mutschmann, haviam sido encontrados nas Erzgebirge. Recordou-se da correspondência de 1944 em que Koch discutia com Mutschmann sobre os melhores locais para esconder a Sala de Âmbar. O próprio Mutschmann havia sido preso naquela área em maio de 1945: o Exército Vermelho o encontrara no vilarejo de Tellerhäuser e, ao que se dizia, o levara para a União Soviética. Enke pensou que Mutschmann certamente fugira para o que pensava ser a parte mais segura de seu Estado. Era nessa área que a Stasi deveria escavar à procura da Sala de Âmbar. Enke precisava apenas da aprovação da Secretaria.

Na tentativa de concentrar suas investigações, Enke começou a trabalhar na identificação do oficial nazista que transportara a coleção de Koch para Weimar. Relatou a Seufert que, mediante informações obtidas em arquivos e com testemunhas, chegara ao nome Albert Popp, um Brigadeführer do NFSK do Gruppe-7 (Saxônia) e, o que era mais significativo, sobrinho do Gauleiter Mutschmann.

Segundo Enke, Popp já servira ao Alto Comando Nazista, transportando Angela, meia-irmã de Hitler, de Dresden para Berchtesgaden em março de 1945. Para melhor demonstrar a proximidade entre Popp e o Alto Comando Nazista, Enke informou Seufert de que, após a guerra, Popp fugira para o Ocidente, mas sua mulher permanecera na RDA e adotara os filhos do Gauleiter Martin Mutschmann, que desaparecera.[18]

Enke usou o *marchand*, a única testemunha ocular sobrevivente da chegada dos caixotes de Koch ao museu de Weimar em fevereiro de 1945, para testar o nome Albert Popp. Em seguida relatou: "O *marchand* disse que se ouvisse ou lesse o nome, provavelmente o reconheceria. Assim, escrevemos duas dúzias de nomes, alguns bastante parecidos, com Albert Popp em décimo terceiro lugar. O velho leu a lista toda(...) e anunciou: 'Sim, o homem que dirigia a caminhonete chamava-se Popp.'"[19]

Enke pôs sua teoria à prova também junto a uma fonte soviética. Nossa Amiga Professora encontrou no arquivo de São Petersburgo duas cartas que ele escrevera para Anatoli Kuchumov enquanto conduzia sua investigação na Saxônia. Até então, ignorávamos por completo que os dois homens haviam algum dia se correspondido. Na primeira carta, datada de 24 de julho de 1976, que começava com "Afetuosos cumprimentos ao meu companheiro de batalha", Enke escrevera:

> Passando agora a(...) um problema. Você me falou sobre a última declaração de Erich Koch a respeito de possíveis conexões entre a Sala de Âmbar e sua coleção privada. Considera provável que Erich Koch tenha pretendido escondê-las no mesmo lugar? Essa idéia corresponde exatamente a uma versão da história que tenho pesquisado (...) como lhe disse em abril em Puchkin e Pavlovsk.[20]

Então Enke e Kuchumov haviam se encontrado em Leningrado em abril de 1976 e discutido a possibilidade de Erich Koch ter retirado a Sala de Âmbar da Prússia Oriental junto com sua coleção de arte. Até aquele momento havíamos pensado que as investigações da Stasi e as soviéticas haviam avançado separadamente e que Enke nunca saíra da RDA.

Enke continuava:

> Encontrei uma lista da vasta coleção roubada de Koch e nela há grande quantidade de candelabros de prata. Lembrei-me da descrição da Sala de Âmbar em Puchkin e, sobretudo, da luz emitida pelo grande número de velas refletidas pelos enormes espelhos. Segundo meus cálculos, com base em fotografias, deviam ser 132 candelabros. Parece-me interessante que nessa lista de objetos pertencentes a Koch haja o mesmo número de candelabros de prata [russos]. Talvez ali estivessem as decorações da Sala de Âmbar.

A teoria de Enke (e o relato que Geissler fizera dela) começava a fazer sentido. Ele tinha uma última pergunta a fazer a Kuchumov:

> Viu durante suas pesquisas o nome do auxiliar de Koch? Era Popp ou Poppa? Tenho indícios de que alguns tesouros da lista de Koch foram confiados a esse homem e ele ajudou a escondê-los. Meus sinceros agradecimentos a você e a seus colegas em Pavlovsk e Puchkin. Esteja certo de que nós, de nosso lado, estamos empenhando toda a nossa energia em ajudá-los a alcançar nossa meta comum, saudações comunistas, P. Enke.

A segunda carta de Enke era de 22 de outubro de 1976: "Meu respeitável Anatoli Mikhailovitch, em primeiro lugar minha esposa e eu lhe agradecemos pessoalmente suas afetuosas saudações por ocasião da festa nacional da RDA [7 de outubro]." Enke continuava ávido por obter todas as informações possíveis sobre Albert Popp, o motorista da caminhonete da Cruz Vermelha: "Tenho uma pergunta sobre um homem que transportou as peças de arte de Koch em 1945 de Königsberg para a Alemanha central e escondeu algumas tão bem que até hoje estão desaparecidas. Poderia me dizer alguma coisa sobre esse Popp, sua data de nascimento, seu nome verdadeiro?" Ao que parecia, Kuchumov não respondera à indagação anterior de Enke.

Enke continuava, tentando abordar matérias mais delicadas:

> Nas férias, viajei com minha mulher pela Turíngia e a Saxônia e visitei pessoas prestativas, que nos deram informações. Mas tenho uma pergunta para lhe fazer. Parece que em 1948 a historiadora da arte soviética Xenia Agarfornova encontrou parte da coleção de Koch, inclusive os candelabros de prata (que mencionei antes) e os devolveu à URSS. Ela é curadora do Hermitage? Você confirmou que esses candelabros pertenciam à Sala de Âmbar?

Era o primeiro indício que víamos de que parte da Sala de Âmbar (ainda que apenas os candelabros) poderia ter sido encontrada na Alemanha pelos soviéticos depois da guerra. Se o que Enke contava a Kuchumov nessa carta pessoal era verdade, estava explicado por que a Stasi tinha tanta certeza de que a Sala de Âmbar estava na Alemanha. O que não ficava explicado era por que os soviéticos haviam preferido não comunicar sua descoberta dos candelabros à Stasi.

As respostas de Kuchumov, se é que ele mandara alguma, não estavam no Ministério da Verdade. O que havia ali era outro relatório datado de 1976 enviado por Enke para o Oberst Seufert. Nele Enke tentava amarrar todas as pontas soltas e tratava da questão das provas apresentadas pelo cidadão da RDA "Rudi Ringel".

Sua linha de raciocínio era a seguinte: Koch havia sugerido que suas obras de arte estavam escondidas junto com a Sala de Âmbar; Enke descobrira que a coleção de Koch fora levada para Weimar e depois carregada numa caminhonete da Cruz Vermelha; se o pai de "Rudi Ringel", o Sturmbannführer da SS, também tivesse participado da operação secreta para evacuar a Sala de Âmbar, isso o poria ao lado de Albert Popp na caminhonete da Cruz Vermelha, rumando com toda probabilidade para a Saxônia ocidental, e não, como os soviéticos haviam concluído, no centro de Königsberg. Esse raciocínio nos pareceu pouco convincente e espantosamente simplista, mas tudo indicava que a Stasi o aceitara.

Para provar sua teoria, Enke começou a reavaliar a história contada pela família de "Rudi Ringel", confrontando as versões apresentadas por sua mãe, irmã e irmão com registros disponíveis do tempo da guerra, procurando ligações com Albert Popp, uma caminhonete da Cruz Vermelha e a região oeste das Erzgebirge. Percebemos, ao ler esse documento, que devia ter sido nesse ponto que Enke pedira a Uwe Geissler que o ajudasse no interrogatório minucioso das testemunhas. Segundo o relatório, "Frau Ringel" afirmava que em 2 de novembro de 1944 ela havia se mudado com os filhos da cidade de Königsberg, que fora bombardeada, para Crimmitschau, na Saxônia, menos de cem quilômetros a oeste das Erzgebirge. Seu marido, o Sturmbannfübrer da SS, ficara para trás, mas em 5 de fevereiro de 1945 ele aparecera, à paisana, à porta da casa da família em Crimmitschau; trazia uma mochila, uma metralhadora, uma pistola e um pouco de comida.

Segundo registros locais, examinados por Enke e Geissler, o homem da SS se registrara junto à polícia de Crimmitschau em 6 de fevereiro de 1945. Sua esposa afirmava que em seguida ele desaparecera por dez dias, tendo feito o mesmo em março e abril de 1945. Em fevereiro de 1946, a família "Ringel" mudara-se de novo, para Schlema (um subúrbio na borda das Erzgebirge). No hospital próximo de Greiz, Enke encontrou a certidão de óbito do Sturmbannführer da SS, "datada de 14 de outubro de 1947 (doença pulmonar)". Fora no porão da casa da família em Schlema que "Rudi Ringel" afirmava ter encontrado a bolsa de couro em julho de 1949, quando a família se preparava para se mudar novamente para Elsterberg, a oeste das Erzgebirge, que, como Enke descobrira, era a cidade natal de Albert Popp. Enke parecia ver um sentido especial no vínculo de Popp e da família "Ringel" com as Erzgebirge (embora para nós isso não parecesse provar grande coisa).[21]

Continuamos a ler, impacientemente, o relatório enviado por Enke a Seufert:

> Muitas vozes afirmaram que "Rudi Ringel" é um trapaceiro, um fantasista, e que por isso não deveria ser levado a sério. De início nós também tivemos dúvidas, mas queríamos certeza e por isso vasculhamos todo o passado de "Rudi Ringel" (...) Não nos parece que a mensagem de rádio ["Ação Sala de Âmbar concluída. Guardada em BSCH. Acessos explodidos. Baixas em decorrência de ação inimiga."] tenha sido um engano ou uma invenção, questionamos apenas a opinião manifestada por vários investigadores de que a mensagem havia sido enviada de Königsberg.[22]

Enke estava tão certo de ter feito grandes descobertas que, alguns meses após escrever a Kuchumov, incluiu a teoria Koch-Weimar-Popp-Ringel no plano de um livro a que deu o título provisório de "Rastros da Sala de Âmbar: Uma investigação histórico-criminológica". Foi o início do que acabaria se tornando o *Bernsteinzimmer Report*. O capítulo 6 prometia "Novas pistas apontam para a Saxônia ocidental".[23]

Folheamos o resto do arquivo, procurando algum relatório sobre os resultados das escavações de 1976 no oeste das Erzgebirge, mas o que encontramos foi algo muito mais desconcertante. Dois anos depois,

Paul Enke fora completamente afastado da investigação sobre a Sala de Âmbar. Agora em casa, ele escrevia uma carta ao Generaloberst Bruno Beater, ministro adjunto para a Segurança do Estado, braço direito de Erich Mielke, o primeiro entre vários adjuntos.

Enke escreveu: "30 de janeiro de 1978, 118 Berlim-Grünau, Caro camarada Beater! Vejo-me precisando de seus bons conselhos e do seu auxílio prático e solicito uma consulta pessoal. O que peço é informação sobre o BZW [arquivo da Sala de Âmbar] (...) Por mais que eu queira, não sou capaz de aceitar a recomendação de abandonar a investigação."[24]

Um minuto atrás ele estava promovendo escavações nas Erzgebirge. Agora estava suplicando acesso aos arquivos sobre a Sala de Âmbar que sem dúvida foi ele mesmo que compilara. Continuamos a ler, tentando entender o que havia acontecido com Paul Enke. O que dera errado?

Enke continuava:

> O resultado de dez anos de investigação está agora prestes a tomar a forma de um estudo que envolve história da arte e criminologia (...) nele forneço provas de que a Sala de Âmbar foi levada em 9 de fevereiro de 1945 para a Turíngia e depois transportada no início de abril de 1945 para a Saxônia. Estou contradizendo todas as outras versões (Prússia Oriental, Königsberg, o Báltico, a Baviera, a Baixa Saxônia) (...) Caro camarada Beater, por favor, dê-me uma chance e indique-me como eu poderia me comunicar diretamente com o senhor (...) Permaneço, com protestos de estima e consideração de um antigo Combatente *[sic]*, seu Paul Enke.

Enke devia estar numa situação crítica para passar por cima de seus superiores imediatos e tentar entrar em contato direto com Beater, um dos homens mais poderosos da RDA; havia pertencido à Stasi desde o início, fora membro das famigeradas gangues de seqüestradores enviadas por Mielke na década de 1950 para trazer fugitivos de volta ao país.

Seis dias depois Enke escreveu novamente:

> 5 de fevereiro de 1978, 118 Berlim-Grünau, Caro camarada Beater! Antes de mais nada, permita-me desejar-lhe a mais vigorosa saúde e espero que continue a ter êxito em seu trabalho! O trabalho que lhe estou enviando poderá talvez ser adequado para elucidar até certo ponto o problema BZ [Sala de Âmbar] (...) A diferença entre meus manuscritos e todas as outras publicações consiste em grande medida no (...) uso constante e geral de fatos e provas que indicam as fontes exatas, deixando de lado todos os pseudofatos especulativos.

Essa carta era permeada por um tom justificatório, como se alguma autoridade tivesse questionado a investigação de Enke.

Caso Beater ainda precisasse ser convencido do discernimento e da experiência de Enke, havia um pós-escrito:

> Na minha condição profissional de "historiador", estou lendo o mais recente livro de David Irving (Inglaterra): *Hitler and His Generals.* Oito anos atrás Irving entrou em contato conosco (...) e procuramos juntos itens do legado de líderes nazistas perto de Perleberg. No livro acima mencionado [Irving escreve] sobre esse assunto (...) "Levei semanas vasculhando uma floresta na Alemanha Oriental com a ajuda de um magnetômetro de prótons (...) mas o pote de geléia que supostamente conteria os últimos diários de Goebbels [não estava lá], embora de acordo com o mapa estivéssemos plantados em cima dele."[25]

Não há nenhuma sugestão de que David Irving tivesse algum dia trabalhado para a Stasi e não sabemos se Beater respondeu a essa carta. Um mês depois, porém, em 15 de fevereiro de 1978, Enke tinha outros planos e queria permissão para interrogar Koch (ainda vivo, na Polônia) e entrar em contato com autoridades soviéticas.[26]

Em 21 de agosto de 1978 a Stasi agiu. Não só rejeitou os pedidos de Enke como suspendeu todas as investigações baseadas em indícios fornecidos pelo cidadão da RDA "Rudi Ringel". A ordem prosseguia: "'Rudi Ringel' deveria ser reinquirido." O agente da Stasi escolhido para o trabalho foi Uwe Geissler, o homem que visitáramos na aldeia da "Goela de Cabra".[27] Ele não tinha mencionado isso.

GEISSLER: Nunca houve um Sturmbannführer ou alguém com posto semelhante na SS com esse nome ["Ringel"]. Como explica isso?

"RUDI RINGEL": Meu pai era um militante ardoroso. Entrou no Partido Nazista em 1º de maio de 1937. Todos sabiam que foi ele que incendiou a sinagoga de Königsberg. Usou muitos uniformes, pardo, cinza e preto, mas certamente tinha aquelas runas de prata duplas em forma de raio [da SS] pregadas em suas dragonas. Minha família usou outros nomes. Talvez meu pai tenha se alistado na SS com um deles.

GEISSLER: Por que seu pai conservou após 1945 documentos que lhe teriam valido uma condenação à pena capital?

"RUDI RINGEL": Meu pai era um prussiano obstinado. Hoje penso que meu próprio comportamento pode estar associado a esse traço de família.

GEISSLER: Como encontrou as cartas?

"RUDI RINGEL": Quando eu estava limpando o porão. Encontrei uma bolsa com o nome de meu pai. Estava trancada e quase podre. Mas dentro havia folhas de papel que se referiam à Sala de Âmbar. Numa delas meu pai era chamado de Sturmbannführer. Lembro-me de ter visto a águia nazista e de que ela vinha do RSHA [Agência Central de Segurança do Reich]. Na época queimei os documentos porque pensava que era melhor que não existissem.

GEISSLER: Em que circunstâncias o senhor esteve em contato com as autoridades governamentais soviéticas?

"RUDI RINGEL": Na *Freie Welt* ilustrada pedia-se às pessoas que se apresentassem. Escrevi a Berlim, dizendo que podia dar uma declaração. Os editores da *Freie Welt* [nomes riscados] visitaram-me. Depois fui de avião a Moscou e Kaliningrado.

GEISSLER: As autoridades soviéticas declaram que o senhor lhes indicou que a Sala de Âmbar estava guardada na igreja de Ponarth [um subúrbio a sudoeste de Königsberg], um prédio que a SS explodiu. Só havia uma igreja em Ponarth e ela não foi pelos ares em 1945. Que tem a dizer sobre isso agora?

"RUDI RINGEL": Deve ter sido uma falha de tradução. Nunca fiz essa declaração. Falei apenas sobre uma trilha que vai do castelo [de Königsberg] à igreja da Steindamm.

GEISSLER: Nas declarações que deu sobre a Sala de Âmbar até hoje, não se deixou levar pela imaginação?

"RUDI RINGEL": Hoje eu poderia facilitar as coisas para mim se dissesse que foi tudo fantasia. Mas essas são as coisas de que me lembro. Estou disposto a pensar sobre elas novamente, e se me lembrar de mais algum detalhe entrarei em contato com a Stasi. Li o protocolo e afirmo que esta declaração é verdadeira.

O documento estava assinado por "Bernd" e "Rudi Ringel".

Pobre "Rudi Ringel" (qualificado de torneiro nesse interrogatório). Com certeza ficara fascinado pelas revelações feitas à *Freie Welt* e se apresentara de livre e espontânea vontade, provavelmente na esperança de ganhar elogios do partido local, quem sabe até um copo de *schwarzbier* ou um dia de folga no balneário de Friedrichroda. Em vez disso, tinha sido despachado para Moscou e depois para Kaliningrado, obrigado a se envolver com segredos de Estado, interrogado por Kuchumov, depois por Enke e agora por "Bernd". Mas se havia uma coisa que ele não podia fazer, depois de ter escrito aquela carta fatídica para a *Freie Welt*, pelo menos se quisesse continuar vivo, era voltar atrás.

Em 9 de novembro de 1979, "Bernd", também conhecido como Uwe Geissler, prestara contas à Secretaria da Stasi. Finalmente encontrara uma pista do pai de "Rudi Ringel", mas o que ele revelava ali não era o que nos contara no chalé de concreto da aldeia da "Goela de Cabra".

O pai de "Rudi Ringel" fora membro do NSDAP (Partido Nacional-Socialista Alemão), mas a partir de 1940 ficara ligado a uma unidade de proteção dos correios. "Bernd" escrevia: "Após um ferimento [nome riscado] que sofreu quando servia na Polônia ocupada, foi afastado do serviço ativo por invalidez. Segundo sua filha, passara então a ganhar a vida manufaturando bolsas com retalhos de tecido." Era extremamente improvável que um guarda da segurança dos correios tivesse sido encarregado da evacuação da Sala de Âmbar por Erich Koch.

No fim do arquivo sobre "Rudi Ringel" da Stasi estava a conclusão:

> O depoimento prestado por ["Rudi Ringel"] é falso. De maneira deliberada ou não, ele criou dificuldades para a investigação sobre a Sala de Âmbar e desorientou a busca, causando-lhe grande prejuízo. Sugere-se que sua responsabilidade judicial seja examinada de acordo com o parágrafo 233, conivência.

"Rudi Ringel" foi acusado também de "fornecer falsas informações a órgãos soviéticos". Todas as escavações em Kaliningrado baseadas nos indícios fornecidos por "Rudi Ringel" haviam sido pura perda de tempo.

Telefonamos para Geissler em seu apartamento em Berlim Oriental, perto da Allee der Kosmonauten, e lhe perguntamos: que fora feito de Enke e suas escavações para encontrar BSCH, o esconderijo secreto da Sala de Âmbar? Essas escavações é que haviam levado à descoberta de que "Rudi Ringel" era o filho de um guarda dos correios estropiado?

Só conseguimos ouvir na linha o chiado dos pulmões enfisematosos de Geissler. "Nós escavamos", disse ele. "Escavamos sem parar. Trouxemos especialistas da Suíça. Máquinas pesadas foram alugadas no exterior. Tudo pago com moeda sonante. Foram gastos uns seis milhões [quinhentos mil dólares] só para escavar uma das minas. Acabamos chegando aos túneis da Schwalbe V, perto de Gera. Aquilo havia sido uma fábrica nazista subterrânea, onde cientistas haviam tentado sintetizar petróleo a partir de carvão. Enke disse aos chefes: 'Seremos os primeiros a entrar ali.' Mas quando acendemos as nossas tochas..." Silêncio na linha. Uma crepitação quando Geissler dá uma tragada em seu cigarro. "Só encontramos uns pedacinhos de papel enrolados e queimados — eram do *Pravda* de julho de 1945. O Exército Vermelho estivera ali décadas antes e deixara as guimbas de seus cigarros. Era possível saber até em que data. Em 1945 havia escassez de tudo, até de papel para enrolar cigarros, e os soldados soviéticos enrolavam os seus com folhas do *Pravda*. Enke nos fizera perder tempo."

Quando refletíamos sobre como tudo havia podido acabar assim, num fracasso tão acachapante, numa mina vazia já revistada pelos soviéticos (com "Rudi Ringel" no banco dos réus), a funcionária das pérolas entrou na sala. "Tempo encerrado, por favor", disse, dando batidinhas no seu relógio de pulso.

10

NA ÚLTIMA SEMANA de maio de 1980, o Generalmajor Karli Coburger e o Generalmajor Jochen Büchner, dois dos chefes de diretoria mais graduados da Stasi, encontraram-se para discutir a carreira de Paul Enke.[1]

Segundo o dossiê pessoal de Enke, KSII404/82, ele havia "apontado cem localizações possíveis para a Sala de Âmbar durante 25 anos de serviço". Usando o codinome Dr. Paul Köhler e o disfarce de "funcionário da Administração dos Arquivos do Estado", "entrara em contato com cidadãos e jornalistas da República Federal da Alemanha" para tratar da questão da devolução de obras de arte soviéticas roubadas.[2] Mas sua carreira não fora impecável.

Os Generalmajors tinham também diante de si esta referência de 15 de abril de 1952, escrita quando Enke era um jovem recruta da polícia: "Avaliação do caráter: A tranqüilidade revelada por Enke na maior parte de suas condutas obviamente não passa de uma fachada, ocultando um temperamento forte e impulsivo."[3]

Os Generalmajors Coburger e Büchner leram ainda uma anotação feita em 5 de outubro de 1964, uma semana depois de Enke prestar juramento como agente da Stasi: o novo agente está preparado para "desempenhar trabalhos que excedam o horário normal de trabalho(...), mas tende a lidar exclusivamente com a teoria e a se afastar de atividades práticas(...) Por vezes, é também propenso a certa teimosia, o que o torna freqüentemente pouco receptivo a críticas à sua pessoa ou às suas decisões".[4]

Diante desses senões, surpreendeu-nos que Enke tivesse sido encarregado por tantos anos de uma operação tão delicada, secreta e onerosa como a procura da Sala de Âmbar.

No dia 30 de maio de 1980 Enke foi convocado ao quartel-general da Stasi na Normannenstrasse, em Berlim-Lichtenberg. Um relatório dessa reunião dizia: "O camarada Büchner abriu a discussão declarando ser necessário elevar o trabalho de investigação sobre os roubos de obras de arte a um nível nacional; por essa razão, os resultados das pesquisas empreendidas pelo camarada Enke deveriam ser consolidados num dossiê oficial." Concluiu-se que a investigação sobre a Sala de Âmbar deveria "assumir um caráter operacional mais político" e que Enke "deveria submeter todo o material referente ao caso a uma avaliação operacional".[5] Disseram-lhe: "Todo o material supracitado, acompanhado por recomendações e anotações deve ser entregue até as 13 horas do dia 4 de junho de 1980." Enke tinha quatro dias para encerrar sua carreira.

Em seguida Büchner declarou a reunião encerrada. Levando-se em consideração suas doenças cada vez mais freqüentes, Enke receberia agora uma "licença para tratamento de saúde, devendo mais tarde ser aposentado com direito a proventos". Ao levá-lo à porta, Büchner desejou-lhe "muito sucesso na elaboração de seu novo resumo".[6] A data oficial da aposentadoria foi marcada para 1º de janeiro de 1981, mas nesse meio-tempo Enke teve muito que fazer.

Ele estava sendo descartado, e os documentos do Ministério da Verdade diante de nós confirmavam que a ordem de imprimir um novo cunho, "sistemático", à investigação sobre a Sala de Âmbar vinha do escalão mais alto — de Erich Mielke. Os documentos não explicavam por que o Ministério para a Segurança do Estado estava ordenando uma investigação completamente nova, mas isso devia estar ligado à descoberta, humilhante para Enke, de que a Stasi não descobrira coisa alguma, desperdiçando milhões.

A investigação sobre a Sala de Âmbar teria seu nome trocado para "Operação Puchkin" e seu financiamento ficaria a cargo de instâncias mais elevadas. Passaria também a ser conduzida, na forma de uma "Força-Tarefa Especial", por um pessoal de escalão mais alto, que responderia diretamente ao Generalmajor Neiber, primeiro vice de Mielke. O ex-chefe de Enke, Oberst Seufert, seria o único membro da antiga equipe a ser mantido, assistido por seu novo auxiliar Oberstleutant Bauer e os oficiais de ligação Hauptmann Rudolph e o Oberleutnant Kühn.[7]

Enquanto tratavam de liquidar sua carreira, Enke foi mandado de volta a seu apartamento em Berlim-Grünau. Deveria permanecer ali de prontidão, com um cofre instalado em casa, embora a intenção da Secretaria fosse remover o material sigiloso do seu apartamento, e não prolongar a situação anterior, em que lhe fora permitido ir acumulando por conta própria documentos dos quais existia um único índice — em sua própria cabeça.

Foi pedido a Enke que assinasse uma declaração nos seguintes termos: "Doravante, mais do que nunca, nossas atividades e resultados serão mantidos estritamente secretos e sigilosos, de modo a evitar fornecer a nossos inimigos argumentos que possam dar lugar a ações politicamente hostis [*sic*] contra a RDA e a União Soviética." Teria ele cometido indiscrições anteriormente, além de tender a se deixar dominar pela fantasia?

No futuro, apenas o Oberst Seufert e o Oberst Stolze, chefe dos arquivos nazistas, teriam acesso aos documentos relativos à Sala de Âmbar. Além disso, "caso se tornasse necessário entrar em contato com cidadãos de outros países, seria preciso obter a permissão prévia de Seufert".[8]

Um outro ator importante na investigação sobre a Sala de Âmbar feita até então foi igualmente excluído. Uma anotação manuscrita de Hauptmann Rudolph dizia: "A participação do professor Dr. Gerhard Strauss em todo o processo da Sala de Âmbar foi encerrada após a intervenção do camarada ministro."[9] (Depois da reunificação do país, a imprensa alemã revelaria que a instituição em que Strauss trabalhava, a Universidade de Humboldt, era um viveiro da Stasi; um em seis de seus professores e um em dez de seus funcionários administrativos tinham tido vínculos com o ministério de Mielke.)

Enke não deixou de ser recompensado. Seufert sugeriu que a Secretaria lhe concedesse a Medalha do Combate (*Kampforden*), de ouro, e uma indenização de 1.500 Ostmarks — um mês de salário.[10] Mas certamente nada poderia consolá-lo da frustração de se ver excluído daquilo que criara.

Depois de entregar a síntese de suas investigações, Enke recebeu ordem de finalmente concluir seu livro, já tão atrasado, um exercício que os arquivos do Ministério da Verdade qualificavam de "decisivo para o sucesso da nova 'Operação Puchkin'". A Secretaria havia rejeitado o título dogmático que Enke queria dar à sua obra, preferindo algo mais vigoroso: *Bernsteinzimmer Report*. Ele teria apenas alguns meses para dar os retoques finais em seus manuscritos; dois *Lektors* (editores de texto), Wolfgang Ney, professor de criminologia da Universidade de Humboldt, e o Dr. Manfred Kirmse, diretor do Centro de Documentação da Administração dos Arquivos do Estado foram contratados para acelerar o trabalho.[11] Até ali, não havíamos encontrado nenhuma menção a Günter Wermusch ou a Die Wirtschaft, a editora que acabara publicando o livro.

Segundo os arquivos do Ministério da Verdade, os capítulos finais do *Bernsteinzimmer Report* deveriam fornecer uma "descrição da descoberta de novas pistas da Sala de Âmbar na Turíngia", provando que, "após chegar de Königsberg, a singular coleção de obras de arte de Erich Koch, aí incluída a Sala de Âmbar, havia sido guardada no Museu Estatal de Weimar, até que, em 9 ou 10 de abril [1945], essas obras haviam sido levadas para um lugar seguro, fora do alcance do Exército dos Estados Unidos que se aproximava. O homem encarregado da dupla transferência fora Albert Popp". O livro "deveria conseguir provar que um homem que vivia na RDA e atuava como informante do governo soviético (também chamado 'Rudi Ringel') revelara que provavelmente fora seu pai que escondera a Sala de Âmbar e que, graças às investigações do autor(...) novas pistas (da história contada por 'Rudi Ringel') apontavam para o oeste da Saxônia, versão reforçada por informações provenientes da União Soviética prestadas ao autor em caráter estritamente confidencial".[12]

Considerando-se a investigação interna das provas fornecidas por "Rudi Ringel", as escavações goradas na Saxônia e a aposentadoria de Paul Enke, o *Bernsteinzimmer Report*, ainda hoje o livro mais famoso sobre o mistério da Sala de Âmbar, fora claramente um exercício clássico de desinformação. Num relatório ao Generalmajor Neiber, o Oberst Seufert confirmou isso, escrevendo: "A publicação do livro terá por finalidade imprimir novo impulso às buscas."[13]

Enquanto Enke suava sobre seu manuscrito, Seufert começou a examinar os arquivos do seu subordinado e a descobrir nele lacunas significativas. Enke nunca lera a avaliação que o professor Brusov fizera em 1945 do diretor do Museu do Castelo de Königsberg, Alfred Rohde, nem as palavras com que Anatoli Kuchumov a demolira em 1946. Nenhum dos interrogatórios feitos por Kuchumov em 1946 lhe fora mostrado. Ele tampouco lera a transcrição da conversa de Kuchumov com o Dr. Gerhard Strauss, ocorrida no Hotel Moscou de Kaliningrado em 1949. Na verdade, Enke perdera todo o dossiê da Stasi sobre Gerhard Strauss, incidente que deu lugar nessa altura a uma investigação de alto nível, tendo um chefe de diretoria da Stasi escrito a outro: "Esse arquivo poderia ser de enorme importância para nossa investigação, mas por razões operacionais não é possível localizá-lo. Já o procuramos na Administração dos Arquivos do Estado e no Arquivo Central do Estado, em Postdam, sem nenhum resultado. Por acaso o senhor o teria?"[14]

Embora as principais investigações de Enke até aquela data se ancorassem na teoria de que o ex-Gauleiter Erich Koch ordenara a evacuação da Sala de Âmbar e de que ela fora retirada da Prússia Oriental junto com a coleção de arte privada de Koch, Seufert relatou que Enke nunca tomara conhecimento do interrogatório a que Strauss submetera Koch em Varsóvia em junho de 1959 (quando Koch declarara que teria sido impossível remover a Sala de Âmbar para a Alemanha). As informações que Enke obtivera sobre o antigo Gauleiter provinham quase exclusivamente de jornais poloneses e soviéticos.

Embora o Gauleiter da Saxônia, Martin Mutschmann, tivesse dado autorização expressa para todas as transferências de obras de arte feitas para seu Estado, Enke não encontrara nenhum documento que o associasse à Sala de Âmbar. Não era segredo para ninguém que o Exército Vermelho provavelmente encontrara Mutschmann nas Erzgebirge em maio de 1945 e o levara para Moscou, mas Enke não fizera nenhum pedido formal de informações à KGB. Não havia quaisquer indícios (afora aquele fornecido por um provecto *marchand* de Weimar) de que Albert Popp, o homem que evacuara a meia-irmã de Hitler, havia sido também o motorista da caminhonete da Cruz Vermelha que transportara a coleção de arte de Koch para as Erzgebirge. Nenhuma testemunha, nenhum fato corroborara a afirmação de que o homem sentado no carro ao lado do motorista era o pai de "Rudi Ringel". Enke não só baseara suas investigações numa única fonte ("Rudi Ringel"), como alterara a declaração dessa fonte para adaptá-la à sua própria teoria. Havíamos lido no interrogatório original a que Kuchumov submetera "Rudi Ringel" que BSCH (o suposto codinome para o esconderijo em que a Sala de Âmbar fora guardada) localizava-se em Königsberg, e no entanto Paul Enke o situava na Alemanha Oriental.

O Oberst Stalze escreveu ao Generalmajor Neiber, notificando-o de um fato ainda mais inquietante, que descobrira ao rever os interrogatórios de cidadãos da antiga Prússia Oriental feitos por Enke. Praticamente todos os cidadãos alemães sondados pela Stasi em conexão com o caso da Sala de Âmbar já haviam sido interrogados pelos soviéticos no fim da guerra. Dizia Stolze: "Verificou-se que, nos anos subseqüentes à guerra, a União Soviética(...) tomou medidas exaustivas para tentar encontrar a Sala de Âmbar. Muitas pessoas que foram objeto das investigações feitas por eles na época no território da RDA reapareceram nas nossas." Se a Stasi e a KGB tinham os mesmos motivos para procurar a Sala de Âmbar, por que os soviéticos não haviam partilhado suas descobertas com os alemães, ele indagava, permitindo à Stasi poupar tempo e dinheiro?[15]

Em 28 de outubro de 1980 a Stasi escreveu à KGB em Moscou para tentar retificar a situação. "Em nossos esforços para obter novas pistas, indicações ou documentos que possam nos permitir encontrar a Sala de Âmbar, estamos solicitando toda e qualquer informação que os senhores tenham em seus arquivos, fichários e outras fontes na URSS relativa ao questionário anexo."[16] Este era uma lista de 13 páginas das necessidades da Stasi: informação sobre organizações, testemunhas e suspeitos nazistas. Uma cópia da solicitação foi enviada ao chefe da KGB e ao oficial de ligação da KGB em Berlim-Karlshorst.

Enquanto esperava a resposta, a Stasi recrutou mais pessoal para ajudar a vasculhar os velhos arquivos sobre a Sala de Âmbar, enviando um fluxo constante de informações ao vice-ministro Neiber, inclusive um relatório de 23 páginas, datado de 11 de janeiro de 1982, com novos dados relativos a locais, firmas transportadoras, sítios de escavação e nomes de ex-nazistas. Fizeram-se listas cronológicas de artigos de jornal, relações em ordem alfabética de depósitos de arte nazistas, mapas — uma profusão deles, agora ordenados e classificados —, além de fotografias. Todas as teorias de Enke sobre o desaparecimento da Sala de Âmbar foram dissecadas. Escondido no final de um desses relatórios, havia um reconhecimento importante: era possível que, afinal de contas, a Sala de Âmbar tivesse mesmo ficado em Kaliningrado.[17]

Em 21 de janeiro de 1982 a Secretaria emitiu uma recomendação de 15 páginas: "Plano político-operacional de passos para a cooperação entre serviços de segurança estrangeiros no interesse da 'Operação Puchkin'." Pedia-se ali a serviços secretos irmãos que partilhassem com a Stasi as informações que tivessem. Solicitava-se novamente à KGB em Moscou que abrisse seus arquivos e aos serviços de segurança poloneses que permitissem aos alemães orientais entrar em contato com Erich Koch, que continuava vivo.[18]

Em fevereiro de 1982 o Generalmajor Neiber envolveu-se ativamente. Propôs uma delegação de alto nível, "uma força-tarefa de cinco membros do MfS que viajaria à União Soviética para um entendimento com a KGB". Impregnado do vocabulário de Mielke, Neiber escreveu: "Duração — quatro dias. A se realizar em maio de 1982(...) para incrementar a harmonização, a ligação e a cooperação na realização das medidas políticas e operacionais planejadas que se fazem necessárias ao longo do Processo de Segurança 'Puchkin' Nº XV 3241/80, tal como controlado pelo gabinete do camarada vice-ministro." Tradução: colaborem conosco, por favor! Mas, mesmo em assuntos de relevância internacional, a velha banalidade da Stasi se fazia presente. Neiber arrematava seu despacho com a seguinte observação: "Ficou decidido que a delegação fará as viagens de ida e volta de avião."[19]

Uma carta anexa — "Berlim 02/1982, Apenas para informação, endereçada ao Generalmajor Karli Coburger" — explicitava o caráter secreto da viagem.

> Os documentos [soviéticos] relativos a pessoas e objetos [que recebemos] em atendimento a uma solicitação feita ao Departamento de Investigação da KGB, enviados em outubro de 1980, foram úteis apenas na elucidação parcial de alguns assuntos pertinentes às investigações(...) Os resultados transmitidos continuaram muito restritos e não permitiram a elucidação das questões básicas que esse processo envolve.

Tradução: o pedido de ajuda encaminhado pela Stasi à KGB, feito seis meses antes, de pouco valera.[20]

Neiber resolveria o problema. Enviou a Moscou uma lista de figuras-chave com que a delegação da Stasi desejava se encontrar na União Soviética: "Camarada A. M. Kutschumow, camarada Xenia Agarfornova, camarada Jelena Storozhenko (Expedição Geológico-Arqueológica, Kaliningrado), camarada W. D. Krolewski (comissão de busca, Kaliningrado), camarada Julia Semjonow (por muito tempo correspondente de um jornal soviético na RFA e agora baseado em Moscou)."

Uma pasta de correspondência da agência distrital da Stasi em Magdeburg revelou-nos o destino dessa alardeada missão do vice-ministro em Moscou.[21] Foi cancelada no último minuto — pelos soviéticos. Magdeburg comunicou a Berlim Oriental que descobrira um informante potencial, "o camarada M... que tem condições de dar um depoimento elucidando alguns detalhes sobre a Sala de Âmbar". Encantada com seu achado, Magdeburg queria saber se deveria interrogar o camarada M. ali mesmo ou enviá-lo para o Q.G. Berlim Oriental, no entanto, aconselhou Magdeburg a não fazer uma coisa nem outra. "A proposta da viagem [de Neiber] a Moscou(...) foi rejeitada. O camarada vice-ministro Generalmajor Neiber decidiu que a total responsabilidade pela condução de todo o complexo supramencionado deve permanecer nas mãos das 'autoridades irmãs'(...)" Tradução: a Stasi curvava-se à KGB. "Muito provavelmente a maior parte da Sala de Âmbar ainda estava guardada em Königsberg em 1945", informou Berlim a Magdeburg, dizendo na prática à agência que parasse de procurá-la na Alemanha Oriental. Todos os esforços que a Stasi fizera para encontrar a Sala de Âmbar naquele país haviam sido inúteis.

Apesar disso, os arquivos do Ministério da Verdade registravam que uma outra visita fora efetivamente feita a Moscou na primavera de 1982 para tratar da Sala de Âmbar. Uma anotação manuscrita de 22 de fevereiro dizia que o camarada Enke telefonara com notícias surpreendentes: "Uma comissão de dez pessoas chefiada pelo cidadão da RFA George Stein havia chegado à União Soviética para falar sobre a BZ."[22]

Moscou estava bajulando um alemão-ocidental.

Já havíamos topado com George Stein antes.[23] Stephan, o filho de Gerhard Strauss, nos contara que o um tal de "George Stein" costumava visitar a casa da família na Heinrich-Mann-Platz. Antes disso, o mesmo nome aparecera num velho dossiê sobre mortes (pretensamente vinculadas à Sala de Âmbar) que nos fora mostrado pelo pessoal do Palácio de Catarina em São Petersburgo (nós o tínhamos visto tão rapidamente, porém, que não havíamos compreendido seu significado). Encontráramos o nome George Stein também num arquivo do Ministério da Verdade, em documentos que revelavam que ele devia ser um velho conhecido da Stasi, pois fora objeto da sua atenção durante o que Erich Mielke teria chamado de "uma situação político-operacional favorável": a devolução de tesouros soviéticos desaparecidos a Moscou.

Em 1966, George Stein, cultivador de morangos de Stelle, aldeia a sudoeste de Hamburgo, começou a dedicar seus fins de semana a esquadrinhar arquivos da Alemanha Ocidental, à procura de informação sobre a Sala de Âmbar. Era um *hobby* palpitante para um homem criado na antiga Prússia Oriental.

Stein começou sua pesquisa pela guerra. Em arquivos do Estado em Bonn, descobriu que, apesar da divisão da Alemanha em zonas aliadas na Conferência de Yalta em fevereiro de 1945, houvera uma disputa acirrada pelos tesouros dos nazistas. Em abril de 1945 o Exército dos EUA conseguira chegar à Turíngia antes do Exército Vermelho (na Zona Soviética) e remover as reservas do Reichsbank, "cem toneladas de ouro e prata em barra".[24] Soldados americanos haviam retirado ainda da Zona Soviética inestimáveis coleções de arte alemãs, bem como tesouros artísticos soviéticos saqueados pelos nazistas guardados junto delas. Stein considerou a possibilidade de a Sala de Âmbar ter sido encontrada por soldados americanos e levada para os Estados Unidos.

Lemos sobre as tentativas que os EUA haviam feito de apaziguar Stalin em 1945, assegurando-lhe que todas as obras de arte soviéticas pilhadas seriam devolvidas, e de fato entre 1946 e 1948 os EUA enviaram para a URSS centenas de milhares de caixotes com obras pilhadas. Não apresentaram, porém, nenhum pedido de desculpas por terem retirado o ouro e as coleções de arte alemãs da Zona Soviética. Na altura de março de 1949, com Berlim bloqueada, a desavença em torno das indenizações e a amargura sentida pelos soviéticos ao não conseguir o que esperavam contribuíram para o esfriamento das relações entre o Leste e o Ocidente.

Stein descobriu nos arquivos de Bonn que o marechal Vasili Sokolovski, comandante-em-chefe das forças de ocupação soviéticas, havia acusado o chefe das forças americanas, general Lucius Clay, de "pilhagem ou furto proposital".[25] Os EUA haviam rejeitado a acusação, tachando-a de propaganda stalinista, e declarado que os únicos artigos soviéticos que continuavam mantendo em seu poder eram documentos políticos secretos, como o arquivo do Partido Comunista de Smolensk, que "servia a seus propósitos como base para o desenvolvimento da sovietologia americana".[26] Cabia a Moscou apresentar a prova de que estavam guardando obras de arte soviéticas, desafiaram os americanos.

Em 1972, Stein encontrou essa prova. Encontramos nos arquivos do Ministério da Verdade uma descrição de suas investigações, escrita por Paul Enke, segundo a qual Stein havia descoberto nos arquivos de Bonn (a que soviéticos e alemães orientais não podiam ter acesso) uma carta, datada de 27 de abril de 1955, escrita pelo Dr. Clemens

Weiler, diretor do Museu Municipal de Wiesbaden, na Alemanha Ocidental. Na carta, Weiler explicava que fora responsabilizado por muitas obras de arte deixadas para trás pelos americanos depois que, em 1951, eles haviam fechado o depósito central em que as guardavam, situado em Wiesbaden. Quatro anos depois, o Dr. Weiler estava oferecendo algumas dessas obras de arte, especificamente uma coleção de ícones russos, a um outro museu da Alemanha Ocidental, o Kunsthalle em Recklinghausen.[27]

Stein investigou e encontrou mais cartas referentes aos ícones russos, dessa vez de Clemens Weiler para Ardelia Hall, chefe do Programa de Restituição dos EUA, no Departamento de Estado, em Washington. Weiler comunicou a Hall sua intenção de transferir os ícones e ela respondeu que poderia dispor deles como lhe parecesse conveniente, solicitando apenas que ficassem "tão acessíveis ao público quanto possível". Não se cogitou de devolver os ícones à União Soviética.[28]

Em 1972 Stein foi a Recklinghausen e descobriu que a transferência se realizara. De fato, os ícones russos continuavam lá, trancados num depósito no terceiro andar. Entrou em contato com uma amiga da família que durante a guerra participara da resistência em Königsberg, Marian Dönhoff, a famosa "Condessa Vermelha da Prússia Oriental", que após a guerra tornara-se editora do jornal *Die Zeit*. Um artigo publicado por Marion Dönhoff forçou o museu de Recklinghausen a se defender. Seu porta-voz afirmou que os ícones de madeira haviam sido trancados no depósito somente "para evitar que fossem infestados por traças" — argumento muito pouco convincente — e não conseguiu explicar o que, para começar, ícones pertencentes à União Soviética estavam fazendo num museu da Alemanha Ocidental. Também o governo da Alemanha Ocidental pouco se esforçou para se desculpar. Helmut Rumpf, porta-voz do Ministério do Exterior, deu uma declaração: "Sabem como é, o pessoal encarregado mudou, os ícones foram levados para o depósitos e depois tudo caiu no esquecimento." Rumpf virou-se também contra George Stein, qualificando-o de "um homem inflamado e descontente, à procura da façanha de sua vida".[29] Os jornais da Alemanha Ocidental concordaram, acusando Stein de traidor, mentiroso e fantasista.

Mas o caso não caiu no silêncio. O que Stein descobrira era uma das mais valiosas obras-primas da arte sacra russa, os ícones bizantinos do mosteiro Mirozhski, em Pskov. Haviam sido roubados pelos nazistas no outono de 1941, acondicionados em caixotes juntamente com crucifixos cravejados de rubis, coroas de bispos incrustadas com pedras preciosas e cálices de ouro e prata e enviadas para o Castelo Colmberg, na Baviera, em 1944. Ali haviam sido descobertos por forças americanas, que os haviam levado para Wiesbaden em abril de 1945.

Assim que o caso veio a público, os soviéticos fizeram um pedido formal de devolução das obras e o Ministério do Exterior da Alemanha Ocidental foi forçado a voltar atrás. Em 14 de maio de 1973, em meio a uma avalanche de publicidade negativa na Alemanha Ocidental, com curadores exigindo que Moscou devolvesse as peças que segundo eles haviam sido pilhadas pelo Exército Vermelho em 1945 (entre elas uma Bíblia de Gutenberg, os vitrais da igreja de Santa Maria em Frankfurt an der Oder, o "Ouro de Tróia", desenhos de Dürer e todo o acervo do Kunsthalle de Bremen), os ícones de Pskov foram repatriados. Em Moscou, o cônsul-geral da Alemanha Ocidental entregou-os ao patriarca Pimen, chefe da Igreja Ortodoxa russa, que em seguida conferiu a George Stein a Estrela da ordem de São Vladimir Segunda Classe, uma cruz que foi pendurada no pescoço do fruticultor e em que estava gravado o lema: "Utilidade, Honra e Glória".[30]

Em junho de 1973, depois de ser tratado como uma celebridade na Rússia, George Stein retornou à Alemanha Ocidental, onde era subestimado como um *hobby-Historiker* xereta por elementos acrimoniosos e chauvinistas da imprensa. Segundo os arquivos do Ministério da Verdade, porém, o que a Stasi identificara como uma "situação político-operacional favorável" (os soviéticos e os alemães orientais retratados como vítimas das pilhagens do cobiçoso Ocidente, forçado por um de seus próprios cidadãos a devolver arte roubada) deteriorou-se rapidamente numa "situação politicamente hostil" (em que os soviéticos e alemães orientais foram demonizados por esse mesmo cidadão — George Stein).

Stein foi informado por irados curadores de museu da Alemanha Ocidental que a URSS e a RDA acumularam amplos arquivos referentes a esconderijos em que os nazistas haviam guardado obras de arte e ao destino da Sala de Âmbar. Começou pedindo acesso a eles e, em particular, escreveu e telefonou várias vezes para a Administração dos Arquivos do Estado em Berlim Oriental (onde trabalhava o próprio especialista da Stasi na Sala de Âmbar, Paul Enke, disfarçado em Dr. P. Köhler).

Encontramos no Ministério da Verdade o seguinte relatório, escrito por Paul Enke:

> [dia e mês riscados], 1975. Em conexão com problemas de permuta de obras de arte, meu departamento foi oficiosamente informado de que George Stein está(...) tentando forçar a URSS e a RDA a tornar disponíveis e acessíveis informações secretas sobre o esconderijo de obras de arte, e especialmente da Sala de Âmbar de Puchkin. Em 1974 e em 3 de julho de 1975, George Stein pediu auxílio a nosso Centro de Documentação da Administração dos Arquivos do Estado para sua investigação sobre a Sala de Âmbar. No dia 18 de agosto de 1975 foi-lhe comunicado em resposta que, embora pesquisas detalhadas tenham sido realizadas, não há nenhuma informação sobre a Sala de Âmbar nos arquivos da RDA.[31]

Mas a Stasi estava subestimando a tenacidade de George Stein. Ao receber essa carta da Administração dos Arquivos do Estado em 18 de agosto de 1975, repelindo-o, ele recorreu a contatos que fizera na imprensa após forçar a devolução dos ícones de Pskov. Telefonou para a "Condessa Vermelha", Marion Dönhoff, de *Die Zeit,* para Anthony Terry de *The Sunday Times* de Londres e para repórteres do *Washington Post*. Acusou a Alemanha Oriental e os governos soviéticos de manter informações sobre a Sala de Âmbar secretas, estorvando os que estavam fazendo tentativas genuínas de encontrá-la. As acusações de Stein logo tiveram grande repercussão, pois a essa altura as matérias publicadas na *Freie Welt* e no *Kaliningradskaia Pravda* já haviam se infiltrado no Ocidente, gerando enorme interesse pela Sala de Âmbar.

Pelos arquivos do Ministério da Verdade, podia-se perceber claramente o sobressalto da Stasi. O chefe de Enke, Generaloberst Büchner, e o vice-ministro da Stasi, Generaloberst Beater, pediram imediatamente mais informações sobre as atividades de George Stein. Enke comunicou a Beater e Büchner:

> O *hobby-Historiker* alemão-oriental George Stein tem conversado com a imprensa inglesa e americana, dizendo que a RDA e a URSS estão atrapalhando tentativas de encontrar obras de arte como a Sala de Âmbar. Afirma que a RDA e a URSS têm informações sobre os esconderijos de obras artísticas valiosas e se recusam a divulgá-las. Não podemos permitir que essa ameaçadora campanha da imprensa promovida por Stein interfira com acordos culturais que estão sendo negociados entre a RDA e RFA.[32]

George Stein, cidadão da Alemanha Ocidental, chocara-se frontalmente com a *Ostpolitik*. A Alemanha Ocidental estendera a mão para Moscou, fazendo propostas conciliadoras, e por outro lado Moscou e Berlim Oriental estavam sendo mostradas sob uma luz desfavorável, que as fazia parecerem recalcitrantes. Era imprescindível deter George Stein.

Os documentos mostravam que o manejo das negociações secretas foi confiado ao professor Dr. Gerhard Strauss. Em telefonema a George Stein, Strauss lhe disse que a RDA e a URSS estavam extremamente interessadas em compartilhar informações sobre a busca da Sala de Âmbar. Convidou-o para um jantar na Heinrich-Mann-Platz (deve ter sido nessa ocasião que Stephan Strauss, o filho de Gerhard, o conheceu) e nessa oportunidade explicou-lhe que a RDA não pretendia obstruir sua busca, mas devia ater-se a um rígido protocolo. Stein deveria endereçar todas as suas futuras indagações, através dele, a um certo Dr. Paul Köhler, pesquisador graduado que trabalhava no Centro de Documentação da Administração dos Arquivos do Estado. O Dr. Köhler lhe forneceria os documentos pertinentes à questão em troca do direito de ver os resultados das pesquisas feitas pelo próprio Stein nos arquivos ocidentais. Dispunha-se até a pagar pelo material.

Stein, certamente sentindo-se lisonjeado pelo interesse por ele demonstrado por um *scholar* alemão-oriental de tanto prestígio como Strauss, e feliz com a perspectiva de ganhar dinheiro com o que até então havia custeado do próprio bolso, concordou prontamente. O que não sabia é que aquele Paul Köhler dos arquivos era Paul Enke da Stasi.

Assim, os espiões do Leste passaram a manipular George Stein. Um relatório da Stasi registrava: "Com base na investigação de Stein nos Arquivos Estatais de Postdam, foi-nos possível estabelecer, através do camarada Enke, contatos especializados que se mostraram úteis, fornecendo a Stein indicações sobre coisas e pessoas [na Alemanha Ocidental] que ele podia rastrear muito melhor do que nós."[33] O portal funcionava nas duas direções. Stein seria informado do que o Leste queria divulgar e recolheria no Ocidente informações inacessíveis ao Leste.

Dentro de dois anos começaram a surgir indícios do êxito dessa estratégia. Em 23 de abril de 1977, o jornal alemão-ocidental *Der Tagesspiegel* publicou uma matéria exclusiva: "Uma das mais famosas coleções de âmbar do mundo, que pertencia à Universidade de Königsberg e que supostamente se perdera durante a guerra, foi encontrada na Universidade de Göttingen." O artigo contava que, numa faxina de primavera no Departamento de Geologia, o pessoal da universidade da RFA abrira duas caixas de madeira e encontrara 1.100 magníficas peças de âmbar. Elas traziam etiquetas em escrita gótica: "Instituto de Paleontologia e Geologia, Universidade Albertus, Königsberg, Prússia Oriental". Lembramo-nos de que parte dessa coleção fora encontrada em Königsberg pelo investigador soviético professor Aleksandr Brusov em 1945. Na época, Brusov informara Moscou de que as melhores peças dessa coleção já haviam sido retiradas da cidade por nazistas. Agora apareciam na Alemanha Ocidental, onde, ao que tudo indicava, a Universidade de Göttingen as guardara durante 32 anos sem o saber.[34]

George Stein ameaçou a universidade com uma série de documentos incriminadores. Um deles, datado de 1º de novembro de 1944, fora produzido por Herr Hoffman, curador da Universidade Albertus de Königsberg. Escrevendo para Hauptmann Peters, Departamento de Munições, Volpriehausen, Baixa Saxônia (uma aldeia mineira vinte quilômetros a noroeste da Universidade de Göttingen), Hoffman dissera: "O portador desta carta tem dois baús de madeira com as peças mais valiosas da coleção do Estado prussiano. Favor mantê-las em local especialmente vigiado." Um vagão cheio de objetos de valor já fora enviado, acrescentou Hoffman; um segundo, "contendo peças de arte insubstituíveis da universidade será enviado na próxima semana, endereçado ao Bürgermeister".[35]

Peças insubstituíveis — as mesmas palavras usadas por Alfred Rohde ao escrever em dezembro de 1944 sobre sua intenção de evacuar a Sala de Âmbar. No fim da carta havia um pós-escrito de Hoffman: "Faz sentido referir-se às caixas durante o transporte como 'departamento de munições' para não atrair a atenção de outros para elas, pois estão cheias de objetos de valor inestimável." No verso da carta havia duas anotações feitas à mão; uma, datada de 7 de novembro de 1944, registrava um telefonema de Hauptmann Peters declarando que "tudo estava correndo bem". A outra, datada de 4 de janeiro de 1945, informava: "Os objetos salvos de Königsberg já foram guardados em local apropriado.." Stein encontrara provas de que os tesouros da Prússia Oriental haviam sido removidos para o oeste.[36] Seria possível que ele também tivesse encontrado pistas genuínas da Sala de Âmbar?

Repórteres de *Der Tagesspiegel* ficaram sabendo por moradores de Volpriehausen (a aldeia mineira mencionada na carta de Hoffman) que caminhões com grandes cargas haviam sido vistos chegando à mina em novembro de 1944 e janeiro de 1945 — datas que correspondiam à saída de carregamentos de Königsberg. Em setembro de 1945 a boca do poço fora fechada com uma explosão pelos aliados em retirada. No ano seguinte um professor da Universidade de Göttingen havia reunido um grupo de estudantes para uma operação amadora de resgate. Haviam descido 495 metros pelo poço principal presos a cordas e conseguido recuperar 360 mil livros parcialmente queimados. Só não haviam continuado, porque o teto do final do túnel principal desabara. Quando alguns livros foram mostrados aos repórteres de *Der Tagesspiegel*, eles notaram o carimbo da biblioteca da Universidade de Königsberg. Stein anunciou que a Sala de Âmbar estava escondida naquele poço e que ele entraria nos túneis à frente de uma equipe de especialistas para resgatá-la.

Mas, como lhe faltava o dinheiro necessário, em 1978 ele começou a pressionar ruidosamente o Bundestag da Alemanha Ocidental a financiar a escavação. A Stasi monitorou com cuidado cada estágio desse "episódio de Volpriehausen". Enke escreveu num relatório: "O professor Dietrich do SPD [Partido Social-Democrata] iniciou várias gestões junto ao Bundestag em favor de George Stein, inclusive indagações específicas sobre depósitos feitos por fascistas em Volpriehausen."[37] Enke relatou que na aldeia de Stelle, Stein e sua mulher, Elisabeth, foram assediados por repórteres e que jornais direitistas estavam perguntando por que alemães-ocidentais deveriam se preocupar em reconstituir os acervos de museus russos quando os seus próprios museus continuavam desguarnecidos.[38]

O governo de Bonn não se deixou impressionar pela campanha de Stein. O chanceler Helmut Schmidt não autorizou a escavação. Não havia indícios suficientes para justificar a despesa. E que poderia a Alemanha Ocidental ganhar com aquilo, afora a expiação de uma culpa?

No dia 1° de dezembro de 1978 *Die Zeit* publicou mais provas que, segundo George Stein, vinculavam a Sala de Âmbar ao poço de Volpriehausen. Entre elas estava uma carta de 6 de março de 1944, escrita pela Kreisleitung nazista (administração distrital) que identificava o poço de Volpriehausen como um excelente esconderijo, com 2.134 metros quadrados de espaço disponível. Outro documento, datado de 29 de dezembro de 1944, relatava que 24 vagões ferroviários cheios de livros e objetos de valor haviam chegado com segurança ao poço. *Die Zeit* informou a seus leitores que a fonte de grande parte do material secreto e original de Stein era "o Dr. Paul Köhler da RDA", que Stein qualificava de "meu bom amigo". Segundo ele, o documento mais convincente era a cópia de um telex do tempo da guerra referente ao "empreendimento Sala de Âmbar", que revelava que o tesouro fora retirado de Königsberg na primavera de 1945. Segundo Stein declarou a *Die Zeit*, o telex relatava como a sala fora finalmente escondida "num lugar cujo codinome era BSCHW, um código que podia ser decifrado como significando "Túnel B [Volpriehausen]". O telex parecia ser assinado pelo chefe da operação secreta, Sturmbannführer Ringel da SS.[39]

De repente percebemos que o episódio de Volpriehausen não passara de uma manobra diversionista extremamente bem-sucedida. Enquanto suspendia secretamente suas próprias operações associadas à fonte "Rudi Ringel", a Stasi havia reciclado seus indícios dúbios com um novo objetivo — através de George Stein. BSCH, o esconderijo secreto da Sala de Âmbar, parecia nômade: primeiro situava-se em Kaliningrado, depois na Alemanha Oriental e agora na Alemanha Ocidental, juntamente com o pai de "Rudi Ringel", o guarda dos correios coxo que parecia ter assinado um telex em 1945 usando um pseudônimo que a Stasi lhe dera em 1959. Tudo aquilo estava se tornando muito artificial.

Nessa altura podíamos ver o quanto aquela contrapropaganda servira aos interesses da Stasi. Para a satisfação das autoridades do Leste, Bonn mostrara-se mais uma vez intransigente e chauvinista, enquanto as perdas da União Soviética durante a guerra haviam sido realçadas através do destino da Sala de Âmbar.

Os soviéticos entraram em contato com a Stasi, pedindo mais informações sobre o pano de fundo do caso e uma avaliação do caráter de George Stein. Em sua resposta, Paul Enke tratou de evitar que seu agente duplo da Alemanha Ocidental o eclipsasse:

> Sugiro que não esperem nada de sensacional dessa fonte (...) Stein trabalha com métodos um tanto duvidosos, como, por exemplo, falsificações. Os motivos que tem para lançar mão dessas práticas não estão inteiramente claros para nós. Talvez seja apenas a ânsia de causar sensação e a necessidade, inerente ao capitalismo, de conseguir uma grande chance. Muito recentemente Stein publicou no semanário de Hamburgo *Die Zeit* quatro reportagens sobre o ocultamento da Sala de Âmbar nos poços próximos de Göttingen. Ele declara possuir (...) a cópia de um telex passado durante a guerra que comunica a conclusão do "empreendimento Sala de Âmbar" e que supostamente estaria assinada por um suposto "Ringel". Mas, como todos sabemos, o nome Ringel é apenas um pseudônimo que demos ao nosso "objeto" em 1959, não podendo portanto ter sido o assinante de uma carta de 1945. Este é apenas mais um exemplo do talento de Stein para a invenção.[40]

Foi uma declaração ousada da parte de um agente da Stasi que já devia estar sabendo que estava prestes a ser investigado em conexão com o crédito que atribuíra aos indícios duvidosos apresentados por "Rudi Ringel". Mas Enke não conseguiu despistar os soviéticos com o retrato pouco lisonjeiro que traçou de Stein.

Cinco meses mais tarde, artigos lisonjeiros sobre George Stein começaram a aparecer na *Literaturnaia Gazeta,* uma sofisticada revista literária soviética, da autoria de seu correspondente em Bonn, Julian Semionov. Devia ser aquele "camarada Julia Semjonow" que Neiber, o vice-ministro da Stasi, pedira que fosse incluído na missão que planejava fazer à KGB em Moscou em 1982.

Em maio de 1979 Semionov escreveu um artigo intitulado "Um cidadão alemão-ocidental da aldeia de Stelle".[41] Ele descrevia a cena:

> Cá estou eu, no lar do casal Stein, na aldeia de Stelle, perto de Hamburgo. Vigas de madeira enegrecidas pelo vento que sopra do mar cruzam as paredes brancas desta genuína casa hanseática, onde ouço a história. Como todo entusiasta, [George Stein] tem uma linguagem pouco clara, fala depressa e pula de um assunto para outro. Ele sabe que a busca da Sala de Âmbar tinha de continuar e esta é a sua história (...)

Os milhares de palavras que se seguem contam como Stein se tornara, inadvertidamente, "o mais bem-sucedido caçador de tesouros da Segunda Guerra Mundial em toda a Europa." Semionov revelou que o interesse de Stein pela pilhagem nazista fora suscitado em 1966, quando, internado num sanatório no sopé do Matterhorn, recuperando-se de um acidente de carro, leu em *The Sunday Times* uma série de artigos de Anthony Terry sobre as confissões que Erich Koch fizera na cadeia sobre a Sala de Âmbar.

Semionov revelava que Stein, nascido da Prússia Oriental, jurara que encontraria a Sala de Âmbar como um tributo à sua família. Seu pai, um industrial de Königsberg, participara da resistência durante a guerra; sua irmã, Dorothea-Luisa, trabalhara no Castelo de Königsberg como assistente de Alfred Rohde. Seria verdade? A história parecia um pouco arrumada demais. Semionov continuava: George Stein fora recrutado para defender a cidade, o que fizera até ser capturado pelo Exército Vermelho em maio de 1944. Só ao ser libertado dos campos de prisioneiros de guerra no Usbequistão e em Leningrado soubera que a SS executara toda a sua família após descobrir suas relações com a resistência e com a "Condessa Vermelha" Marion Dönhoff. Fugindo desse trágico passado, Stein migrara para Stelle, casara-se com a filha de um agricultor local, Elisabeth, e passara a se dedicar ao cultivo de morangos, até atropelar um guarda de trânsito, arrebentando com seu carro, e acabar na Suíça, entediado e lendo jornais compulsivamente, linha por linha.

Uma fotografia de Stein mostrava um homem robusto e jovial, com lábio leporino; usava óculos de armação grossa e estava fumando um cigarro à mesa numa pose afetada, um copo de vinho à sua frente — um *bon vivant* a desfiar histórias num restaurante.

Julian Semionov revelou que agora a vida de Stein, que pressionara o governo alemão-ocidental a fazer escavações em Volpriehausen, estava em perigo. Cartas anônimas ameaçadoras haviam chegado à sua casa em Stelle. Escrevia Semionov: "George Stein descobriu através de inúmeras cartas ameaçadoras e da hostilidade pública o quanto é estreita a ligação entre o passado criminoso e o presente na República Federal da Alemanha."

Enke recortava e arquivava tudo que Semionov escrevia sobre Stein e a Sala de Âmbar. Em várias traduções, anotações rabiscadas nos cantos esquerdos superiores mostravam que os artigos haviam sido encaminhados aos escalões mais altos, chegando ao vice-ministro e até ao próprio Mielke. Havia algumas frases sublinhadas, e todas eram transcrições de palavras de George Stein sobre "meu bom amigo Dr. Paul Köhler da RDA". Paul Köhler estava correndo o risco de ser desmascarado como agente da Stasi.

Paul Enke tinha de se aproximar de Semionov. O jornalista soviético, um homem bombástico, que bebia muito, era um velho conhecido do Ministério para a Segurança do Estado. Formado na Universidade de Moscou, começara escrevendo ficção em 1958 e quando fora enviado a Bonn como correspondente de um jornal, no início da década de 1970, já publicara uma série de romances de espionagem que se tornaram *bestsellers*. Neles estrelava Maxim Stirlitz, um agente soviético extremamente culto, que dominava praticamente todas as línguas européias "com exceção do irlandês e do albanês". Enquanto os leitores ocidentais se emocionavam com *You only live twice* [Só se vive duas vezes] e *Os diamantes são eternos*, de Ian Fleming, os amantes da leitura do Leste compravam livros com títulos como "Diamantes para a ditadura do proletariado" e "Ele me matou perto de Luang Prabang". Diferentemente das histórias de James Bond, porém, os romances que giravam em torno de Stirlitz eram meticulosamente enraizados em fatos históricos e faziam a propaganda do regime, como na trama em que o espião expõe uma tentativa da Grã-Bretanha e dos Estados Unidos de fazer um pacto de paz com Hitler, abrindo uma frente unida contra a União Soviética (como revelam os arquivos da KGB, Stalin estava realmente convencido de que isso ocorrera quando forjou o pacto de não-agressão com a Alemanha em 1939). Com acesso a todos os vistos que quisesse e uma gorda verba de representação, Semionov viajava pelo mundo todo fazendo pesquisas para seus livros. Quando começou a escrever sobre George Stein, havia sido presidente da Associação Internacional de Escritores de Livros Policiais. Semionov insistia que fora o sucesso que alcançara com Stirlitz que lhe comprara sua liberdade e suas ligações, mas poucos outros escritores na União Soviética na época gozaram da mesma carta branca que ele.[42]

A Secretaria da Stasi via o interesse de Semionov por Stein como uma possível ameaça. Stein era uma fonte da Stasi, um instrumento útil que ela não queria perder para os russos. A operação Sala de Âmbar alemã era dirigida pela Stasi a partir do Leste, não por George Stein no Ocidente. A Stasi tinha de descobrir uma maneira de estabelecer uma relação de colaboração com Semionov. Planejou fazer isso "usando como mediadora uma camarada chamada [nome obliterado]".

Não sabemos o que realmente se passou entre Semionov e essa "camarada" (nome riscado), mas o fato é que em 31 de outubro de 1979 Enke recebeu uma série de telefonemas em sua casa, "vários pedidos muito insistentes" para se encontrar com Semionov na embaixada soviética às 10 horas da noite. Enke relatou o que aconteceu em seguida para seu vice-ministro Generalmajor Neiber: "Às 22 horas, encontrei na embaixada Semionov, que voltava de sua viagem oficial, e depois o acompanhei até a estação ferroviária, de onde seguiria viagem até Moscou por volta da meia-noite."

Como sempre, minúcias desnecessárias antes da vaca-fria. "Semionov informou-me do que se segue. Ele havia encerrado suas atividades em Bonn, Viena, Genebra e Haia e agora pretendia retomar seus projetos literários por algum tempo."

Os dois homens conversaram sobre o fato de estarem ambos preparando um livro sobre a Sala de Âmbar, e, segundo Enke, concordaram em escrever a quatro mãos uma obra em dois volumes. Escreveu Enke: "O primeiro volume trataria da história da sala, bem como das atividades dos serviços secretos imperialistas e da contra-espionagem envolvida na luta contra maquinações desse tipo." Aquilo mais parecia o enredo de uma história de Stirlitz. Enke, que, segundo seu dossiê pessoal, alimentara quando jovem grande desejo de se tornar jornalista, deve ter ficado lisonjeado pelas atenções com que o cumulou seu novo e famoso colaborador. O célebre escritor soviético chegou a lhe acenar até com um convite. Escreveu Enke: "Julian Semionov anunciou que eu seria em breve convidado para visitar Moscou e assistir à *première* de uma peça de teatro de sua autoria."[43] É uma pena que não tenhamos podido ver o que Semionov relatou à KGB sobre Paul Enke.

Certo de ter entabulado uma relação positiva com Julian Semionov, a Stasi sentiu-se suficientemente confiante para reativar Stein, que logo foi usado para plantar uma outra história. Uma carta escrita por Enke em 10 de setembro de 1981 relatou que as enfáticas afirmações que Alfred Rohde fizera por escrito em setembro de 1944, segundo as quais a Sala de Âmbar havia sobrevivido aos bombardeios aéreos aliados "serão [logo] utilizadas num artigo a ser publicado em outubro em *Die Zeit*. Nele, lembraremos que no dia 14 de outubro comemora-se o quadragésimo aniversário da data em que a Sala de Âmbar foi levada de Puchkin em 18 caminhões repletos de obras de arte (...) Continuaremos a apoiar [Stein] na medida do possível."[44]

Meses depois, porém, em fevereiro de 1982, George Stein foi convidado para ir a Moscou sem conhecimento prévio da Stasi, numa época em que o próprio vice-ministro da polícia secreta da RDA tivera um pedido seu de autorização para visitar Moscou recusado pela

KGB. Um *hobby-Historiker* da Alemanha Ocidental era bem-vindo à União Soviética, à frente de uma comissão de busca da Sala de Âmbar, enquanto a zelosa operação Sala de Âmbar da Stasi continuava relegada em Berlim Oriental.

Nessa altura tornou-se ainda mais necessário para a Stasi encontrar a Sala de Âmbar e devolvê-la à Rússia.

"Todos esses camaradas são nossos mestres e nossos modelos em nosso trabalho", escreveu certa vez Erich Mielke a respeito dos líderes da União Soviética.[45] Ele e seu ministério, pelo menos em público, se manteriam incondicionalmente leais à Central de Moscou até o fim.

A KGB tratou de garantir isso. Moscou introduziu um coronel da KGB em cada diretoria da Stasi e toda a informação nelas obtida passou a ser transmitida a Moscou e introduzida num supercomputador. Este, chamado SOUD (acrônimo de Sistema de Registro Unificado de Dados sobre o Inimigo em russo) era capaz de classificar qualquer agente inimigo em uma de 15 categorias. Independentemente da maneira como era tratado pela KGB, com ou sem George Stein, a Stasi nunca desistia.[46]

Em setembro de 1982, quatro meses após a missão de Stein a Moscou, Mielke também voou para a Rússia a fim de conversar com o chefe da KGB, presidente Vitali Fedorchuk. Os operários da Alemanha Ocidental já estavam pagando a conta pelos apartamentos, jardins-de-infância, carros, móveis e tudo o mais de que necessitava a equipe de 2.500 homens da KGB instalados em Berlim-Karlshorst. Em 10 de setembro de 1982 Mielke assinou um protocolo de 38 páginas jurando lealdade absoluta e mais uma ampliação do apoio financeiro que seu ministério daria ao pessoal russo. Um indicador da enormidade das somas envolvidas é a estimativa soviética de que era necessária uma soma equivalente a 19 mil dólares para reformar apenas um apartamento ocupado por um homem da KGB em Berlim Oriental, numa época em que o salário médio na RDA era equivalente a 33 dólares por mês.[47]

As ligações entre a KGB e a Stasi tornaram-se tão estreitas que em novembro de 1989, quando o Muro de Berlim veio abaixo, dúzias de equipes da KGB voaram para Berlim e trataram de destruir documentos guardados no Q.G. da Stasi, evitando que operações ainda em curso e os vínculos entre Moscou e a cúpula da Stasi fossem revelados.

Mas a faxina feita pelos homens da KGB não foi completa. Em meio aos milhares de páginas contidos nos arquivos referentes à Sala de Âmbar no Ministério da Verdade, encontramos algo de extremamente raro: uma carta escrita por Erich Mielke (famoso por sua relutância em confiar o que quer que fosse ao papel). Ela dizia respeito à Sala de Âmbar e era endereçada ao camarada Viktor Mikhailovitch Chebrikov, que assumiu a chefia da KGB em dezembro de 1982.

A carta revelava que Mielke usara a viagem que fizera a Moscou em 1982 para ressuscitar a "Operação Puchkin". Embora certamente continuasse melindrado pelo fato de George Stein ter conseguido ir a Moscou antes dele, Mielke superara o episódio; agora procurava entrar em contato com Chebrikav, na época vice-presidente da KGB.

"Caro camarada Tschebrikow!", escreveu o ministro. "Durante minha visita a Moscou no outono de 1982, entreguei-lhe um relatório sobre o andamento da busca [da Sala de Âmbar] na RDA. Como ele deixa claro, a busca no território da RDA foi e continua sendo justificada. Desejo assegurar-lhe que a RDA e seu MfS não repousarão nem relaxarão em sua busca do paradeiro da Sala de Âmbar e de outros tesouros da cultura mundial."

Em seguida, Mielke falou de sua convicção de que ainda se poderiam encontrar na Alemanha Oriental documentos, testemunhas e mapas que ajudariam a desvendar o mistério. Procurou também convencer a KGB de que passara a admitir "a possibilidade" de que a Sala de Âmbar tivesse permanecido na antiga Königsberg "ou em suas vizinhanças, mais ou menos próximas".[48] Com isso, Mielke afastava-se da teoria alemã, sustentada pela Stasi por tantos anos, muito provavelmente por ter reconhecido o dano causado pelo episódio "Rudi Ringel".

Em fevereiro de 1983, a Stasi recebeu uma resposta para o relatório sobre o andamento do caso da Sala de Âmbar entregue à KGB por Mielke, mas ela não veio da KGB. O Oberst Seufert relatou que o professor Vladimir Andreievitch Bajarski, da Academia Soviética de Ciências, entrara em contato com ele e "declarara estar dirigindo uma comissão para a investigação dos recursos naturais da Terra e (...) que sua academia fora recentemente incumbida de realizar mais uma busca da Sala de Âmbar". Seufert concluiu: "Bajarski expressou sua convicção de que seria útil combinar a realização, em Moscou, de uma reunião de trabalho com Paul Enke."[49]

Era isso. Não haveria rodada de brindes no Lubianka, o Q.G. da KGB. Não haveria jantar no Kremlin. Não havia como disfarçar a indigência das relações. Mas a Stasi, precisando se manter vinculada de qualquer maneira à busca da Sala de Âmbar pelos soviéticos, ordenou a Enke que respondesse.

Mesmo esse modesto oferecimento de um intercâmbio científico, porém, não levou a coisa alguma. Mais de um ano depois, Seufert registrava que Enke continuava à espera de um convite para ir a Moscou. A única coisa que chegara do professor Bajarski (e portanto da URSS) nos doze meses anteriores foram cartões "evasivos" e descomprometidos de felicitações por ocasião de certos feriados [públicos] nacionais.[50]

Mesmo assim a Stasi não entregou os pontos. O dossiê do Generalmajor Neiber no Ministério da Verdade preservava uma série de cartas que revelavam que, enquanto o vice-ministro era "rejeitado" por Moscou, Paul Enke (agora aposentado por razões de saúde) mantinha as relações entre a RDA e a URSS vivas por meio do canal secundário que havia estabelecido com Julian Semionov. A maior parte das discussões entre os dois tinha por objeto o trabalho que George Stein estava desenvolvendo.

> Abril [dia riscado] 1984. Meu caro Julian, Não tenho nenhuma novidade sensacional para contar sobre a Sala de Âmbar, mas tenho certeza de que você viu o artigo publicado por Stein no periódico *Die Zeit*. Está cheio de disparates. Acho que Stein está se tornando perigoso em razão de seus raciocínios fora da realidade, que redundam na ilusão de que ele é uma vítima. Se continuar assim, ele certamente vai acabar virando um caso para tratamento.[51]

Uma busca no arquivo de *Die Zeit* mostrou-nos que em 1984 George Stein ressuscitara sua desacreditada teoria de Volpriehausen (segundo a qual a Sala de Âmbar fora removida para um poço próximo da cidade de Göttingen, na Alemanha Ocidental). Nesse mesmo ano, Stein fez também novas tentativas de obter financiamento junto à coalizão conservadora do chanceler Helmut Kohl na RFA. Ela recusou, mas, para evitar a pecha de nacionalistas empedernidos com que governos anteriores haviam sido tachados, a coalizão fez uma declaração protelatória: "Há algum tempo o Governo Federal empenha-se em descobrir o paradeiro da Sala de Âmbar [e] continuará envidando esforços para encontrá-la."[52]

A carta de Enke a Semionov continuava:

> Após vários meses de interrupção, estamos trabalhando novamente na abertura de uma velha mina que, segundo algumas indicações, pode ter sido escolhida em 1944-5 para servir de depósito de obras de arte. A pedido de meus camaradas, decidimos agora publicar os resultados provisórios de nossas pesquisas. Isso tomará a forma de duas publicações em condições que estou negociando com os editores no momento. Em razão da escassez de papel, é possível que a tiragem seja muito reduzida. Receba meu abraço, com meus mais calorosos e fraternos cumprimentos e felicitações pela passagem do aniversário da vitória sobre o fascismo de Hitler.

Os arquivos do Ministério da Verdade confirmaram que em 1984 a equipe da "Operação Puchkin" de Seufert estava concentrando seus esforços num novo sítio em Langenstein, uma aldeia no sopé da montanha Brocken, área em que abundam reservas de chumbo, cobre e zinco.[53] Ela ficava a quilômetros de distância das Erzgebirge e da hipótese anterior de Enke e o local da escavação era — o que sem dúvida tinha valor simbólico — próximo de uma base militar soviética de alta segurança e de uma estação eletrônica de escuta clandestina da Stasi voltada para a fronteira com a Alemanha Ocidental. As escavações da Stasi seriam portanto observadas por russos e alemães-ocidentais. Ficamos pasmos com a linguagem que Enke usava. "Estamos trabalhando". "Nossas pesquisas". Na verdade, ele estava em casa, às voltas com seu manuscrito incompleto, lutando para salvar o *Bernsteinzimmer Report* de cortes orçamentários. Deve ter sido nessa altura que telefonou para Günter Wermusch na editora Die Wirtschaft.

Outra carta de Paul Enke.

> 15 de maio de 1984. Meu caro Julian, fiquei sabendo que você voltou da América do Sul para seu país natal. Espero que o grande circuito tenha sido um sucesso. Seus leitores e eu mesmo estaremos, é claro, especialmente interessados se você conseguir seguir as pegadas de Martin Bormann. Depois dos "Diários de Hitler" forjados, *Der Stern* de Hamburgo fomentou a lenda de que Martin Bormann talvez ainda esteja vivo. Como Bormann esteve tão obviamente envolvido no ocultamento da Sala de Âmbar, a história atrairia sem dúvida grande interesse. Acabo de reler a correspondência entre Bormann e sua mulher. É de extrema significação para o estudo da psique desse criminoso. Um escritor de quem me tornei amigo afirma ter encontrado Gerda Bormann na Itália, tendo mesmo falado pessoalmente com ela. Jura por todos os santos do calendário que essa mulher era real e verdadeiramente a esposa de Bormann. Você conhece minha atitude diante dessas "sensações". Comentário são supérfluos.[54]

Outro mês, outra carta para Julian Semionov e outra conspiração para Enke, que claramente ansiava pelo respeito de seu colega escritor. Seus próprios problemas, ligados a falsificações e à *débâcle* "Rudi Ringel", pareciam estar esquecidos.

Enke dizia:

> Mês passado George Stein telefonou para a Administração dos Arquivos do Estado em Potsdam. Tentou também entrar em contato com P. Köhler. Mas na ocasião Köhler estava passando uma longa temporada em Cuba. Por isso tive de representar Köhler e cuidar de Stein(...) discussões que duraram quatro dias. Ele nos informou amplamente sobre seu trabalho e sobre as pistas que vem seguindo, o que me faz temer, no que diz respeito à Sala de Âmbar, que as pistas seguidas pertençam mais ao reino da fantasia que ao da realidade. Mesmo assim, continua sendo lamentável que, embora um pretenso diálogo e uma troca de experiências entre alemães e russos acerca da Sala de Âmbar tenha se materializado dessa maneira, eles ocorram em Berlim e não em Moscou.

Ao criar sua *persona* de pesquisador graduado nos arquivos do Ministério do Interior, o agente da Stasi Enke apropriara-se da identidade de um empregado real, o homem com quem George Stein acreditava conversar por telefone, e chegava até a citar em seus artigos, sem se dar conta de que estava de fato lidando com um agente da Stasi. Agora Stein conseguira se encontrar pessoalmente com Köhler e, como o arquivista real estava de licença, foi preciso ir buscar Enke em sua casa de aposentado para manter a farsa. É óbvio que Enke se sentia suficientemente à vontade em sua relação com Semionov para deplorar a situação que reduzira o diálogo entre a Stasi e a KGB sobre a Sala de Âmbar a uma correspondência tortuosa, em que Stein agia como intermediário sem o saber.

"Tradução do russo. Caro Paul" — carta não datada de Julian Semionov para Paul Enke:

> Fiquei feliz por receber uma carta sua, muito obrigado. Depois das impressões que tive da América Latina — estive entre janeiro e abril na Argentina, Paraguai, Peru, Costa Rica, Panamá e Nicarágua —, estou, apesar de tudo, plenamente convencido de que Bormann viveu ali. Sobretudo quando eles mencionaram o dia de sua morte em Assunção. Ele morreu sete anos atrás de [linha obliterada]. Estava velho demais (não merecia viver tanto). A questão de George Stein é mais complicada: sua mulher havia morrido e isso o afetara muito e então alguém — essa tem sido a minha impressão — começou a trabalhar contra nós, tentando influenciá-lo sutilmente, porque ele sabia demais sobre os nazistas — coisa muito rara no Ocidente. Não vou escrever nada sobre isso por carta, é melhor conversarmos quando tivermos uma chance de nos encontrar pessoalmente. Receba meu abraço [nome riscado]. Meus mais afetuosos cumprimentos a todos os companheiros, camaradas e amigos, até nos encontrarmos novamente, Julian Semionov.[55]

Que levava Semionov a escrever num tom tão conspiratório? Fizemos uma busca em arquivos de jornais em Hamburgo e descobrimos uma coisa chocante. Dois anos antes de essa carta ser enviada, George Stein comunicara à polícia que, na Sexta-Feira Santa, ele fora atacado por homens com máscaras que, tendo invadido sua casa em Stelle, o haviam drogado, torturado e interrogado a respeito da Sala de Âmbar. Stein recobrara os sentidos depois, coberto de sangue, e encontrara uma folha de papel a seu lado no chão; nela estava rabiscada uma estranha frase em latim: "Se seu servo desgraçado for Branco, Cristo deveria borrifar seu sangue. Se for Vermelho, Cristo deveria destruí-lo. Se for preto, Cristo deveria deixá-lo morrer."[56] Uma outra notícia de jornal revelava que, no verão seguinte, Elisabeth Stein fora encontrada enforcada no porão da casa da família. Em sua carta, Semionov afirmara que Stein "sabia demais" e que "alguém começara a trabalhar contra nós"; mas, embora sugerisse que as agressões feitas a Stein e a morte de sua mulher estavam de algum modo vinculadas à busca da Sala de Âmbar, não quisera escrever o nome do responsável, possivelmente temendo que a carta fosse interceptada.

Não havíamos levado a sério a afirmação do *Kaliningradskaia Pravda* de que Alfred Rohde fora assassinado para não revelar onde estava a Sala de Âmbar. Na década de 1960 veio à luz que seus filhos, Lotti e Wolfgang, haviam na verdade sobrevivido à guerra e viviam na Alemanha Ocidental. Mas ali estava Semionov, sugerindo outro possível assassinato. Haveria alguém tão desesperado por manter secreta a localização da Sala de Âmbar a ponto de matar? Prosseguimos a leitura e vimos que a última carta para Julian Semionov no arquivo era de outro correspondente, inteiramente diverso, e vinha do Ocidente. Não temos idéia de como ela foi parar nos arquivos da Stasi.

> 8 de dezembro de 1984. Meu caro Julian, Faz tempo que não tenho notícias suas. Espero que esteja melhor de saúde. A boa saúde é o que há de mais precioso na vida(...) Sala de Âmbar: tenho escrito e telefonado com freqüência para Stein. Ele realmente não tem mais dinheiro para continuar com suas viagens de investigação e eu sou a única pessoa que o auxilia financeiramente. As somas que lhe emprestei já são consideráveis. Espero realmente que nós dois alcancemos resultados positivos em breve, do contrário seria uma pena, pois teríamos feito tanto esforço para nada. Desejo-lhe e à sua família um Feliz Ano-Novo. Por favor, diga a seu primo Sérgio que levarei seus comprimidos para o estômago comigo quando for visitá-los na primavera (acabo de receber a encomenda dele através da TASS). Eduard.[57]

Havia um timbre gravado no alto da folha: dois cavalos empinando-se sobre um nome e um endereço: barão Eduard von Falz-Fein, *Villa* Askania Nova, Vaduz, Liechtenstein. Até ali, nunca ouvíramos falar dele, mas surpreendeu-nos que uma pessoa que claramente tinha intimidade com Stein não fizesse em sua carta nenhuma referência nem à morte recente da mulher dele, nem ao ataque sofrido por ele próprio. Surpreendeu-nos também ver que George Stein parecia estar recebendo cheques de pagamento por sua investigação sobre a Sala de Âmbar de dois extremos opostos do espectro político, da Stasi e de um barão cuja *villa* tinha o nome de uma região do sul da Ucrânia, sendo possivelmente um russo branco exilado. Talvez Stein estivesse jogando um lado contra o outro e um deles tivesse ficado farto. Quem sabe teria sido essa a razão das torturas que sofrera e do enforcamento de sua mulher.

Restava um documento em nosso arquivo do Ministério da Verdade, um comunicado da KGB à Secretaria da Stasi. Ele declarava abruptamente:

> Desejamos(...) comunicar-lhes que, segundo uma declaração recebida do departamento autorizado da Seção 5 de nossa Instituição, a procura da Sala de Âmbar no território da União Soviética foi interrompida(...) Esta decisão foi tomada em conformidade com uma resolução adotada pelo Conselho de Ministros da RSFSR [República Socialista Federada da União Soviética] em outubro de 1983. Nenhuma das Organizações e Agências que participaram das medidas e das buscas continuará a se ocupar dessas tarefas.[58]

Mal se passara um ano desde que George Stein fora brutalmente atacado e apenas meses desde que Elisabeth Stein fora encontrada enforcada, e o Conselho dos Ministros, o mais alto corpo executivo da Federação Russa, ordenava o fim de todas as buscas da Sala de Âmbar, encerrando num só parágrafo 37 anos de investigações secretas. Por alguma razão, porém, haviam deixado decorrer mais de dois anos para contar isso à Stasi, pois o comunicado era datado de 15 de abril de 1986.

11

O CATÁLOGO TELEFÔNICO de Hamburgo estava repleto de Steins. Mas entre os listados como moradores da aldeia de Stelle, nenhum tinha prenome com a inicial “G”. Talvez a família tivesse fugido da fatídica casa em cujo porão Elisabeth Stein fora encontrada enforcada e em cuja sala George Stein fora drogado e torturado por homens que aparentemente estavam procurando ou tentando proteger a Sala de Âmbar.

O jeito era ligar para todos os Stein.

Conhece George Stein?, perguntamos várias vezes. Finalmente uma voz masculina respondeu: “Quem está falando?” Pelo menos não desligou imediatamente. “Estamos ligando a propósito da Sala de Âmbar. *Das Bernsteinzimmer.*” “Meu pai não pode falar com o senhor”, respondeu o homem.

O pai dele? Então aquele era mesmo o número do telefone de George Stein? “Bem, eu... acho que sim. Eu... eu... sou filho dele. Preferiria conversar com os senhores pessoalmente. Não em nossa casa, é impossível. Eu... eu os esperarei em frente à estação de Hamburgo amanhã à noite. Vendo morangos durante o dia. Meu nome? Sou Robert, Robert Stein”, gaguejou o homem num inglês capenga, antes de desligar.

O filho de George Stein não nos dera nenhuma descrição de si mesmo e no dia seguinte milhares de pessoas indo e vindo do trabalho circulavam em torno do terminal de Hamburgo. Mas às oito e dez, quando um bando de patinadores passava por nós, um homem cambeta, de cabelo desgrenhado e barba, calças *jeans* pretas seguras por suspensórios de couro, avançou com dificuldade entre eles, espalhando-os, os olhos fixos no exemplar do *Bernsteinzimmer Report* que tínhamos nas mãos.

"*Ja*, *ja*, Robert Stein. Desculpem-me, eu... eu perdi o trem", murmurou. Sentamo-nos num café da estação. Depois de olhar para trás ele começou a falar: "*Das Bernsteinzimmer* arruinou nossa família. Minha mãe sempre dizia a meu pai: 'Você é um cultivador de morangos.' Quatro filhos e quatro mil touceiras. Mas nosso pai não pensava em nós; agora eu trabalho na plantação de um outro homem. As pessoas dizem que eu... que sou igual a ele, que sou maluco. Não, não é verdade. Estou farto da história de *das Bernsteinzimmer*. Não... não quero ser um caçador de tesouros. Vendo morangos. A polícia esteve na nossa casa em Stelle e levou milhares de páginas do arquivo de meu pai. Disseram que ele as havia roubado. 'Ótimo', disse eu. 'Sumam com tudo isso.'"

Perguntamos se fora por causa da morte de Elisabeth Stein que a polícia estivera em sua casa. Se a família vendera a casa logo depois. "Nunca mais pisarei em Stelle. Há coisas demais ali que me fazem lembrar o que aconteceu", disse ele, perturbado.

Para tentar acalmá-lo, perguntamos o que acontecera. Havia medo nos olhos de Robert Stein. "Pessoas vinham à nossa casa. Eu... eu não sei nomes. Meu pai, ele passava todo o tempo fora. Eu não o via." Fitava pesarosamente seu copo de cerveja vazio. "O barão encontrou pessoas que dizem saber onde está *das Bernsteinzimmer*. Pedia a meu pai que viajasse por toda a Alemanha. Meu pai gastou todo o nosso dinheiro. Vendeu nossas touceiras, vendeu nossa terra, vendeu nossa granja, nossa casa."

Perguntamos se estava falando sobre o barão Falz-Fein, o homem que escrevera para o escritor policial soviético Julian Semionov sobre George Stein e a Sala de Âmbar em dezembro de 1984. "Não posso dizer nada sobre o barão; perguntem a ele mesmo." Então o barão ainda estava vivo. Robert Stein começou a divagar novamente. "Meu pai estava sempre com medo. Não sei do quê, mas isso começou em Königsberg na Segunda Guerra Mundial." Enroscava mechas de cabelo nos dedos e chamuscava as pontas com o cigarro que segurava, enrolado à mão. "Ele desgraçou minha mãe. Ela se matou. Sangue demais."

Ávidos de precisão, perguntamos diretamente a Robert Stein se sua mãe se suicidara. Houvera alguma ligação entre a morte dela e a Sala de Âmbar? "É claro que a morte de minha mãe teve ligação com *das Bernsteinzimmer*. Com a busca feita por meu pai", disse ele. "Tudo está ligado a *das Bernsteinzimmer*. Três dias antes de meu pai se esvair em sangue, um homem estivera em nossa casa. Mais tarde telefonei para esse homem e ele negou ter ido lá. Por quê? Muita gente me disse que meu pai tinha tido contato com Paul Enke. Talvez os senhores tenham ouvido falar desse agente da Stasi. Meu pai foi vê-lo na RDA. Pretendia ir conversar novamente com ele em 1987."

Que queria ele dizer com "se esvair em sangue", perguntamos; George Stein estava morto? Ele acreditava que a Stasi matara seu pai? Robert tirou do bolso das calças *jeans* um envelope branco amassado que poderia ter contido um dia um extrato bancário. "Aprendi a dizer 'basta'." Alisou o envelope sobre a mesa.

Sem mais uma palavra, Robert Stein levantou-se e foi embora, deixando o envelope. Vimos que desenhara nele fileiras de cruzes com as letras RIP escritas sob cada uma. Num dos lados ele rabiscara: "Embuste. Mentiras. Medo."

Robert Stein não quis ou não pôde responder a nenhuma de nossas perguntas. Ignoramos por que concordou em nos encontrar. A única coisa que estava clara era que ele vivia assombrado pela Sala de Âmbar e o efeito catastrófico que ela tivera sobre sua família. Débil e distorcido, oscilante como uma lâmpada prestes a se queimar, Robert Stein era um homem esmagado pelo que acontecera com seus pais.

Catálogos internacionais listavam um barão Eduard von Falz-Fein na *Villa* Askania Nova, Liechtenstein. Antes de discar o número, checamos os fichários do Ministério da Verdade para saber se a Stasi também tivera interesse por ele.

Tivera. Encontramos um relatório de 1987 para Neiber, o vice-ministro da Stasi.[1] O barão Eduard von Falz-Fein era obviamente um ator importante. Era descrito ali por um espião da Stasi como "descendente do czar Nicolau II, primo de Vladimir Nabokov e o último herdeiro de uma linhagem de boiardos de Askania Nova, no sul da Ucrânia". Dizia o relatório:

> O barão Eduard von Falz-Fein usa toda a sua influência para devolver obras de arte russas saqueadas à União Soviética (...) Sabe-se que mantém contato com a cúpula do governo soviético. Por exemplo, acompanhou o camarada Gorbachev em sua viagem às Repúblicas Soviéticas Bálticas na primavera deste ano [1987]. [Falz-Fein] falou na televisão soviética e participou de discussões de várias horas de duração com o ministro soviético da Cultura sobre a procura de obras de arte roubadas.

Isso explicaria, portanto, sua conexão com a Sala de Âmbar.

"Meus caros, quem são mesmo os senhores?", perguntou uma voz esganiçada.

O barão Eduard von Falz-Fein disse que estava muito ocupado, fazendo as malas para uma viagem. "Lamento, meus caros, mas tenho um compromisso muito importante. Vou me encontrar com o primeiro-ministro Yuschenko em Kiev quinta-feira. Yush-chen-ko. Isso mesmo."

Perguntamos se poderíamos conversar sobre George Stein. "Oh." Silêncio na linha.

"George Stein." Uma longa pausa. "Isso foi há muito tempo. Se puderem estar aqui amanhã, verei se consigo uma brecha para atendê-los. Mas devo acompanhar uma jovem senhora à Suíça à uma da tarde e não estarei de volta antes de uma e meia." Ele vive num mundo minúsculo, um principado de cem quilômetros quadrados espremido entre a Suíça e a Áustria. "Almocem antes de vir, meus caros. Sou um simples solteirão de 91 anos e não convido para minha mesa. Encontrarão minha casinha no alto na Schloss Strasse, a última antes do castelo. Procurem o nome, Askania Nova, minha amada terra natal."

Em Vaduz, capital do Liechtenstein, onde o ar é impregnado de um cheiro penetrante de leite morno e do suave e monótono zunzum de caixas eletrônicos, encontramos a casa de estuque branco do barão, cercada de glicínias e dominada pela do vizinho de porta, o príncipe coroado Hans-Adam II, soberano do paraíso fiscal.

O barão Eduard von Falz-Fein podia ter 91 anos, mas com seus mocassins castanho-claros e *slack*, parecia um jovem *playboy*. "Pelo que entendi bem, os senhores são jornalistas, não é? Espero que tenham trazido seu gravador."

Vista mais de perto, sua basta cabeleira tinha um tom levemente amarelado e a barba estava feita de maneira irregular. Um cheiro de bolo de frutas condimentado pairava à sua volta. "Minha linhagem é muito importante para mim, meus caros, e tenho muito orgulho de ainda estar vivo."

Podíamos entrar? "Não." Barrou a entrada e apontou um dedo delicado e feminino para meia dúzia de brasões enferrujados pregados em volta da porta. "Primeiro precisam compreender que sou uma lenda na Rússia e na Ucrânia. Este à direita é o brasão mais antigo em toda a Rússia, chegou a mamãe diretamente de Pedro, o Grande. E este aqui é o brasão dos Falz-Fein. Veio de papai. Morreu de desgosto depois que fugimos dos bolcheviques."

"Agora que sabem um pouco, podem entrar em minha humilde morada de refugiado", disse, introduzindo-nos na sua casa. Parou de novo no vestíbulo. As paredes estavam cobertas de quadros a óleo, muitos dos quais nos pareceram familiares. "Este é o último czar. Aqui está sua mulher", disse empolgado o barão, mostrando um retrato escuro cujo original certamente está pendurado no Museu Russo de São Petersburgo. "Que bela dama ela era. Que tragédia. Assassinada naquele porão imundo em Ekaterinburg." Apertou o peito. "Doei DNA para ajudar na identificação dos ossos dos Romanov. Fui o único convidado 'estrangeiro' para o funeral, quando eles foram sepultados em São Petersburgo em 1990. Quanta honra."

"Este é meu avô, Nikolai Alexeievtich Epanschin", continuou, "general de infantaria e diretor do corpo de escudeiros do imperador." Passou o dedo por uma linha de retratos embaçados, como se os protegesse. Notamos que o relógio na parede estava quatro horas adiantado. Marcava a hora da Ucrânia.

Quase uma hora depois, chegamos à geração do barão. Fomos levados para sua sala de estar. Num canto via-se uma imensa escrivaninha de boiardo e ao lado uma bicicleta ergométrica já muito usada. "Todo mundo quer me dar uma condecoração especial", disse o barão, com um enfado zombeteiro, ao abrir um armário de vidro repleto de menções honrosas e medalhas, um monte resplandecente de martelos, fitas, foices, estrelas vermelhas e até uma cruz de ferro preta. "Querem que eu use essas coisas." Não disse quem. "Mas Deus me livre! Eu ficaria parecendo o Breznev."

Em seguida fez-nos sentar num sofá de couro vermelho do qual tínhamos uma visão panorâmica do vale aveludado de Liechtenstein. Perguntamos como conhecera George Stein. "Minha vida se estendeu por 91 anos e os senhores não poderão compreender meus motivos para sair à caça da Sala de Âmbar a menos que compreendam minhas origens. Permitam-me fazer-lhes um breve sumário." Verificou se o nosso gravador estava girando. "*L'Équipe* me agarrou em Paris e me mandou cobrir as Olimpíadas de 1936. Vi a fúria de Hitler quando Jesse Owens ganhou nos cem metros! O Führer estava a pouco mais de 18 metros do camarote da imprensa." Depois dessa passagem pelo jornalismo, o barão tornara-se campeão de ciclismo, campeão de tobogã e mais tarde piloto de corrida.

"Por fim meu amigo Porfirio 'Rubi' Rubirosa me disse: 'Eduard, há na vida de todo homem um momento em que deixa de ser adequado andar flertando com garotinhas.' Abandonei minha vida de Casanova. Fui visitar meu primo Vladimir Nabokov em Nova York, e ali pedi minha primeira mulher em casamento." Em 1950 o barão se casara com Virginia Curtis-Bennet, filha de Sir Noel, o presidente do Comitê Olímpico Internacional e mandarim do Tesouro britânico. "Pedi permissão ao arcebispo de Canterbury para termos um serviço ortodoxo, com um coro russo. Casamo-nos na Capela do Savoy. Foi fantástico, meus caros. Todas as famílias reais compareceram."

"Mas depois, oh, passamos a brigar feito cão e gato. Ela queria me convencer de que todas as coisas inglesas são melhores, como o chocolate e os carros dos senhores, mas não é verdade. Disse à minha querida: 'Não seja tola. O chocolate melhor do mundo é o suíço. Seus carros só têm de bom a lataria.' Finalmente um excelente escritor americano, Paul Gallico, me salvou. Tirou-a de minhas mãos. Mais tarde eles se casaram, mudaram-se para Monte Carlo e ficaram íntimos da princesa Grace. Depois da morte de Gallico, o príncipe Rainier fez de minha ex-querida uma *Dame d'Honneur du Château*. Quando a princesa Grace morreu, minha ex-querida ficou tomando conta dos pequenos herdeiros. *Quelle tragédie*. Ela está lá até hoje, e somos os melhores amigos do mundo. Sempre que vou a Monte Carlo sou muito bem tratado. O príncipe me convida para almoçar."

Era uma história de vida tão extraordinária que, se não fossem as provas exibidas com grande destaque sobre o piano de cauda, o barão Eduard von Falz-Fein poderia passar por um mentiroso de marca maior. Mas ali estava um rapaz no camarote da imprensa das Olimpíadas de Berlim, com suásticas agitando-se em volta de sua cabeça; jantando com a princesa Grace em Monte Carlo; ou cruzando a *piste* na década de 1960 com o príncipe Philip e o príncipe Charles da Inglaterra; havia até uma foto em que aparecia abraçado com Joan Crawford.

O telefone sem fio do barão tocou um fragmento do *Lago dos cisnes*. Era do gabinete do Sr. Yushchenko, o premiê da Ucrânia, e ele respondeu num russo hesitante. Depois de desligar, finalmente abordou a questão das obras de arte roubadas. "Comecei a procurar obras de arte roubadas da Rússia na década de 1950. Encontrei um gobelino da família do czar que fora furtado do Palácio Livadia. Dei um lance maior que uns japoneses para arrematá-lo num leilão em Bonn. *Mon dieu, mon dieu*, que recepção os russos fizeram para mim quando fui devolvê-lo ao palácio." Seus olhos ficaram marejados de lágrimas. "Milhares de pessoas se juntaram para me ver devolvendo o que fora roubado. Logo eu, um pobre refugiado que vivia no Liechtenstein!"

Perguntamos: E quanto a George Stein?

"Sim, sim, já vou chegar lá. Depois que encontrei os gobelinos, recebi um telefonema de um escritor soviético que estava residindo em Bonn. Trabalhava para a *Literaturnaya Gazeta*. *Mon dieu*, Julian Semionov!" O barão bateu na testa, horrorizado. Estava falando sobre o autor soviético de romances policiais cujas cartas e artigos sobre George Stein havíamos lido nos arquivos da Stasi.

"A primeira vez que veio aqui, Julian Semionov ficou 15 dias. Ficava sentado aí, onde os senhores estão, no sofá vermelho, bebia meia garrafa de vodca no café da manhã e mergulhava no sono até a hora do almoço. Julian custou-me uma fortuna, vasculhando a casa toda à procura de alguma coisa que pudesse fumar ou beber. Nunca pus uma gota de álcool na boca nem fumei um só cigarro na minha vida inteira. Quando Julian estava acordado, só falávamos da Sala de Âmbar. Ele dizia que precisava da minha ajuda para encontrá-la. Em 1975 apresentou-me a George Stein, que havia devolvido os ícones de Pskov a Moscou. Stein me pareceu amalucado, mas tínhamos um interesse comum. Ele tinha uma teoria sobre uma mina em Volpriehausen, perto de Göttingen. Obras de âmbar insubstituíveis teriam sido enterradas nesse poço. Era palpitante. George Stein dizia: 'Sei onde a Sala de Âmbar está. Basta me dar algum dinheiro e eu a encontrarei para você.' Então, depois que o governo alemão-ocidental lhe negara ajuda, George Stein passara a procurar uma fonte privada de financiamento para levar adiante a história plantada pela Stasi."

Perguntamos se valera a pena fazer tanto esforço.

O barão foi até uma enorme arca entalhada de carvalho, um bem de família trazido da Ucrânia, que estava abarrotada com uma papelada caótica.

"Nosso arquivo", declarou. "Eu, Julian e George decidimos formar um pequeno comitê para procurar a Sala de Âmbar. George tinha todos aqueles documentos da época da guerra que sugeriam que a Sala de Âmbar podia estar escondida em Volpriehausen, na Alemanha Ocidental. Ficamos empolgadíssimos, porque até então todas as buscas tinham sido feitas em lugares fora de nosso alcance — na Rússia e na RDA. Agora poderíamos caçar tesouros enterrados também no Ocidente e, acreditem, meus caros, trabalhamos *muito*."

O barão nos passou uma fotografia de Semionov, um homem de pescoço taurino, com uma basta barba negra. "Gosto de pensar que tive um pequeno papel na carreira dele."

Perguntamos se Semionov era da KGB.

"Meus caros, eu não seria grosseiro a ponto de perguntar e ele nunca disse nada. Digamos apenas que ele gozava de muitas férias no exterior."

"A febre da Sala de Âmbar atingiu o Ocidente na década de 1970 e jornalistas, detetives e escritores ingressaram aos bandos em nosso pequeno comitê: Georges Simenon, o *Belge* que vivia em Paris fazendo uma fortuna com seu personagem, o inspetor Maigret. Simenon era amigo de Julian Semionov também. Tivemos ainda conosco a querida "Condessa Vermelha" Marion Dönhoff, a *Grande Dame* da resistência na Prússia Oriental. George Stein conseguira convencê-la, não sei como, de que os pais de ambos haviam sido grandes amigos em Königsberg.

"Assim, através de Marion, tínhamos o influente *Die Zeit* do nosso lado. Outras pessoas circulavam na periferia. Um inglesinho do serviço secreto, M16, acho que se chamava Eldridge. Ou seria Aldridge? Ah, não sei." Os olhos do barão brilhavam como os de uma criança numa manhã de Natal. "Tudo era feito com nosso dinheiro, muito dinheiro, uma quantidade absurda de dinheiro. Durante algum tempo a Sala de Âmbar exerceu incrível fascínio sobre todos nós. Era como uma droga. Gastei muito dinheiro naquilo."

O barão tirou uns recortes de jornal da velha arca. No início da década de 1980 o "comitê da Sala de Âmbar" estava conseguindo quantidades crescentes de referências na mídia; suas atividades eram alardeadas pela imprensa alemã-ocidental, britânica e americana, que torciam para que ele encontrasse o tesouro russo na frente dos comunistas. *Komsomolskaia Pravda*, 1983: "Face a face — Entrevista com George Stein". *The Sunday Times*, 20 de outubro de 1985: "O roubo da Sala de Âmbar". Escavações na Caríntia. Caçada no Odenwald, a leste de Mannheim. Segredos enterrados em arquivos secretos no Exército dos EUA em Washington. Julian Semionov e o barão Falz-Fein debatem o mistério da Sala de Âmbar entre goles de champanhe no Maxim's de Paris. O barão se hospeda com seu primo Vladimir Nabokov, para pesquisar os últimos meses da guerra. O comitê do barão contagia a todos com a mania Sala de Âmbar, gerando especulações febris sobre o lugar em que o tesouro teria sido enterrado. Revistas. Livros. Documentários de televisão.

O barão estava inteirado de que grande parte das informações obtidas por Stein provinha da Stasi, e possivelmente de Moscou? Mostramos-lhe alguns dos documentos que havíamos encontrado no Ministério da Verdade.

Ele deu de ombros. "Paul Enke. Ele nos disse que trabalhava no Ministério do Interior. Eu não tinha certeza de que era da Stasi. Mas tínhamos nossas desconfianças pelo fato de ele jamais poder sair de Berlim Oriental. Tínhamos sempre de ir lá, como turistas, passando pelo posto de controle Charlie."

Mas que dizia ele do episódio de Volpriehausen, em que George Stein dera crédito a um telex forjado do pai de "Rudi Ringel", tomando-o como prova de que a Sala de Âmbar estava enterrada no poço? Mostramos ao barão a transcrição do interrogatório de "Rudi Ringel" por Uwe Geissler em 1979, que revelava que o pai de "Ringel" era na realidade um combalido guarda dos correios. O barão o pôs de lado. "Sou um velho agora. Conversem com os que continuam a procurar." Seus olhos ficavam cada vez maiores à medida que contava o que soou como uma história bem ensaiada. "Eu tinha de me envolver. Quando era menino, tinha só cinco anos, meu avô, o general, levou-me para ver a Sala de Âmbar e disse: 'Quando você crescer vai se lembrar de que lhe mostrei uma das maravilhas do mundo.' Nunca me esqueci. E quando cheguei a uma etapa da minha vida em que pude alimentar a esperança de devolvê-la, vi nisso um dever. Devolver a Sala de Âmbar." Levantou-se. "Agora preciso sair para um encontro."

Mostramos ao barão o relatório da Stasi que acusava Stein de alterar documentos para adequá-los às suas teorias.

"Ninguém pagou um preço mais alto por procurar a Sala de Âmbar que meu velho e querido George Stein", retrucou ele.

Perguntamos se estava se referindo às ameaças de morte, ao ataque e à morte de Elisabeth Stein.

Ele se sentou novamente. "Então os senhores sabem. Os problemas de George começaram quando sua mulher morreu em circunstâncias terríveis em 1983. Depois, no ano seguinte, seu mentor no Leste, o historiador da arte de Berlim, Gerhard Strauss, morreu de repente também. Sem Gerhard Strauss, Stein teve de tratar diretamente com Enke e aqueles dois nunca se entenderam, meus caros. Tinham tanto empenho em defender as respectivas versões da história que brigavam como cão e gato. Todo mundo tinha uma versão naquela época. Mas preciso mesmo me despedir dos senhores", disse, voltando a se levantar.

Perguntamos se sabia por que os soviéticos haviam encerrado a investigação sobre a Sala de Âmbar. Estávamos tentando esticar a conversa.

O barão entristeceu-se. "Tudo veio abaixo no verão de 1987. Stein me telefonou e disse: 'Não sei para onde ir. Vendi tudo que tinha. Posso ir lhe fazer uma visita?' Passou uma, duas, três semanas, não me lembro bem, aqui, escrevendo, escrevendo, escrevendo. Um dia eu lhe disse: 'Preciso sair de viagem amanhã.' O Tour de France ia começar. Eu havia sido pessoalmente convidado. Stein me disse que iria para a casa de um amigo em Munique. Levei-o à estação; dei-lhe dinheiro. Senti-me pessimamente por estar despachando o meu amigo. Infeliz. Disse-lhe: 'Por favor, tenha cuidado.' Já imaginaram se aquilo tivesse acontecido aqui em Vaduz? Que horror."

Perguntamos o que havia acontecido.

Enfiando um maço de documentos em nossas mãos, o barão impeliu-nos para o vestíbulo. "Tomem, tudo de que precisam saber está aqui. Foi um prazer conhecê-los", disse com um sorriso, já abrindo a porta. Mal ela se fechou atrás de nós, notamos nos papéis a insígnia da polícia bávara e as palavras: Investigações Criminais, Ingolstadt. Caso: George Stein: 20 de agosto de 1987.[2]

"*Villa* Askania Nova, Schloss Strasse, Vaduz." Carta do barão para Julian Semionov. O primeiro documento do maço que nos deu.

> 8 de abril de 1985, Caro Julian, ontem falei com sua filha e fiquei sabendo que você está na Argentina. Por favor, telefone-me em no máximo dez dias depois que voltar. Estou recebendo a visita que desejava e chegarei [à Rússia], partindo de Zurique, no dia 27 de maio, às 17h5min, pela *Swissair*. Tirei um visto para três semanas, o que me dará tempo para voar com você também para Yalta. Por favor, organize minha estada, assim como a esticada que planejamos a Leningrado para a reconsagração dos túmulos do almirante Epanschin. Será um grande prazer vê-lo de novo, espero que renovemos nossa velha amizade. Eduard.

O barão estava planejando com Julian, outrora seu grande amigo, um *Grand Tour* pela União Soviética.

"Ashhausener Strasse, Stelle, Hamburgo." Carta de George Stein para Julian Semionov:

> 10 de novembro de 1985, Meu caro Julian! Fiquei surpreso ao vê-lo reaparecer tão de repente. De todo modo, desejo-lhe uma boa estada em Genebra. Envio-lhe anexo um artigo de *The Sunday Times* sobre o tema "O roubo da Sala de Âmbar". Incluo também o contrato para a filmagem de "A Sala de Âmbar". A Sociedade Bávara de Radiodifusão decidiu que a filmagem deve ser iniciada no início de 1987. O plano é produzir um documentário de média-metragem e mais tarde um longa. O filme terá por base o meu arquivo, com cerca de 2.300 documentos. Segundo os termos das minhas negociações com o arquivo central da RDA em Potsdam, estamos seguindo pistas que levam à RFA (...) Precisamos ter muitas conversas sobre todos esses assuntos (...) a primeira oportunidade para um desses contatos seria na sexta-feira, às 7h45min da manhã. Um grande abraço do amigo George!!!

Após saber que o barão restabelecera contato com Semionov, Stein começara imediatamente a bombardear o escritor policial soviético que o havia tornado famoso em 1973, com suas extravagantes teorias sobre a Sala de Âmbar alimentadas por documentos fornecidos pela Stasi.

"Ashhausener Strasse, Stelle, Hamburgo." Mais uma carta de George Stein, do mesmo dia:

> 10 de novembro de 1985, Caro barão von Falz-Fein, por favor, mostre a Julian (...) uma cópia (...) do artigo de Anthony Terry [*The Sunday Times*] (...) Tenha também a bondade de devolver o contrato original da companhia Aktive Film (...) Não sei ao certo se Julian quer ajudar. Ele mesmo andou tentando fazer alguns filmes sobre o tema [a Sala de Âmbar]. Você poderia sondá-lo? (...) Precisamos discutir esses assuntos em detalhe antes de você se encontrar com Julian (...) Ele é um ótimo sujeito, mas simplesmente não é confiável. Isso favoreceria uma melhora das minhas finanças também. As afetuosas saudações do velho amigo, George Stein.

Stein gostava de estar sob os refletores e seu maior medo era que o já famoso escritor policial soviético Semionov lhe roubasse a cena, tomando-lhe o controle sobre o caso da Sala de Âmbar. Mas no fim das contas não seria de Semionov que ele teria medo.

Depois dessas cartas, houvera um significativo intervalo de silêncio, presumivelmente o período em que o documentário de Stein sobre a Sala de Âmbar estava sendo filmado, antes desta avalanche de *press releases* em 1987:

> Deutsche Press Association. ARD [Channel One television] e NDR [Norddeutscher Rundfunk]. 16 de abril de 1987. Título: Sala de Âmbar levada para os EUA em 15 de maio de 1945. George Stein revelou que a sala foi transportada via Grasleben [mina em Helmstedt, 130 quilômetros a nordeste de Volpriehausen] — para Wiesbaden [central de coleta dos EUA] — de lá para Antuérpia [porto marítimo] — chegando finalmente aos EUA [depositário secreto].
>
> Bayern 3 TV: 16 de abril de 1987. Um documentário de 90 minutos a ser exibido esta noite mostrará como a caçada da Sala de Âmbar liderada pelo *hobby-Historiker* George Stein revelou que ela foi levada para os Estados Unidos.
>
> *Die Zeit*, Hamburgo: 18 de abril de 1987. Terá o mistério da Sala de Âmbar sido desvendado?

A Stasi passara para Stein documentos que mostravam que, após se apoderar da Sala de Âmbar, as forças norte-americanas a haviam levado clandestinamente para os Estados Unidos. Embora certamente um embuste, essa revelação gerou um frenesi na imprensa.

"Hospital Psiquiátrico de Hamburgo-Eppendorf." Carta de Stein, datada de 13 de maio de 1987. Menos de um mês depois que a mídia alemã levara ao ar sua controversa teoria americana, Stein encontrava-se num hospital psiquiátrico.

> Meu caro barão! Estou aqui há exatamente três semanas e meia. A razão disso, você ficará sabendo hoje. No dia 15 de abril [véspera da exibição no documentário de Stein pela TV], recebi uma cobrança da Receita no valor de 400 mil DM. Meus filhos foram forçados a esvaziar a casa

> em Stelle. Agora ela está vazia e brevemente será leiloada pelo Estado. O caso da Sala de Âmbar está encerrado e foi esse provavelmente o principal objetivo da "ação governamental". Estávamos quase na etapa final. A vingança por aquele probleminha do tesouro do mosteiro [Pskov] também está desempenhando um papel neste caso. Eu mesmo não tenho mais nada além da roupa que estou vestindo.
>
> Os arquivos da Sala de Âmbar estão trancados na casa vazia. Amigos estão tentando tirá-los de lá e guardá-los em lugar seguro (...) Não tenho um tostão. Uma pessoa me deu os selos para esta carta. Apesar de tudo, conservo a coragem e a esperança. Por favor informe nossos amigos, você sabe a quem estou me referindo. Por favor não me esqueça. Penso em todos vocês (...) Meus filhos me desprezam e não me visitam mais (...) Um abraço, George Stein.
>
> P.S. Que faço para sair daqui? Nossos amigos podem me ajudar?

Stein estava em estado maníaco e à beira da falência. Antes, já havíamos nos perguntado se ele estava vendo as coisas com clareza ao temer que a Alemanha Ocidental estivesse querendo silenciá-lo sobre a Sala de Âmbar antes que fizesse sua controversa revelação. Mas agora estávamos começando a compreender o que havia contribuído para seu estado de espírito. Continuamos a ler, o mais rápido que podíamos.

"Arquivos do Departamento de Investigação Criminal, Ingolstadt." Extrato do relatório do professor Götze, médico sênior, Hospital Psquiátrico de Hamburgo-Eppendorf, maio de 1987:

> O paciente reagiu sempre de maneira idêntica quando interpelado diretamente acerca de fatos misteriosos ou ocultos; enfatizando a importância de sua própria pessoa, sugerindo seu papel como repositório de segredos, pesquisador de áreas complexas e um *connaisseur* de intrigas internacionais — e os perigos a que está exposto por causa dessas questões.

O professor Götze desconfiava das teorias conspiratórias de George Stein.

"*Villa* Askania Nova, Schloss Strasse, Vaduz." Carta do barão.

> 1° de junho 1987, Caro Sr. Stein! Envio-lhe juntamente com esta uma carta do Sr. Popov, vice-diretor da Empresa Soviética de Televisão e um

> telegrama de Julian Semionov. Como vê, o senhor não foi esquecido. Naturalmente respondi que é impossível para o senhor e [Robert Stein] aceitarem o convite para estar na União Soviética em 3 de junho, especialmente porque nenhuma proposta quanto à passagem aérea foi mencionada. Incluo no envelope uma cédula de 100 DM para suas despesas. Desejo-lhe de todo o coração um pronto restabelecimento. Eduard von Falz-Fein.

Estava óbvio que George Stein e seu filho haviam planejado levar a controversa teoria americana para Moscou, onde a transmissão do documentário causaria enorme furor. O barão parecia estar querendo tirar o corpo fora.

"Arquivos do Departamento de Investigação Criminal, Ingolstadt." Extrato das anotações do professor Götze no prontuário de George Stein, 16 de junho de 1987:

> O Sr. George Stein foi tratado em nossa enfermaria entre 23 de abril e 16 de junho de 1987 após receber tratamento cirúrgico para um corte abdominal no Depto. Cirúrgico 5 (...) durante a cirurgia realizamos uma ressecção parcial do cólon, seguida por terapia intensiva. Conseguimos estabilizar o estado pós-operatório do paciente de tal maneira que em poucos dias pudemos recomendar sua transferência para uma enfermaria (...) O Sr. Stein deixou nossa enfermaria no dia 15 de junho com intenção de viajar para a Suíça.

Quando foi hospitalizado, uma semana após a transmissão de seu documentário sobre a Sala de Âmbar, Stein havia sofrido um grave ferimento no abdome. Mas não havia ali nenhuma explicação para as circunstâncias em que fora apunhalado e não podíamos compreender por que ele não fizera nenhuma menção a isso em sua carta para o barão. Talvez os homens que o haviam drogado e torturado em 1982 tivessem voltado para completar o serviço. Talvez, afinal de contas, os temores de Stein fossem fundamentados.

"Arquivos do Departamento de Investigação Criminal, Ingolstadt." Extrato de um relatório do Dr. Benno Splieth, assistente clínico, Hospital Distrital, Starnberg, Baviera. Outro relatório médico, este proveniente de um hospital no sul da Alemanha, escrito 12 dias depois de Stein receber alta de um hospital no norte do país.

> 29 de junho de 1987 (...) Sobre o paciente encontrado ontem na floresta de Starnberg com trauma abdominal e trazido para nossa clínica pelo médico do pronto-socorro. A laparotomia exploratória revelou uma ferida aberta de 5 a 10 centímetros de comprimento no meio do abdome superior com uma abertura para o peritônio, que havia sido contaminada por capim (...) foram notadas duas veias atingidas próximas do mesentério do cólon, pelas quais estimamos que o paciente perdeu dois litros de sangue.

Apenas duas semanas depois de ser apunhalado em Hamburgo, George Stein voltara a ser gravemente ferido. Parecia estar sendo perseguido por toda a Alemanha. Calculamos que esse segundo incidente devia ter ocorrido logo depois da visita que Stein fizera ao barão em Vaduz. O barão nos contara que havia embarcado Stein num trem para Munique, depois de o tirar de sua casa no final de junho de 1987. Mas por que cargas d'água o barão não nos contara que Stein tinha sido apunhalado antes de chegar ao Liechtenstein e depois outra vez, logo após sair de lá?

"Krieskrankenhaus Starnberg am See, Baviera." Carta de George Stein. "7 de julho, Caro barão, faz uma semana que estou aqui. A viagem a Berlim teve de ser cancelada. O Dr. Enke não conseguiu um visto para mim. Ficarei mais seis dias aqui. Para onde irei depois? (...) Não consegui descontar o cheque. Com os meus cumprimentos, G. Stein." Não conseguíamos entender por que Stein não mencionava em nenhuma carta que havia sido apunhalado duas vezes e quase morrera. Em vez disso, mostrava-se insatisfeito porque Paul Enke — cuja verdadeira identidade ele finalmente descobrira — não lhe havia conseguido um visto.

"Krieskrankenhaus Starnberg am See, Baviera." Outra carta de George Stein, que ficara hospitalizado muito mais tempo do que previra.

> 13 de agosto de 1987, Caro e ilustre barão! Após seis semanas aqui na clínica vou me mudar no fim de semana; meu cirurgião tem uma casa de campo onde, para começar, posso me abrigar temporariamente. Não posso voltar para casa porque meus filhos venderam tudo (...) Fiquei sem um centavo no meu nome. As próximas três semanas serão difíceis para mim (...) terei de me safar com apenas 120 DM (...) Suponho que também de pão seco se pode viver (...) Que acontecerá depois, ainda não sei. Mas a investigação sobre a Sala de Âmbar continua!!! E é só isso que importa. Por favor, mande-me alguma coisa que eu possa fumar. Quando irá à Rússia? Com meus cumprimentos afetuosos, George Stein. Escreva para: George Stein c/o 8079 Altdorf, Post: Titting, Baviera. Não terei telefone.

Embora fraco, Stein continuava obcecado pela Sala de Âmbar. Mais uma vez, pressionava o barão.

"Arquivos do Departamento de Investigação Criminal, Ingolstadt." Extrato de um encaminhamento de paciente ambulatorial de Starnberg para Hamburgo. Pelo que o pessoal do hospital sabia, Stein iria voltar para casa.

> 15 de agosto de 1987. Caro [dr. Arlt, responsável pela admissão, Hospital Psiquiátrico de Hamburgo-Eppendorf], seguem anexas algumas informações adicionais sobre George Stein que se apresentará em sua clínica em 25 de agosto de 1987 (...) Stein é um homem inteligente, com uma personalidade sutilmente sofisticada, em plena posse de suas faculdades mentais (...) O que norteia a vida de Stein é a busca de celebridade, mesmo ao preço de grande número de inimizades (...) Atenciosamente, Dr. Benno Splieth, assistente clínico.

O médico bávaro de George Stein estava otimista com relação à recuperação de seu paciente, mas preocupado com as forças que o ameaçavam. Continuávamos sem saber se ele realmente tinha inimigos ou os estava inventando.

"8079 Altdorf, Post: Titting, Baviera." Cartão-postal de George Stein, que estava no campo, recuperando-se dos traumas recentes.

> 18 de agosto de 1987, Caro Dr. Splieth! Estou bem, tenho caminhado muito, escrito e feito novos planos! Seus pais estiveram aqui ontem. Penduramos a roupa lavada, que ficou completamente dura ao sol. Pretendo ir caminhando agora até Eichstädt postar minha correspondência. Veja em anexo como estou planejando fazer a publicação de um de meus livros. Afetuosamente, George Stein.

O projeto incluso desaparecera, mas presumimos que o livro tratava da Sala de Âmbar e da teoria americana de Stein. Era notável que ele não tivesse perdido nada de sua energia e até pretendesse empreender, para ir ao correio, uma caminhada que, pelos nossos cálculos, teria uns bons 60 quilômetros.

Segundo uma notícia publicada em *Bild*, um agricultor afirmou ter visto George Stein saindo de uma hospedaria, a Pensão Schneider, no pequeno povoado bávaro de Altdorf nas primeiras horas da manhã do dia 20 de agosto de 1987, pouco depois de ter enviado um cartão-postal para o Dr. Splieth. O dono da Pensão Schneider contou à polícia que Stein chegara dias antes, num estado de grande agitação, e comera muito pouco durante sua estada, passando a maior parte do dia fora, caminhando.

Atravessamos de carro o miolo da Alemanha, seguindo a linha dos Alpes Austríacos, depois seguimos para o norte, através da Baviera. Contornamos Munique e seguimos pela A9 *autobahn*, passando pela cidade medieval de Ingolstadt (cenário do *Frankenstein*, de Mary Shelley), onde o dossiê criminal de George Stein tivera origem. Uma estrada secundária mergulhava entre estacas de lúpulo e prédios de granjas, baixos e caiados. Trinta quilômetros adiante ficava Altdorf, um lugarejo de menos de meia dúzia de casas, orlado pela Titting Wald.

Lêramos em *Bild* que, na tarde de 20 de agosto de 1987, Aloise Dirch, uma moradora de Altdorf, encontrara um corpo entre as ruínas do castelo do século XIV que se ergue num morro sobranceiro à aldeola. O Kriminalhauptkommissar Wermuth, de Ingolstadt, escrevera em seu relatório que a vítima fora apunhalada no abdome várias vezes.[3] O patologista do hospital de Ingolstadt, que examinara o corpo, declarara que os ferimentos haviam sido causados, em sua maior parte, "por um escalpelo". Encontrara também indícios de outros "sinistros cortes sacrificatórios na parede abdominal [da vítima]".

Havia duas fotografias, feitas pela polícia, do corpo tal como fora descoberto, deitado sob folhas caídas de faia, um cenário relativamente asseado para morte tão violenta. Na primeira fotografia havia poucos sinais de luta, apenas manchas de sangue seco nos dedos da vítima e endurecido sob suas unhas. O rosto, com uma expressão um tanto perplexa, como o de alguém que tivesse tomado vinho tinto demais e caído da cadeira, era instantaneamente reconhecível. Os óculos de armação grossa estavam ligeiramente tortos, a camisa desabotoada. Na segunda fotografia, uma mão invisível afastara as folhas e levantara a camisa da vítima, pondo à mostra uma série de profundas cutiladas no abdome superior. Ao lado do corpo viam-se duas tesouras e um escalpelo. Perto deles havia um maço de Marlboro pela metade e uma garrafa de água cujo conteúdo fora bebido ou derramado, como se alguém tivesse ido ali para ficar de tocaia, ou talvez para ter um encontro noturno.

Chuviscava quando chegamos a Altdorf. Não conseguimos localizar a Pensão Schneider, nem ninguém que conhecesse os pais do Dr. Benno Splieth, que supostamente tinham uma casa de campo ali. Na verdade, embora tenhamos batido a várias portas, parecia que ninguém estava em casa. Numa pequena tabuleta que apontava para uma trilha que subia morro acima, lia-se: "Ruine Brunneck, 1,5 km"; dava para ver o castelo lá no alto. Seguimos a trilha, passando rente a um estábulo cheio de vacas mugindo; uma moça que trabalhava num jardim saiu correndo à nossa aproximação. Entramos num bosque de faias. Folhas secas estalavam sob nossos pés. As copas das árvores formavam um denso dossel. A floresta era lúgubre. De repente ouvimos umas batidas lentas, graves. De início pausadas, depois, à medida que se aproximava, mais aceleradas. Finalmente ouvimos bafejos e o estalar de galhos. Demos um pulo para trás e um veado atravessou a trilha num átimo.

Subindo por uma ribanceira barrenta por entre as árvores, avistamos um torreão e a entrada do castelo. Dentro das ruínas havia um anfiteatro de árvores muito antigas. Restos de uma fogueira recente. Alguns galhos carbonizados. Nos troncos, velhos grafites gravados em letras góticas: "SCH I", "1964/66", "LOEH 76/77". As letras "B", "Z" e "CH". A palavra "Goppingen". Tudo aquilo parecia ao mesmo tempo familiar e estranho. Ouvimos o grito estridente de uma serra de cadeia à distância.

Imaginamos George Stein ali no raiar do dia, depois de subir no escuro desde a Pensão Schneider, atento ao vale Altdorf, observando o trator verde a revirar a terra cor de ferrugem lá embaixo. E antes de que o sol se erguesse muito no céu esvaíra-se em sangue.

A descoberta do cadáver estripado de George Stein fora notícia de primeira página nos jornais de toda a Alemanha e da União Soviética. Muitas matérias haviam se detido na natureza ritualística da sua morte e no gosto do alemão-ocidental por embaraçar o governo do seu país com revelações sobre pilhagens feitas durante a guerra. Repórteres haviam afluído ao lugarejo de Altdorf e assediado a granja falida onde Stein cultivara morangos em Stelle. Espalharam-se boatos de que o *hobby-Historiker* alemão-ocidental fora assassinado para que parasse de fazer revelações sobre o lugar em que a Sala de Âmbar estava escondida. O *Izvestia* noticiou:

> O historiador George Stein procurou durante vinte anos a Sala de Âmbar e outras obras de arte. Descobriu muita coisa e foi capaz de ajudar na devolução de vários bens a seus antigos proprietários — inclusive a União Soviética (...) Stein já havia sofrido tentativas de assassinato em várias outras ocasiões (...) As circunstâncias e os motivos de sua morte ainda não foram satisfatoriamente elucidados.[4]

Os relatórios oficiais da Stasi sobre a morte de Stein tinham também um tom conspiratório. Um deles, enviado ao vice-ministro Neiber, declarava:

> O ponto de partida de muitos de nossos contatos referentes à Sala de Âmbar foi George Stein, que morreu em circunstâncias misteriosas (...) Durante o período em que colaborou conosco Stein transmitiu-nos mais de 150 dossiês e seguiu diligentemente todas as pistas recebidas (...) George Stein colaborou regularmente e teve importante papel em nossas investigações na Alemanha Ocidental.

Mas não havia tempo para lamentações. "Agora que [Stein] está morto é conveniente estabelecer ligações ativas com (...) o barão Falz-Fein."[5]

Quer tivesse sido assassinato ou suicídio, a morte de Stein favorecera alguém com quem ele disputara incessantemente o domínio pela investigação da Sala de Âmbar. No verão anterior, em 30 de junho de 1986, aparecera nas livrarias da Alemanha Oriental uma brochura mirrada com uma capa barata, mole, que prometia desvendar o palpitante mistério do "desaparecimento da Oitava Maravilha do Mundo", provando que "ao contrário do que muitos afirmam e suspeitam, a Sala de Âmbar não foi destruída". O *Bernsteinzimmer Report,* o *magnum opus* de Paul Enke, fora finalmente publicado pela Die Wirtshaft, com edição de texto de Günter Wermusch. Os que pediam informação biográfica eram informados de que Enke era funcionário do Ministério do Interior da RDA. Compreensivelmente, nenhuma menção era feita à Stasi.

Com George Stein morto (e uma forte desconfiança de que fora assassinado por andar espalhando segredos sobre a Sala de Âmbar), o *Bernsteinzimmer Report* tornou-se um *bestseller*. Vlad Lapski, correspondente do *Izvestia* em Berlim, escrevera: "Pouco tempo atrás foi lançada a segunda edição do livro, numa tiragem relativamente grande. Os vinte mil exemplares da primeira edição estavam esgotados havia seis meses. Ela praticamente nunca chegara às estantes das livrarias."[6]

A imaginação popular, instigada em 1958 pelo *Kaliningradskaia Pravda* e em 1959 pela *Freie Welt*, alimentava-se agora do drama deprimente que envolvia a morte de Stein e dos detalhes abalizados contidos no *Bernsteinzimmer Report*: entrevistas com testemunhas verdadeiras, documentos nazistas originais salvos do fogo, alegações explosivas que vinculavam os governos alemão-ocidental, britânico e americano a uma vasta conspiração para roubar o mais valioso tesouro do mundo.

O clímax da história narrada pelo *Bernsteinzimmer Report* ocorria na primavera de 1945: uma caminhonete da Cruz Vermelha dirigida por Albert Popp — provavelmente acompanhado pelo SS Sturmbannführer "Ringel" — fora carregada com a coleção de arte do Gauleiter da Prússia Oriental e a Sala de Âmbar. Contornando bombardeiros aliados, Popp e "Ringel" haviam cruzado velozmente a

Weimar nazista rumo a uma mina desativada no oeste das Erzgebirge, na Saxônia. Na página 227, a conclusão: "Mutschmann [o Gauleiter da Saxônia], Albert Popp e o SS Sturmbannführer 'Ringel' haviam levado consigo para o túmulo o segredo do lugar em que foram escondidos alguns dos mais valiosos bens da cultura mundial para servir aos imundos planos fascistas para o futuro."

Dessa vez a Stasi estava encantada com o preterido Enke. Ao avaliar o impacto do *Bernsteinzimmer Report*, o Oberst Seufert revelou que o único objetivo da obra fora "redespertar a consciência do povo da RFA", na esperança de que escrevessem sugerindo "novas pistas". Seufert tranqüilizou a Secretaria, garantindo-lhe que o livro de Enke "não era um diário da busca" e que não continha segredos, pois os "documentos e fatos em que se baseia são (...) acessíveis a praticamente qualquer pessoa".[7]

Alguns meses apenas após a publicação do livro, veio à tona que um dos fatos-chave ali mencionados, a conexão de Erich Koch com a Sala de Âmbar, era uma história forjada. Numa entrevista dada em sua prisão na Polônia, pouco antes de morrer em 15 de novembro de 1986 (37 anos depois de ser diagnosticado como sofrendo de uma doença terminal), o provecto ex-Gauleiter Koch declarou ao jornalista Mieczyslaw Pozhinsky que nunca soubera o que fora feito da Sala de Âmbar: "Acham que na primavera de 1945, com o Exército Vermelho atacando por todos os lados, eu tinha tempo para me preocupar com aquelas caixas?"[8]

Mas os leitores do *Bernsteinzimmer Report* não deram ouvidos a isso. Milhares escreveram à editora Die Wirtschaft na RDA apontando novos ângulos em velhos *scripts*. "Após cuidadosa leitura de seu livro sobre a Sala de Âmbar desaparecida, lembrei-me subitamente de tudo", escreveu Herbert, de Zeulenroda, uma cidadezinha 32 quilômetros a nordeste das Erzgebirge.[9] Em 1953 Herbert fora treinado para trabalhar como bombeiro num castelo próximo de Weimar, ali, descobrira "que na gaveta semi-aberta de um guarda-louça, numa travessa rasa, e também no assoalho, havia pedras de âmbar cor-de-mel".

Outros correspondentes eram mais imaginosos. Gerhard, de Uder, uma aldeia vinte quilômetros a sudeste de Göttingen, na Alemanha

Ocidental, escreveu: "Minha vida esteve tragicamente envolvida nesses acontecimentos. Passei por coisas absolutamente inacreditáveis." A afirmação mais inacreditável de Gerhard foi a de que, em 22 de janeiro de 1945, vira o trem especial do Gauleiter carregado com os painéis da Sala de Âmbar, sob o comando do SS Sturmbannführer "Ringel". Gerhard chegou a declarar que ouvira "Ringel" falando pelo telefone com Erich Koch e depois com Hermann Göring.[10] Como a investigação da Stasi ainda estava em andamento, Enke foi chamado para eliminar os depoimentos fantasistas.

Pouco tempo depois, em 7 de dezembro de 1987, Paul Enke foi encontrado morto, aos 63 anos. Mais uma morte ligada à Sala de Âmbar. Mas esta mal suscitou algum murmúrio na imprensa, porque Paul Enke praticamente não existira. Poucas pessoas foram convidadas para seu funeral num cemitério de Berlim Oriental. Seu caixão foi baixado à sepultura sob chuva, sob os olhos de um grupo encharcado e diversificado de pessoas com quem mantivera relações, entre as quais seu *Lektor* Günter Wermusch. Em seguida o Oberst Seufert lambera e selara o compósito dossiê sobre uma vida. Enke, Paul, pasta número KSII404/82, foi desativado, guardado no arquivo morto num dos sete andares reforçados do arquivo central da Stasi.

Mas a caçada da Sala de Âmbar não parou por aí. Apesar das ordens que recebera de Moscou em 1986 de desistir da procura, da morte do agente mais próximo da investigação e de sua principal fonte no Ocidente, a Stasi não desistiu da "Operação Puchkin". Ficamos pasmos ao ver um relatório enviado ao vice-ministro Neiber: "Que poderemos fazer agora que Enke está morto? Como poderemos utilizar e expandir os contatos de Enke e tomar outras medidas na procura da Sala de Âmbar?" A Stasi estava obcecada por encontrar o tesouro russo, muito embora não tivesse descoberto nada e todas as suas velhas teorias das Erzgebirge tivessem sido gravemente solapadas. Como ela não tinha nenhuma boa razão operacional para persistir (sozinha, sem seus camaradas soviéticos), o ímpeto da Stasi devia vir de cima, talvez na forma da ordem imperativa de um ministro. Talvez Erich Mielke fosse incapaz de abrir mão de seu sonho de ganhar aplausos em Moscou ao presentear a Rússia com o prêmio máximo, a Sala de Âmbar.

Lemos nos arquivos do Ministério da Verdade que poucos dias depois do funeral de Enke a Stasi procurou Günter Wermusch: "Após a morte inesperada do camarada Enke, tornou-se essencial encontrar uma pessoa adequada para levar adiante o trabalho dele, alguém que fosse ao mesmo tempo aceitável pelo público. O camarada Wermusch, que está inteiramente identificado com esse trabalho, deixou-se convencer por Seufert a aceitá-lo."[11] Wermusch havia sido, portanto, mais do que um editor de texto e mais tarde dirigira parte da investigação sobre a Sala de Âmbar.

Seu primeiro serviço foi analisar e responder a todas as cartas enviadas pelos leitores do *Bernsteinzimmer Report*, trabalho em que contou com a ajuda de "Bernd", também conhecido como Uwe Geissler, o informante da Stasi que havíamos encontrado da aldeia da "Goela de Cabra". Fora assim que haviam se conhecido. Lembramos que Wermusch nos dissera que havia viajado pela RDA com Geissler após a morte de Enke, mas não que estavam a serviço da Stasi (na verdade, nada nos arquivos indicava que Wermusch tivesse constado da folha de pagamentos do ministério).

Sete meses após a morte de Enke, uma outra pessoa que conhecíamos bem entrou em contato com Wermusch. Encontramos a seguinte carta nos arquivos do Ministério da Verdade: "*Villa* Askania Nova, Schloss Strasse, Vaduz." Barão von Falz-Fein.

> 18 de julho de 1988, Caro senhor Wermusch! Meu secretário alemão está de férias e estou pensando em francês e em russo. Espero que consiga compreender minhas linhas [em alemão]. <u>George Stein</u>: não sei se está a par de minha estreita cooperação com Stein. Conhecemo-nos em Bonn, dez anos atrás, por intermédio de Julian Semionov. Aos cinco anos de idade, vi a Sala de Âmbar e tornei-me um entusiasta de seu esplendor. Como russo, estabeleci para mim mesmo a meta de dar aos dois toda a ajuda que me fosse possível. Estou certo de que sabe que gastei muito dinheiro com as viagens e pesquisas de Stein.

A mesma velha história que o barão já nos contara. Todas as pessoas vinculadas à Sala de Âmbar estavam se reagrupando. Continuava o barão:

> Arquivo Stein: Ajudei os filhos de Stein a superarem a emergência econômica em que se encontraram e foi por isso que recebi [o arquivo de Stein] após sua morte. Ele está agora no Sovetskaia Kulturnaia Obschestvo [Fundo Soviético de Cultura]. Segundo a última informação que recebi, as pessoas envolvidas na tradução encontraram nele muitos tópicos positivos e interessantes, relevantes para suas pesquisas. Paul Enke: uma enorme perda para nós, pesquisadores. Julian Semionov desistiu de nosso trabalho e partiu para Yalta.

Na ausência de Enke, Semionov ou Stein, o barão tinha uma proposta:

> Comissão Internacional. Na condição de meros entusiastas que temos na procura da Sala de Âmbar um hobby de fim de semana, não poderemos alcançar pleno êxito sem a ajuda de especialistas como Stein e Enke. Se não contarmos com ajuda oficial, o caso será encerrado. Meu caro senhor Wermusch, como russo, eu lhe agradeço pela grande ajuda que deu ao Sr. Enke e por ver que, como alemão, o senhor deseja restituir aquilo que seus compatriotas destruíram e que desonrou sua cultura. Seu colaborador amador, Eduard.[12]

A Stasi mal teve tempo para considerar a proposta do barão, pois duas semanas depois sua atenção foi atraída para outra coisa. Chegaram notícias de que os soviéticos haviam começado a fazer novas escavações em Kaliningrado em busca da Sala de Âmbar, embora dois anos antes tivessem comunicado à Stasi que haviam desistido da procura. "O rastro conduz a Ponarth", declarou o *Izvestia*.[13] Vlad Lapski, seu correspondente em Berlim, escreveu: "Surge uma outra versão sobre o esconderijo da Sala de Âmbar. O novo *script* será confirmado em breve." Depois, em 2 de agosto de 1988, a TASS veiculou uma notícia intitulada: "Sala de Âmbar encontrada em Kaliningrado?" Doze dias mais tarde a Aktüllen Kamera (o noticiário da TV estatal da RDA) anunciou: "19h30min. 14 de agosto de 1988. Kaliningrado. População 400 mil habitantes. Cidade na costa báltica soviética. Uma busca inusitada que teve início este fim de semana na fábrica de cerveja [Ponarth] nos leva de volta aos últimos meses da guerra. Um grupo de especialistas, estudantes e operários, orientado pelo diretor de operações coronel Avenir Ovsianov, alimenta a esperança de encontrar a mundialmente famosa Sala de Âmbar."[14]

Na segunda semana de agosto de 1988 havia tanta publicidade em torno dessa nova escavação soviética que Erich Mielke, o ministro para a Segurança do Estado, sentiu-se compelido a escrever para Viktor Chebrikov, o presidente da KGB:

> Caro camarada Tschebrikow! A notícia da TASS sobre a localização da Sala de Âmbar me impele finalmente a escrever esta carta. Os fatos alegados do caso emanam de uma cidadã da RDA. O senhor bem sabe que a RDA e especialmente a [Stasi] vêm procurando os rastros da Sala de Âmbar desde 1945 no intuito de devolver essa obra de arte a seu legítimo proprietário, a União Soviética.
>
> Essas atividades revelam nosso permanente interesse pelo destino dessa obra de arte. Eu lhe seria grato, portanto, se o senhor pudesse me comunicar os resultados de sua busca em Kaliningrado. Caso os senhores tenham obtido sucesso, cancelaríamos nossas buscas.[15]

Tradução: as provações e tribulações ligadas à procura da Sala de Âmbar dizem respeito tanto à RDA quanto à URSS. Mas o homem mais temido na RDA, uma pessoa que chegou ao poder forjando os laços mais estreitos possíveis com Moscou, desconfiava de que estava tão excluído do circuito soviético que, mesmo que a Sala de Âmbar fosse encontrada, talvez só fosse saber disso pelos jornais.

Por falar no assunto, escreveu Mielke, algumas outras questões o preocupavam:

> Acredito também que seria útil aos nossos propósitos comuns que pudéssemos tomar conhecimento do arquivo acumulado pelo cidadão da RFA e *hobby-Historiker* George Stein, que foi transferido para o Fundo Soviético de Cultura. O mesmo se aplica a certos dossiês de fascistas que são mantidos em arquivos soviéticos. O estabelecimento de um intercâmbio de informações entre os especialistas na procura de obras de arte desaparecidas poderia revelar-se proveitoso.

> Quero assegurar-lhe que a RDA e seu MfS não descansarão nem relaxarão em sua procura do paradeiro da Sala de Âmbar e de outros tesouros da cultura mundial.

Erich Mielke prometeu dar aos soviéticos todo o seu apoio, embora a essa altura certamente compreendesse que só havia uma possibilidade: todas as versões alemãs do caso da Sala de Âmbar haviam sido inúteis; as respostas, se havia alguma, estavam com os soviéticos, e eles não partilhariam seu achados com ninguém.

Não havia mais arquivos no Ministério da Verdade que pudéssemos decifrar, e o que temíamos se confirmava. Mielke deve ter sentido que caíra na armadilha da saga de Sala de Âmbar, ou que no mínimo fora induzido em erro por Moscou. Talvez os soviéticos estivessem usando seus camaradas alemães para desviar as atenções de uma certa direção, aquela em que as respostas se encontravam.

Nós também tínhamos a impressão de que a versão alemã era um engodo. Só servira para nos atolar e distrair nossa atenção do trabalho real que estava sendo feito na Rússia.

12

A COMISSÁRIA DE LÁBIOS cor de cereja da Pulkova Airlines tinha anos de experiência em transportar passageiros de São Petersburgo para Kaliningrado; antes mesmo que o Tupolev decolasse, emergiu da copa com uma bandeja cheia de vodca e cerveja.

"Uma lata para o senhor." "E para o senhor, uma dose." Oito pescadores de volta à sua frota de velhos navios enferrujados que depredam os bancos de bacalhau do Báltico levantaram-se como uma onda nas fileiras atrás de nós. O cheiro azedo da cerveja Baltika encheu a cabine.

Pelas embaçadas janelinhas de plástico, observamos a tempestade de neve que nos fustigou ao longo da pista. Estávamos no início de março de 2003, dez meses após nossa última viagem à Rússia e a caminho da fonte do mistério da Sala de Âmbar — a antiga cidade da Prússia Oriental de Königsberg, tomada pelo Exército Vermelho em 9 de abril de 1945.

O professor Aleksandr Brusov estivera lá em maio de 1945, e a única conclusão a que chegara fora a de que a Sala de Âmbar havia sido destruída. Em março de 1946, foi a vez de Anatoli Kuchumov e seu amigo Stanislav Tronchinski irem lá e afirmarem que Brusov estava errado. Kuchumov voltara em dezembro de 1949 para interrogar o Dr. Gerhard Strauss, que dissera saber onde estava Sala de Âmbar, mas depois se esquecera. Uma década depois, o jornal local, *Ka-*

liningradskaia Pravda, que revelara a história de que a Sala de Âmbar estivera escondida num *bunker* secreto e estava sendo procurada, pondo a Europa em polvorosa em torno do tesouro perdido. Semanas depois o cidadão "Rudi Ringel" da RDA emergira e fora levado a Kaliningrado para ser interrogado por Anatoli Kuchumov, enquanto os soviéticos se esforçavam por encontrar o esconderijo do Sturmbannführer da SS "Ringel", conhecido pelo codinome BSCH.

De 1959 em diante, um sem-número de equipes de investigações soviéticas havia feito escavações à procura da Sala de Âmbar na província, mas seus achados nunca haviam sido divulgados. Se o que se dizia sobre Kaliningrado fosse verdade, que dezenas de milhares de cidadãos soviéticos foram levados à força para lá depois da guerra e nenhum deles jamais partira, algumas das pessoas envolvidas nessas investigações ainda deveriam estar por lá.

Após a decolagem, todos os pescadores acenderam cigarros e começaram a socar o dorso de nossos assentos enquanto se regalavam mutuamente com casos de suas férias, com as garotas que haviam conquistado no golfo da Finlândia. "Não é permitido fumar neste vôo", ladrou a comissária pelo alto-falante. Meia dúzia de figuras seguiu cambaleando para o toalete.

Quando descemos sobre o Aeroporto Internacional de Kaliningrado, a cerveja e a vodca haviam se dissipado e os pescadores estavam agitados. Quando o Tupolev fazia a aproximação final, um deles pegou sua maleta e saiu caminhando em ziguezague pelo corredor. Quando o avião tocou o solo e os motores entraram em regime reverso ele trombou com a copa. Ruidosas manifestações de alegria saudaram a comissária quando ela pisou no corpo estatelado de bruços para ir abrir a porta da cabine.

Um martelo e uma foice de ferro batido giravam como uma biruta no alto de um hangar que continha uma única escrivaninha de metal. Embora Kaliningrado tenha sido aberta para o mundo em 1991, não são muitos os que a visitam. O funcionário da imigração carimbou preguiçosamente nossa papelada e, ao emergir no átrio, topamos com uma parede de motoristas de táxi de casaco de couro.

Os bancos do carro do motorista que escolhemos eram forrados de pele de tigre da Sibéria falsa. Ele se chamava Valeri. “Eu também tive um choque quando cheguei aqui”, disse, sorrindo para nós pelo espelho retrovisor. “Fui transferido de Minsk para cá na década de 1960. Era uma espécie de loteria. E eu perdi. Tive de abandonar tudo para vir para nossa nova fronteira.”

Documentários do pós-guerra mostravam fazendeiros soviéticos e suas famílias, grinaldas na cabeça, balançando rumo à nova Kaliningrado sobre tratores fornecidos pelo partido. Depois a província foi isolada do mundo exterior: os antigos poços de âmbar de Palmnicken tornaram-se a Associação de Mineração Iantarni No. 9, enquanto a vila teutônica de Pillau foi posta abaixo para se tornar Baltiski, o novo lar da Frota Báltica. Centenas de milhares de soldados afluíram a Kaliningrado, transformando-a numa das mais seguras bases militares soviéticas. Só os funcionários do partido podiam ir e vir e passar férias nos balneários exclusivos que brotaram em todo o litoral.

“Agora todo mundo está tentando ir embora”, murmurou Valeri. Separada de Moscou por 1.600 quilômetros, a capital mundial do âmbar estava infestada pela pobreza e por uma máfia truculenta, sendo conhecida sobretudo como epicentro europeu do contrabando de armas, do tráfico de drogas e da Aids.

Seguimos aos solavancos por uma estrada elevada até onde começava a cidade. Nas ruas esburacadas, trechos com calçamento de pedra emergiam através da rala crosta de asfalto soviética. A Prússia Oriental recusava-se a morrer. Fotografias antigas mostram Königsberg como um animado burgo medieval debruçado sobre canais e rios, sob o império de Deus e da lei, a catedral intimidante e os torreões escuros do castelo.

Agora os sinais dos antecedentes teutônicos de Kaliningrado são mais sutis: os trilhos de bonde de ferro batido, a águia prussiana em relevo nas tampas de bueiro, os renques de tílias nas avenidas, lojas de antigüidades apinhadas de louça branca de barro com uma suástica rubra e o logotipo do Blutgericht, o restaurante nazista Pátio de Sangue, que outrora funcionava nos porões do Castelo de Königsberg.

No ponto em que a Leninski Prospekt (antiga Steindamm Strasse) desemboca na Ulitsa Shevchenko, o motorista Valeri apontou para uma gigantesca torre de concreto, cujas janelas estavam todas quebradas. O prédio era de uma feiúra tão impudente que proporcionava a melancólicos residentes de Kaliningrado um momento de distração cada vez que o trânsito os fazia parar ali e contemplá-lo. Era o “Monstro”, declarou Valeri, e nos contou que o conselho municipal levara anos para construí-lo sobre as ruínas do Castelo de Königsberg, mas se esquecera de inspecionar os porões inundados, sobre os quais seu “Monstro” começou imediatamente a afundar. Devia ter sido nesse entroncamento que Kuchumov e Tronchinski posaram para uma de suas fotografias em 1946, as pernas das calças enfiadas nas meias, chapéu de abas reviradas e boina preta.

Tínhamos hora marcada no Centro de Coordenação da Procura de Relíquias Culturais de Kaliningrado, organização que, a julgar pelo seu nome, devia poder nos dizer alguma coisa sobre o estado das buscas de obras de arte desaparecidas. Paramos diante de uma casa revestida de argamassa misturada com cascalho, estilo década de 1930. Tocamos a campainha e ouvimos um rangido quando a chave foi inserida na fechadura. Seguimos uma mulher silenciosa até o segundo andar.

“O coronel não está”, anunciou ela quando entramos num escritório escuro, forrado com mapas e armários trancados. “Mas ele sabe que os senhores chegaram.”

Perguntamos a quem estava se referindo.

“Ao coronel Avenir Ovsianov. Ele é o diretor do centro. Estará de volta amanhã.”

A última vez que víramos o nome coronel Ovsianov fora numa notícia de jornal de agosto de 1988 que revelava que ele estava chefiando uma escavação em busca da Sala de Âmbar nos subúrbios da cidade de Kaliningrado (a mesma notícia que fizera Erich Mielke escrever às pressas para o presidente da KGB).

No Hotel Kaliningrado uma recepcionista nos ofereceu um quarto com vista por alguns dólares a mais. Quando chegamos ao terceiro andar e abrimos as cortinas, vimos uma vastidão de concreto e, erguendo-se acima dela, o “Monstro”.

Fechamos as cortinas. Passáramos no aeroporto de São Petersburgo apenas o tempo suficiente para avistar Nossa Amiga Professora. Ao se despedir, ela nos entregou um grande envelope. Todos os papéis vinham do Arquivo de Literatura e diziam respeito a Kaliningrado, dissera-nos. Nossos cartões de leitores haviam expirado, mas ela esvaziara os arquivos de Kuchumov; remeteria o resto do material pelo correio depois de traduzi-lo.

Abrimos uma pasta arquivo. Na primeira página estava carimbado: "Apenas para uso oficial". No canto esquerdo superior lia-se: "Aprovação do presidente do Comitê de Busca de Tesouros de Museu, vice-ministro da Cultura da Federação Russa, camarada Vasili Mikhailovitch Striganov, 1969."[1]

Como sempre, em se tratando dos arquivos de Kuchumov, a ficha de leitores confirmava que éramos os primeiros a estudar aqueles documentos e foi com ansiedade que viramos a página. Ali estava o material que nunca fora permitido à Stasi ver: um quadro com os nomes dos funcionários públicos soviéticos que haviam procurado a Sala de Âmbar em Kaliningrado de outubro de 1949 a janeiro de 1984. Pesquisadores russos anteriores ao caso da Sala de Âmbar também haviam sido impedidos de ler aquele material, pois os originais de toda a documentação associada aos comitês de busca de Kaliningrado permaneciam no Arquivo Estatal da Federação Russa em Moscou, classificados como secretos.[2]

O relatório de Vasili Striganov enchia vinte páginas. Listava locais de busca espalhados por toda a província, equipes patrocinadas por praticamente todos os órgãos do governo soviético, num exercício secreto de buscas tão amplo quanto frenético (igrejas inspecionadas, 35; ex-oficiais nazistas visitados, 47; escavações de vulto empreendidas, 16).

O relatório de Striganov confirmava aquilo de que a Stasi desconfiara por tanto tempo: a missão Anatoli Kuchumov-Gerhard Strauss de outubro de 1949 havia sido o início de investigações soviéticas intensivas, não o fim.

Mesmo enquanto Kuchumov interrogava Gerhard Strauss no gélido Hotel Moscou sobre a localização da Sala de Âmbar, um poderoso comitê provincial de busca já estava sendo formado. Fora comandado pelo camarada Veniamin Krolevski, secretário do ObKom, e entre os especialistas técnicos haviam sido inseridos agentes do aparelho de segurança, inclusive o presidente provincial da KGB e o diretor do UVD (Departamento de Assuntos Internos) de Kaliningrado, seu Departamento de Assuntos Internos ou polícia de segurança.

Embora fosse prática padrão associar agentes do serviço secreto a toda organização civil, escritório, fábrica e faculdade, a participação de funcionários de tão alto nível no comitê de Krolevski sugeria que seu trabalho estava sendo rigorosamente observado.

Vimos que Kuchumov escrevera a lápis junto do nome do camarada Krolevski: "Também conhecido como Vladimir Ometriev". Essa era uma informação de importância crucial.[3] Imediatamente lembramos os artigos atribuídos a Vladimir Ometriev publicados em julho de 1958 pelo *Kaliningradskaia Pravda*, em que ele afirmava: "Fiquei realmente envolvido e entusiasmado. Nunca fizera nada de tão interessante antes. Todos os dias comunicávamos ao ObKom as medições que havíamos feito no castelo e durante a noite analisávamos os resultados, como se aquilo fosse um complicado quebra-cabeça (...) Era um trabalho vital."

Não tendo conseguido encontrar nenhum registro de um jornalista chamado Vladimir Ometriev, havíamos presumido (incorretamente) que aquele era um pseudônimo de Anatoli Kuchumov. Víamos agora que Vladimir Ometriev era um *nom de plume* de Veniamin Krolevski, o secretário do Partido Comunista de Kaliningrado, um dos homens mais poderosos da província. Isso significava que o artigo que o *Kaliningradskaia Pravda* publicara e *Freie Welt* reproduzira havia emanado do Partido Comunista da União Soviética. Isso lançava uma nova luz sobre suas afirmações.

Fora o partido, portanto, que revelara que a Sala de Âmbar havia sobrevivido e estava sendo secretamente procurada. Fora o partido que humilhara e difamara publicamente o professor Aleksandr Brusov, que, segundo ele declarara, havia concluído incorretamente que a Sala de Âmbar fora destruída. E fora o partido que decidira omitir o nome de Kuchumov no artigo, encobrindo, por alguma razão, seu papel na procura da Sala de Âmbar.

Estava começando a parecer que Brusov havia sido sacrificado em prol de algum objetivo maior. O partido mostrava-se tão ansioso por manter o caso da Sala de Âmbar aceso, ao mesmo tempo que punia o homem que o sepultara, que se tinha forte impressão de que as autoridades soviéticas estavam encobrindo alguma coisa.

O relatório de Striganov continuava. Revelava que em 9 de setembro de 1959 o comitê do secretário do partido Krolevski fora incorporado por um outro, mais poderoso, comandado por seu superior, o camarada G. L Harkov, vice-diretor do OballsPolKom (Comitê Executivo dos Representantes do Povo de Kaliningrado). Harkov arregimentou uma equipe de 12 homens, extraídos de praticamente todas as organizações de segurança, de defesa e do partido: o vice-diretor do Departamento Cultural, dois vice-diretores do UVD de Kaliningrado, um vice-comandante do DKBF (comitê de construção) da Frota do Báltico e o representante provincial da KGB. Uma coluna intitulada "Achados" declarava: "Não há documentos arquivísticos disponíveis." Talvez não tivessem achado coisa alguma e não quisessem que ninguém soubesse disso, ou tivessem achado alguma coisa e desejassem manter isso em segredo.

Em 11 de março de 1967, a busca do camarada Harkov também foi incorporada por outra. Uma diretriz executiva baixada pelo Conselho de Ministros da Federação Russa, o mais alto corpo executivo do Estado, ordenou a formação de uma nova equipe de busca.[4] Tínhamos diante de nós as minutas de sua primeira reunião, em 25 de março de 1967:

> O camarada Iermoliev [diretor do Comitê Central de Museus da Federação Russa] abriu a reunião do recém-denominado Grupo de Trabalho para a Busca da Sala de Âmbar.

> CAMARADA IERMOLIEV: Permitam-me começar [dizendo] que foram feitas muitas tentativas de busca da Sala de Âmbar e as autoridades de Kaliningrado desempenharam nelas um importante papel. No entanto ainda não se fez o suficiente; o trabalho foi pouco sistemático e a análise não foi científica.

Uma ferroada nas autoridades de Kaliningrado e prova de que Moscou estava decidida a assumir a investigação.

CAMARADA JAKOBOVICH [chefe da defesa antiaérea de Kaliningrado]: De quanto tempo dispomos para encontrar a Sala de Âmbar? Será preciso fazê-lo antes do jubileu da União Soviética [faltavam apenas sete meses para o qüinquagésimo aniversário da fundação do Estado bolchevique]?

CAMARADA IERMOLIEV: Bem, isso seria ótimo, seria um presente para a Pátria em seu jubileu. Mas seria muito difícil fixar um prazo.

CAMARADA GLUSHKOV [diretor do Departamento Cultural de Kaliningrado]: Uma das questões mais importantes que deveríamos levar aos ministros soviéticos da Federação Russa diz respeito ao financiamento.

MAJOR V. V. BOGDANCHIKOV [vice-presidente do Partido Comunista de Kaliningrado]: Nosso grupo deveria ter seu próprio carro e fatalmente teremos grande quantidade de material. Assim, precisamos de alguém que possa datilografar tudo.

CAMARADA VASHNA [funcionário graduado de Moscou]: Quero fazer uma pergunta ao camarada Maximov. O que atrapalhou as buscas anteriores? Já foi feito até agora algum achado significativo que mereça nossa atenção? E se algumas coisas já foram descobertas, onde estão agora?

CAMARADA MAXIMOV [engenheiro civil e membro da antiga equipe de Krolevski]: Não se fizeram descobertas de valor.

CAMARADA JAKOBOVICH: Bem, todas as descobertas de valor foram enviadas para a KGB.

Maximov e Jakobovich estavam se alfinetando. Aqui as minutas passavam abruptamente para uma discussão sobre a falta de equipamento da comissão de busca anterior. Teríamos gostado de saber o que fora descoberto e escamoteado pela KGB.

> CAMARADA MAXIMOV: Por exemplo, entramos em porões escuros e como não tínhamos lanternas não pudemos ver coisa alguma.

Parecia quase inacreditável que a KGB e o MVD, que patrocinavam as buscas, não pudessem fornecer às suas equipes nem os equipamentos mais básicos, como lanternas. A menos, é claro, que não houvesse nada que merecesse ser iluminado. Antes que a discussão pudesse ser aprofundada, alguém fez uma sugestão: por que não reunir todas as pessoas que residem no *oblast* de Kaliningrado desde 1945 e interrogá-las a respeito da Sala de Âmbar?

"Não é uma boa idéia", atalhou o camarada Iermoliev. "Quanto maior o círculo de pessoas inteiradas do problema, maior o problema. Precisamos de sigilo. Bem, camaradas, a reunião de hoje foi muito útil porque todos nós expressamos nossas inquietações e sugestões." Era estranho que a noção de sigilo fosse evocada depois que, nove anos antes, milhões de leitores do *Pravda* e da *Freie Welt* haviam sido alertados para a existência de uma procura secreta da Sala de Âmbar em Kaliningrado.

Em março de 1969, 17 meses depois do jubileu da União Soviética, com a busca da Sala de Âmbar ainda em andamento, Moscou assumiu por completo o controle das operações. O novo presidente da investigação, camarada Jakobovich, recebeu um telegrama datado de 15 de abril de 1969.[5] Nele o vice-ministro da Cultura da Federação Russa, camarada Vasili Striganov, o instruía sobre a teoria em que deveria se basear:

> Desde o fim da guerra procuramos sem sucesso nossas coleções de arte roubadas que foram escondidas na Prússia Oriental. A impressão que se tem é de que alguém continua a escondê-las. Isso parece improvável, pois ao longo de 15 anos nem a mais mínima informação veio à tona (...) Se os alemães tivessem se apoderado dos tesouros, eles teriam fatalmente aparecido na Alemanha, mas isso não aconteceu. O que isso nos mostra?

> Podemos chegar à conclusão de que a Sala de Âmbar continua em Kaliningrado. Penso que os alemães nunca imaginaram que a Prússia Oriental iria passar a pertencer à URSS. Eles pensavam que voltariam para a província e nós iríamos embora.[6]

Essa rejeição sumária da teoria da Stasi segundo a qual a Sala de Âmbar fora levada para a Alemanha foi escrita no momento em que Paul Enke estava dando início à sua monumental averiguação, passando o pente fino nos arquivos em Postdam. Parecia esquisito que a KGB tivesse deixado a Stasi se pautar por essa teoria durante tantos anos, quando já naquele estágio inicial ninguém mais acreditava nela. A menos, é claro, que toda a investigação da Stasi em torno da Sala de Âmbar tivesse sido alguma espécie de engodo, para desviar a atenção do público de Kaliningrado. Era também possível que tivesse sido simplesmente um estratagema elaborado para erradicar antigos nazistas.

Para Striganov, o sigilo era um fator decisivo:

> Quatro dias atrás, na Alemanha Ocidental, as pessoas voltaram a se interessar pela questão da Sala de Âmbar. Tentaram descobrir através de nossa embaixada se está havendo progressos, o que é novo. Não lhes deveríamos dar uma resposta direta. [Como foi a Alemanha que roubou a sala], eles têm um interesse excessivo por esse assunto (...) A questão é: como poderemos manter nosso trabalho em sigilo? O que será feito para garantir isso?

Ofereceu alguns nobres conselhos: "Temos de pensar num disfarce, por exemplo, que estamos examinando o solo, e passar essa história falsa para a imprensa; assim as reais conclusões a que nossa expedição chegar poderão permanecer ultra-secretas."

O camarada Jakobovich, o presidente da missão, desenvolveu a idéia de Striganov e sugeriu: por que não dizer que a equipe de investigação estava escavando à procura de petróleo e denominá-la Expedição Geológico-Arqueológica do Museu Histórico Estatal para o Ministério da Cultura da Federação Russa (KGA)?

O vice-ministro da Cultura gostou do nome, mas em sua resposta subseqüente apontou uma falha óbvia: "Não há petróleo em Kaliningrado."

Menos de três meses depois Jakobovich foi substituído pelo seu vice e a KGA iniciou seu trabalho secreto. Não havia relatórios no arquivo sobre o que a KGA descobriu nos seus primeiros anos de atividade, mas havia uma outra coisa, inesperada, escrita muitos anos mais tarde, que trazia de volta à cena o curador de Leningrado, Anatoli Kuchumov.

Era uma declaração de vinte páginas, datada de 19 de julho de 1986 e assinada pela camarada Jelena Storozbenko, uma lingüista cujo nome havíamos lido antes. Examinando o índice de nossos personagens, que havíamos feito, lemos que Storozhenko era uma das pessoas que enviava cartões de congratulações regularmente para Kuchumov. Na declaração lemos que ela assumiu a chefia da KGA em 1974 e continuou à sua frente até sua extinção, dez anos mais tarde. A declaração de Storozhenko era acompanhada por uma carta endereçada a Anatoli Kuchumov — ficava evidente que ela o conhecia bem e confiava nele. A carta dizia:

> Caro Anatoli Mikhailovitich, Envio-lhe estas anotações na esperança de que venham a ser publicadas e que o mundo as veja, em memória de todos que dedicaram suas vidas, até o último de seus dias, à procura da Sala de Âmbar.[7]

Isso era surpreendente. Storozhenko estava tentando publicar as descobertas secretas de sua missão, fossem elas quais fossem. Ao extinguir a KGA em 1984, as autoridades russas não haviam feito nenhuma declaração pública. Já sabíamos que até a Stasi foi mantida por mais dois anos na ignorância do encerramento da missão. Os achados da KGA haviam sido encampados pela KGB e classificados como secretos, trancados no Arquivo Estatal da Federação Russa em Moscou, onde permaneciam até aquele dia. Apesar de tudo isso, essa burocrata queria tornar público tudo o que sabia.[8]

Ela explicava sua motivação a Kuchumov: "Em 1º de janeiro de 1984 [a KGA] foi extinta e tivemos de entregar todos os documentos." O que declarava em seguida causou-nos grande decepção: "Não encontramos a Sala de Âmbar."

Voltáramos para a Rússia depois de concluir que o episódio alemão havia sido um engodo, e agora descobríamos que ali também as investigações não haviam feito nenhum progresso no que dizia respeito à Sala de Âmbar. Mas Storozhenko não estava satisfeita. Na carta a Kuchumov, dizia ainda:

> É indubitável que a busca deveria continuar e teríamos propostas a apresentar sobre a maneira como deveria ser conduzida. Para que as investigações tenham êxito, porém, é necessário ter os mais altos níveis de controle e organização, do contrário não vale a pena realizar outras buscas. É do interesse expresso do povo soviético que a Sala de Âmbar seja encontrada e devolvida. Transmita meus sinceros cumprimentos à sua esposa e receba meus votos de saúde, boa sorte e sucesso. Sonho vê-lo novamente. Meu filho, que está a meu lado, está dizendo: "Envie-lhe minhas mais afetuosas lembranças." Receba nosso grande abraço, Jelena e Zhenik.

A carta era muito cuidadosamente formulada, mas a mensagem era clara. As buscas de Storozhenko fracassaram porque não lhe haviam sido dados "os mais altos níveis de controle e organização" e ela não via razão alguma para a extinção da KGA. Enquanto nos perguntávamos quem a teria tolhido, viramos para a vigésima página da própria declaração, em que Storozhenko dava a Kuchumov uma explicação franca e detalhada sobre seus dez anos de investigação.

Ela confirmava que sua equipe era financiada por Moscou e que lhe fora pedido que fizesse relatórios trimestrais para o vice-ministro da Cultura Striganov. No entanto era o chefe da KGB junto ao Ministério da Cultura, G. S. Fors, que supervisionava a marcha diária da operação da KGA.

Storozhenko escrevia que sua incumbência era "reexaminar todo o material ligado direta ou indiretamente ao mistério da Sala de Âmbar...", pois descobrira que todas as buscas anteriores haviam sido "não científicas e descoordenadas, e que nenhuma das escavações feitas tivera mais de 5,5 metros de profundidade". Era uma revelação significativa. Durante 15 anos os investigadores dedicados à procura da Sala de Âmbar haviam se contentado em esquadrinhar aqui e ali apenas na camada superficial do solo. Se tivessem um empenho genuíno em procurar porões e *bunkers* escondidos, os predecessores de Storozhenko teriam feito escavações muito mais profundas. Mas a presidente da KGA não disse se acreditava que a decisão de não o fazer fora premeditada ou resultado de simples incompetência.

Storozhenko explicava que "era importante ter uma fundamentação científica para nosso trabalho". Sua equipe recebera ordem de "verificar e analisar todas as declarações prestadas anteriormente por cidadãos da URSS, da RDA e RFA e da Polônia. Essas declarações foram filtradas e as que mereciam maior investigação, separadas (...) e copiadas para Moscou". Tudo havia sido submetido à KGB e passado pelo crivo de Fors.

Depoimentos de testemunhas foram confrontados com mapas antigos e literatura da época da guerra, comparados com os de outras testemunhas e com material de arquivo. Havíamos lido no Ministério da Verdade em Berlim que muitas vezes fora negado à Stasi o acesso ao material arquivado na União Soviética; agora Storozhenko arrolava em sua declaração mais de vinte arquivos usados por sua equipe em Moscou, Leningrado, Kiev e em cidades provinciais da Ucrânia à Estônia.

Mas foi a seção intitulada "Achados" que nos mostrou a verdadeira história da KGA. Storozhenko revelava a Kuchumov que sua expedição de dez anos descobrira:

> Quarenta peças de artilharia, balas de canhão, projéteis e bombas aéreas no antigo castelo teutônico de Lochstädt, uma coleção privada de âmbar (pesando quatro quilos) num porão trancado. No subsolo de uma casa particular no centro da cidade encontramos cadáveres, um caixão e uma bandeira vermelha com a foice e o martelo. Talvez essa bandeira date de 1918, no período da Revolução, quando operários soviéticos ergueram-se pela primeira vez contra a Prússia Oriental. Talvez essa bandeira dos operários tenha tremulado nessa época sobre Königsberg.

Balas de canhão e esqueletos não eram descobertas notáveis para uma expedição científica. Storozhenko chamava a atenção de Kuchumov para alguns fatores críticos:

> A expedição teve algumas dificuldades. Trabalhamos numa época em que a cidade estava sendo reconstruída muito rapidamente e era impossível obter licença para entrar em certos lugares sem apresentar documentos. Também não tivemos nenhuma possibilidade de convidar as pessoas que haviam dado declarações anteriormente para vir aqui. Além disso, sofríamos com a falta de aparelhagem técnica.

Quando Kuchumov estava em Kaliningrado, pudera mandar buscar testemunhas de avião e fora autorizado a fazer investigações onde quisesse. Pudera utilizar até uma escavadeira mecânica. Storozhenko o informara de que a KGA era supostamente apoiada por uma ordem do Partido Comunista de Kaliningrado. Baixada em 1969, ele determinava que todos os órgãos administrativos, militares e de serviços da província deveriam auxiliar as atividades de busca.[9] Estava claro que a ordem não fora cumprida. Alguma coisa dera errado. Storozhenko considerava que havia sido impedida de procurar a Sala de Âmbar com o necessário afinco. As autoridades pareciam temer o que ela poderia encontrar.

"Envio-lhe estas anotações na esperança de que venham a ser publicadas e que o mundo as veja", escrevera Storozhenko para seu amigo Anatoli Kuchumov. Ela estava contando com o famoso curador para ter suas dificuldades divulgadas, talvez na esperança de que uma nova investigação sobre a Sala de Âmbar, livre dos obstáculos que enfrentara, pudesse encontrá-la. Nossa dúvida era se Kuchumov, que tinha 74 anos ao receber essa declaração, ainda teria energia para auxiliar a amiga.

"238340 Svetli, Região de Kaliningrado, Ulitsa Sovetskaia, Casa 11, Apartamento 6, tel: 2-22-80": copiamos o endereço de Jelena Storozhenko de sua carta, mas seu telefone estava desligado.

Valeri, o motorista de táxi, ofereceu-se para nos levar a Svetli por um desvio. "Quero que vejam a costa do âmbar, depois poderão tratar do seu negócio", disse.

A cidade terminava abruptamente e a província se espalhava por intermináveis campos pantanosos e açoitados pelo vento. Os borrifos do Báltico os tornavam sem vida e estéreis. Após a estação de escuta militar e de hangares de jatos de guerra abandonados, apareceu Iantarni, a capital mundial do âmbar. Meninos brincavam de escorregar em sacos de aniagem nas encostas de argila azulada. Homens apáticos com casacos do exército e calças de *jogging* bebiam silenciosamente em precárias varandas de estilo prussiano. Na empobrecida Associação de Mineração Iantarni No. 9, enormes tubulações que corriam sobre o solo — transportavam água do mar que, esguichada sobre a lama, separavam-na do âmbar — estrangulavam o povoado.

"Bonito, não é?", perguntou Valeri.

Seguimos o contorno da costa do sul da península de Samland, em direção à cidade militar fechada de Baltiski (ainda era preciso ter autorização para entrar lá), antes de desviar bruscamente para Svetli. A Casa 11, Apartamento 6 estava interditada com tábuas, mas de um prédio vizinho, que também parecia abandonado, emergiu uma *babushka*.

"Storozhenko?", perguntamos. "Jelena."

"Morta", respondeu bruscamente a velhinha. "Em 1994. Estranho. Ela tinha um enteado. Zhenik. Ele desapareceu." Voltou depressa para as ruínas.

Valeri estava aflito para voltar para casa antes que escurecesse. Na volta, atravessamos outros povoados ainda mais fúnebres que escorregavam lentamente rumo ao Báltico.

Na manhã seguinte, o coronel Avenir Ovsianov, diretor do Centro de Coordenação da Procura de Relíquias Culturais de Kaliningrado, estava à nossa espera na decrépita casa no estilo anos 30. "*Dobry*", disse ele, oferecendo-nos uma mão grande e dura, que ao tato dava a impressão de que passara a vida manejando a picareta que víamos encostada atrás de sua escrivaninha. "Bem-vindos a Kaliningrado".

Derramou solenemente em nossas mãos em concha grãos de âmbar que lembravam limões. Haviam sido pescados nas praias de Iantarni. Notamos na parede um retrato dele mesmo quando mais jovem, com camaradas do Exército Vermelho fardados, segurando detectores de metal.

O coronel conservava, em tudo e por tudo, a aparência imponente de um comissário soviético dos velhos tempos: bastas ondas de cabelo prateado, dentes de ouro, semblante gélido e fechado, olhos penetrantes espreitando por sobre óculos do Politburo.

Perguntamos por que a investigação de Storozhenko fora encerrada em 1984.

O coronel respirou fundo. "Tudo aqui era secreto. Este era um lugar secreto. Os senhores só estão aqui a convite de nosso governo. Eu respondo perante o FSB [o serviço sucessor da KGB]." O coronel estaria nos ameaçando?

"Somos assalariados do governo. Os senhores se dispõem a pagar?", perguntou o coronel, indo até um armário e mostrando-nos de relance centenas de pastas, impecavelmente empilhadas. "Consegui estas. De minhas fontes militares."

Perguntamos o que havia naquelas pastas.

"Tenho alguns papéis de Jelena Storozhenko aqui."

Pensávamos que tudo estava trancado em Moscou.

"Sempre há meios de se obter informação", disse o coronel. Era tão difícil fisgá-lo quanto a uma velha e matreira raposa, mas quando lhe passamos alguns dólares ele começou a se abrir.

Contou-nos que, como engenheiro militar do Exército Vermelho, tinha conhecimento especializado da infra-estrutura subterrânea de Kaliningrado, e que, em 1971, fora chamado para auxiliar a procura da Sala de Âmbar. "Foi quando conheci Jelena. E naquele encontro fui contagiado pela febre da Sala de Âmbar. Jelena pediu-me para manter meu envolvimento na KGA e tudo que viesse a ficar sabendo em absoluto sigilo. Disse-me que a organização era secreta. 'Sou um soldado, não um jornalista', respondi."

Tentamos passar logo ao que interessava. Precisávamos saber por que a investigação de Jelena Storozhenko fora encerrada. Mostramos ao coronel o relatório que ela enviara a Kuchumov em 1986. Talvez isso pudesse lhe avivar a memória. Perguntamos se Jelena Storozhenko estava certa ao acreditar que sua investigação havia sido sabotada.

O coronel pôs seus óculos pesados. Folheou as vinte páginas da declaração, soltando resmungos apreciativos. "É interessante", disse. "Mas os senhores não conhecem a história toda."

Destrancou um armário e tirou uma pequena fotografia em preto-e-branco que mostrava um grupo de dez pessoas num salão qualquer. Seis homens de sapato preto de amarrar. Quatro mulheres com botas de couro de salto alto e cano longo. Todos tinham elegantes *shapkas* na cabeça e estavam protegidos do frio de Kaliningrado por sobretudos bem fechados com golas de pele. A mulher no centro segurava uma sacola de plástico cheia de papéis e um ramo de flores.

"A presidente Storozhenko", disse o coronel.

Olhamos com mais atenção. Jelena Storozhenko estava quase sorrindo, os lábios entreabertos como se estivesse brincando com o fotógrafo. Como sua KGA parecia inofensiva! Aquelas pessoas mais pareciam professores de meia-idade preparando-se para uma reunião sindical, não os integrantes de uma investigação ultra-secreta ordenada pelo Kremlin.

O coronel inclinou-se sobre a escrivaninha. "A sede deles era a igreja da Sagrada Família, perto da estação ferroviária. Intitulavam-se 'o Orfeão' para evitar perguntas indesejáveis. Depois da extinção da KGA em 1984, o governo quis inibir também inquirições indesejáveis e durante vários anos negou possuir qualquer papel pertencente à KGA. Mas eu sabia que Jelena acumulara um vasto arquivo e disse isso às autoridades. Eu o vira no escritório dela. Acabei conseguindo pôr as mãos em parte desses papéis, inclusive isto, livro de cálculos feitos e conversão, que levava consigo todos os dias durante sua investigação. Gostariam de vê-lo?"

Contivemo-nos para não agarrar o caderninho de capa dura que o coronel tirara de sua pasta cinza. Uma etiqueta colada na capa dizia: "Não deve ser removido do Arquivo Estatal da Federação Russa, Moscou." Examinamos o sumário. Uma lista de possíveis lugares e testemunhas. Transcrições de declarações de Ernst Schaumann (amigo de Alfred Rohde), Paul Feyerabend (diretor do restaurante do Pátio de Sangue no Castelo de Königsberg) e Otto Smakka (outro contemporâneo de Rohde). Nada de novo ali. Víramos tudo aquilo antes nos papéis privados de Kuchumov.

Seguia-se um breve resumo das buscas anteriores da Sala de Âmbar e um ensaio, "Sobre a caçada de tesouros culturais", da autoria do camarada Jakobovich, o primeiro chefe da KGA. Havia uma tradução do artigo de Alfred Rohde publicado na *Pantheon*, o texto em que ele anunciava a exibição pública do tesouro no Castelo de Königsberg em 1941. Depois uma revisão das buscas soviéticas empreendidas entre 1945 e 1967 e um plano de trabalho para o futuro.

Vimos que Storozhenko tinha uma cópia da conclusão a que Kuchumov chegara em 1946: que a sala sobrevivera à guerra e continuava escondida na cidade. Esse era obviamente um documento decisivo para ela também. Finalmente havia três declarações do professor Aleksandr Brusov: seus achados originais de 12 de junho de 1945, uma declaração que fizera em dezembro de 1949 e outra de 29 de julho de 1954. Isso era interessante. Até então só víramos declarações feitas por Brusov em 1945, após sua viagem a Königsberg, e em 1946, quando Kuchumov e Tronchinski o interrogaram em Moscou. Quisemos dar uma olhada nas declarações de 1949 e 1954, mas as páginas correspondentes haviam sido arrancadas do caderno.

"Censores do Estado. Examinaram tudo antes que eu visse o livro", disse o coronel, fitando-nos.

Uma longa pausa. Ele brincou com algumas placas de identidade de soldados nazistas que encontrara numa ruína, depois disse: "Havia uma centralização muito forte na época de Jelena; sem a permissão de Moscou nada podia ser feito. Passavam-se meses antes que uma solicitação da KGA fosse respondida. Podemos escavar? Podem nos arranjar algumas pás? Mas o problema que ela enfrentava ia além da burocracia e da ineficiência. Acho que a expedição Storozhenko era deliberadamente boicotada. O Ministério da Defesa intervinha."

Baixou os olhos para as páginas da declaração de Storozhenko que lhe mostráramos e bateu o dedo na linha em que ela se queixava de estar sendo estorvada pelas obras de reconstrução da cidade. "Isso era um eufemismo. Era bem pior do que isso. Em 1947 o Conselho de Ministros da Federação Russa baixou uma ordem entregando ao Ministério da Defesa todas as áreas do *oblast* vinculadas de alguma maneira à indústria do âmbar.[10] Afinal de contas, a exploração do âmbar era lucrativa. Praias, povoados, florestas, pântanos e fábricas foram todos confiados ao controle dos militares. Onde quer que quisesse escavar, Jelena tinha de lhes pedir permissão, e raramente a obtinha. Mas por que faziam isso, quando supostamente eles também integravam o esforço para encontrar a Sala de Âmbar?"

Não tínhamos a menor idéia. Talvez o Ministério da Defesa estivesse simplesmente tentando proteger seus recursos, sugerimos. A costa báltica era uma área estratégica.

O coronel tomou um gole de água. "Os senhores não compreendem a União Soviética. Estavam pondo obstáculos no caminho de Jelena. Vou lhes dar um outro exemplo. Neste documento que os senhores trouxeram, Jelena menciona os vinte arquivos que consultou, mas não fala daqueles a que não teve acesso. Brejnev declarou certa vez: 'Deveríamos tornar mais restrito o acesso a arquivos militares especiais para que pessoas imundas não os utilizem para seus próprios fins sujos.' E assim foi feito."[11] Esvaziou o copo.

"Mas por quê?", perguntamos. "Que havia para esconder?"

"Jelena estava aplicando sua própria teoria. Algo a que o professor Brusov aludiu sutilmente em 1945. Nosso Exército Vermelho foi heróico e obstinado. Mas essa não é a única verdade. Houve roubo e destruições terríveis também do nosso lado."

Com o coração na boca, perguntamos: "O senhor está sugerindo que o Exército Vermelho roubou ou destruiu a Sala de Âmbar?"

Ele continuou, sem fazer caso da nossa pergunta: "Jelena havia descoberto por acaso alguns documentos do Ministério da Defesa que haviam sido mal arquivados. Um, de 15 de junho de 1945, referia-se a uma 'brigada de troféus' [soviética] que teria aberto e esvaziado um cofre no Königsberg Volksbank. Tenho o documento." Pegou-o e leu em voz alta: "'O que recuperamos: oito quilos de tesouros culturais, inclusive enorme quantidade de platina, ouro e prata: um quilo de correntes, anéis, medalhões e relógios de ouro, moedas de prata e 353 colheres de sopa, 244 garfos e 107 facas de prata. Relatório do major Germani do 5º Departamento de Troféus [*sic*], assistido pelo major Makarov, chefe do departamento itinerante do Banco Estatal 168, e pelo tenente Suzlova, representante do Q.G. Militar de Königsberg.'"[12]

O coronel ergueu os olhos. "Mais tarde esse despojo do Volksbank desapareceu. Esse é só um exemplo. Quando Jelena tentou descobrir o que havia acontecido com esses bens e com as pessoas que os haviam encontrado, Moscou a informou de que não restava nenhum documento em seus arquivos. Por que teriam feito isso? Por que acobertar esses desaparecimentos e o trabalho dessas pretensas brigadas de troféus? A menos que quisessem preservar intacta a imagem do Exército Vermelho lutando a Grande Guerra Patriótica."

O coronel pôs-se a dar uma animada aula de história militar soviética.

Em 1942, relatórios sobre a pilhagem nazista nos palácios de Leningrado em 1941 e 1942 incitaram autoridades em Moscou a sustentar que Moscou tinha direito a indenização, disse. Em novembro daquele ano foi criada uma Comissão Estatal Soviética Extraordinária para investigar crimes de guerra alemães e aprovada a idéia de que a URSS deveria se apropriar de "tesouros de substituição", obras de arte recolhidas no território alemão para substituir as que haviam sido perdidas na URSS.

Em 25 de fevereiro de 1945, duas semanas depois que Stalin retornou da Conferência de Yalta (onde a indenização pelas perdas soviéticas havia sido estipulada pelos aliados em dez bilhões de dólares), um novo órgão foi criado em Moscou para arrecadar a soma. Foram nomeados para o Comitê Especial para a Alemanha: Nikolai Bulganin, o vice-chefe da Defesa, Georgi Malenkov, membro do gabinete de Stalin, e Nikolai Voznesensky, o poderoso chefe da Gosplan, a organização responsável pela implementação da economia planejada. Segundo o coronel, o Comitê Especial aprovou o recolhimento de 1.745 obras de arte específicas escolhidas a partir de catálogos de museus alemães.[13]

Como meros soldados não poderiam levar a cabo um trabalho tão especializado, foram convocados industriais, artistas, curadores, escritores e cientistas. Para que o Exército Vermelho os respeitasse, eles receberam postos e fardas militares. Armados com listas, alvos e guias *Baedeker* da Alemanha, esses homens foram despachados para o *front*, em grupos que passaram a ser chamados "brigadas de troféus".

O coronel nos fitou sobre os óculos. "Comecei a investigar o comportamento dessas brigadas e de nossos soldados regulares na Prússia Oriental. Entre as forças soviéticas que tomaram Königsberg de assalto em abril de 1945 estavam o 11º Exército de Guardas, o 50º Exército e o 43º Exército. Havia brigadas de troféus associadas a cada um desses exércitos. Os especialistas chegaram à cidade assim que ela caiu em 9 de abril. Quando os 50º e o 43º exércitos foram despachados para o Extremo Oriente, o 11º Exército, sob o comando do general Galitsky permaneceu em Königsberg e suas brigadas de troféus continuaram com seu trabalho."

Sabíamos que o professor Aleksandr Brusov, que chefiou a primeira busca oficial da Sala de Âmbar, só havia chegado a Königsberg 61 dias depois da queda da cidade. Segundo a pesquisa do coronel Ovsianov, isso significava que durante 61 dias a cidade ficara apinhada de soldados regulares e brigadas de troféus, cujas ações nem sempre eram coordenadas nem responsáveis.

"Mesmo depois que Brusov chegou, a sua equipe não era a única na cidade", disse o coronel. "Várias unidades das brigadas de troféus continuavam operando. O coronel D. D. Ivanienko, o homem que encontrou o Livro de Doações do Castelo, que registrava a chegada da Sala de Âmbar em dezembro de 1941, não era um verdadeiro oficial do exército. Foi recrutado na Universidade Estatal de Moscou para integrar uma brigada de troféus e permaneceu em Königsberg até agosto, na companhia de um comissário político, o major Krolic e um tradutor, o tenente Malakov.

"Em junho de 1945, a Brigada do Comitê para Assuntos de Arte, chefiada por N. U. Sergueievskaia, secretário do Comitê de Aquisições da Comissão de Assuntos Culturais, chegou com o primeiro tenente L. L. Tsirlin, do Museu Puchkin. No mesmo mês, chegou outra brigada, chefiada pelo camarada S. D. Skazkin e pelo camarada Turok da Academia de Ciências de Moscou. Depois veio uma quarta equipe do Museu Voronezh, sob a chefia do professor L. A. Petrusov. As responsabilidades de todas essas equipes se superpunham — todas estavam empenhadas em recuperar bens saqueados, e tudo que encontravam era entregue ao Ministério da Defesa.

"Ninguém devia saber da existência dessas brigadas. Muito menos os aliados. O sigilo era compreensível na época. E também durante a Guerra Fria, quando os senhores e nós éramos inimigos. Mas agora, que estamos em paz, não consigo entender o comportamento de nossas autoridades, que continuam impedindo o acesso aos arquivos das brigadas de troféus."

Perguntamos se estava querendo dizer que o Gauleiter da Prússia Oriental estava certo. Em 1959, no interrogatório especial feito na embaixada da RDA em Varsóvia, ele dissera a Gerhard Strauss acreditar que o Exército Vermelho roubara a Sala de Âmbar.

"Não estou dizendo isso", respondeu o coronel. "Estou dizendo que, ao manter fechados os arquivos das brigadas de troféus, o Ministério da Defesa está obstruindo o trabalho de investigadores e gerando desconfianças. Ele não pode permitir uma busca da Sala de Âmbar e, ao mesmo tempo, impedir o acesso às fontes mais importantes de material de referência."

Bateu o punho na mesa. "Servi no exército durante trinta anos e nem eu posso retirar do Arquivo Central do Ministério da Defesa certos documentos relacionados às brigadas de troféus. Defrontei-me com grossas paredes de burocracia soviética."

Em junho de 1996 o coronel Ovsianov soubera por um colega em Moscou que existiam arquivos referentes às atividades das brigadas de troféus ligadas ao 11º, ao 50º e ao 43º exércitos da Terceira Frente Bielo-Russa (os que haviam atuado na Prússia Oriental) e que eles eram mantidos numa seção fechada do Arquivo Central do Ministério da Defesa (TsAMO). Solicitara permissão para examinar esses documentos, guardados em Podolsk, uma inóspita cidade industrial a sudoeste de Moscou.

"Em 17 de julho de 1996, recebi uma resposta do coronel Vimuchkin: 'Em sua carta o senhor requisitou vários documentos. Após nossa análise verificamos que o material que o interessa não pode ser encontrado em lugar algum em nosso arquivo. Não há razão para que insista nessa pesquisa.' Escrevi de novo, dessa vez com nomes e títulos de documentos, para o chefe da unidade."[14] O coronel tirou uma outra carta de sua pasta cinza. "Em seguida recebi isto: 'No momento, no Arquivo Central do Ministério da Defesa, estamos realizando trabalhos especiais relacionados à nova lei sobre a restauração de tesouros artísticos, razão por que o acesso a esses documentos está restrito.'"

Em maio de 1997 a lei foi aprovada e em 16 de outubro o coronel encaminhou nova solicitação dos papéis a Podolsk. "Dessa vez a resposta veio de um tal coronel Dorothiaiev." Outra carta emergiu da pasta cinza. "'Recebemos sua petição (...) estamos tentando retirar os seguintes documentos e o informaremos no devido tempo.'"

"Até hoje estou esperando notícias do arquivo", disse o coronel. "Será que a verdade continua sendo tão poderosa e estranha que não se pode permitir que ninguém a veja?"

13

O CORONEL OVSIANOV era um homem perspicaz. Acreditava que o governo soviético tentara de algum modo acobertar informações referentes à Sala de Âmbar. Mas só poderia tirar isso a limpo quando pudesse consultar o arquivo militar em Podolsk.

Talvez tivesse que esperar muito tempo. Havia fortes indicações, contudo, do que se tentara ocultar: o Exército Vermelho poderia ter feito o inadmissível, destruindo o tesouro soviético ou furtando-o nos últimos dias da batalha pela Prússia Oriental. Essa era a última coisa que esperávamos descobrir ao iniciar nossa pesquisa. Mas agora que Ovsianov a suscitava, a história começava a fazer sentido pela primeira vez.

O professor Aleksandr Brusov expressara inquietações semelhantes em 1945, ao liquidar toda esperança com relação à Sala de Âmbar apenas algumas semanas após ser enviado a Königsberg para procurá-la. Concluíra que ela fora queimada pelos soldados no Salão dos Cavaleiros por ocasião da queda da cidade

O caso da Sala de Âmbar mudara de rumo para sempre no momento em que os soviéticos ordenaram uma nova investigação em 1946. Em seguida Anatoli Kuchumov retornara à cena do crime e examinara as ruínas do castelo, encontrando novos indícios que o levaram a concluir que a análise de Brusov fora errada, exaltada e fundada em informações incorretas. Desde então foram empreendidas muitas buscas da Sala de Âmbar — na RDA e na União Soviética — com base na hipótese de Kuchumov. Quantidades absurdas de dinheiro haviam sido gastas para recuperar o tesouro que teria sido escondido pelos nazistas. Políticos e autoridades da área da segurança de ambos os países haviam instigado as investigações. Apesar disso, nada fora encontrado e a possibilidade de que os culpados fossem os próprios soviéticos nunca fora sequer aventada.

Na recepção do Hotel Kaliningrado, apertado entre balcões que vendiam bijuteria vulgar com pedras de âmbar e postais alemães anunciando excursões nostálgicas para antigos cidadãos da Prússia Oriental, um embrulho nos esperava. Um presente de despedida do Arquivo de Literatura de São Petersburgo: uma miscelânea de informações biográficas e outras ligadas a Anatoli Kuchumov. Essa seria nossa última pilhagem de papéis privados do curador.

Em 1946, Anatoli Mikhailovitch Kuchumov, o homem que entrara em pânico e abandonara a Sala de Âmbar no Palácio de Catarina em 1941, agarrara a possibilidade de fazer novas investigações sobre o destino dela em Königsberg. Depois de derrubar as provas apresentadas por Brusov, passara a seguir sua própria teoria, que o levara a Berlim em 1947 e à nova Kaliningrado em 1949 e novamente em 1959. A história estava sempre retornando ao homem que ressuscitara a Sala de Âmbar.

Levamos o arquivo para o terceiro andar e fechamos as cortinas de nosso quarto. Não suportávamos olhar para o "Monstro". No pacote havia um pequeno volume de lombada dura e capa cinza e bege: *A Sala de Âmbar*, de Anatoli Kuchumov e M. G. Voronov.

O livro foi publicado em 1989, quando a União Soviética claudicava rumo a seu fim, 48 anos depois do início das pesquisas de Kuchumov na gélida Novosibirsk. Nessa altura, Kuchumov tinha 77 anos e estava oficialmente aposentado do trabalho nos palácios de Leningrado havia 12 anos, afastamento que tivera por motivo uma cardiopatia grave.[1]

No início da obra, Kuchumov mostrava-se numa disposição reflexiva: falava sobre a corte dos czares; os sonhos de Pedro, o Grande de possuir a Sala de Âmbar; a frustração de Pedro ante a incapacidade do especialista que convocara de reconstruí-la em seu Palácio de

Verão; a bem-sucedida tentativa das imperatrizes Elisabete e Catarina de recriar o tesouro no Palácio de Catarina; a emergência da Sala de Âmbar como a "Oitava Maravilha do Mundo".

Mas ao tratar do destino da sala, nas páginas finais, mudava de tom.

> O fracasso das buscas da Sala de Âmbar não deveria demover o povo soviético, em particular os funcionários de museu. Ela não morreu. Essa obra-prima não pode ter sido deliberadamente destruída. Os nazistas deixaram muitos esconderijos que ainda não descobrimos nos territórios da Alemanha, da Áustria e de outros países. É só uma questão de tempo até que a encontremos, por acaso ou graças à continuação das buscas. Amantes da beleza, não se oponham à continuação da procura.

Ficamos impressionados com a escolha de palavras de Kuchumov: "demover", "ela não morreu", "deliberadamente destruída". Era como se estivesse se defendendo, mas, pelo que sabíamos, ninguém o estava acusando em 1989. Igualmente intrigante era o fato de o livro não revelar nenhum dos sentimentos expressados por Jelena Storozhenko na declaração de vinte páginas que ela enviara ao autor em 1986. *A Sala de Âmbar* não fazia menção alguma aos achados insignificantes da especialista nem a seus temores de estar sendo vítima de uma obstrução oficial. Por alguma razão, Kuchumov decidira que, mesmo que a União Soviética tivesse optado pela *glasnost* e a *perestroika*, as alegações de Storozhenko não deviam ser "vistas pelo mundo".

Fechamos o livro e voltamo-nos para a pasta com papéis do Arquivo de Literatura, cada vez mais convencidos de que, até o fim de sua vida, Kuchumov continuara lutando com as conseqüências de suas ações em 1941. Talvez tentando manter vivo algo que, na realidade, sabia estar morto.

Os documentos estavam em ordem inversa. Em cima estava o mais recente, o recorte de um jornal de 1986. O *Leningradskaia Pravda* noticiava em 22 de abril de 1986: "Mikhail Gorbachev, secretário do Comitê Central do Partido Comunista da União Soviética, e Nikolai Richkov, presidente do Conselho de Ministros da URSS (...) anunciam os ganhadores do Prêmio Lenin."[2] Entre o pequeno grupo dos escolhidos em 1986 para serem agraciados com a mais elevada honraria concedida a civis na União Soviética, reconhecemos o nome "A. M. Kuchumov (historiador da arte)", premiado em reconhecimento a "realizações notáveis" e ao "bom desempenho de difíceis tarefas, vitais para o Estado".

Um telegrama enviado a Kuchumov pelo ministro da Cultura, camarada Dermichev, dizia: "Respeitável Anatoli Mikhailovitch! Sinceras congratulações (...) seus muitos anos de trabalho criativo devolveram à vida o que fora destruído pelos ocupantes hitleristas (...)"

Lembramo-nos do homem que aparecia nas fotografias: o corpulento Kuchumov em seu terno surrado, um curador provincial que arregaçara as mangas para ajudar a procurar e recuperar obras de arte furtadas pelos nazistas. Autodidata, obstinado como uma toupeira, Kuchumov parecia ter vivido uma existência banal com sua mulher Ana em seu desguarnecido apartamento de Pavlovsk. Mas ali víamos que o Comitê Central do partido e o presidente do Conselho de Ministros da URSS o haviam distinguido como um camarada exemplar. Muitos curadores que conhecêramos na Casa dos Cientistas de São Petersburgo lutaram igualmente, quase sem nenhum recurso, para reconstruir a herança cultural da Rússia, mas qual deles obtivera reconhecimento? Kuchumov devia ter feito algo de especial, e no entanto em seu livro, o fecho de sua carreira, ele deixava transparecer remorso.

Após ganhar o prêmio, em 1986, ele recebera dúzias de telegramas. Do primeiro-secretário do Partido Comunista de Leningrado, camarada Solaviov. Do supremo arquiteto de Leningrado, camarada Bulkdakov ("estamos orgulhosos"). De Dushanbe no Tadjiquistão ("seu velho amigo Vsevolod (...) ouvi a notícia no rádio!").

E, finalmente, da pouco atraente Svetli, Província de Kaliningrado: "Caro Anatoli Mikhailovitch, sinceras congratulações. Estou tão feliz por saber de seu sucesso. O meu beijo de sempre, Jelena Storozhenko."

Tão feliz. No entanto, segundo uma correspondência que vinha em seguida, o homem em que Storozhenko via um amigo e um servidor público era de fato um agente do Estado.

Eram documentos da década de 1970. Um maço de cartas, todas escritas por um tal camarada G. S. Fors e enviadas para o endereço residencial de Kuchumov. G. S. Fors — reconhecemos esse nome. Era o chefe da KGB junto ao Ministério da Cultura em Moscou, a quem Jelena Storozhenko fora instruída a relatar seus achados sobre a Sala de Âmbar.

A primeira carta era datada de 5 de julho de 1970, um ano após a criação da Expedição Geológico-Arqueológica (KGA):

> *Dorogoi* Anatoli Mikhailovitch. Nossas atividades em Kaliningrado estão se multiplicando e ganhando maior interesse. A investigação desenvolveu sua própria técnica e estamos escavando sem nenhuma ajuda. Escrevo-lhe para saber confidencialmente quando você virá a Kaliningrado. As atividades requerem sua presença e seria bom que você pudesse passar dez dias aqui em agosto. G. S. Fors.[3]

A KGB estava dando notícias sobre a investigação da Sala de Âmbar a Kuchumov, embora não ficasse claro quem era o responsável por ela.

A carta seguinte que Kuchumov guardara lhe fora enviada 18 meses mais tarde, em 27 de dezembro de 1971:

> *Dorogoi* Anatoli Mikhailovitch! Sinceras congratulações a você e a sua respeitável esposa por ocasião do Ano-Novo. Que seu coração continue batendo por muitos e muitos anos, porque há muito trabalho a fazer. Peço-lhe que venha a Kaliningrado no início de 1972 para passar de oito a dez dias aqui. Precisamos discutir a situação e orientar a pesquisa. Gostaríamos de reduzir as escavações (...) Despeço-me com uma vênia, G. S. Fors.

Fazia apenas dois anos que estavam escavando e a KGB já estava aflita para restringir o trabalho. Talvez Moscou estivesse preocupada com a grande quantidade de dinheiro que estava sendo gasto em

Kaliningrado. Era possível que a KGA estivesse se aproximando perigosamente do que o Ministério da Defesa queria manter secreto. Como não havia respostas no maço, não sabemos se Kuchumov concordara.

Houvera um intervalo de três anos e meio antes da carta seguinte:

> 2 de maio de 1975, *Dorogoi* Anatoli Mikhailovitch! Estou lhe encaminhando (em anexo) cartas que foram registradas em meu departamento. Talvez possam ajudar seu trabalho [sobre a Sala de Âmbar]. Mas devo lembrá-lo: esses documentos são confidenciais. Guarde-os em lugar seguro! Tudo que venha a compilar delas deverá ser mantido como um caso separado. Todas essas cartas devem ser devolvidas a mim antes de 1° de julho, pessoalmente ou através de uma pessoa de confiança. G. S. Fors.

Os documentos enviados por Fors não estavam mais anexados, mas de todo modo essa carta nos revelava que o homem da KGB confiava o bastante em Kuchumov para, tranqüilamente, partilhar informações secretas com ele. Estavam essas cartas relacionadas às atividades das brigadas de troféus soviéticas ou a declarações de testemunhas que Kuchumov deveria examinar?

A última carta guardada por Kuchumov fora enviada em 29 de agosto de 1978:

> *Dorogoi* Anatoli Mikhailovitch! Deus é testemunha: recebi sua carta e trato de respondê-la imediatamente. Nosso negócio continua (...) em entrevistas com testemunhas de diferentes épocas (...) sinto-me constrangido porque estamos desperdiçando dinheiro do Estado (...) Estarei de férias até 4 de outubro; depois, devemos pensar numa boa razão para chamá-lo a Moscou. Pense num motivo. Um afetuoso abraço, G. S. Fors.

O que quer que estivesse fazendo na província, a KGB tinha consciência de que aquilo não era economicamente proveitoso. Uma atividade pouco proveitosa que vinha à nossa mente era escavar ao léu em busca de alguma coisa que a KGB sabia não existir. Mas as cartas não confirmavam isso.

Tínhamos apenas fragmentos de uma correspondência, mas a julgar pelo tom e pelo teor daquelas cartas, Fors e Kuchumov mantinham um relacionamento estreito numa época em que a maior parte dos cidadãos vivia com medo dos serviços de segurança. Todas as cartas começavam com "*Dorogoi* Anatoli Mikhailovitch!" — meu caro Anatoli Mikhailovitch. O funcionário da KGB saudava Kuchumov afetuosamente. Nossa Amiga Professora anotara na margem que ficara surpresa ao ver um texto proveniente da KGB escrito num estilo familiar, usando o pronome você.

Até aquele momento, nunca nos passara pela cabeça que Kuchumov poderia ter alguma ligação com a KGB além das que era evidentemente obrigado a manter com seus agentes locais nos palácios Pavlovsk e de Catarina, como todos os demais curadores. A procura da Sala de Âmbar devia ter uma dimensão política apreciável para que a KGB se envolvesse tão estreitamente com ela, e, fosse qual fosse essa dimensão, estava óbvio que Kuchumov estava metido nisso até o pescoço.

Debaixo das cartas da KGB havia passes *komandirovat*, semelhantes aos que víramos antes, autorizando a transferência de um funcionário para outra vila ou cidade.[4] Eles mostravam que, enquanto se correspondia com a KGB, Kuchumov passara toda a década de 1970 ziguezagueando, por ordem dela, entre Leningrado, Moscou e Kaliningrado, sempre dizendo aos colegas que estava de férias. Ao mesmo tempo, mantivera-se em permanente contato com o chefe da KGB, Fors, com quem discutia os fracassos da equipe de busca de Kaliningrado e partilhava informações sobre a Sala de Âmbar que, ao que tudo indicava, não eram reveladas à presidente Jelena Storozhenko. Começamos a ter a impressão de que, no tocante à equipe de escavação que operava em Kaliningrado, Kuchumov era mais leal à KGB do que a seus colegas acadêmicos. Se havia algum tipo de disfarce envolvendo a Sala de Âmbar, Kuchumov parecia conhecê-lo, enquanto as pessoas fisicamente empenhadas na busca eram mantidas na ignorância.

Em seguida os documentos da pasta recuavam para a década de 1960: durante três dias de 1969, Kuchumov registrara um diário numa página arrancada de um caderno escolar.

> 26 de maio: cheguei de avião a Kaliningrado às 9h40min, instalei-me em meu hotel, consegui o apartamento nº 182, muito confortável e silencioso. Encontro com G. S. Fors (chefe da KGB) e pessoas do Museu Histórico do Estado, Moscou (...) Preparo documentos e papéis para a reunião da Comissão Estatal a ser realizada amanhã.
>
> 27 de maio: 10h encontro com o major Bogdanchikov. Estão também aqui (...) regimentos militares, algumas pessoas da geofísica, algumas de museus locais, algumas de Moscou. Noite: meu aniversário.
>
> 28 de maio: fui ver o *bunker* com especialistas. Examinei área próxima à Steindamm Strasse. Fui até o jardim da casa de Alfred Rohde na Bickstrasse e à antiga propriedade de Erich Koch em Gross Friedrichsberg (...)[5]

Lembramo-nos de um documento anterior segundo o qual, em maio de 1969, o vice-ministro da Cultura Vasili Striganov ordenara uma grande mudança da investigação sobre a Sala de Âmbar e Moscou assumira o controle sobre a busca provincial. E ali estava Kuchumov, nessa mesma época, em Kaliningrado, aconselhando, orientando, instruindo e guiando uma série de dignitários e agentes de segurança pelo cenário em que a Sala de Âmbar desaparecera (e num *bunker*).

Mas, para a nossa frustração, o que estávamos lendo revelava apenas alguns indícios. O arquivo saltava para 1967. Uma sucessão de ordens e telegramas mostrava que Kuchumov atraíra a atenção de Striganov dois anos antes.[6] Em 11 de março de 1967, Striganov pedira a Kuchumov para falar para um comitê em Moscou, integrado por grande número de agentes de segurança e militares: o camarada Z. V. Nordman, vice-diretor da KGB; o camarada T. M. Shukaiev, vice-diretor da MVD; M. G. Kokornikov, chefe dos regimentos de engenharia do Exército Vermelho; o major Bogdanchikov, do Partido Comunista de Kaliningrado. Esse comitê pedira a Kuchumov para preparar uma exposição a ser feita para o Comitê Executivo do Conselho de Ministros, órgão administrativo máximo da Federação Russa.[7]

Kuchumov fizera essa exposição no dia 21 de março de 1967 às 16h. Fora chamado de volta duas semanas depois, em 5 de abril. As minutas dessa reunião não estavam ali. Mas o tema em pauta fora: "Plano de providências práticas para organizar a procura da Sala de Âmbar." Isso revelava que as autoridades soviéticas levavam o caso da Sala de Âmbar absolutamente a sério e que Kuchumov, um filho de carpinteiro, tornara-se a força motriz sob a política nacional referente à questão.

Folheamos o resto da pasta. Encontramos uma carta que explicava por que o plano de Kuchumov para a busca da Sala de Âmbar chamara a atenção das autoridades em Moscou. Em outubro de 1963 ele escrevera à camarada L. S. Karpekina, vice-diretora do Comitê de Cultura do Comitê Executivo do LenGorSoviet: "Considero-me no dever de dizer-lhe o que se segue. 1. A procura da Sala de Âmbar, de que participei em 1946 e 1949, teve sobretudo um caráter de observação ou exploração, foi um exercício preparatório para uma busca em escala maior, com técnicas modernas." Confessava que não dispusera de verbas especiais e que as investigações que conduzira com Tronchinski em 1946 e depois com Gerhard Strauss em 1949 haviam sido superficiais.

Isso era curioso. Superficiais? Um exercício exploratório? A missão de 1946 foi como um divisor de águas — fora essa investigação que derrubara os achados de Brusov. Só podíamos presumir que Kuchumov estava subestimando o sucesso que obtivera em 1946 e 1949 para tentar obter mais recursos.

Ele continuava: "2. Após analisar os documentos e as declarações das testemunhas, é possível supor que a Sala de Âmbar não foi removida de Kaliningrado e sim escondida num *bunker* especial."[8]

Kuchumov parecia dispor de novos indícios muito convincentes. Afirmava ter identificado um *bunker* específico em que a Sala de Âmbar poderia ter sido escondida, o que era uma razão para que as buscas fossem retomadas.

Os documentos contidos na pasta recuavam então para o inverno de 1949, revelando de onde surgira a história do *bunker*. Já sabíamos que, em 1949, Kuchumov interrogara o historiador da arte Gerhard

Strauss no Hotel Moscou, em Kaliningrado, sobre a localização de um *bunker*. Mas não havíamos compreendido a importância que esse *bunker* assumiria. No relatório que tínhamos diante de nós, Kuchumov revelava que, não tendo conseguido obter esclarecimentos de Strauss, mandara buscar o professor Brusov em Moscou — alguém que supúnhamos ter saído de cena em 1946.

Segundo o relatório, o professor Brusov, então com 64 anos e aposentado de seu cargo no Museu Histórico do Estado, havia prestado um novo depoimento para Kuchumov em 1949. Tratava-se daquele cuja transcrição havia sido arrancada do livro de cálculos feitos e conversões de Jelena Storozhenko. Mas ali estava ele, no arquivo vindo de São Petersburgo e sua leitura revelou-se surpreendente. Brusov contradizia por completo suas conclusões de 1945. Originalmente, dissera que a Sala de Âmbar fora destruída. Já em 1949, afirmava: "Penso que a Sala de Âmbar ainda existe porque no Salão dos Cavaleiros, o lugar onde Alfred Rohde disse tê-la guardado, encontramos apenas vestígios de portas queimadas. Não encontramos peças de bronze ou de quaisquer outros materiais não inflamáveis [vidro, espelhos, pedras de mosaico]."[9]

Era uma reviravolta inacreditável. Pelo visto, Kuchumov mostrara a Brusov novos indícios irrefutáveis para sacudir-lhe a memória, mas isso não estava explicitado ali. O que estava registrado no documento era que, após rever sua principal conclusão, o professor reexaminara todos os seus achados de 1945. Em 29 de dezembro de 1949, Brusov declarara:

> Quando estive [em Kaliningrado] em 1945, Rohde sugeriu-me que eu revistasse um porão na Steindamm Strasse, do qual ele tinha a chave. Descemos três pavimentos no subsolo e encontrei ali várias peças de museu. Eu não estava à procura da Sala de Âmbar, pois julgava que ela se queimara. Só revistei os cômodos que Rohde me mostrou e não prestei atenção a vários outros naquele grande *bunker*.

Ali estava a raiz da teoria do *bunker* de Kuchumov. Havia compartimentos de um abrigo subterrâneo que nunca foram revistados. Tratava-se do mesmo lugar sobre o qual Brusov falara com Kuchumov em 1946. Não era história nova. Mas em 1949, quando Kuchumov lhe pedira que o levasse lá, Brusov mostrara-se incapaz de encontrá-lo novamente. "Minha memória não é boa", admitira. "Consigo me lembrar do nome da rua, Steindamm Strasse, mas não seria capaz de localizar exatamente o prédio [sob o qual estava o *bunker*]."

Os documentos de nossa pasta vinda de São Petersburgo mostravam que em 1949, depois de despachar Brusov de volta para Moscou, Kuchumov tornara-se consultor especial de uma equipe baseada em Kaliningrado que se dedicara a procurar esse *bunker* desde aquele ano até 1960. Fora pouco depois dessa data que, não tendo conseguido encontrá-lo, Kuchumov se dirigira à camarada L. S. Karpekina em Leningrado, pedindo mais recursos.

Ao examinarmos a composição da equipe que havia procurado o *bunker* entre 1949 e 1960, uma peça do quebra-cabeça se encaixou. Vimos que seu chefe fora o camarada Veniamin Krolevsky, secretário do Partido Comunista de Kaliningrado, o homem que escrevera (sob um pseudônimo) os artigos publicados no *Kaliningradskaia Pravda* em 1958.[10] Essa série de artigos revelara pela primeira vez ao público soviético que os achados originais do professor Brusov estavam errados, que sua capacidade de dedução era deficiente e que a Sala de Âmbar de fato sobrevivera à guerra e estava escondida num *bunker* secreto.

Portanto, o curador de Leningrado, Kuchumov, consultor especial de Krolevski, não se contentara em desaprovar as conclusões a que Brusov chegara em 1945. Levara-o de volta a Kaliningrado em 1949 e o induzira a se desdizer. Mais tarde, 1958, um colega a que Kuchumov era muito ligado publicara uma torrente de injúrias contra o professor Brusov no *Kaliningradskaia Pravda*, zombando de suas conclusões e de sua capacidade de se desdizer. Era inevitável concluir que Kuchumov tivera uma participação na publicação desses artigos. Com o professor fora do caminho, ele ficara livre para promover sua teoria do *bunker*, e levara seu plano a escalões cada vez mais altos, até chegar ao Comitê Executivo do Conselho de Ministros da Federação Russa. Mas o que induzira todas as pessoas a ter tanta certeza de que Brusov se enganara em 1945?

Chegamos aos documentos mais antigos contidos na pasta do Arquivo de Literatura: eram da década de 1940. Um ano antes de sua segunda visita a Kaliningrado, Kuchumov ingressara no Partido Comunista da União Soviética, com a carteira número 0874033.[11] Incluíra-se entre os 7% dos cidadãos soviéticos que optavam por aderir a ele.[12] Sua primeira tarefa fora redigir material de propaganda. Na pasta havia o rascunho de um artigo de sua autoria intitulado "Os maravilhosos palácios de Puchkin e Pavlovsk ressurgem das cinzas e do entulho".[13] Nele, o curador louvava as ações do Exército Vermelho em Königsberg durante o verão de 1945:

> O exército soviético preservou tesouros culturais, até os pertencentes ao inimigo. Os soldados dos regimentos de Königsberg, quando souberam que sob o entulho estava escondida a famosa Sala de Âmbar, participaram da busca em ruínas, porões e *bunkers* (...) com um entusiasmo que nunca esmorecia.

Alguns foram tão diligentes que Kuchumov lhes fizera uma menção especial:

> Uma façanha foi operada pelo major da guarda Rakitsin, que encontrou móveis dourados do Palácio de Catarina no entulho de Königsberg. Com a ajuda de seus homens, ele transportou quarenta peças pela cidade até um apartamento vazio onde estava se hospedando. Os móveis estavam danificados: a seda se rasgara, as pernas haviam se quebrado. Durante muitas noites, após terminar seu serviço, o major colou todas as partes quebradas.

Kuchumov narrava ainda:

> Um recruta do Exército Vermelho oriundo de Potava, Misha Kulot, escreveu-me em fevereiro de 1947: "Trabalhei no entulho e encontrei um belo pedaço de âmbar de cem gramas. Se precisar dele posso enviá-lo. Esse pedaço me acompanhou por toda parte. Até na ilha Sakhalina. Agora eu o trouxe para casa." Kulot, um soldado russo como qualquer outro, guardou consigo cuidadosamente um fragmento de âmbar, acreditando que era parte da Sala de Âmbar, e queria devolvê-lo. Que contraste com o comportamento dos nazistas em nossa Pátria.

E concluía:

> No final da guerra era impossível dizer "minha história", só se podia dizer "nossa história" da preservação e devolução de tesouros dos museus dos palácios. Tenho exemplos suficientes para provar [aos leitores] (...) o espírito elevado e a cultura de todos os soldados e oficiais soviéticos que guardaram cuidadosamente as obras pacíficas de nossa nação fundada no comunismo.

O coronel Avenir Ovsianov, diretor do Centro de Coordenação da Procura de Relíquias Culturais de Kaliningrado, nos dera uma versão notavelmente diferente dos eventos, a qual suscitava questões sobre a disciplina e os motivos do Exército Vermelho em Königsberg. Se Ovsianov estivesse certo, era imperioso concluir que Kuchumov estava cegado por seu patriotismo. Teríamos que ler tudo o mais que Kuchumov escrevera com isso em mente.

O último relatório na pasta, compilado por Kuchumov, levou-nos de volta ao ano decisivo de 1946. Intitulava-se "O destino da Sala de Âmbar".[14] Não trazia carimbos oficiais. Estava cheio de palavras riscadas. Quando começamos a ler, vimos que Kuchumov ensaiava ali seus argumentos para Moscou, preparando as considerações que iriam finalmente derrubar as conclusões do professor Brusov e promover o reinício da busca da Sala de Âmbar. Era um documento de importância vital. Revelava os indícios que Kuchumov reunira, os fatos novos e decisivos que descobrira e que acabariam convencendo o próprio professor Brusov a reconsiderar suas conclusões.

Kuchumov iniciava seu rascunho (tal como iniciaria seu relatório final para Moscou) com a descoberta mais importante que fizera em 1946: os vestígios dos três mosaicos de âmbar encontrados no Salão dos Cavaleiros do Castelo de Königsberg. "22 de março de 1946. Perto da entrada do Salão dos Cavaleiros, sob um vão de escada, encontramos três mosaicos totalmente queimados e descorados pertencentes à Sala de Âmbar (...) só ao serem tocados eles se desintegraram em pedaços minúsculos." Esses mosaicos de pedra, que haviam sido encomendados por Catarina, a Grande no século XVIII, ficavam outrora, pendurados por ganchos, sobre os painéis de âmbar da Sala de Âmbar.

No relatório final enviado para Moscou, ele afirmara: "Essa [descoberta dos mosaicos de pedra] não pode servir como prova de que a Sala de Âmbar foi perdida num incêndio." Assinalara que somente três dos quatro mosaicos foram encontrados no Salão dos Cavaleiros. Isso sugeria que a Sala de Âmbar havia sido fragmentada e, onde quer que o quarto mosaico tivesse sido escondido, ali também estariam os painéis de âmbar.

Kuchumov dissera a Moscou que estava convencido de sua teoria porque não havia encontrado nenhum outro pedaço carbonizado da Sala de Âmbar no Salão dos Cavaleiros (âmbar e suportes de madeira). Informara que o espaço em que os mosaicos de pedra haviam sido descobertos, sob as escadas e perto da porta, era pequeno demais para ter acomodado também as partes constituintes da Sala de Âmbar — uma dúzia de grandes painéis de 3,6 metros de altura e 24 seções de rodapés de âmbar. "Isso nos obriga a rejeitar a hipótese da perda dos painéis de âmbar nesse espaço", concluíra para Moscou.

Esse raciocínio havia nos parecido um tanto tortuoso desde a primeira vez que o lêramos em papéis do Arquivo de Literatura. Não podíamos entender por que a descoberta dos mosaicos de pedra carbonizados no Salão dos Cavaleiros em 1946 não reforçava simplesmente os indícios encontrados pelo professor Brusov naquele salão em 1945. A conclusão lógica do fato de os dois terem encontrado vestígios carbonizados da Sala de Âmbar no Salão dos Cavaleiros era que ela devia ter sido incinerada lá. Mas Kuchumov concluíra o contrário e Moscou aceitara suas considerações. Até agora havíamos dado a Kuchumov o benefício da dúvida, presumindo que ele tivesse colhido outros indícios, detalhes técnicos complexos de que preferira poupar os burocratas. Mas onde estavam eles? Não naquele relatório.

Não havia nenhum indício novo naquele relatório. Ele revelava a incapacidade de Kuchumov de explorar as possibilidades mais óbvias. Embora se esforçasse para descrever a cavidade em que encontrara os mosaicos como pequena demais para conter os painéis de âmbar, nem sequer mencionava a possibilidade de que os caixotes contendo as demais seções da Sala de Âmbar estivessem em outra parte do Salão dos Cavaleiros (que era vasto e ainda tinha uma metade vazia em abril de 1945).

Kuchumov dera demasiada importância ao fato de não ter encontrado um só fragmento carbonizado de âmbar no Salão dos Cavaleiros, mas em sua análise desconsiderara um fato que, como especialista em âmbar, não podia ignorar: o ponto de fusão do âmbar (entre 200° e 380°C) era muito mais baixo do que o necessário para incinerar o tipo de pedra usado por entalhadores florentinos como Dzokki. Se três mosaicos de pedra e vidro foram reduzidos a um pó fino, inclusive peças de malaquita, material que é incinerado a 1.084°C, e peças de vidro, que o são a 1.400°C, nada poderia ter restado dos próprios painéis de âmbar.

Kuchumov destacara o fato de não ter encontrado outros elementos da Sala de Âmbar no Salão dos Cavaleiros (candelabros de bronze, espelhos de vidro, vidro e pilastras de cristal). Mas não levara em conta que as tropas soviéticas e as brigadas de troféus haviam ocupado o castelo 61 dias antes da chegada de Brusov em maio de 1945. A cena do crime nunca estivera protegida. Quase um ano se passara antes que o próprio Kuchumov entrasse no Salão dos Cavaleiros (em março de 1946), tempo de sobra para que o salão tivesse sido esvaziado de *souvenirs* de valor por soldados soviéticos.

Kuchumov escrevera em seus artigos de propaganda em 1945 que alguns soldados haviam declarado possuir troféus de âmbar, como Misha Kulot, que admitiu ter levado consigo uma pepita que acreditava ter sido da Sala de Âmbar para a ilha Sakhalina e voltado com ela. No entanto não aventara uma vez sequer a possibilidade de soldados soviéticos terem cometido saques no rascunho de seu relatório, que começava a nos parecer o projeto de uma fraude em que o curador forjava uma argumentação para provar a sobrevivência da Sala de Âmbar.

Kuchumov afirmara a Moscou que havia realizado uma "busca muito escrupulosa". Mas sabíamos que ele não dispunha de outros indícios. Não fizera nenhuma grande descoberta. Nada. Não existiam dados técnicos adicionais. A verdade era que a investigação de Kuchumov fora superficial e tendenciosa.

Não podíamos ver naquele relatório nada que teria podido convencer o professor Brusov de que estava errado. Ao que parecia, ele fora coagido a desdizer suas conclusões por outros meios.

Passando à página seguinte, encontramos uma série de transcrições de interrogatórios. Sobre eles, Kuchumov escrevera: "Declarações de cidadãos de Kaliningrado, colhidas por mim mesmo. 1946. Documentos originais na Alemanha."

O primeiro interrogatório era de Paul Feyerabend, dono do restaurante Blutgericht, que ocupara os porões sob o Salão dos Cavaleiros. Já sabíamos que Kuchumov interrogara Feyerabend em 2 de abril de 1946, mas ali estava uma declaração dele a Kuchumov que nunca havíamos lido:

> No início de abril de 1945 a Sala de Âmbar encaixotada estava no Salão dos Cavaleiros. Vários dias depois a resistência da cidade começou. Eu fiquei no vestiário e no Salão dos Cavaleiros e durante o ataque [soviético, de 7 de abril em diante] Alfred Rohde não foi visto em parte alguma. Na tarde de 9 de abril (...) fiquei na adega de vinhos com vários funcionários. Mais tarde, com o consentimento deles, pendurei de uma janela na ala norte do castelo uma bandeira branca em sinal de rendição.
>
> Às 11h30min dessa noite [9 de abril] chegou um coronel russo. Quando lhe contei tudo e prestei declarações, ele ordenou a evacuação do castelo. Às 12h30min [10 de abril], quando saí, meu restaurante foi ocupado por regimentos de artilharia do Exército Vermelho. O porão e o Salão dos Cavaleiros não haviam sofrido absolutamente nenhum dano. Depois que voltei de Elbing, onde havia sido hospitalizado, soube por Alfred Rohde que o Salão dos Cavaleiros e o restaurante [sob ele] haviam se queimado.

Isso era extraordinário. Segundo Paul Feyerabend, o incêndio que incinerara o Salão dos Cavaleiros começou depois que o Exército Vermelho ocupara o Castelo de Königsberg. Pelo seu depoimento, a Sala de Âmbar estava embalada em caixotes no salão quando ele se rendera a um coronel russo. Logo, de duas uma: a Sala de Âmbar havia sido removida do Salão dos Cavaleiros por soldados soviéticos depois da rendição alemã ou destruída por um incêndio provocado pelo Exército Vermelho.

Kuchumov rejeitara o depoimento de Paul Feyerabend, classificando-o como uma testemunha não confiável que "confundia fatos e datas". Preferira não atribuir nenhuma importância à sua declaração. Na verdade, ignorara-a por completo, não a mencionando uma só vez nos relatórios para Moscou que tínhamos visto. O curador-geral estava decidido a fornecer apenas uma visão da história. A idéia que fazíamos dele estava mudando.

Se o proprietário do restaurante estava dizendo a verdade, Kuchumov sabia desde 1946 que a Sala de Âmbar fora roubada ou incinerada pelo Exército Vermelho. Apesar disso, optara por promulgar uma mentira que levaria a uma procura de ladrões nazistas e seus esconderijos por toda a União Soviética e a Alemanha.

Se as lembranças de Feyerabend eram corretas, George Stein, o *hobby-Historiker* alemão-ocidental, aproximara-se notavelmente da verdade quando ameaçara, em 1975, ir a público para acusar os governos da URSS e da RDA de manterem trancados em arquivos dados que podiam desvendar o mistério da Sala de Âmbar.

Se Feyerabend estava certo, o coronel Avenir Ovsianov também estava, e era mais do que provável que os arquivos do Ministério da Defesa em Podolsk contivessem documentos que corroboravam a versão de que unidades do Exército Vermelho ou brigadas de troféus haviam destruído inadvertidamente a Sala de Âmbar e roubado todas as peças que haviam sobrevivido ao incêndio.

No fundo da pasta, sob o relatório de Kuchumov, "O destino da Sala de Âmbar", alguns documentos soltos, escritos em papel quadriculado, levavam a história de volta a seu início. O verão de 1945.

Tínhamos diante de nós "Extratos do relatório do professor A. Brusov ao Comitê Especial das Instituições Culturais e Educacionais. Nota: Referem-se ao destino da Sala de Âmbar, doada a Pedro I, instalada no Tsarskoie Selo e de lá removida pelos alemães".[15]

Até então só havíamos visto um extrato de anotações feitas pelo professor Aleksandr Brusov em seu diário durante sua missão de 1945, enviado para nós da Leninka, a Biblioteca Lenin em Moscou.

A chave de tudo poderia estar naquele documento. Brusov escrevia em seu relatório:

> Tive a sorte de descobrir o que se segue. A Sala de Âmbar fora depositada, embalada em caixotes, no Salão dos Cavaleiros do Castelo de Königsberg, junto de uma outra coleção, a mobília da condessa Keyserlingk. Na primavera de 1945 decidiu-se remover a Sala de Âmbar para a Saxônia (documento anexo) e por essa razão Rohde visitou a Saxônia (...)

Brusov contava que, após retornar da Saxônia, Alfred Rohde havia preparado a sala para a evacuação, mas então caíra doente: "Durante algumas semanas não apareceu no museu segundo a testemunha Paul Feyerabend, o proprietário do Blutgericht (...)" Quando Rohde se recuperou, não havia vagões de trem disponíveis para levar a sala para a Saxônia, uma história que Brusov verificou com pessoas do lugar, que lhe disseram que, após o fim de fevereiro, não houvera nenhuma chance de remover qualquer coisa para a Alemanha Central de trem.

Brusov relatava: "O mesmo Paul Feyerabend permaneceu no castelo até a captura e diz que a Sala de Âmbar estava encaixotada no momento da rendição e foi incinerada durante o incêndio que destruiu a ala norte do edifício." Ao inspecionar essa área, Brusov encontrara "vestígios de incêndio, cinzas amontoadas que cobriram todo o assoalho", além de "pequenos pedaços de ripas de madeira queimados, partes de caixotes, pedaços de esquadrias e dobradiças de cobre das portas, que haviam sido furtadas pelos alemães do Tsarskoie Selo e levadas para Königsberg juntamente com a Sala de Âmbar". O professor extraíra uma conclusão clara: "Resumindo, podemos dizer que a Sala de Âmbar foi destruída entre 9 e 11 de abril de 1945, pois alguns oficiais do Exército Vermelho que inspecionaram o castelo no dia 11 de abril não encontraram nenhum caixote no Salão dos Cavaleiros."

Kuchumov guardara esse relatório decisivo, que relatava os indícios constatados por Feyerabend. Apesar disso, quando este lhe contara exatamente a mesma história um ano depois, preferira não lhe dar importância.

No adendo que havia escrito em papel quadriculado, Kuchumov também transcrevera extratos do diário de Brusov que iam além das anotações que havíamos lido nas fotocópias da Biblioteca Lenin.

Em 25 de junho de 1945 Brusov escrevera: "Não consigo arrancar nada de Alfred Rohde. Ele mal abre a boca. Gostaria que [o NKVD] o interrogasse. Deveriam falar a sério com ele, em vez de tratá-lo com luvas de pelica. Acredito que Rohde não dirá uma palavra enquanto o tratarmos com delicadeza, pois é um fascista de marca."[16] Assim, quando dissera a Moscou em 1946: "o erro do professor Brusov foi ter acreditado facilmente nas palavras de Rohde (...) esquecendo-se de que estava lidando com um fascista fanático", Kuchumov já havia lido essa anotação no diário do professor e sabia que sua acusação era falsa.

Num outro extrato, datado de 2 de julho de 1945, Brusov escrevera:

> Pedimos ao general Pronin, comandante de Königsberg, um carro para pegar o arquivo do Castelo Wildenhoff. Ele recusou, dizendo que não havia gasolina suficiente. Mas todos à nossa volta andam de carro. Por falta de 25 litros de gasolina o arquivo será perdido. A 1ª Divisão de Moscou está usando o castelo [Wildenhoff] como quartel. Os depósitos nunca ficam trancados. Que posso fazer? Só me resta tentar convencer os militares a ir buscar o arquivo, mas não estou confiante.

Em 1945, o professor Brusov já estava temeroso em relação ao comportamento do Exército Vermelho, acreditando que os tesouros estavam correndo risco.

Segundo aqueles extratos do diário de Brusov, ele não era a única pessoa preocupada no meio daquela confusão. No dia 8 de julho de 1945, ele escrevera: "O general Galitski do 11º Exército de Guardas chegou e convocou um encontro das brigadas de troféus, caçadores de tesouros e *komandirovochnya* [pessoas viajando em *komandirovat*] e, numa fala muito dura, chamou todos de asseclas do capitalismo. Disse o general: 'Não permitirei que mais nada seja retirado da cidade. Vou suprimir a guarda em todos os depósitos.'"

Brigadas de troféus e *komandirovochnia*, caçadores de tesouros amadores e profissionais — exatamente o cenário que o coronel Avenir

Ovsianov nos dissera ter-se instalado em Königsberg. Até o general Galitski mostrara-se preocupado com o nível de pilhagem, tendo ameaçado expulsar todos os ladrões da cidade. Os soviéticos teriam de pôr um paradeiro naquela situação.

Brusov continuava em seu diário:

> Ainda estamos trabalhando no castelo. Encontramos porcelanas chinesas, de Meissen e Berlim muito interessantes e dois bustos de mármore doados por Mussolini. Que acontecerá com essas coisas? Meu ânimo está abatido. De que adianta continuar trabalhando? Não seria melhor voltar para Moscou?

Essa era uma Königsberg muito diferente daquela evocada por Kuchumov em seus artigos de propaganda de 1948. Tal como vista por Brusov, a cidade estava cheia de ladrões e nela nada estava em segurança, pois todos vestiam a farda do Exército Vermelho. Já a Königsberg de Kuchumov era uma zona de criminalidade zero, em que soldados soviéticos esforçavam-se para remendar o legado despedaçado dos czares.

A última anotação feita por Brusov em seu diário era datada de 13 de julho de 1945. Ele escrevera:

> Encontrei quatro caixas com excelente porcelana que caíram do terceiro andar [do castelo] no segundo. Muitas peças se quebraram, mas restaram quarenta intactas. Embalei-as em cinco caixas para enviá-las a Moscou. Parei de procurar. Tudo está embalado em sessenta caixas. Darei coisas ao arquivo que lhes proporcione uma segurança especial.

Sabíamos, por outros extratos do diário de Brusov que lêramos antes, que entre os itens embalados nesses caixotes havia milhares de peças da coleção de âmbar da Universidade Albertus de Königsberg. Brusov dissera a Kuchumov que entregara esses sessenta caixotes a um guarda do Exército Vermelho e que depois eles haviam desaparecido. Esse foi mais um incidente que o camarada Krolevski (também conhecido como Dmetriev) distorceu no *Kaliningradskaia Pravda* em 1958, acusando "Barsov" do roubo.

Kuchumov guardara uma outra coisa que nunca víramos antes, uma "defesa de 14 páginas" escrita por Brusov depois de sofrer o ataque do *Kaliningradskaia Pravda*. O professor Brusov fora de extrema veemência: "Essa história está retratada da maneira mais fantasiosa. Inúmeros fatos estão distorcidos e como certamente é a mim que a história faz alusão, sob o ralo disfarce de 'Barsov', oponho-me fortemente a esse lixo."[17] Brusov repetira suas preocupações com a pilhagem indiscriminada praticada pelo Exército Vermelho e acrescentara que, longe de ter feito uma investigação incompleta do *bunker* da Steindamm Strasse (a partir do qual Kuchumov iria construir sua principal teoria nas décadas de 1960 e 1970), ele o visitara em 1945 e descobrira que "pessoas haviam conseguido entrar lá antes de mim e levado todas as coisas de valor".

Essas "pessoas" eram sem dúvida soldados soviéticos ou membros das brigadas de troféus e seus relatórios encontravam-se provavelmente na seção fechada do arquivo de Podolsk.

Kuchumov distorcera indícios para reforçar sua teoria de 1946 e darlhe credibilidade. Ingressara no Partido Comunista em 1948 e escrevera histórias sobre o Exército Vermelho que sabia não serem verdadeiras. Pressionara Brusov em 1949, forçando-o a se desdizer, e estivera estreitamente associado aos artigos do *Kaliningradskaia Pravda* de 1958, que haviam atacado frontalmente o caráter e as conclusões de Brusov. Kuchumov conduzira todas as buscas subseqüentes da Sala de Âmbar em conformidade com seu raciocínio. No início da década de 1970, entabulara uma relação conspiratória com a KGB, cujos agentes tratava com mais intimidade que a seus colegas em Kaliningrado. Enquanto Brusov afundava, Kuchumov é que seria aclamado pela Pátria, agraciado por Gorbachev com o Prêmio Lenin. Mais tarde, é claro, vieram à tona os remorsos de um velho, o embaraço e a vergonha que era possível perceber em *A Sala de Âmbar*.

Anatoli Kuchumov mentira. Sua sorte fora lançada em 30 de junho de 1941, quando 17 vagões de trem haviam partido de Leningrado com destino a um lugar secreto na Sibéria sem os painéis da Sala de Âmbar. Naquele momento a vida do inexperiente curador, que escondera o incomparável tesouro soviético em vez de evacuá-lo, mudara para sempre. Sabíamos por seu livro que Anatoli Mikhailovitch Kuchumov vivera atormentado por essa decisão, tendo compreendido que, se tivessem sido evacuados para a Sibéria, os painéis da Sala de Âmbar teriam voltado para Leningrado em 1944, com todos os outros tesouros salvos, e sido reinstalados no Palácio de Catarina quando ele fora restaurado.

Em março de 1946, quando fora enviado para reinvestigar o destino da Sala de Âmbar, Kuchumov tinha boas razões para estar preocupado com seu erro de julgamento. Os documentos guardados no Arquivo de Literatura mostravam que ele estava a par do destino de um colega, Ivan Mikriukov, o ex-diretor do Palácio Pavlovsk, que fora exilado no Cazaquistão, acusado de ter empacotado cedo demais os tesouros de seu palácio e de ser "derrotista". Logo seria divulgado na União Soviética que uma equipe de nazistas levara apenas 36 horas para desmontar a Sala de Âmbar e retirá-la do palácio. Trabalhando numa atmosfera contaminada por recriminações maldosas, Kuchumov devia se sentir extremamente vulnerável.

Ele não teve escolha senão dedicar o resto de sua carreira a trazer de volta à vida o tesouro que perdera, passando 39 anos à procura dele e 48 anos escrevendo sobre ele num livro cujas palavras finais eram: "A Sala de Âmbar não morreu." Não poderia ter sido "deliberadamente destruída".

Mas a razão por que as autoridades soviéticas haviam descartado com tanta facilidade as conclusões a que Brusov chegara em 1945 em favor da teoria malconstruída de Kuchumov de 1946 era menos óbvia. Foi a partir da história da Guerra Fria que conseguimos chegar a ela.

Sabíamos que em abril de 1945 o Exército dos EUA, rompendo seu acordo com a União Soviética, vasculhara a Zona Soviética da Alemanha para se apoderar do ouro do Reichsbank e de inestimáveis obras de arte alemãs guardadas em esconderijos. Mas havíamos lido também em papéis mantidos na Administração Nacional de Arquivos e Registros (NARA) em Washington e em documentos anteriores à guerra conservados no Departamento de Registros Públicos em Londres que, quando Berlim caiu em maio de 1945, serviços secretos aliados começaram imediatamente a relatar que, em represália, os soviéticos estavam saqueando os setores britânico, francês e americano.

Em 18 de outubro de 1945, quando o Tribunal Militar Internacional foi aberto em Nuremberg, o clima emocional estava carregado. Uma história muito apreciada entre promotores britânicos e americanos dizia que a União Soviética só erguia cercas em volta de seus acampamentos militares para dar um pouco de sossego aos animais nas matas. Os soviéticos respondiam com uma pergunta (lembrando a todos que os americanos haviam sido os primeiros a violar os acordos internacionais de indenização, apoderando-se do ouro nazista): "Quem tomou o Reichsbank enquanto nós estávamos tomando o Reichstag?"[18]

Logo, porém, tantas obras de valor inestimável haviam desaparecido de coleções alemãs em regiões apinhadas de soldados do Exército Vermelho que não foi mais possível abafar as acusações de comportamento imoral feitas a brigadas de troféus e soldados regulares soviéticos. Onde estava o "Altar de Pérgamo", perguntavam jornalistas americanos, referindo-se ao antigo altar helênico de Zeus que estivera em exibição em Berlim até ser removido para uma torre de defesa antiaérea na capital? Onde estava o "Ouro de Tróia" escavado por Heinrich Schliemann e legado em 1881 ao Museu de Pré-História e História Antiga de Berlim como "um presente ao povo alemão a ser exibido para sempre na capital da Alemanha"?[19] Fora visto pela última vez em maio de 1945 em três caixotes que também haviam sido guardados na torre de defesa antiaérea de Berlim. Onde estava a coleção Kunsthalle de Bremen? Os 1.715 desenhos, 3.000 gravuras e cinqüenta telas de Dürer, Goya, Ticiano, Rembrandt e Cézanne haviam sido removidos para o Castelo Karnzow, uma propriedade rural a norte de Berlim. E a lista continuava: uma bíblia de Gutenberg (das quarenta que ainda existiam); o vitral da igreja de Santa Maria em Frankfurt an der Oder; as Coleções Estatais de Arte de Dresden inteiras (incluindo obras de Rembrandt, Vermeer, Velázquez, além de uma *Madona Sistina* de Rafael). O Exército Vermelho estava envolvido em todos esses desaparecimentos.

Em 1946 o Dr. Hermann Voss, diretor das Coleções Estatais de Arte de Dresden dissera aos interrogadores americanos que preparavam as provas para Nuremberg: "Os russos ocuparam Dresden imediatamente, apareceu uma comissão chamada Organização [*sic*] dos Troféus para escolher as melhores obras de arte pertencentes ao Estado saxão (...) Quase tudo (...) foi escolhido pelos russos e desapareceu."

Os soviéticos negavam qualquer responsabilidade, mas, para tranqüilizar os aliados, Stalin ordenou que a conduta de suas brigadas de troféus fosse investigada, nomeando Aleksandr Porivaiev, membro do Comitê Central do Partido Comunista da União Soviética, presidente do inquérito.[20]

Em fevereiro de 1946 a URSS abriu sua demanda em Nuremberg chamando como testemunha Josef Orbeli, então diretor do museu Estatal Hermitage em Leningrado, que chamou a atenção do mundo para a pilhagem alemã e a destruição dos tesouros culturais de Leningrado como atos que afetavam todos os soviéticos. Orbeli falou de "destruição intencional": salões magníficos incendiados, parquetes furtados, peças de inestimável valor arrancadas das paredes. Esses palácios não eram instalações militares, disse Orbeli. Eram representações da cultura russa que falavam em nome da pátria. Deveriam ter recebido os "privilégios que lhes eram assegurados pelo direito internacional".

Um mês após o depoimento de Orbeli, Anatoli Kuchumov foi posto num trem para Königsberg, com ordens de silenciar uma outra alegação sobre destruições praticadas deliberadamente pelo Exército Vermelho. Mas esta era muito mais perigosa, pois envolvia um tesouro da própria União Soviética. O professor Brusov já dera uma entrevista à TASS revelando que a Sala de Âmbar havia sido destruída ou saqueada, sugerindo a participação de soldados soviéticos em seu desaparecimento. Moscou tinha de impedir que essa notícia se espalhasse, antes que os aliados pudessem manipulá-la. Kuchumov modificou rapidamente a história da Sala de Âmbar que tinha na cabeça, divulgando uma conclusão diferente (e mais útil), que permitiria às autoridades de Moscou apontar para essa sala "ainda desaparecida" como prova do quanto a pátria sofrera nas mãos dos nazistas.

O inquérito ordenado por Stalin sobre as ações das brigadas de troféus foi secreto, mas condenou algumas figuras importantes. O marechal Jukov, que estivera à frente da reação à invasão nazista e da batalha por Berlim, foi exilado em Odessa, acusado de ter enchido sua *dacha* em Moscou de obras de arte alemãs. O general Ivan Serov, chefe do NKVD na Alemanha, foi acusado de pilhagem pelo diretor do MGB, Viktor Abakumov. Enfurecido, Serov virou a mesa e, em 1951, foi o chefe do MGB que foi preso e, três anos depois, condenado por traição e executado. Histórias sobre o destino de Abakumov disseminaram o pânico no Exército Vermelho e entre os serviços de segurança. Nenhum cidadão soviético que roubara obras de arte voltaria a falar do assunto. As chances de encontrar a Sala de Âmbar, caso partes dela tivessem sido saqueadas ou salvas do fogo no Salão dos Cavaleiros, tornaram-se remotas.[21]

Depois a história foi novamente editada.

Em 31 de março de 1955 o Conselho de Ministros da URSS anunciou que "no curso da Grande Guerra Patriótica, durante batalhas no território alemão, o exército soviético salvara e removera para a União Soviética obras-primas da pintura clássica da coleção da Galeria de Dresden".[22] Foi uma revelação. Os tesouros de Dresden não foram vistos desde abril de 1945, quando os nazistas os esconderam numa mina de sal, vinte quilômetros a leste da cidade. Além de confirmar que essas obras de arte haviam sido "resgatadas" da mina pelo Exército Vermelho, o Conselho de Ministros anunciou no *Pravda* que elas seriam devolvidas à RDA "com a finalidade de promover e estreitar ainda mais os laços de amizade entre os povos soviético e alemão". A notícia, que forneceu um pano de fundo fraternal para negociações decisivas no bloco Leste, foi divulgada exatamente seis semanas antes da assinatura do Pacto de Varsóvia por Moscou.

Na capital soviética, um milhão de cidadãos fizeram fila diante do Museu Puchkin para olhar de relance a coleção alemã "resgatada", exibida antes de ser devolvida. Venderam-se catálogos da mostra e *posters* da *Madona Sistina* de Rafael. Revistas soviéticas publicaram entrevistas com membros das brigadas de troféus, apresentados como heróis do Exército Vermelho, responsáveis por salvar a arte alemã da linha de fogo.

Em janeiro de 1957 um intercâmbio foi proposto. Tanques soviéticos haviam invadido Budapeste em novembro anterior para esmagar um levante nacional. A inquietação reinava também na Polônia. Em 8 de janeiro, o *Pravda* noticiou que o primeiro-secretário da URSS, Nikita Khruchtchev, e Otto Grotewohl, o premiê da RDA, haviam assinado um protocolo reafirmando laços de amizade. No final da declaração, uma promessa: "Ambos os lados afirmaram sua disposição de discutir questões ligadas à devolução, em bases mútuas, de objetos de valor cultural."[23]

Duas listas foram feitas, uma de obras de arte "que estão na União Soviética em custódia temporária" e outra de obras de arte soviética em poder da Alemanha Oriental. A lista soviética, aprovada em 30 de julho, reunia o incrível número de 1,99 milhão de obras de arte "resgatadas" da Alemanha. Lá estava o altar de Zeus de Pérgamo e muitas outras obras desaparecidas no fim da guerra. Todas elas foram levadas clandestinamente para depósitos soviéticos. As brigadas de troféus soviéticas eram ainda mais diligentes do que os aliados suspeitavam.

A lista da Alemanha Oriental só ficou pronta em 19 de outubro de 1958, e quando ela chegou, as autoridades soviéticas compreenderam por quê. "Nenhum objeto de valor cultural da URSS [foi encontrado] na RDA." Nada. Nem um pé de cadeira poderia ser devolvido a Moscou, pois os americanos já haviam devolvido à União Soviética meio milhão de obras de arte no fim da guerra.

Moscou viu-se diante de um grave problema. A realização da troca fora divulgada no mundo todo. Agora os soviéticos teriam de devolver quase dois milhões de obras de arte alemãs sem receber nada em troca. Ficariam com a imagem de ladrões vorazes, enquanto os alemães, condenados em Nuremberg pela dizimação da cultura soviética, apareceriam como vítimas.

Os soviéticos lançaram-se à tentativa de limitar seus danos. Em julho de 1958 o Museu Puchkin em Moscou e o Hermitage em Leningrado anunciaram que fariam exposições de gala de "tesouros salvos".[24]

Editores de jornal foram convocados e instruídos sobre as notícias que deviam dar. Foi nesse momento que o *Kaliningradskaia Pravda* (e em seguida praticamente todos os outros jornais da pátria) publicou suas duvidosas matérias sobre a Sala de Âmbar. Os artigos revelavam que "a mais valiosa obra de arte do mundo" não havia sido destruída pelo fogo em abril de 1945, mas escondida pelos nazistas num lugar secreto conhecido apenas por meia dúzia de alemães. O caso da Sala de Âmbar ajudou a desviar as atenções das embaraçosas perguntas que estavam sendo feitas pela mídia ocidental: por que Moscou mentira durante tanto tempo sobre os tesouros que pilhara na Alemanha? O que mais estava escondido em seus arquivos e depósitos?

Anatoli Kuchumov ressuscitara o caso da Sala de Âmbar para salvar sua carreira. Moscou se apoderara de seu relatório para refutar acusações que os americanos lhe estavam fazendo. Assim, em 1958, revelações sobre a busca secreta da mais valiosa obra de arte do mundo voltariam a ocupar as manchetes e salvariam a imagem dos soviéticos.

Seis meses mais tarde, depois de ler os artigos sensacionalistas publicados na *Freie Welt*, alemães-orientais foram contagiados pela ânsia de notícias sobre a Sala de Âmbar. Quis a sorte que esses artigos fossem publicados no momento em que Paul Enke estava se formando na Academia Walter Ulbricht em Potsdam-Babelsberg. Eles foram a deixa para que o futuro agente da Stasi começasse a procurar a Sala de Âmbar na RDA, formando o grupo de estudos embrionário da Sala de Âmbar que faria o jogo dos soviéticos, gerando ainda mais boatos sobre a "ainda desaparecida" Sala de Âmbar (verificando ao mesmo tempo o que os alemães realmente sabiam sobre a verdade).

Depois de lançar a história, Moscou viu-se obrigada a continuar procurando a sala também na União Soviética. À medida que o mistério sobre seu esconderijo crescia, figuras de escalão cada vez mais alto do *establishment* soviético envolveram-se com o que passou a ser visto como uma missão patriótica. É possível até que, com o tempo, os soviéticos tenham esquecido a verdadeira história e passado a acreditar no dogma, até 1984, quando Moscou se cansou de gastar dinheiro na procura do nada e secretamente cessou tudo que vinha fazendo, encerrando as investigações sobre a Sala de Âmbar após 38 anos de exaustivos trabalhos.

Mas o coronel Avenir Ovsianov, diretor do Centro de Coordenação da Procura de Relíquias Culturais de Kaliningrado, dissera-nos que esse não fora o fim da história da Sala de Âmbar. Quando o comunismo começou a claudicar no final da década de 1980, várias importantes coleções de arte saqueadas durante a Segunda Guerra Mundial apareceram na União Soviética. Todos esses tesouros escondidos por tanto tempo se materializaram graças à mediação de um acadêmico da Universidade de Bremen. Um homem de fala mansa, capaz de servir a todos os lados: gozava da confiança dos *apparatchiks* soviéticos; era tolerado por antigos saqueadores nazistas e bajulado pelos políticos no Bundestag.

Depois que essas obras de arte desaparecidas vieram à tona em Moscou, pedaços da Sala de Âmbar começaram a emergir na Alemanha.

14

"ENTÃO QUEREM QUE lhes fale sobre as peças da Sala de Âmbar reencontradas?", perguntou o professor Wolfgang Eichwede, alçando as sobrancelhas, quando nos encontramos em seu gabinete na Universidade de Bremen em abril de 2003. Empurrou uma caixa de chocolates russos que tinha sobre sua mesa em nossa direção, com o Palácio de Catarina de São Petersburgo estampado na tampa. "Peguem um", disse, pondo uma trufa na boca. "São realmente ótimos."

Reacomodou-se na cadeira. "Alguns meses antes da queda do Muro de Berlim, em novembro de 1989", recordou ele, "recebi um telefonema de Moscou. Era um homem chamado Viktor Baldin, diretor do Museu Shchusev de Arquitetura. Disse que tinha um segredo para me contar."

Baldin confessou a Eichwede, diretor do Centro de Pesquisa para a Europa Oriental da Universidade de Bremen, que sua instituição detinha, trancados em seus depósitos, 364 pinturas e desenhos pertencentes ao Bremen Kunsthalle.

Perguntamos se eram as partes da Sala de Âmbar.

Não, essas só apareceram muito mais tarde. Viktor Baldin disse-me que sabia que essas obras estavam lá desde 1945. Quando servia como capitão na 38ª Brigada de Engenheiros de Campo, ele e outros soldados as haviam encontrado nos porões do Castelo Karnzow, 65 quilômetros ao norte de Berlim. Todas traziam etiquetas do Bremen

Kunsthalle. Ele mesmo e vários outros camaradas haviam levado essas obras de arte para Moscou.

Viktor Baldin contou que depois da guerra, quando Stalin ordenara investigações sobre pilhagem, ele entrara em pânico e doara as 364 obras que estava escondendo ao Museu Shchusev de Arquitetura, onde trabalhava. Em 1989, com a Guerra Fria chegando ao fim, Baldin, que se tornara o diretor do museu, queria devolver à Alemanha os desenhos de Bremen como um sinal de amizade. Mas as autoridades de Moscou haviam descoberto seu plano e estavam tentando tolhê-lo.

Eichwede continuou: "O telefonema dele desencadeou uma reação em cadeia. Poucos dias após sua ligação, Nikolai Gubenko, ministro da Cultura da Rússia e a KGB invadiram de surpresa o Museu Shchusev em Moscou. Confiscaram as 364 obras do Bremen Kunsthalle e as enviaram para depósitos fechados do Hermitage em Leningrado." Olhou de relance para o *poster* de uma exposição do Hermitage na parede. "Comecei ligando para o vice de Gubenko. Não pedi nada. Disse simplesmente que desejava ver as obras de Bremen."

Formado no movimento radical de estudantes de 1968, Eichwede conhecia bem a mentalidade soviética e já tinha ligações em Moscou. No início da década de 1970 ele contribuíra para o início do primeiro debate público sobre as relações entre a União Soviética e a Alemanha Ocidental após a guerra. Em 1992 o professor finalmente recebera um convite para ver os desenhos de Bremen.

"Quando cheguei ao Museu Hermitage, o diretor Mikhail Piotrovski havia espalhado as obras sobre a mesa de seu gabinete, cujas janelas davam para o Neva. Ficamos a contemplá-las juntos, enquanto a neve caía do lado de fora. Eu era o primeiro alemão a ver os desenhos de Bremen em 47 anos. Não sairia com eles naquele dia, mas sólidas amizades haviam sido firmadas."

Em 1º de março de 1993, após negociações dirigidas por Eichwede, a Rússia concordou em devolver as obras de Bremen em troca de uma coleção de desenhos de propriedade da Alemanha e verbas do Bundestag alemão para a restauração das igrejas de Novgorod, que haviam sido danificadas pelos nazistas.

"Depois de concordar com o negócio", disse Eichwede, "meu governo arrependeu-se e anulou o acordo, alegando que a Alemanha não podia parecer estar recompensando a pilhagem. Um argumento ridículo, pois havíamos traído e saqueado a União Soviética. Mas nossos políticos diziam: 'Que mais os russos estão guardando? Queremos tudo de volta e não apenas as obras de Bremen.' Tive de ir a Moscou e comunicar a eles que o negócio não poderia ser realizado."

Semanas depois, mais obras da coleção desaparecida do Kunsthalle de Bremen apareceram em Moscou, quando um outro veterano do Exército Vermelho apresentou-se, após ler sobre Viktor Baldin nos jornais russos. O veterano tinha 101 desenhos que, segundo dizia, ele e um amigo haviam encontrado no Castelo Karnzow em 1945. Levou-os numa pasta para a embaixada da Alemanha. Quando os soviéticos descobriram, emitiram imediatamente uma proibição de exportação. Agora duas partes da coleção desaparecida do Kunsthalle de Bremen estavam retidas: uma em São Petersburgo e a outra na embaixada alemã em Moscou.[1]

Perguntamos que conexão havia entre os desenhos de Bremen e a Sala de Âmbar.

"Sejam pacientes", disse Eichwede. "As negociações foram tortuosas. Em seguida um outro tesouro alemão desaparecido emergiu na Rússia. Gregori Koslov, um curador do Museu Puchkin em Moscou, um homem que ajudara a negociar a devolução dos 101 desenhos de Bremen à Embaixada da Alemanha, encontrou em seu museu uma pilha de documentos que estavam a caminho da fragmentadora. Nesses documentos havia referências a obras de arte alemãs levadas para a Rússia no fim da guerra. Listas de várias páginas citavam obras de valor inestimável que todos nós alemães pensávamos terem sido destruídas, inclusive o chamado 'Ouro de Tróia'. Que descoberta!"

O "Ouro de Tróia", um conjunto de diademas, colares e brincos antigos, uma grande atração em meio às coleções de arte de Berlim antes da guerra, era uma das preciosidades que os aliados acusavam os soviéticos de terem furtado em 1945. Estes negavam categoricamente qualquer responsabilidade por seu desaparecimento, mas os documentos encontrados por Koslov provavam que o tesouro realmente chegara a Moscou, fora secretamente levado para o Museu Puchkin e inventariado ali em 28 de junho de 1945.

Koslov levou a história a público. O governo alemão ficou furioso. Igualmente furiosa ficou Irina Antonova, chefe de Koslov e diretora do Museu Puchkin. Ela iniciara sua carreira ajudando a compilar o inventário do "Ouro de Tróia" e guardara o segredo durante quase cinqüenta anos.

Antonova chamou Koslov a seu gabinete. Mais tarde ele recordou: "Insisti com ela que queria dizer a verdade. Ela retrucou: 'Há diferentes verdades (...) verdades tolas e verdades sábias, e a sua é tola. Há também justiça (...) Você é jovem e inexperiente. Você não viu o Peterhof pegar fogo, mas eu vi (...)'[2] Sustentou que o ocultamento do 'Ouro de Tróia' pelos soviéticos era inteiramente desculpável, não se comparava à destruição promovida pelos nazistas em Leningrado."

Eichwede revirou os olhos. "Em outubro de 1994 uma delegação alemã chegou a Moscou para ver o 'Ouro de Tróia'.[3] Quando os alemães partiram, Irina Antonova declarou que embora os russos não fossem devolvê-lo, logo o poriam em exposição. Um ano depois, porém, ela publicou na *Nezavisimaia Gazeta* um artigo intitulado: 'Não devemos nada a ninguém'."[4] Agora eram três os tesouros alemães revelados e retidos na Rússia: 364 desenhos de Bremen em São Petersburgo; outros 101 na embaixada da Alemanha em Moscou; e o "Ouro de Tróia" trancado nos depósitos do Museu Puchkin.

"Eu tinha de romper o impasse", disse Eichwede, "conciliar os dois lados. Em 1994 organizei uma conferência, 'Os espólios de guerra', para que alemães e soviéticos conversassem. Sugeri que fizessem um intercâmbio de tipo diferente, que não envolvesse a devolução de coisa alguma."

Olhamos para ele perplexos. Pediu-nos paciência com um sinal e continuou: "Perguntei aos alemães: por que não ajudar a recriar a Sala de Âmbar? O rei da Prússia, Frederico Guilherme I, deu a sala original ao czar russo como um presente diplomático. Por que não poderia o chanceler da nova Alemanha construir para o presidente da nova Rússia uma outra Sala de Âmbar e mitigar as velhas feridas?"[5]

De início ninguém aceitou a idéia de Eichwede e as críticas da Rússia intensificaram-se depois de janeiro de 1996, quando o país foi admitido no Conselho da Europa.[6] Esse gesto teria posto fim às discussões sobre obras de arte saqueadas, pois a Rússia agora estava sujeita à lei internacional de restituição que a obrigava a colaborar com a Alemanha no que dizia respeito a devoluções. Arquivos e obras de arte pertencentes a outros Estados membros deveriam ser devolvidos.

Mas o ministro da Cultura Nikolai Gubenko, que havia impedido as tentativas de Baldin de devolver os 364 desenhos para Bremen em 1989, manteve-se irredutível: nada sairia da Rússia para uma nação que devastara a União Soviética. Convenceu a Duma a promulgar uma lei que estatizava todos os bens culturais capturados pelo Exército Vermelho durante a guerra e redefinia as obras de arte alemãs como "reparações por danos sofridos".

Eichwede pôs mais um chocolate russo na boca. "Foi um pesadelo. Depois, no verão de 1997, recebi outro telefonema. No meio da noite. Meia hora depois eu estava à mesa de um restaurante suspeito numa ruela, com um homem que estava, de maneira óbvia, mentalmente destruído. Agora vou chegar ao que interessa aos senhores. Esse homem me disse que seu pai, um veterano da Wehrmacht que lutara nas proximidades de Leningrado em 1941, roubara parte da Sala de Âmbar e ele ainda a tinha em seu poder."

Ficamos pasmos.

Eichwede reprimiu nossa tentativa de fazer outra pergunta. "Parecia absurdo, mas era verdade. Esse homem, Hans Achterman, tinha em seu quarto o mosaico florentino de pedra que ilustrava os sentidos 'Tato e olfato'."

Um mosaico da Sala de Âmbar. Anatoli Kuchumov só encontrara três deles em Königsberg em 1946. Um desaparecera e, pelo raciocínio do curador, onde quer que o quarto mosaico estivesse, ali também estariam os painéis da Sala de Âmbar.

Eichwede continuou: "Achterman contou-me que em 1978 assistira a um documentário sobre a Sala de Âmbar na televisão. O *hobby-Historiker* George Stein aparecera e mostrara uma fotografia do mosaico perdido. Ele o reconhecera imediatamente — aquele mosaico era idêntico ao que estava no porão da casa de seus pais. Na época não fizera nada. Tivera medo. Oito anos depois, porém, com o pai morto e jornais locais publicando matérias sobre as inestimáveis obras de arte alemãs retidas na Rússia, pensara que poderia ganhar algum dinheiro com aquele mosaico. E lá estávamos nós, às quatro horas da manhã, discutindo o preço à vista do mosaico.

"Achterman estava nervoso, hesitava. Finalmente, quando o sol já estava nascendo, o gerente do restaurante se aproximou de nós e disse: 'Hans, você está discutindo com um professor que entende dessas coisas. Essa é a sua única chance. Pelo amor de Deus, homem, diga-lhe quanto quer pelo mosaico.' Começamos em 400 mil DMs e fomos baixando até 250 mil. Escrevi o contrato no dorso de uma bolacha de cerveja. Então, com a caneta na mão, Hans Achterman mudou de idéia e me deixou lá plantado. Com as guimbas."

Depois Achterman se escondeu, mas a notícia do reaparecimento de um mosaico da Sala de Âmbar espalhou-se depressa quando a polícia alemã anunciou que iria prendê-lo por roubo. O *Daily Telegraph* noticiou: "Um dos maiores mistérios relacionados à arte do século, o paradeiro da suntuosa Sala de Âmbar, assumiu um rumo novo ontem após a descoberta, na Alemanha, de um mosaico que, segundo se acredita, fez parte do inestimável tesouro."[7]

O *US News* divulgou: "Desaparecida: Sala de valor inestimável vista pela última vez na Segunda Guerra. Ressurge pequeno pedaço do tesouro czarista."

Após suportar oito anos de difamações por causa das pinturas de Bremen e do "Ouro de Tróia", a Rússia tratou de aproveitar mais que depressa aquela oportunidade. O primeiro-ministro pediu a devolução do mosaico. Ele era a prova de que os alemães continuavam se aferrando ao tesouro mais precioso de seu país. Fizeram-se especulações histéricas na imprensa russa, segundo as quais a Sala de Âmbar estava prestes a ser encontrada — na Alemanha. Todas as velhas histórias sobre seu desaparecimento — uma unidade de elite de nazistas teria removido a sala de Königsberg para um lugar secreto cujo codinome era BSCH — foram exumadas. Mas, é claro, a sala não reapareceu.

"Era a oportunidade de que a Rússia precisava. Todos os olhos estavam voltados para a Sala de Âmbar e as perdas soviéticas estavam sendo lembradas. A Alemanha passara à defensiva."

O Ministério das Relações Exteriores alemão pediu calma, enquanto aprofundava as investigações sobre a proveniência do mosaico de pedra. Pouco depois, uma abastada dona de casa de Berlim Ocidental apresentou-se e disse possuir uma cômoda que também pertencera à Sala de Âmbar.

Essa senhora lera um artigo sobre o mosaico de Hans Achterman ilustrado com uma fotografia da Sala de Âmbar original. Entre os móveis, identificara uma cômoda delicada e esmeradamente marchetada do século XVIII que agora estava em sua sala de estar, cheia de toalhas de mesa e guardanapos.

Em seguida os jornais voltaram sua atenção para um leilão da Christie's, em Londres. Dois anos antes, essa casa de leilões vendera por 15 mil dólares uma cabeça de centurião, do tamanho de um palmo, esculpida em âmbar. Disse Eichwede: "Era uma peça antiga. Polida pelo tempo. A Christie's especulou que poderia ter ligação com a Sala de Âmbar."

No entanto um detalhe que os russos não mencionaram na publicidade que se seguiu foi que o mosaico de pedra, a cabeça de centurião e a cômoda nada provavam sobre o destino da Sala de Âmbar propriamente dita, pois todas essas peças haviam sido retiradas da sala antes que ela chegasse a Königsberg em dezembro de 1941, e portanto não teriam podido ser transportadas para o suposto esconderijo nazista em que, ao que se alegava, estava a Sala de Âmbar.

Descobrimos que a cabeça de centurião estava em Munique, onde um *marchand* revelou, em nome do colecionador que a comprara (um alemão apaixonado por âmbar antigo), que em seu dorso havia uma etiqueta de leilão datada da década de 1920. Provavelmente a peça saíra da Rússia após a Revolução.

Quanto à cômoda, não havia menção a ela no Livro de Doações do Castelo de Königsberg, que arrolava meticulosamente cada peça recebida por Alfred Rohde em dezembro de 1941. Devia ter sido roubada do Palácio de Catarina antes da transferência da Sala de Âmbar para Königsberg.

Por fim o mosaico de pedra: Hans Achterman continuou sustentando até morrer que seu pai se apossara do mosaico como *souvenir* quando, com cinco outros soldados, havia desmontado a Sala de Âmbar no Palácio de Catarina em 1941. Se isso fosse verdade, ele pertencia ao pelotão que encaixotara em apenas 36 horas o que Anatoli Kuchumov havia sido incapaz de salvar. De fato, a análise de fotografias feitas para ilustrar o artigo de Alfred Rohde publicado na revista *Pantheon* em 1942 confirmava que o quarto mosaico nunca chegara a Königsberg. Numa foto da sala remontada no castelo, a imagem refletida num espelho revelava que na parede oposta, onde o mosaico deveria estar pendurado, havia um espaço vazio.

Longe de provar que ladrões alemães continuavam escondendo a Sala de Âmbar, a descoberta do quarto mosaico solapava o principal elemento da argumentação soviética de que a sala sobrevivera à queda de Königsberg. Em seus papéis privados, Anatoli Kuchumov afirmara que a ausência do quarto mosaico do monte de cinzas por ele encontrado no Salão dos Cavaleiros provava que a peça havia sido escondida em outro lugar, junto com os painéis de âmbar. Ele não vivera para ver o reaparecimento do mosaico e a derrubada de sua teoria.

Ninguém prestou atenção a esses detalhes na Rússia, onde o ex-ministro da Cultura Nikolai Gubenko, agora um representante na Duma, afirmou que o maior tesouro desaparecido de sua nação estava escondido na Alemanha. A Sala de Âmbar devia estar sendo apregoada, aos pedaços, por ladrões alemães, especulavam Gubenko e jornais russos. O destino do tesouro foi novamente manipulado, dessa vez para justificar a decisão da Rússia de jamais devolver a Berlim coisa alguma tomada pelo Exército Vermelho durante a guerra. Em abril de 1998, o tribunal constitucional russo ordenou a um relutante presidente Ieltsin que sancionasse a lei que estatizava os despojos de guerra.

Na Alemanha, alguns também se beneficiariam do interesse renovado pela Sala de Âmbar. Aceitando a idéia de Eichwede, a Ruhrgas AG, uma fornecedora de energia que tinha vultosos investimentos na Rússia, concordou em patrocinar a construção de uma nova Sala de Âmbar em São Petersburgo.

Os russos já haviam dado início a esse enorme projeto, mas faltava-lhes dinheiro. Em 6 de setembro de 1999, representantes da Ruhrgas AG encontraram-se com o Dr. Ivan Sautov, diretor do Palácio de Catarina, e o ministro russo da Cultura para assinar com canetas-tinteiro de âmbar um contrato de patrocínio no valor de 3,5 milhões de dólares. Irritado, o governo alemão não fez seu ministro da Cultura viajar de Berlim a Moscou para testemunhar o ato; contentou-se em se fazer representar por seu embaixador em Moscou.

Eichwede sorriu: "A Ruhrgas queria financiar um projeto cultural de grande visibilidade. Seu interesse era primordialmente comercial. A sala valia uma fortuna para políticos russos e empresários alemães."

Abafou um bocejo. "Foi exaustivo. Logo depois as coisas ficaram realmente complicadas. Achterman e seu mosaico reapareceram. Ele quis reconsiderar o acerto que havíamos feito no dorso da bolacha de cerveja e acabou concordando em me vender o mosaico por 210 mil DMs. Tudo foi feito de maneira absolutamente sigilosa. Ninguém podia saber daquilo até que o mosaico estivesse de volta na Rússia. O dinheiro seria fornecido por empresários de Bremen. O governo alemão não poderia parecer estar pagando aquilo."

Eichwede telefonou para o vice-ministro da Cultura em Moscou. "'Estou com seu mosaico desaparecido', eu disse a P. V. Khoroshilov. Após se recobrar do choque, ele respondeu: 'Talvez consigamos chegar a um entendimento.'" Ele voou secretamente para Bremen e fechou o negócio: o mosaico de Hans Achterman seria devolvido a São Petersburgo; por outro lado, seria permitido o envio para Berlim dos 101 quadros de Bremen presos na Embaixada da Alemanha em Moscou. "Dissemos: 'Primeiro mandem os desenhos, depois receberão o mosaico.' Khoroshilov assinou o acordo."

Eichwede ainda precisava da aprovação de Berlim. Levantou os braços: "Eles disseram não." Depois de prometer que devolveria o mosaico à Rússia, o governo alemão agora informava que também mudara as leis referentes a obras de arte e reparações. O mosaico de pedra da Sala de Âmbar fora incluído numa lista de peças cuja exportação estava proibida. "Eu estava quase desistindo quando o prefeito de Bremen me telefonou e disse: 'Ora, isso não tem cabimento. Com ou sem consentimento, vou pegar um avião amanhã para Moscou com o mosaico.'" Temendo um escândalo, o governo alemão capitulou e, no dia 30 de abril de 2000, o prefeito de Bremen, o presidente da

Câmara de Comércio da cidade e o ministro alemão da Cultura entregaram o mosaico ao presidente Putin e voltaram para casa com os 101 desenhos de Bremen. (A coleção de 364 desenhos de Bremen de Viktor Baldin, porém, permaneceu no Hermitage de São Petersburgo e o "Ouro de Tróia" continuou trancado nos depósitos do Museu Puchkin de Moscou.)

Depois que a história da Sala de Âmbar ressurgiu, foi impossível silenciá-la. Caçadores de tesouros voltaram à reserva natural das Erzgebirge no oeste da Saxônia com detectores de metal e picaretas. A revista *Der Spiegel* anunciou que estava financiando escavações em Kaliningrado, debaixo do "Monstro" e na junção da Steindamm Strasse com a Lange Reihe. O barão von Falz-Fein começou a escrever para os seus velhos amigos, pedindo-lhes que renovassem seus esforços para encontrar a sala. Em Weimar, um veterano da Segunda Guerra Mundial afirmou ter encontrado fortes indícios de que a Sala de Âmbar estava escondida nos túneis que corriam sob a cidade. Em Göttingen, um livreiro anunciou que descobrira documentos que provavam que a sala estava enterrada na mina de Volpriehausen (como queria o *hobby-Historiker* George Stein, em sua tentativa de comprovar a versão alemã alimentada por documentos fornecidos pela Stasi).

Em São Petersburgo, o Dr. Ivan Sautov anunciou que a nova Sala de Âmbar seria inaugurada no dia 31 de maio de 2003, para marcar o tricentenário de fundação da cidade.

O telefone de Eichwede tocou. Ele falou rapidamente durante dez minutos; ao desligar, disse, virando-se para nós: "A negociação continua. Era o nosso ministro da Cultura. Ele esteve recentemente em São Petersburgo para receber de volta os vitrais da igreja de Santa Maria em Frankfurt an der Oder. Haviam desaparecido durante a guerra, mas agora que a Alemanha se ofereceu para restaurar o órgão da Filarmônica de Leningrado e as igrejas de Novgorod, reapareceram. O ministro os levou para o aeroporto de São Petersburgo na traseira de um táxi." Contou, radiante.

E quanto ao caso interminavelmente reciclado da Sala de Âmbar? Eichwede achava que algum dia ele seria enterrado?

O professor suspirou, jogou seu paletó axadrezado verde e preto sobre o ombro, como uma capa de caça, e olhou-nos bem nos olhos. "Que posso dizer? Algumas pessoas sonham com princesas e fadas. Outras com a Sala de Âmbar."

Em janeiro de 2003 as gráficas de São Petersburgo trabalharam a pleno vapor. Antes que a Sala de Âmbar pudesse ser revelada para um público internacional de VIPs, era preciso imprimir centenas de exemplares de um catálogo especial.

Cada convidado que chegasse a São Petersburgo em 31 de maio de 2003 para as festas em comemoração do tricentenário da cidade poderia ler o *Catálogo sumário da Federação Russa dos bens culturais roubados e perdidos durante a Segunda Guerra Mundial. Volume I. A Zona de museus estatais de Tsarskoie Selo. O Palácio de Catarina.* Livro 1.[8] Num universo de cem mil obras perdidas, o governo russo escolhera, para ilustrar a capa do catálogo, uma grande fotografia da Sala de Âmbar colorida à mão.

Num preâmbulo, o vice-ministro da Cultura P. V. Khoroshilov declarava:

> O Ocidente e em especial a Alemanha preferem manter silêncio sobre as perdas culturais da Rússia. Apesar disso, todos se interessam em descobrir quantas pinturas, desenhos, gravuras, esculturas, objetos de arte decorativa, achados arqueológicos e coleções de livros alemães ainda permanecem na Rússia e que museus os abrigam.

A Sala de Âmbar era novamente arrolada como oficialmente desaparecida, o primeiro item num inventário de trezentas páginas de obras furtadas pelos nazistas do Palácio de Catarina.

O vice-ministro da Cultura concluía com elogios para um único alemão-ocidental: "De grande ajuda foi o arquivo do estudioso alemão George Stein, que dedicou muitos anos de sua vida à procura da Sala de Âmbar (...) Lamentavelmente o trabalho foi interrompido por sua trágica morte." Não tínhamos dúvida de que Stein teria ficado encantado em saber que fizera a edição final da história da Sala de Âmbar dos soviéticos.

O Dr. Sautov, diretor do Palácio de Catarina, escrevera uma introdução. A Sala de Âmbar era um "símbolo das perdas artísticas e culturais da Rússia" e ele e sua equipe estavam, dizia, "convencidos de que ela não pereceu e será encontrada como resultado de pesquisas devidamente organizadas."

Continuava o diretor Sautov: "O objetivo deste [catálogo] é (...) um desejo concreto de homens reais de [divulgar] que peças de arte foram perdidas durante a ocupação, entre elas a Sala de Âmbar." Não havia nenhuma menção ali ao incêndio provocado pelo Exército Vermelho, que destruíra tudo no Salão dos Cavaleiros do Castelo de Königsberg.

Seguia-se um sumário de dez páginas da história da Sala de Âmbar escrita por Larissa Bardovskaia, a curadora-chefe do Palácio de Catarina, que se apropriara livremente de materiais do livro de Paul Enke e do pouco fidedigno George Stein. Ela concluía pungentemente: "Os objetos de arte do museu do Palácio de Catarina continuam esperando para retornar a seu lar. O problema dos troféus culturais da Grande Guerra Patriótica exige a mais completa atenção dos representantes da comunidade internacional." Esses representantes estavam prestes a chegar a São Petersburgo em 31 de maio de 2003, para celebrar o tricentenário da cidade.

Em fevereiro de 2003, no entanto, um outro conflito ameaçou ofuscar a cerimônia de inauguração da Sala de Âmbar. O ministro da Cultura Mikhail Shvidkoi anunciou que a Rússia iria finalmente devolver ao Kunsthalle de Bremen as 364 obras levadas pelo veterano do Exército Vermelho Viktor Baldin. Mas Nikolai Gubenko, agora chefe do Comitê de Cultura e Turismo da Duma, pediu diretamente ao presidente Putin que impedisse a partida da coleção. O primeiro vice-procurador-geral Iuri Biriukov convocou Shvidkoi a seu gabinete e advertiu-o de que se levasse adiante seu plano de devolução seria incriminado.[9]

No dia 17 de março, Valentina Matvienko, plenipotenciária de Putin em São Petersburgo, pôs lenha na fogueira ao atacar jornais alemães que haviam qualificado de imoral o furto da coleção de Bremen pelo Exército Vermelho em 1945. "Destruir o Peterhof foi imoral", disse Matvienko. "Foi imoral furtar a Sala de Âmbar, sitiar

Leningrado, destruir milhares de cidades soviéticas e matar milhões de russos (...) Temos pleno direito de estabelecer as condições da devolução porque fomos nós que pagamos o preço mais alto pela Grande Guerra Patriótica." Matvienko concluiu acusando os colecionadores privados alemães de continuar escondendo obras-primas russas em sótãos e porões.[10]

Em 8 de abril de 2003, às vésperas de fazer uma visita à Alemanha, o presidente russo Putin também levantou a questão. Perguntado sobre o pagamento de dívidas russas que haviam se elevado durante o tempo da RDA, um assunto que seria discutido em Berlim, Putin respondeu: "O problema da dívida é muito penoso para a Rússia e também para a Alemanha. Não só, como se diz freqüentemente, porque a cultura e as artes russas foram seriamente prejudicadas durante a Segunda Guerra Mundial, como também porque parte das obras de arte removidas da Rússia durante a guerra encontra-se agora em coleções privadas."[11]

No dia 8 de maio, mais de quatrocentos heróis condecorados da Grande Guerra Patriótica foram convidados a visitar a Sala de Âmbar reconstruída como parte das comemorações do Dia da Vitória, considerado ainda hoje pela maioria dos russos a data mais importante do calendário político. "Não esqueceremos nem perdoaremos", disseram os veteranos aos repórteres, lembrando que a sala original fora "arrancada da pátria" quando os "malfeitores nazistas" apertaram o cerco em torno de Leningrado no inverno de 1941.[12]

Finalmente chegou o dia 31 de maio. Embora os VIPs tivessem ido a São Petersburgo oficialmente para participar da conferência de cúpula entre a Rússia e a União Européia (que teve por pano de fundo simbólico o tricentenário da fundação da cidade anfitriã), o primeiro evento importante do seu programa foi a inauguração da nova Sala de Âmbar.

O *Pravda online* acompanhou os acontecimentos do dia.

15h30min. O presidente russo Vladimir Putin e o chanceler alemão Gerhard Schröder subiram a escada Monighetti, um lanço de mármore italiano ornado com pesadas colgaduras rubras. Sobre suas cabeças estava o *plafond* recém-restaurado (*Catálogo sumário da Fe-*

deração Russa: "a escada foi destruída durante a guerra e a maior parte das decorações de seu [teto] se perdeu").

Seguiram-se a eles as primeiras-damas Doris Schröder e Liudmila Putina, e depois Tony Blair, Silvio Berlusconi, Jacques Chirac, Kofi Annan, Romano Prodi, Atal Bihari Vajapyee, Hu Jintao e outros trinta chefes de Estado e de governo de todos os continentes, da ex-União Soviética e seus aliados.

O *Pravda* noticiou: "O orgulho da Rússia: líderes de países estrangeiros visitam um maravilhoso monumento do Palácio de Catarina."

Junto ao mármore de Brodzski, *Cupido adormecido*, o préstito entrou na Sala de Banquete Branca e, transpondo as portas duplas douradas, atravessou as salas de banquete Carmesim e a da Pilastra Verde (*Catálogo sumário*: "tendo sido completamente arruinadas durante a guerra as salas ganharam nova vida em 1980").

Passando por armários que exibiam querubins quebrados, lágrimas de cristal e fragmentos de Sèvres, e por fotografias preto-e-branco de artesãos soviéticos trabalhando na restauração dos palácios de Leningrado, o grupo entrou no Salão dos Retratos (*Catálogo sumário*: "os móveis foram recriados em 1970 a partir de amostras salvas por evacuação durante a guerra").

Após percorrer corredores cheios de provas da barbárie nazista, os líderes mundiais e as primeiras-damas foram finalmente introduzidos, através de um assoalho marchetado com madeiras de lei raras, rosa e amaranto, numa câmara de luz cercada por cortinas para o clímax do *tour*.

15h35min. O *Pravda* relatou: "A legendária Sala [de Âmbar] da Rússia deslumbra novamente. Vinte anos de trabalho de artesãos russos devolveram a seu lugar, no Palácio de Catarina, a chamada Oitava Maravilha do Mundo. Ignora-se o que aconteceu com a sala original, cuja busca até hoje se provou infrutífera."

Sobre um cavalete era exibido um delicado mosaico de pedra do século XVIII ("Tato e olfato", aquele que Wolfgang Eichwede comprara de Hans Achterman num contrato escrito numa bolacha de cerveja). Contra uma parede estava uma cômoda outrora pertencente a uma dona de casa de Berlim Ocidental.

15h40min: A VGTRK Rossiya (Companhia Estatal de Televisão e Rádio da Rússia), transmitindo em cadeia, mostrou um homem corpulento, com basto bigode grisalho e metido num lustroso terno italiano a cumprimentar efusivamente os convidados. Tatiana Kosobokova, que cobriu o evento para o *Pravda*, escreveu: "Ivan Sautov, o diretor do museu, assumiu a responsabilidade de guiar pessoalmente Vladimir Putin na visita."

Um dia que começara com apresentações de Luciano Pavarotti, Demis Roussos e "o famoso grupo alemão de *hard-rock* Scorpions" (que cantou o "Hino a uma grande cidade") terminou num espetáculo noturno com luz de velas, fontes e música. Toda São Petersburgo — da cobiçosa antiga vice-diretora do palácio Valeria Bilanina em Puchkin ao parcimonioso jornalista Vladimir Telemakov em Ozerki, e da *expert* em mobiliário *Malinki* Albina em Pavlovsk à Nossa Amiga Professora nos subúrbios do norte — refestelou-se com dedais de vodca e fatias de arenque para assistir às cascatas de fogos de artifício que celebraram a "Janela para o Ocidente" de Putin (restaurada a um custo de 1,5 bilhão de dólares).

Não se permitira que nada empanasse o brilho desse Grande Dia. O mordaz ministro da Cultura Mikhail Shvidkoi, o vingativo representante na Duma Nikolai Gubenko e a patriótica plenipotenciária Valentina Matvienko estavam todos presentes e sorrindo (tal como o professor Wolfgang Eichwede da Universidade de Bremen). Até o sol fora induzido a brilhar. Jatos da força aérea russa, armados com agentes congelantes, haviam sido mobilizados com a missão de "influenciar as nuvens de chuva", banindo-as do céu sobre São Petersburgo (a um custo de 29 milhões de rublos).[13]

Quanto à história da Sala de Âmbar, ela fora cristalizada para sempre, como um inseto capturado na resina — agora, um fac-símile da sala original servia como um lembrete permanente da maior perda sofrida pela Rússia para todos que nela entrassem.

Epílogo

NO VERÃO DE 2003, recebemos extratos de um relatório enviado pelo Hospital Psiquiátrico de Hamburgo-Eppendorf para o magistrado encarregado da investigação de casos de morte suspeita de Ingolstadt. Datado de 25 de agosto de 1987, o documento declarava que havia "ódio mútuo na família de George Stein". Revelava que Elisabeth, mulher de Stein, não fora assassinada em 1983 — na verdade suicidara-se, com medo do marido.

Dizia o relatório: "Exatamente 15 anos antes, na Sexta-Feira Santa [1972], [George Stein] estimulara sua mulher a fazer cortes sacrificatórios na parede do abdome dele, usando um escalpelo. Na Sexta-Feira Santa de 1982 pediu-lhe que o fizesse de novo." Em ambas as ocasiões, depois George Stein chamou a polícia e afirmou ter sido atacado por mascarados munidos de facas que o haviam intimado a se afastar do mistério da Sala de Âmbar. Mas na verdade Stein havia inventado essas histórias, após forçar a mulher a realizar atos sadomasoquistas.

O dia em que Stein foi admitido no hospital pela primeira vez em 1987, após ter sido encontrado numa mata perto de Hamburgo com feridas de punhal no abdome, era uma Sexta-Feira Santa. Quando foi descoberto três meses depois, sangrando nos bosques próximos de Starnberg, apresentava ferimentos semelhantes. E quando seu cadáver foi encontrado em 20 de agosto de 1987 numa clareira em Titting Wald, os ferimentos que o haviam feito perder sangue até morrer estavam na mesma posição em seu abdome. Eram todos mutilações masoquistas.

Stein era compulsivo, convincente e manipulador. Atuando no início de maneira brilhante, encontrou os ícones desaparecidos de Pskov. Depois se tornou desleixado e inábil. Até o agente da Stasi Paul Enke advertiu para seu caráter pouco confiável, sua propensão a falsificar documentos nazistas. Um dos muitos médicos que o atenderam percebeu essas qualidades tarde demais e escreveu a um colega cinco dias apenas após sua morte: "Eu mesmo estou envolvido neste caso, talvez excessivamente, e sem dúvida de uma maneira um tanto amadorística."[1]

George Stein pôs fim à própria vida de uma maneira tão dramática, esvaindo-se em sangue num anfiteatro de faias, que garantiu que seu nome ficasse associado para sempre ao enigma que não conseguira decifrar. Ao escolher o suicídio ritual por estripação (um ato formal denominado *seppuku* por guerreiros japoneses), encontrara também uma alternativa respeitável para a desonra e a derrota.

Mas essas verdades, como tantas outras em torno da Sala de Âmbar, foram escondidas, e a fraude pôde ocupar o vazio resultante. O governo russo e as autoridades dos museus continuam a promover o "estudioso alemão" George Stein, cujas louváveis tentativas de encontrar a Sala de Âmbar teriam sido interrompidas por sua "trágica morte". Jornais russos e alemães continuam a afirmar que ele foi assassinado e a especular sobre assassinos a mando de fascistas ou de um dos lados da Guerra Fria. Tudo isso mantém viva a idéia sem fundamento, e no entanto amplamente disseminada, de que a Sala de Âmbar foi furtada e escondida como parte de uma conspiração nazista, a qual teria eliminado muitos dos que tentaram descobri-la.

Alguns dos mesmos jornais que publicam essas afirmações continuam a subsidiar onerosas buscas da sala. No verão de 2003, equipes de Hamburgo fizeram escavações em Kaliningrado, à procura do esconderijo conhecido como BSCH, indicado no fim da história de "Rudi Ringel". Enquanto isso, outros exploravam as antigas fortificações de Königsberg e os porões do castelo sob o "Monstro". Na Saxônia, enquanto escrevemos, duas expedições concorrentes, que partiram de direções opostas, estão se aproximando de um túnel na mina de prata

Nicolai Stollen. Heinz-Peter Haustein, prefeito de Deutschneudorf, escava a partir do lado alemão e Helmut Gänsel, um empresário do setor de mineração de Miami, o faz a partir da aldeia tcheca de Stechovice. Nesse meio-tempo, nos túneis e castelos virtuais das salas de bate-papo da Internet, editores de *websites* continuam a dar corda à história da Sala de Âmbar. Em dezembro de 2003 recebemos de um *website* que patrocina escavações em busca da sala na região alemã da Turíngia um *e-mail* que concluía: "Por favor, mande doações agora. Dê-nos o que você puder. Fizemos descobertas inesperadas de capital importância e dentro de um ou dois meses revelaremos onde a Sala de Âmbar foi enterrada."

No entanto, os dados, quando os examinamos, são inequívocos. Documentários filmados pelos soviéticos no interior do Castelo de Königsberg pouco após a queda da cidade em 9 de abril de 1945 mostram que algumas salas permaneciam intactas. Testemunhas alemãs que se esconderam no castelo declararam aos interrogadores soviéticos que ele não havia sido destruído pelo fogo até o momento da rendição, na noite de 9 de abril, nem o foi nas primeiras horas do dia seguinte. No entanto, quando os primeiros investigadores oficiais soviéticos chegaram a Königsberg, em 31 de maio de 1945, relataram que o castelo estava reduzido a ruínas carbonizadas e os armazéns da cidade saqueados. Em junho de 1945, o professor Aleksandr Brusov escreveu em seu diário que muitos dos esconderijos cuidadosamente escolhidos por Alfred Rohde, o diretor do Museu do Castelo de Königsberg, estavam inundados, queimados ou vazios, tendo sido abertos e incendiados ou vandalizados pelo Exército Vermelho após a rendição alemã.

Sabemos que as autoridades soviéticas foram informadas desses fatos por Brusov, que lhes afirmou num parecer que a Sala de Âmbar havia sido destruída, juntamente com muitos outros tesouros, entre 9 e 11 de abril de 1945. Os achados do professor foram classificados como secretos e sepultados por mais de cinco décadas; para substituí-los, o curador de Leningrado Anatoli Kuchumov, ao mesmo tempo que orquestrou uma campanha para desacreditar Brusov, promoveu uma teoria frágil, incapaz de resistir a qualquer exame mais atento.

O curador-geral temia ser acusado de negligência por não ter desmontado a sala no verão de 1941. Movido pela culpa, agiu de uma maneira que atendeu também, em cheio, às necessidades do governo: o Exército Vermelho estava sendo acusado pelos aliados de destruição desenfreada, enquanto vinha à luz que os depósitos dos museus russos estavam transbordando de obras de arte alemãs surrupiadas. Nasceu assim uma grande inverdade, que permitiu ao povo soviético e a seus simpatizantes na Europa e nas Américas continuar acreditando que o Leste fora a vítima dos piores excessos do Ocidente. A história verdadeira mostraria os soviéticos como mentirosos e rapaces, coisa que a liderança temia, dada a instabilidade reinante em todo o bloco nas décadas tumultuadas que se seguiram à guerra, em que a Polônia, a Hungria e a Tchecoslováquia ameaçaram desgarrar-se.

A história de que os nazistas haviam escondido a Sala de Âmbar foi endossada pelo Comitê Executivo do Conselho de Ministros, o mais poderoso órgão administrativo da União Soviética. Quem seria insensato a ponto de contradizê-la? A Sala de Âmbar desaparecida era o relicário em que estava depositado o infindável sofrimento do povo soviético.

O mundo deveria se lembrar de Stalingrado, dos 900 dias, da destruição de tantas cidades, vilas e aldeias soviéticas e dos sacrifícios feitos pelo Exército Vermelho durante a Segunda Guerra Mundial. Mas a história procede por vias tortas, e, se o Estado soviético foi vítima de desenfreada agressão alemã, também ele se revelou um vencedor perverso. Vendo seu país incendiado, estuprado e roubado, os soldados soviéticos tornaram-se vingativos e imprudentes.

Há apenas uma meia dúzia de verdades tangíveis na saga da Sala de Âmbar, e elas estão cristalizadas em 28 fragmentos caídos de suas paredes muito antes da Segunda Guerra Mundial. Hoje essas pepitas de âmbar quebradas estão trancadas num depósito do Palácio de Catarina, coladas num suporte de papelão. São tudo o que sobrou de um sonho russo.

Notas

EPÍGRAFE

1. Konstantin Akinsha e Gregori Koslov, *Stolen Treasure*, Weidenfeld & Nicolson, Londres, 1995, p. 233.

INTRODUÇÃO

1. Susanne Massie pesquisou relatos das evacuações dos palácios de Leningrado. Ver Susanne Massie, *Pavlovsk*, Hodder and Stoughton, Londres, 1990.
2. Ver Théophile Gautier, *Voyage en Russie*, Paris, 1866.
3. Já em 1918 algumas salas do Palácio de Catarina foram transformadas em museu.
4. Hans Hundsdörfer, que serviu na 6ª Divisão de Panzers, citado em Paul Enke, *Bernsteinzimmer Report*, Die Wirtschaft, Berlim Oriental, 1986, pp. 15-16.
5. Ver notas no Capítulo 2 para uma lista de pastas a acessar nos National Archives, Kew, Surrey.

CAPÍTULO 1

1. Vera Lemus, *Pushkin Palaces and Parks*, Aurora Art Publishers, Leningrado, 1984.
2. Ibid.
3. Alexei Tolstoi iniciou sua trilogia *The Road to Calvary* em 1922 e uma tradução inglesa foi publicada em 1946 por Alfred Knopf, Nova York.

4. Mais tarde encontramos um relatório crítico do plano de evacuação de 1936 escrito pelo secretário do Partido Comunista Stanislav Tronchinski: ver arquivo Kuchumov, Arquivo Central de Literatura e Arte do Estado — Tsentralni Gosudarstvenni Arkhiv Literaturi i Iskusstva (TGALI) 468, *Opus* 1, Pasta 108.
5. Anna Podorozhnik Akhmatova, *Plantain*, Petropolis, Petrogrado, 1921. Nikolai Gumilev, marido de Akhmatova, foi preso e fuzilado nesse ano.
6. Geraldine Norman, *The Hermitage*, Jonathan Cape, Londres, 1997.
7. Ibid. para a melhor versão do expurgo do pessoal dos museus.
8. Encontramos a versão original desse documento no arquivo Kuchumov, TGALI 468, *Opus* 1, Pasta 108.
9. Mais tarde encontramos uma versão desse relatório escrita pelo secretário do Partido Comunista Stanislav Tronchinski: ver arquivo Kuchumov, TGALI 468, *Opus* I, pasta 108.
10. Não se sabe muito sobre a família e a infância de Schlüter, mas o melhor relato encontra-se em Heinz Ladendorf, *Der Bildhauer und Baumeister Andreas Schlüter*, Deutscher Verein für Kunstwissenschaft, Berlim, 1935.
11. Ibid.
12. Winfried e Ilse Baer, *Charlottenburg Palace, Berlin*, Fondation Paribas, Paris, 1995. Carta escrita em 12 de novembro de 1701.
13. J. M. de Navarro, "Prehistoric Routes Between Northern Europe and Italy Defined by the Amber Trade", *Geographical Journal*, vol. LXVI, nº 6, Londres, dezembro 1925.
14. A. M. Kuchumov e M. G. Voronov, *A Sala de Âmbar*, Khudozhnik RSFSR, Leningrado, 1989.
15. Arnolds Spekke, *The Ancient Amber Routes and the Geographical Discovery of the Baltic*, M. Goppers, Estocolmo, 1957.
16. Helen Fraquet, *Amber*, Butterworth, Londres, 1987.
17. Baer, *Charlottenburg Palace.*
18. Fraquet, *Amber.* Ver também George e Roberta Poinar, *The Quest for Life in the Amber*, Addison & Wesley Publishing, Nova York, 1994.
19. Kuchumov e Voronov, *A Sala de Âmbar.*
20. Benson Mates, *The Philosophy of Leibniz,* OUP, Nova York, 1986, pp. 26-7.
21. Heinz Ladendorf, *Der Bildhauer und Baumeister Andreas Schlüter.*
22. Kuchumov e Voronov, *A Sala de Âmbar.*
23. Ibid.

24. *Diário de Pedro o Grande*, segunda parte, Biblioteca do Hermitage, São Petersburgo, 1772.
25. Kuchumov e Voronov, *A Sala de Âmbar*. Um táler equivalia a pouco menos de uma onça (23,4 g) de prata.
26. Ibid.
27. "A Sala de Âmbar do Palácio de Tsarskoie Selo", *Ruskii Vestnik,* novembro 1877, vol. 132, p. 391.
28. *As cartas dos czares russos*, Biblioteca do Hermitage, Moscou, 1861, p. 5.
29. M. P. Putzillo, "O início da amizade entre a Rússia e a Prússia: Gigantes russos a serviço da Prússia, 1711-1746", *Ruskii Vestnik,* março 1878, vol. 134, pp. 376-92.
30. Ibid., p. 391.
31. Ibid.
32. Arquivo Estatal Russo de Documentos Antigos — Rossiiskii Gosudarstvennyi Arkhiv Drevnikh Aktov (RGADA): Coleção 11, Inventário 53, Pasta 1, p. 9.
33. RGADA: Coleção 9, Inventário 33, Pasta 103.
34. RGADA: Coleção 2, Inventário 34, Pasta 417, p. 404.
35. O.N. Kuznetsova, *The Summer Garden and Palace of Peter I*, Lenizdat, Leningrado, 1988, pp. 22-4
36. *Pravda* significa "verdade" e *Izvestia* significa "notícias", o nome completo do jornal era, literalmente, "Notícias dos Conselhos dos Representantes do Operariado da URSS".

CAPÍTULO 2

1. Entrevista dos autores com professor da Universidade de Leningrado.
2. Personalities of St Petersburg, www.ceo.spb.ru.
3. V. Telemakov, "Os segredos da salvação das obras dos museus", manuscrito inédito, 1986.
4. National Archives (NA): *HW/5h9,* Commander Saunders, 9 setembro de 1941.
5. PRO: *CX/MSS/237*, Commander Saunders, 13 de setembro de 1941.
6. Arquivo Kuchumov, TGALI 468, *Opus* I, Pasta 108, contém um relato semelhante feito pelo curador Popova.
7. Antony Beevor, *Berlin: The Downfall 1945*, Viking, Londres, 2002.

8. W. Bruce Lincoln, *Sunlight at Midnight*, Basic Books, Nova York, 2000.
9. Anna Podorozhnik Akhmatova, *Plantain*, *Petropolis*, Petrogrado, 1921.
10. Telemakov, "Os segredos da salvação das obras dos museus".
11. Helen Dunmore, *The Siege*, Penguin, Londres, 2001.
12. Lincoln, *Sunlight at Midnight*.
13. RGADA: Coleção 467, Inventário 2 (73/87), Pasta 87b, pp. 523-4.
14. Ibid.
15. Aproximadamente 45kg de prata.
16. RGADA: Coleção 470, Inventário 6, Pasta 30, pp. 18,19 e 32.
17. RGADA: Coleção 470, Inventário 1 (82/516), Pasta 9, p.1 (1746).
18. Henri Troyat, *Catherine the Great*, Phoenix Press, Londres, 2000.
19. Ibid. e Laurence Kelly, *St Petersburg: a Travellers' Companion*, Constable, Londres, 1998.
20. A. M. Kuchumov e M. G. Voronov, *A Sala de Âmbar*, Khudozhnik RFSSR, Leningrado, 1989.
21. Théophile Gautier, *Voyage en Russie*, Paris, 1866.
22. Testemunho dado pelo Dr. Norman Paul Förster em Nuremberg, 14 de fevereiro de 1946.
23. Arquivo dos autores.
24. Cartas inéditas de Anatoli Kuchumov, arquivo dos autores. Para mais cartas, ver Susanne Massie, *Pavlovsk*, Hodder and Stoughton, Londres, 1990.

CAPÍTULO 3

1. Arquivo Kuchumov: TGALI 468, *Opus* 1, Pasta 123
2. Uma seleção das cartas de Gorki, incluindo esta, para Stalin, está no Arquivo Soviético da Biblioteca do Congresso. Um fac-símile desta pode ser encontrado também em www.ibiblio.org/pjones/russian/outline.html.
3. W. Derham, *The Philosphical Experiments and Observations of the Late Eminent Dr Robert Hooke*, Londres, 1726, p. 315.
4. Adam de Bremen, citado em A. Spekke, *The Ancient Amber Routes and the Geographical Discovery of the Baltic*, Estocolmo, 1957.
5. J. M. de Navarro, "Prehistoric Routes Between Northern Europe and Italy Defined by the Amber Trade", *Geographical Journal*, vol. LXVI, nº 6, Londres, dezembro, 1925
6. Olaus Magnus, *Carta Marina*, Veneza, 1539. Ver também Olaus Magnus, *De Gentibus Septentrionalibus*, Roma, 1555.

7. P. J. Hartmann, *Succini Prussici, physica et civilis historia*, Frankfurt, 1677, apêndice I, tradução para o alemão do relato de Simonis Grunovii de 1521, intitulada *O âmbar e suas fontes*.
8. Gotthard Treitschke, *Origins of Prussianism: The Teutonic Knights*, G. Allen and Unwin, Londres, 1942.
9. Arquivo Estatal Central de Moscou: Coleção 8, *Opus* 659, Pasta 2.
10. Antony Beevor, *Berlin, The Downfall 1945*, Viking, Londres, 2002.
11. Ibid.
12. Ibid.
13. Ibid.
14. Paul Enke, *Bernsteinzimmer Report*, Die Wirtschaft, Berlim Oriental, 1986.
15. Dossiês do Arquivo Nacional em Washington: OSS Art, US Assets. XX 8775-6.

CAPÍTULO 4

1. Henri Troyat, *Catherine the Great*, Phoenix Press, Londres, 2000.
2. Arquivo Kuchumov, TGALI 468, *Opus* 1, Pasta 119.
3. Ibid.
4. Ibid.
5. As traduções de todas as cartas de Alfred Rohde para o russo estão no arquivo Kuchumov, TGALI, Coleção 468, *Opus* 1, Pasta 119, pp. 39-47.
6. Havia na carta uma referência: "323 1-5."
7. V. Telemakov, "Os segredos da salvação das obras dos museus", manuscrito inédito, 1986.
8. Arquivo Kuchumov, TGALI 468, *Opus* 1, Pasta 122.
9. Telemakov, "Os segredos da salvação das obras dos museus".
10. Arquivo Kuchumov, TGALI 468, *Opus* 1, Pasta 48.
11. Ibid.
12. Telemakov, "Os segredos da salvação das obras dos museus".
13. Arquivo Kuchumov, TGALI 468, *Opus* 1, Pasta 48.
14. Heinrich Himmler planejava formar um exército de *Werwolfs* que deveria travar uma guerra de guerrilha a partir de bases secretas nos Alpes bávaros e austríacos.
15. Arquivo Kuchumov, TGALI 468, *Opus* 1, Pasta 48.
16. Alfred Rohde, *Bernstein ein Deutscher Werkstoff*, Denkmäler Deutscher Kunst, Berlim, 1937.

17. Alfred Rohde, "Monatsschrift für Freunde und Sammler der Kunst", *Pantheon*, vol. XXIX, F. Bruckmann, Munique, julho-dezembro 1942.
18. Telemakov, "Os segredos da salvação das obras dos museus".
19. Arquivo Kuchumov, TGALI 468, *Opus* 1, Pasta 48.

CAPÍTULO 5

1. Arquivo Kuchumov, TGALI 468, *Opus* 1, Pasta 253.
2. Edvard Radzinsky, *Stalin,* Anchor Books, Nova York, 1996.
3. Ibid.
4. Arquivo Kuchumov, TGALI 468, *Opus* 1, Pasta 108.
5. Arquivo Kuchumov, TGALI 468, *Opus* 1, Pasta 119.
6. Ibid.
7. V. Telemakov, "Os segredos da salvação das obras dos museus", manuscrito inédito, 1986.
8. Konstantin Akinsha e Gregory Koslov, *Stolen Treasure*, Weidenfeld & Nicolson, Londres, 1995.
9. Ibid.
10. Telemakov, "Os segredos da salvação das obras dos museus".
11. Ibid.
12. Radzinsky, *Stalin.*
13. História contada aos autores por professor da Universidade de São Petersburgo.
14. Arquivo Kuchumov, TGALI 468, *Opus* 1, Pasta 121.
15. Arquivo dos autores.

CAPÍTULO 6

1. Citado por J. O. Koehler, *Stasi,* Westview Press, Boulder, Colorado, 1999.
2. Arquivo Kuchumov, TGALI 468, *Opus* 1, Pasta 119, pp. 15-23.
3. Edvard Radzinsky, *Stalin,* Anchor Books, Nova York, 1996.
4. Ver também Helmut Müller-Enbergs, *Wer war Wer in der DDR?*, Christopher Links Verlag, Berlim, 2000.
5. Arquivo Kuchumov, TGALI 468, *Opus* 1, Pasta 119, pp. 15-23.
6. Ibid.
7. Arquivo Kuchumov, TGALI 468, *Opus* 1, Pasta 48.
8. Arquivo Kuchumov, TGALI 468, *Opus* 1, Pasta 48, p. 1.
9. Arquivo Kuchumov, TGALI 468, *Opus* 1, Pasta 120, pp. 22-3.

CAPÍTULO 7

1. Alexandra Hildebrandt, *The Wall*, Verlag Haus am Checkpoint Charlie, Berlim, 2002.
2. Dados fornecidos por Forschungs und Gedenkstatte Normannenstrasse, Berlim.
3. Para a história e a administração da Stasi, ver J. O. Koehler, *Stasi*, Westview Press, Boulder, Colorado, 1999, and Timothy Garton Ash, *The File*, Flamingo, Londres, 1997.
4. BBC News reports, março 2002.
5. Agência Federal para os Registros do Serviço Estatal de Segurança da antiga RDA — Die Bundesbeauftragte für die Unterlagen des Staatssicherheitsdienstes der ehemaligen Deutschen Demokratischen Republik (BStU) AVI4/79.
6. Helmut Müller-Enbergs, *Wer war Wer in der DDR?* Christopher Links Verlag, Berlim, 2000.
7. Ibid. Ver também Paul Enke, *Bernsteinzimmer Report*, Die Wirtschaft, Berlim Oriental, 1986, para um relato das investigações de Strauss em arquivos e na Saxônia.
8. Entrevista com Gräfe, "Spasennie shedevri" (Obras-primas salvas), *Sovetski Khudozhnik*, Moscou, 1977.
9. Citado também em Enke, *Bernsteinzimmer Report.*
10. Ibid.
11. Arquivo Kuchumov, TGALI 468, *Opus* 1, Pasta 45.
12. Arquivo Kuchumov, TGALI 468, *Opus* 1, Pasta 123.
13. Sefton Delmar, *Trial Sinister* e *Black Boomerang*, Viking, Nova York, 1961 e 1962.

CAPÍTULO 8

1. BStU, KSII404/82, pp. 1-17, datado de 1º de outubro de 1964.
2. Schmalfuss era o diretor do Departamento 2 da Stasi.
3. BStU, KSII404/82, pp. 1-17.
4. BStU, KSII404/82, p. 23, relatório de 23 de outubro de 1950.
5. BStU, KSII404/82, pp. 26-7, relatório do Oberrat Gustin.
6. Ibid.
7. BStU, AV 14/79, e citado em Paul Enke, *Bernsteinzimmer Report*, Die Wirtschaft, Berlim Oriental, 1986.

8. BStU, 915 MfS Sekretariat d. Ministers.
9. Datado de 24 de junho de 1941.
10. Enke, *Bernsteinzimmer Report*, p. 52.
11. Ver BStU, AV14/79; Enke, *Bernsteinzimmer Report*; e J. Petropoulos, *Art as Politics in the Third Reich,* University of North Carolina Press, 1996.
12. Enke, *Bernsteinzimmer Report*, pp. 55-7.
13. Ibid.
14. BStU, 9 I 5 MfS Sekretariat d. Ministers.
15. Para informações sobre Rosenberg e as artes, ver J. Petropoulos, *Art as Politics in the Third Reich,* e pastas dos NA, "Dossier of Alfred Rosenberg", WO 208/44 94, 16 de outubro de 946.
16. Ibid.
17. BStU, 915 MfS Sekretariat d. Ministers, e Enke, *Bernsteinzimmer Report* p. 139.
18. Ibid., p. 82.
19. A carta era datada de 22 de setembro de 1962.
20. BStU, KSII404/82, pp. 146-9. Schliep serviu no HA VII.
21. BStU, KSII404/82, pp. 35-6.
22. Ver Forschungs und Gedenkstatte Normannenstrasse, Berlim, para detalhes da redação.
23. Enke servia então no Departamento HA VII.
24. BStU, KSII404/82, p. 285.
25. Ibid., pp. 66-70.
26. Alfred Rohde, "Monatsschrift für Freunde und Sammler der Kunst", *Pantheon*, voI. XXIX, F. Bruckmann, Munique, julho-dezembro 1942.
27. Enke, *Bernsteinzimmer Report*, pp. II4-16.
28. Para detalhes sobre as evacuações de Königsberg, ver *Bernsteinzimmer Report* e Antony Beevor, *Berlin: The Downfall 1945,* Viking, Londres, 2002.
29. Para uma síntese da pesquisa de Enke sobre movimentos de soldados e civis e a remoção dos restos dos von Hindenburg ver seu *Bernsteinzimmer Report*, pp. 109-115.
30. BStU, AV14/79.
31. J. O. Koehler, *Stasi*, WestView Press, Boulder, Colorado, 1999.
32. D. Lewis, *The Lexicon of the Stasi: Language in the Service of the State,* University of Exeter, *Europa Magazine*, vol. III, nº 1, 1999.
33. BStU, dossiê Neiber 381, pp. 1-18.

CAPÍTULO 9

1. J. O. Koehler, *Stasi,* Westview Press, Boulder, Colorado, 1999.
2. Seufert contou isto a Günter Wermusch quando trabalharam juntos.
3. O apelo foi enviado a Sir Brian Robertson, Alto Comissário do Setor Britânico em Berlim. Esta, bem como outras informações sobre a operação de detenção e processamento de Koch, vem dos NA, FO 371.
4. Os soviéticos apresentaram sua breve carta em 11 de junho de 1949.
5. Bobidanosov era presidente do Comitê de Leningrado para a Inspeção Estatal da Preservação do Patrimônio Histórico. Arquivo Kuchumov, TGALI 468, *Opus* I; ver também arquivo Avenir Ovsianov, Kaliningrado.
6. BStU, AV14/79, vol. 28.
7. Arquivo Kuchumov, TGALI 468, *Opus* I, Pasta 119.
8. Ibid., pp. 4-9.
9. Arquivo Kuchumov, TGALI 468, *Opus* 1, Pasta 123, entrevista feita por Vladimir Orlovsky para *Zszysze Warschawi.*
10. Arquivo Kuchumov, TGALI 468, *Opus* 1, Pasta 123, recorte datado de 20 de outubro de 1961.
11. A prisão de Koch era próxima da aldeia de Barcikowo, nas cercanias de cidade de Olsztyn, no norte da Polônia.
12. Arquivo Kuchumov, TGALI 468, *Opus* 1, Pasta 123.
13. Ibid.
14. BStU, AV14/79, vol. 1, pp. 365-70.
15. Para um resumo das descobertas feitas nessa viagem, ver Paul Enke, *Bernsteinzimmer Report*, Die Wirtschaft, Berlim Oriental, 1986, pp. 179-92.
16. Ibid.
17. Ibid. Ver também BStU AV14/79, vol. 1.
18. BStU, AV 14/79, vol. 1, pp. 362-3.
19. Enke, *Bernsteinzimmer Report.*
20. Arquivo Kuchumov, TGALI 468, *Opus* 1, Pasta 121, pp. 6-7.
21. BStU, AV14/79, vol. 29, pp. 322-89.
22. Enke, *Bernsteinzimmer Report*, e BStU, AV14/79, vol. 1, pp. 365-70.
23. Ibid., pp. 360-4.
24. Ibid., p. 356.
25. Ibid., pp. 357-8.
26. Ibid., pp. 360-4.
27. Ibid., pp. 322-89.

CAPÍTULO 10

1. Coburger era director do HA VIII (observação e investigaçao) e Büchner era diretor do HA VII (defesa no Ministério do Interior, Volkspolizei).
2. Os documentos relacionados a essa análise da carreira de Enke são todos do BStU, KSII404/82, e AV14/79, vol. I, pp. 7-11.
3. Escrito pelo Volkspolizei Oberrat Gustin: ver BStU, KSII404/82, pp. 26-7.
4. Escrito pelo major Schmalfuss: ver BStU, KSII404/82, pp. 1-17.
5. BStU, AV14/79 vol. 1, pp. 7-8.
6. Ibid., p. 7.
7. Todas as informações acima foram tomadas de ibid., pp. 5-12.
8. Ibid.
9. BStU, AV14/79, vol. 28, p. 92.
10. BStU, KSII404/82 p. 285 e dossiê Neiber 386, p. 180.
11. BStU, dossiê Neiber 386, pp. 40-7.
12. BStU, AV14/79, vol. 1, pp. 360-4.
13. BStU, dossiê Neiber 386, pp. 40-7.
14. Generalmajor Fister, diretor do HA IX (órgão investigativo), estava escrevendo para o diretor do HA XX (contradissidência, cultura, igreja, organizações clandestinas): ver BStU, AV14/79, vol. 1, pp. 335-6.
15. Ibid., pp. 132-4.
16. Carta do vice-diretor do Departamento Central de Investigações para o camarada Volkov, diretor do Departamento de Investigações da KGB, Moscou: ver BStU, AV14/79, vol. 1, pp. 90-113.
17. Ibid.
18. Ibid., pp. 114-29.
19. Ibid., pp. 132-4.
20. Ibid., pp. 130-3 I.
21. O Oberstleutnant Bauer escreveu para Magdeburg em 1983, ver: ibid., pp. 185-6.
22. BStU, AV 14/79, vol. 28, p. 34, escrita por Hauptmann Rudolph.
23. A informação sobre Stein provém de uma entrevista dos autores com Robert Stein, do livro de Paul Enke, *Bernsteinzimmer Report,* Die Wirtshaft, Berlim Oriental, 1986, e de BStU, AV14/79.
24. J. A. Bustered, "The Treasure in the Salt Mine", *Army Magazine*, *EUA*, março 1997.
25. Carta datada de 5 de março de 1949, citada por Patricia Grimsted, "Spoils of War Returned", *Prologue,* vol. 34, nº 3, Washington DC, outono 2002.

26. Ibid.
27. Ibid. O destinatário da carta era o diretor, Thomas Grochowniak. Ver também arquivo Günter Wermusch, Berlim.
28. Ibid., carta datada de 2 de maio de 1955.
29. Ver Enke, *Bernsteinzimmer Report*.
30. Ibid.
31. BStU, AV14/79, vol. 28, p. 37.
32. Ibid.
33. Ibid.
34. Ver Enke, *Bernsteinzimmer Report*.
35. Arquivo Tete Böttger, Göttingen.
36. Ibid.
37. BStU, dossiê Neiber 386, pp. 40-7.
38. Ver Enke, *Bernsteinzimmer Report*.
39. Ibid.
40. BStU, dossiê Neiber 409, pp. 56-9.
41. BStU, AV14/79, vol. 3, pp. 281-9.
42. Para uma breve biografia de Semionov, ver www.sovlit.com.
43. BStU, dossiê Neiber 409, pp. 10-12.
44. Ibid., pp. 100-104.
45. Mielke escreveu isto num questionário do Partido Comunista Alemão em julho de 1945. Ver J. O. Koehler, *Stasi*, Westview Press, Boulder, Colorado, 1999.
46. Ibid.
47. Ibid., p. 75.
48. A carta foi escrita em 1988: BStU, dossiê Neiber 381, pp. 49-51.
49. Ibid., pp. 45-8.
50. Ibid.
51. BStU, dossiê Neiber 409, pp. 129-30.
52. Ver Enke, *Bernsteinzimmer Report*.
53. BStU, AV14/79, vol. 30.
54. BStU, dossiê Neiber 409, pp. 120-1.
55. BStU, dossiê Neiber 381, p. 61.
56. E. Wiedemann, "Novos rastros na procura da Sala de Âmbar", *Der Spiegel*, 2001.
57. BStU, dossiê Neiber 409.
58. O comunicado soviético intitulava-se "Sobre as medidas adotadas para a procura da Sala de Âmbar": ver BStU, dossiê Neiber 381, p. 72.

CAPÍTULO 11

1. BStU, dossiê Neiber 386, pp. 40-7.
2. Todos os documentos mencionados a seguir foram tomados do arquivo do barão Eduard von Falz-Fein ou do arquivo privado Günter Wermusch.
3. Ver relatório do Kriminalhauptkommissar Wermuth em Ingolstadt nº KI-1380-1230-7/8.
4. BStU, dossiê Neiber 381, pp. 65-9.
5. BStU, dossiê Neiber 386, pp. 142-52.
6. *Izvestia*, 15 de maio de 1988. Ver também BStU, dossiê Neiber 381, pp. 65-9.
7. BStU, dossiê Neiber 386, pp. 40-7.
8. Ver o revelador documentário *Bernsteinzimmer*, MPR Film and Fernseh Produktion, produzido e dirigido por Maurice Philip Remy, Munique, 1987.
9. Carta de Herbert Müller a Enke, via *Wochenpost*, que publicou o artigo, 2. de janeiro de 1988: arquivo privado Wermusch.
10. Gerhard Schröter, carta da Wolfgang Mertin e Günter Wermusch, 1º de novembro de 1988. Ver arquivo privado Wermusch.
11. BStU, dossiê Neiber 381, pp. 45-8.
12. BStU, dossiê Neiber 381. Ver também arquivo privado Günter Wermusch para cópias da correspondência.
13. 28 de maio de 1988. Ver BStU, dossiê Neiber 381, p. 74.
14. BStU, dossiê Neiber 381, p. 73.
15. BStU, dossiê Neiber 381, pp. 49-51.

CAPÍTULO 12

1. Arquivo Kuchumov, TGALI 468, *Opus* 1, Pasta 121.
2. Gosudarstvenni Arkhiv Rossiiskoi Federatsii (GARF).
3. Arquivo Kuchumov, TGALI 468, *Opus* I, Pasta 123.
4. Diretriz 526-R. Ver arquivo Kuchumov, TGALI 468, *Opus* 1; Avenir Ovsianov, arquivo privado, Kaliningrado; e Avenir Ovsianov, *Mine Anna*, Yantarni Skaz, Kaliningrado, 2001.
5. Ibid.
6. Ibid.
7. Arquivo Kuchumov, TGALI 468, *Opus* 1, Pasta 123.
8. GARF.

9. Diretriz 181-R, baixada em 13 de maio de 1969.
10. Order nº 2599.
11. D. A. Volkaganov, *Seven Leaders*, vol. 2, M. Novoski, Moscou, 1997
12. Arquivo privado Avenir Ovsianov, Kaliningrado.
13. A melhor descrição das brigadas de troféus, de sua formação e atividade, está em Konstantin Akinsha e Gregory Koslov, *Stolen Treasure*, Weidenfeld & Nicolson, Londres, 1995.
14. Act 241, Op. 2618, d 67, L93 n 1°7-111; Op. 2621, d 16, L60; Op. 2656, d 207, L22. Ver também Ovsianov, *Mine Anna*.

CAPÍTULO 13

1. A. M. Kuchumov e M. G. Voronov, *A Sala de Âmbar*, Khudozhnik RSFSR, Leningrad, 1989.
2. Esta notícia e os telegramas relacionados ao Prêmio Lenin de Kuchumov podem ser encontrados no arquivo Kuchumov, TGALI 468, *Opus* 1, Pasta 257.
3. Todas as cartas de Fors podem ser encontradas no arquivo Kuchumov, TGALI 468, *Opus* 1, Pasta 121, pp. 13, 24, 29 e 34.
4. Todos esses passes podem ser encontrados no arquivo Kuchumov, TGALI 468, *Opus* 1, Pasta 120, pp. 3, 6, 9, 10, 13 e 14.
5. Ibid., p. 11.
6. Um *komandirovat* para 9 de março, assinado por Striganov, ordena a Kuchumov seguir para a Moscou e de lá para Kaliningrado e ali ficar por dez dias: "ordem ref. número 145-k. Participação na função de formar um Comitê Estatal sobre a questão da Sala de Âmbar de Palácio de Catarina" após ordem 526-R da Federação Russa e 161 do Ministério da Cultura.
7. Arquivo Kuchumov, TGALI 468, Pasta 120, pp. 14-19.
8. Ibid., p. 20.
9. Arquivo Kuchumov, TGALI 468, Pasta 119, p. 37.
10. Arquivo Kuchumov, TGALI 468, Pasta 121, pp. 7-11.
11. Arquivo Kuchumov, TGALI 468, Pasta 248.
12. Estimativas do número de membros do partido e informações censitárias da URSS encontradas nos "Country Studies" da Biblioteca do Congresso, que contêm um perfil da União Soviética e de sua estrutura administrativa e política. Ver http://lcweb2.loc.govlfrd/cs/sutoc.html.
13. Arquivo Kuchumov, TGALI 468, Pasta 61.
14. Arquivo Kuchumov, TGALI 468, Pasta 48, pp. 1-38.

15. Arquivo Kuchumov, TGALI 468, Pasta 119, p. 35.
16. Arquivo Kuchumov, TGALI 468, Pasta 119. Ver também Avenir Ovsianov, *Mine Anna*, Yantarny Skaz, Kaliningrado, 2001.
17. Ibid. Ver também Ovsianov, *Mine Anna*.
18. Patricia Grimsted, "Spoils of War Returned", *Prologue*, vol. 34, nº 3, Washington, DC, outono 2002.
19. Klaus Goldmann, "The Treasure of the Berlin State Museums and its Allied Capture", *International Journal of Cultural Property*, vol. VII, nº 2, 1988.
20. Konstantin Akinsha e Gregory Koslov, *Stolen Treasure*, Weidenfeld & Nicolson, Londres, 1995.
21. Ibid., pp. 172-80.
22. *Leningradskaia Pravda*, 31 de março de 1955.
23. Akinsha e Koslov, *Stolen Treasure*, pp. 189-215.
24. As exposições foram oficialmente inauguradas em 7 de agosto de 1958.

CAPÍTULO 14

1. Ver relato da história de Baldin em Konstantin Akinsha e Gregory Koslov, *Stolen Treasure*, Weidenfeld & Nicolson, Londres, 1995.
2. Ibid., pp. 233-5.
3. Ver Klaus Goldmann, "The Trojan Treasures in Berlin", em Elizabeth Simpson (ed.), *The Spoils of War*, Harry N. Abrams, Nova York, 1997.
4. O artigo foi publicado em 5 de março de 1995.
5. Para uma versão completa ver Wolfgang Eichwede, "Models of Restitution", em Simpson (ed.), *The Spails of War*.
6. Para um relato completo das negociações ver Patricia Grimsted, "Spoils of War Returned", *Prologue*, vol. 34, nº3, Washington, DC, outono 2002.
7. Artigo concluído em 16 de maio de 1997.
8. *Russian Federation Summary Catalogue of the Cultural Valuables Stolen and Lost During the Second World War, the Tsarskoye Selo State Museum Zone, the Catherine Palace*, Livro 1, Ministério da Cultura da Federação Russa, Departamento da Herança Cultural, ICAR inc., São Petersburgo, Rússia, 1999.
9. Ver o relatório "Russian minister wants booty art back in Bremen", em www.Gazetta.ru, 14 de março de 2003 e também artigo de Andrei Zolotov Jr., *St Petersburg Times*, 14 de março de 2003.
10. Ver "Vladimir Putin's representative is against returning Baldin Collection to Germany", *Pravda*, 17 de março de 2003.

11. Ver "Never read a book written by me", *Pravda*, 8 de abril de 2003.
12. Ver "Amber Room reconstruction in Catherine Palace of Tsarskoye Selo is completed", *Pravda*, 13 de maio de 2003.
13. Ver *Pravda*, 31 de maio de 2003.

EPÍLOGO

1. Datada de 15 de agosto de 1987, a carta foi enviada para o médico de um hospital de Hamburgo que deveria ter avaliado Stein quando ele recebeu alta e voltou para casa.

Bibliografia

LIVROS E REVISTAS

Adamovich, Alex, e Granin, Daniil, *A Book of the Blockade*, Raduga, Moscou, 1983

Akhmatova, Anna, *Anno Domini MCMXXI*, Prideaux Press, Letchworth, 1978

——. *Evening Poems*, Lincoln Davies, Liverpool, 1980

Akinsha, Konstantin, e Koslov, Gregory, *Stolen Treasure*, Weidenfeld & Nicolson, Londres, 1995

Alford, Kenneth, *The Spoils of World War Two: The American Military Role in Stealing Europe's Treasures*, Birch Lane *Press*, Nova York, 1994

Andree, Karl, *Der Bernstein, und seine Bedeutung... Nebst einem kurzen* Führer *durch die Bernsteinsammlung der Albertus-Universität. Mit 51 Abbildungen*, Albertus-Universität, Königsberg, 1937

——. *Der Bernstein*, Kosmos Verlag, Stuttgart, 1951

Andrew, Christopher, e Gordievsky, Oleg, *KGB: The Inside Story of Its Foreign Operations from Lenin to Gorbachev*, Hodder and Stoughton, Londres, 1990

——. *Comrade Kryuchkov's Instructions: Top Secret Files on KGB Foreign Operations, 1975-1985*, Stanford University Press, Stanford, 1994

Andrew, Christopher, e *Mitrokhin*, Vasily, *The Sword and the Shield: The Mitrokhin Archive and the Secret History of the KGB*, Penguin, Londres, 1999

Baer, Winfried e Ilse, *Charlottenburg Palace, Berlin*, Fondation Paribas, Paris, 1995

Beevor, Antony, *Stalingrad*, Penguin, Londres, 1998

——. *Berlin: The Downfall 1945*, Viking, Londres, 2002

Benois, Alexander, *Tsarskoye Selo in the Reign of Empress Elisabeth,* São Petersburgo, 1910

——. *Memoirs*, trad. Moura Budberg, Chatto and Windus, Londres, 1960

Beria, Sergo, *Beria* My *Father*, Duckworth, Londres, 1999

Birukov, Valery, *Yantarnaya Komnnata: Mifi i realnost,* Planeta, Moscou, 1962

Buffum, W. Arnold, *The* Tears *of Heliades; or Amber as a Gem*, Sampson Low, Londres, 1896

Carcopino, Jerome, *Daily Life in Ancient Rome,* Routledge, Londres, 1941

Conquest, Robert, *The Great Terror*, Macmillan, Londres, 1968

Cook, John, *The Natural History of Lac, Amber, and Myrrh, with a plain account of the many excellent virtues these three medicinal substances are naturally possessed of*, Woodfall, Londres, 1770

Cunliffe, Barry, *Pytheas the Greek,* Allen Lane, Londres, 2001

Dunmore, Helen, *The Siege*, Penguin, Londres, 2001

Ehrhardt, T., *Die Geschichte der Festung Königsberg 1257-1945*, Würzburg, 1960

Enke, Paul, *Bernsteinzimmer Report*, Die Wirtschaft, Berlim Oriental, 1986

Figes, *Orlando, A People's Tragedy: the Russian Revolution, 1891-1924*, Jonathan Cape, Londres, 1996

——. *Natasha's Dance: A Cultural History of Russia,* Penguin, Londres, 2002

Fraquet, Helen, *Amber*, Butterworth, Londres, 1987

Garton Ash, Timothy, *The File*, Flamingo, Londres, 1997

Gautier, Théophile, *Voyage en Russie*, Paris, 1866

Grass, Günter, *Crabwalk,* Faber and Faber, Londres, 2002

Grimaldi, David, *Amber* Window *to the Past*, Harry N. Abrams, Nova York, 1996

Haddow, J. G., *Amber. All About It*, Cope's Smoke Room Booklets Number 7, Londres, 1889

Harding, A., e Hughes-Brock, H., "Amber in the Mycenaean World", *British Society of Archaeology,* vol. 69, 1974, pp. 145-72

Hartmann, P. J., *Succini prussici physica et civilis historia*, Frankfurt, 1677

Hildebrandt, Alexandra, *The Wall*, Verlag Haus am Checkpoint Charlie, Berlim, 2002

Hooke, *Dr* Robert, *The Philosophical Experiments and Observations of the Late Eminent Dr Robert Hooke*, Derham, Londres, 1726

Hosking, Geoffrey, *Russia: People and Empire 1552-1917*, HarperCollins, Londres, 1997

Jaeger, Charles de, *The Linz File: Hitler's Plunder of Europe's Art*, Webb and Bower, Exeter, 1981

Kelly, Laurence, *St Petersburg: A Traveller's Companion*, Constable, Londres, 1998

Klobius, Justus Fidus, *Ambrae historiam*, Wittenberg, 1666

Koehler, John O., *Stasi*, Westview Press, Boulder, Colorado, 1999

Kostenevich, Albert, *Hidden Treasures Revealed*, Ministério da Cultura da Federação Russa e Museu Estatal Hermitage, São Petersburgo, com Harry N. Abrams, Inc. Nova York, 1995

Krollmann, Christian, *East Prussian Book of Legends*, Insel-Bücherei, Leipzig, 1931

——. *The Teutonic Order*, Preussenverlag, Elbing, 1938

Kuchumov, A. M. and Voronov, M. G., *A Sala de Âmbar* [*Yantarni Komnata*], Khudozhnik RSFSR, Leningrado, 1989

Kuznetzova, *The Summer Garden and Palace of Peter I*, Leningrado, 1973

Ladendorf, Heinz, *Der Bildhauer und Baumeister Andreas Schlüter*, Berlim, 1935

Laue, George, e Lachenmann, Julia, *The Amber Cabinet*, Kunstkammer George Laue, Munich, 2000

Lemus, Vera, *Pushkin Palaces and Parks*, Aurora Art Publishers, Leningrado, 1984

Lewis, D., "The Lexicon of the Stasi: Language in the Service of the State", *Europa*, vol. 3, nº 1, 1999

Linck, Hugo, *Königsberg 1945-8*, Oldenburg, 1950

Lincoln, W. Bruce, *Sunlight at Midnight*, Basic Books, Nova York, 2000

Magnus, Olaus, *Carta marina*, Venice, 1539

——. *De gentibus septentrionalibus...*, Roma, 1555

Massie, Susanne, *Pavlovsk*, Hodder and Stoughton, Londres, 1990

Ministério da Cultura da Federação Russa, *Russian Federation Summary Catalogue of the Cultural Valuables Stolen and Lost During the Second World War*. Volume I. *The Tsarskoye Selo State Museum Zone, The Catherine Palace*. Livro 1. Departamento da Herança Cultural, ICAR Inc., São Petersburgo, Rússia, 1999

Mirabeau, conde de, *Memoirs of the Courts of Berlin and St Petersburg*, P. F Collier, Nova York, 1910

Mitrokhin, Vasily, *KGB Lexicon: The Soviet Intelligence Officers' Handbook*, Frank Cass, Londres, 2002

Müller-Enbergs, Helmut, Wielgohs, Jan, e Hoffmann, Dieter, *Wer war Wer in der DDR?* Christopher Links Verlag, Berlim, 2000

de Navarro, J. M., "Prehistoric Routes Between Northern Europe and Italy Defined by the Amber Trade", *Geographical Journal,* Vol. LXVI, nº 6, dezembro 1925

Norman, Geraldine, *The Hermitage*, Jonathan Cape, Londres, 1997

Oliphant, Ernest, *Germany and Good Faith. A Study of the History of the Prussian Royal Family*, Critchley Parker, Melbourne, 1914

Ovsianov, Avenir, *V Ruinakh Starogo Zamka: Dokumental'nye Ocherki* o *Poiskakh Utrachennykh Kul'turnykh Tsennostei*, Yantarny Skaz, Kaliningrado, 1998

——. *Mine Anna,* Yantarny Skaz, Kaliningrado, 2001

——. *Yantarny Komnata: Vozrozhdenie Shedevra,* Yantarny Skaz, Kaliningrado, 2002

Pelka, Otto, *Die Meister der Bernsteinkunst,* Leipzig, 1918

Petropoulos, Jonathan, *Art as Politics* in *the Third Reich*, The University of North Carolina Press, Chapel Hill, NC, 1996

Petrova, Ada, e Watson, Peter, *The Death of Hitler*, Richard Cohen, Londres, 1995

Prussian Year Book and Almanac, MD, Berlim, 2000

Radzinsky, Edvard, *Stalin,* Anchor Books, Nova York, 1996

Reed, John, *Ten Days That Shook the World,* Penguin, Londres, 1966

Reineking von Bock, Gisela, *Das Gold der Ostsee*, Callwey Verlag, Munique, 1981

Rohde, Alfred, *Bernstein*, Berlin, 1939

Rosenberg, Alfred, *Protestantische* Rompilger*: der Verrat an Luther und der "Mythus des 20. Jahrhunderts"*, Hoheneichen Verlag, Munique, 1937

Rürup, Reinhard, Topography *of Terror,* Verlag Willmuth Arenhovel, Berlim, 1989

Schon, Heinz, *Das Geheimnis des Bernsteinzimmers,* Pietsch Verlag, Berlim, 2002

Screbrodolsky, B., *Amber*, Science Publishing House, Moscou, 1984

Seiffert, Rachel, *The Dark Room*, Viking, Londres, 2002

Serov, v., *75 Years of V. M.* Striganov, Biblioteca Nacional da Rússia, São Petersburgo, 1995

Service, Robert, *Lenin: A Political Life,* vol. I, Macmillan, Londres, 1991

——. *Lenin: a Political Life*, vol. II, Macmillan, Londres, 1995

Simpson, Elizabeth (ed.), *The Spoils of War*, Harry N. Abrams, Nova York, 1997

Sovetski Khudozhnik, *Spasennie Shedevri*, Moscou, 1977

Speer, Albert, *Inside the Third Reich*, Weidenfeld & Nicholson, Londres, 1970

Spekke, Arnolds, *The Ancient Amber Routes*, M. Goppers, Stocolmo, 1957

Tikomirova, Marina, *Lithuanian Gold*, Vilnius, 1973

Tolstoi, Alexei, *The Road to Calvary*, Alfred Knopf, Nova York, 1946

Troyat, Henri, *Catherine the Great*, Phoenix Press, Londres, 2000

Tsarskoyselskaya Yantarnaya Masterskaya, *Catalogue of Items*, São Petersburgo, 1999

Volinsky, Leonid, *Sem Dnei*, Detgiz, Moscou, 1958

Volkaganov, D. A., *Seven Leaders*, vol. 2, M. Novosky, Moscou, 1997

Volkov, Solomon, *St Petersburg: A Cultural History*, Sinclair-Stevenson, Londres, 1996

Wermusch, Günter, *Das* Bernsteinzimmer *Saga*, Christopher Links Verlag, Berlim, 1991

Whiting, Charles, *Werewolf*, Corgi Books, Londres, 1972

Williams, Robert, *Russian Art* and *American Money 1900-1940*, Harvard University Press, Cambridge, Mass., 1980

Williamson, George, *The Book of Amber*, Ernest Benn, Londres, 1932

Zarhovich, Y., Yantar, Kaliningrad Book Publishing House, Kaliningrado, 1971

Zheleznova, Irina, *Northern* Lights*: Fairy Tales of the Peoples of the North*, Progress, Moscou, 1976

ARQUIVOS

Arquivo Privado de George Stein, Kaliningrado

Centro de Coordenação da Procura de Relíquias Culturais de Kaliningrado, Kaliningrado

Centro de Documentação de Königsberg no Museum Stadt Königsberg, Duisburg

Die Bundesbeauftragte für die Unterlagen des Staatssicherheitsdienstes der ehemaligen Deutschen Demokratischen Republik, Berlin (BStU) [Agência Federal para os Registros do Serviço Estatal de Segurança da antiga RDA]

Gosudarstvennyi Arkhiv Rossiikoi Federatsii (GARF) [Arquivo Estatal da Federação Russa, Moscou]

National Archives, Londres: série HW I, pastas Churchill GC e CS; série HW 3, histórias oficiais e memórias pessoais GC e CS; série HW pastas de correspondência GC e CS; série WO 208, informações secretas do Gabinete da Guerra, e 44/94 para dossiê Alfred Rosenberg; série HW 5 series; FO 1019/16 defesa de Alfred Rosenberg em Nuremberg; FO 1019/40 solicitação formal de testemunhos e documentos, Alfred Rosenberg; série T 209 para relatórios de campo do Gabinete da Guerra sobre pilhageme preservação de monumentos; FO 139,371,937,1023, 1038, 1060 e também WO 354-24 para captura e extradição de Erich Koch.

National Archives and Records Administration, Washington, DC, pastas sobre bens associados ao Holocausto e questões de documentação e restituição durante e após a Segunda Guerra Mundial compiladas para e pelo Office of Strategic Services (OSS) e Monuments, Fine Arts and Archives Section (MFAA) (ver também: http://www. archives.gov/research_room/holocaust_era_assets/ art_provenance_and_claims/descriptive_list_of_key_records.html)

Rossiiskii Gosudarstvennyi Arkhiv Drevnikh Aktov (RGADA) [Arquivo Estatal Russo para Documentos Antigos, Moscou]

Tsentralni Gosudarstvenny Arkhiv Literaturi i Iskusstva (TGALI) [Arquivo Central de Literatura e Arte do Estado, São Petersburgo]

Tsentralni Gosudarstvenny Arkhiv Kinofotofonodokumentov Sankt-Peterburga (TsGAKFFD SPb) [Arquivo Central de Filmes Documentários, Fotografias e Registros Sonoros do Estado, São Petersburgo]

MANUSCRITOS E DOCUMENTOS PRIVADOS

Barão Eduard von Falz-Fein, documentos privados, Liechtenstein

Günter Wermusch, documentos privados, Berlim

Maurice Philip Remy, documentos privados, MPR Films, Munique

Telemakov, Vladimir, "Os segredos da salvação das obras dos museus", manuscrito inédito, São Petersburgo, 1986.

Tete Böttger, documentos privados, Göttingen

Valeria Bilanina, documentos privados, Tsarskoie Selo

Vica Plauda, documentos privados, São Petersburgo

Índice

Este livro foi composto na tipologia Classical garamond BT, em corpo 11/15, e impresso em papel off-set 75g/m² no Sistema Cameron da Divisão Gráfica da Distribuidora Record.